कहै कबीर दीवाना

कबीर-वाणी पर पुणे में हुई सीरीज के अंतर्गत दी गईं दस प्रवचन

AF518511

डायमंड बुक्स

OSHO

कहै कबीर दीवाना

ओशो

Kahai Kabir Diwana

Published
by **Diamond Pocket Books Pvt. Ltd.**
X-30, Okhla Industrial Area, Phase-II, New Delhi-20
Tel : 011-40712200
E-mail : sales@dpb.in
Website : www.diamondbook.in

Copyright © 1964, 2014 OSHO International Foundation, www.osho.com/copyrights

All rights reserved. No part of this book may be reproduced or transmitted in any form or by any means, electronic or mechanical, including photocopying, recording, or by any information storage and retrieval system, without prior written permission from OSHO International Foundation.

Photos: Courtesy OSHO International Foundation

The material in this book is a transcript of a series of original OSHO Talks 'Kahai Kabir Diwana' given to a live audience. All of Osho's talks have been published in full as books, and are also available as original audio recordings. Audio recordings and the complete text archive can be found via the online OSHO Library at www.osho.com/library

OSHO is a registered trademark of OSHO International Foundation, used under license, www.osho.com/trademarks

प्रस्तावना

जीवन के प्रति एक तो दार्शनिक की दृष्टि है और एक धार्मिक की। दार्शनिक की दृष्टि परिधि को छू पाती है, केंद्र तक उसका प्रवेश नहीं। वह बाहर-बाहर से देखता है। कितना ही सोचे, कितना ही विचारे, सोच-विचार कभी केंद्र तक जाता नहीं। केंद्र तक तो केवल महाशून्य की अवस्था ही जाती है; जहां न कोई विचार है, न विचार की कोई तरंग है। विचार नहीं, केंद्र तक तो केवल ध्यान जाता है। विचार नहीं, केंद्र तक तो केवल समाधि की पहुंच है।

दार्शनिक बहुत सोचता है, सिद्धांत निर्मित करता है, शास्त्र बनाता है, लेकिन उसके सभी शास्त्र अधूरे होंगे। और सभी शास्त्र–उनके शब्द कितने ही गहरे मालूम पड़ें–उथले होंगे।

धार्मिक व्यक्ति विचारता नहीं, विचार को छोड़ता है। तर्क नहीं करता, चिंतन-मनन नहीं करता, उन सभी तरंगों को शांत करता है। धार्मिक व्यक्ति केंद्र पर थिर होने की चेष्टा करता है। उस थिरता में ही जीवन के परिपूर्ण रहस्य का द्वार खुल जाता है। समाधि द्वार है।

और धार्मिक जो जान पाता है, वह बड़ा अनूठा है। वह उलटबांसी जैसा लगता है, क्योंकि हम सब दार्शनिक से प्रभावित हैं। इसे तुम ठीक से समझ लो।

हमारे मन पर दार्शनिक की बड़ी छाप है। विचारशील लोगों ने हमें खूब आक्रांत कर रखा है। स्वभावतः उनके तर्क बड़े प्रभावशाली मालूम पड़ते हैं और उनके तर्क के आधार पर उनके सिद्धांत, हमारे मन पर गहरी लकीरें छोड़ जाते हैं। इसलिए कबीर जैसे व्यक्तियों की वाणी उलटबांसी लगती है कि क्या उलटी बातें कह रहे हैं?

वे उलटी लगती हैं, क्योंकि तुम उलटे खड़े हो। जैसे कोई आदमी शीर्षासन कर रहा हो, उसे सारी दुनिया उलटी चलती मालूम पड़ती है। वह हैरान होता है कि सारी दुनिया उलटी क्यों चल रही है? दुनिया उलटी नहीं है। वह स्वयं ही उलटा खड़ा है। अस्तित्व तो सदा से सीधा-साफ है, तुम तिरछे हो। अस्तित्व तो कहीं भी तिरछा नहीं है। उसकी कहानी तो बड़ी साफ है, सुस्पष्ट है, उसका रहस्य तो बिलकुल खुला रहस्य है। द्वार-दरवाजे बंद भी नहीं हैं। अगर तुम प्रवेश नहीं कर पा रहे, तो तुम्हारी आंखें ही किन्हीं शब्दों के द्वारा बंद हैं। किन्हीं विचारों, शास्त्रों में दबी हैं।

और विशेषकर इस देश में तो बड़ा दुर्भाग्य घटित हो गया है। हजारों साल का पांडित्य है। उसमें तुम्हें स्पष्ट लकीरें दे दी हैं। उन लकीरों से भिन्न को तुम मानने को भी राजी नहीं हो सकते। इसलिए पंडितों की नगरी काशी में कबीर उलटे मालूम पड़ने लगे। और लोग कहने लगे, कबीर की बात कर रहे हो? सिर फिर गया है? ये तो उलटबासियां हैं। ये तो पहेलियां हैं, जो सुलझाई नहीं जा सकतीं।

क्या है पहेली कबीर में? क्योंकि कबीर पूरे को देखते हैं। तुम अधूरे को देखते हो। तुम आधे को देखते हो। आधे के आधार पर तुम पूरे की कल्पना करते हो। तुम लकीर के फकीर हो। फिर लकीर का फकीर एक दफा आदमी हो जाए, तो उस विस्तार का कोई अंत नहीं है...

लकीर से बंध कर जीने वाला व्यक्ति सब भांति अंधा हो जाता है। और सभी लोग विचार की लकीरों से बंधे हैं।

इस देश की सबसे गहरी विचार की लकीर है कि संसार माया है। यह सच है। यह परम अनुभव है कि संसार माया है। लेकिन यह कोई सिद्धांत नहीं है। यह तो सिद्धावस्था की प्रतीति है। अगर तुमने इसे सिद्धांत की तरह समझा कि संसार माया है तो तुम अड़चन में पड़ोगे। तब तुम लड़ना शुरू कर दोगे। और जिससे तुम लड़ रहे हो, वह स्वयं परमात्मा है। तब तुम्हारा पूरा जीवन उलझ जाएगा।

–ओशो

अनुक्रम

1

मैं ही इक बौराना

ओशो,

नई प्रवचनमाला के प्रारंभ में हम आपके प्रति अपनी श्रद्धा और नमन निवेदित करते हैं और तब संत सम्राट कबीरदास का यह पद है:

जब मैं भूला रे भाई, मेरे सतगुरु जुगत लखाई।
किरिया करम अचार मैं छाड़ा, छाड़ा तीरथ नहाना।
सगरी दुनिया भई सयानी, मैं ही इक बौराना।।
ना मैं जानूं सेवा बंदगी ना मैं घंट बजाई।
ना मैं मूरत धरि सिंहासन ना मैं पुहुप चढ़ाई।।
ना हरि रीझै जप-तप कीन्हें ना काया के जारे।
ना हरि रीझै धोति छाड़े ना पांचों के मारे।।
दाया रखि धरम को पाले जगसूं रहै उदासी।
अपना सा जिव सबको जाने ताहि मिले अनिवासी।।
सहे कुसबद बाद को त्यागे छाड़े गरब गुमाना।
सत्य नाम ताहि को मिलि है कहै कबीर दीवाना।।

कृपापूर्वक हमें इसका अर्थ समझाएं।

एक अंधेरी रात की भांति है तुम्हारा जीवन, जहां सूर्य की किरण का होना तो असंभव है, मिट्टी के दीये की छोटी सी लौ भी नहीं है। इतना ही होता तो भी ठीक था, निरंतर अंधेरे में रहने के कारण तुमने अंधेरे को ही प्रकाश भी समझ लिया है। और जब कोई प्रकाश से दूर हो और अंधेरे को ही प्रकाश समझ ले तो सारी यात्रा अवरुद्ध हो जाती है। इतना भी होश बना रहे कि मैं अंधकार में हूं, तो आदमी खोजता है, तड़फता है प्रकाश के लिए, प्यास जगती है, टटोलता है, गिरता है, उठता है, मार्ग खोजता है, गुरु खोजता है, लेकिन जब कोई अंधकार को ही प्रकाश समझ ले तब सारी यात्रा समाप्त हो जाती है। मृत्यु को ही कोई समझ ले जीवन, तो फिर जीवन का द्वार बंद ही हो गया।

एक बहुत पुरानी यूनानी कथा है। एक सम्राट को ज्योतिषियों ने कहा कि इस वर्ष पैदा होने वाले बच्चों में से कोई एक तेरे जीवन का घाती होगा।

ऐसी बहुत कहानियां हैं संसार के सभी देशों में। कृष्ण के साथ भी वैसी कहानी जुड़ी है और जीसस के साथ भी वैसी कहानी जुड़ी है। लेकिन यूनानी कहानी का कोई मुकाबला नहीं है।

सम्राट ने जितने बच्चे उस वर्ष पैदा हुए, सभी को कारागृह में डाल दिया, मारा नहीं। क्योंकि सम्राट को लगा कोई एक इनमें से हत्या करेगा और सभी की हत्या मैं करूं, यह तो महा-पातक हो जाएगा। छोटे-छोटे बच्चे बड़ी मजबूत जंजीरों में जीवन भर के लिए कोठरियों में डाल दिए गए। जंजीरों में बंधे-बंधे ही वे बड़े हुए। उन्हें याद भी न रही कि कभी ऐसा भी कोई क्षण था जब जंजीरें उनके हाथ पर न रही हों।

जंजीरों को उन्होंने जीवन के अंग की तरह ही पाया और जाना। उन्हें याद भी तो नहीं हो सकती थी कि कभी वे मुक्त थे। गुलामी ही जीवन थी, और इसीलिए उन्हें कभी गुलामी अखरी नहीं। क्योंकि तुलना हो तो तकलीफ होती है। तुलना का कोई उपाय ही न था। गुलाम ही वे पैदा हुए थे, गुलाम ही वे बड़े हुए थे। गुलामी ही उनका सार-सर्वस्व थी। तुलना न थी स्वतंत्रता की। और दीवालों से बंधे थे वे, भयंकर मजबूत जंजीरों से।

और उनकी आंखें अंधेरे की इतनी आदी हो गई थीं कि वे पीछे लौट कर भी नहीं देख सकते थे, जहां प्रकाश का जगत था। प्रकाश को देखते ही उनकी आंखें बंद हो जाती थीं, प्रकाश तिलमिलाता था। प्रकाश कष्ट देने लगा था। अंधेरे से इतने राजी हो गए थे कि अब

प्रकाश से राजी नहीं हो पाती थीं आंखें। सिर्फ अंधेरे में ही आंख खुलती थीं, प्रकाश में तो बंद हो जाती थीं।

तुमने भी देखा होगा, कभी घर के शांत स्थान से भरी दुपहरी में बाहर आ जाओ, आंख तिलमिला जाती है। छोटे बच्चे पैदा होते हैं, नौ महीने अंधकार में रहते हैं मां के पेट में। प्रकाश की एक किरण भी वहां नहीं पहुंचती।

और जब बच्चा पैदा होता है, तो नासमझ डॉक्टरों का कोई अंत नहीं है। जहां बच्चा पैदा होता है अस्पताल में, वहां वे इतना प्रकाश रखते हैं कि बच्चे की आंखें तिलमिला जाती हैं। और सदा के लिए आंखों को भयंकर चोट पहुंच जाती है। बच्चे को पैदा होना चाहिए मोमबत्ती के प्रकाश में। वहां हजार-हजार कैंडल के बल्ब लगाने की जरूरत नहीं है। दुनिया में जो इतनी कमजोर आंखें हैं, उनमें से पचास प्रतिशत के लिए अस्पताल का डॉक्टर जिम्मेवार है।

उसको सुविधा होती है ज्यादा प्रकाश में। वह देख पाता है, क्या हो रहा है, क्या नहीं हो रहा है। क्या करना है, क्या नहीं करना है। लेकिन उसकी सुविधा सवाल नहीं है, सुविधा तो बच्चे की है।

जो जीवन भर रहे हों अंधकार में, नौ महीने नहीं, पूरे जीवन, वे पीछे लौट कर भी नहीं देख सकते थे। वे दीवाल की तरफ ही देखते थे। राह पर चलते लोगों, खिड़की-द्वार के पास से गुजरते लोगों की छायाएं बनती थीं सामने दीवाल पर। वे समझते थे, वे छायाएं सत्य हैं। यही असली लोग हैं। उस छाया को ही वे जगत समझते थे।

छाया के इस जगत को ही हिंदुओं ने माया कहा है। असली तो दिखाई नहीं पड़ता, असली का प्रतिबिंब दिखाई पड़ता है। असली को देखने के लिए आंख चाहिए–समर्थ आंख, जो प्रकाश में खुल सके। जो सूरज के आमने-सामने हो सके। अंधेरे की आदी आंख सत्य को नहीं देख सकती। सत्य ढंका हुआ नहीं है। सत्य तो प्रकट है, उघड़ा हुआ है। तुम्हारी आंख कमजोर है और सत्य को न देख पाएगी।

धीरे-धीरे उन्होंने पीछे लौट कर देखना ही बंद कर दिया। पीछे लौट कर देखने का मतलब यह था, आंख में आंसू आ जाएं। वह पीड़ा का जगत था।

तुमने भी सत्य को देखना बंद कर दिया है। और जब भी कोई सत्य तुम्हें दिखा देता है तो पीड़ा होती है। आनंद जन्मता नहीं, कष्ट ही होता है। जब भी कहीं कोई सत्य कह देता है तो कष्ट ही होता है।

लेकिन एक आदमी ने हिम्मत की। क्योंकि उसे शक होने लगा। ये छायाएं छायाएं ही हैं। क्योंकि इनसे बोलो तो ये उत्तर नहीं देतीं। इन्हें छुओ, तो कुछ भी हाथ में नहीं आता। इन्हें पकड़ो तो कुछ पकड़ में नहीं आता। एक आदमी को शक होने लगा। कोई मनीषी, कोई बुद्ध!

उस आदमी ने धीरे-धीरे पीछे देखने का अभ्यास शुरू किया। वर्षों लग गए। बड़ा कष्ट हुआ। जब भी पीछे देखता, आंखें तिलमिला जातीं। आंसू गिरते। लेकिन उसने अभ्यास जारी रखा। वह बड़ी तपश्चर्या थी। फिर धीरे-धीरे आंखें राजी होने लगीं। और तब वह चकित हुआ कि हम किस कारागृह में पड़े हैं, और हमने छायाओं को सत्य समझ लिया है। वह पीछे देखने में समर्थ हो गया। उसकी गर्दन मुड़ने लगी और उसकी आंखें देखने लगीं बाहर के रंग, वृक्ष और वृक्षों में खिले फूल, राह से गुजरते लोग। रंगीन थी दुनिया काफी। छायाएं बिलकुल रंगहीन थीं, उदास थीं। बाहर उत्सव था। छायाओं में कोई उत्सव पकड़ में नहीं आता था। बच्चे नाचते-गाते निकलते थे। छायाएं तो बिलकुल चुप थीं। वहां वाणी न थी, वहां मुखरता न थी। बाहर-पीछे छिपा हुआ असली जगत था।

उस आदमी ने धीरे-धीरे इसकी चर्चा दूसरे कैदियों से शुरू की। बाकी कैदी हंसने लगे कि तुम्हारा दिमाग खराब हो गया है। हम तो सदा से यही सुनते आए हैं कि यही सत्य है जो सामने है। और हम तो पीछे मुड़ कर देखते हैं तो कुछ दिखाई नहीं पड़ता, सिवाय अंधकार के। जब आंख बंद हो जाए तो सिवाय अंधकार के कुछ भी दिखाई नहीं पड़ता।

जरूरी नहीं है कि अंधकार हो। हो सकता है, सिर्फ आंख बंद हो जाती हो। लेकिन दोष कोई अपने ऊपर कभी लेता नहीं। तो कोई यह तो मानता नहीं कि मेरी आंख बंद हो सकती है, इसलिए अंधकार है। लोग मानते हैं, अंधकार है, इसलिए अंधकार है। मेरी आंख और बंद हो सकती है? यह कहीं संभव है? हम अपनी आंख तो सदा खुली मानते हैं। अपना हृदय तो सदा प्रेम से भरपूर मानते हैं। अपनी प्रज्ञा तो सदा प्रज्वलित मानते हैं। अपनी आत्मा तो सदा जाग्रत मानते हैं। और यही हमारी भ्रांतियों की जड़ है।

फिर कैदियों की संख्या बहुत थी, वह अकेला था। लोकतंत्र कैदियों के पक्ष में था। बहुमत उनका था। और उन्होंने कहा कि अगर ऐसा ही है तो सबकी सलाह ले ली जाए। एक भी मत मिला नहीं उस आदमी को। और लोग खूब हंसे, और खूब मजाक की उन्होंने। धीरे-धीरे वे उस आदमी को पागल मानने लगे।

वही कबीर कह रहे हैं:

सगरी दुनिया भई सयानी, मैं ही इक बौराना।

उस आदमी को अगर कबीर का पद याद होता तो उसने भी कहा होता सब लोग सयाने, सिर्फ मैं एक पागल हूं। और सिर्फ वह एक ही सयाना था। लेकिन जहां अंधों की भीड़ हो वहां आंख वाला पागल हो जाता है। जहां मूढ़ों की भीड़ हो वहां बुद्धिमान पागल हो जाता है। जहां बीमारी ही स्वास्थ्य समझी जाती हो, वहां स्वस्थ आदमी का लोग इलाज कर देंगे पकड़ कर।

स्वाभाविक है। क्योंकि लोग अपने को मानदंड समझते हैं। और फिर जब बहुमत उनके साथ हो, बहुमत ही नहीं, सर्वमत उनके साथ हो... उस एक आदमी को छोड़ कर सभी

उनके साथ थे। तो संदेह भी कैसे पैदा हो? लोग हंसे, मजाक की, उसे पागल समझा, उसका तिरस्कार किया, उसकी उपेक्षा की।

धीरे-धीरे लोगों ने उससे बातचीत बंद कर दी। क्योंकि वह बेचैनी पैदा करता था। बेचैनी पैदा करता था क्योंकि कभी-कभी संदेह उनके मन में भी उठ आता था कि हो न हो, कहीं यह आदमी सच न हो। क्योंकि अगर यह आदमी सच है तो उनकी पूरी जिंदगी बेकार गई। बड़ा दांव है। यह आदमी गलत होना ही चाहिए। नहीं तो उनकी पूरी जिंदगी गलत होती।

और कोई भी आदमी नहीं चाहता कि उसकी पूरी जिंदगी गलत सिद्ध हो। क्योंकि इसका अर्थ हुआ तुमने यूं ही गंवाया। तुमने अवसर खो दिया। तुम मूढ़ हो, अज्ञानी हो, मूर्च्छित हो। अहंकार यह मानने को तैयार नहीं होता। अहंकार कहता है: मुझसे ज्ञानी और कौन? मुझसे समझदार और कौन? ऐसे अहंकार रक्षा करता अज्ञान की। अहंकार रक्षक है, अज्ञान के ऊपर। उसके रहते अज्ञान का किला पराजित न होगा, तोड़ा न जा सकेगा।

धीरे-धीरे उन्होंने उसकी उपेक्षा कर दी, क्योंकि उससे बात करना भी बेचैनी थी। क्योंकि वह हमेशा रंगों की बात करता, रंग उनमें से किसी ने भी देखे न थे। वह हमेशा पीछे चलने वाले संगीत की बात करता। संगीत उनमें से किसी ने सुना न था। उनकी सब इंद्रियां पंगु हो गई थीं। और धीरे-धीरे वह आदमी कहने लगा कि ये जंजीरें हैं जिनको तुम आभूषण समझे हुए हो। आखिर कैदी को भी सांत्वना तो चाहिए। तो वह जंजीरों को आभूषण समझ लेता है। आखिर कैदी को भी जीना तो है। तो कारागृह को घर समझ लेता है। न केवल समझ लेता है बल्कि भीतर से सजा भी लेता है, ताकि पूरा भरोसा आ जाए, अपना घर है।

जंजीरों पर कैदियों ने फूल पत्तियां बना ली थीं। जंजीरों को घिस-घिस कर वे साफ किया करते थे। क्योंकि जिसकी जंजीर जितनी चमकदार होती, वह उतना संपत्तिशाली समझा जाता था। जिसकी जंजीर जितनी मजबूत होती, वह उतना धनी समझा जाता था। जिसकी जंजीर जितनी वजनी होती, उसकी उतनी ही संपदा थी, स्वभावतः। अगर जंजीर कमजोर होने लगे तो वे उसे सुधार लेते थे। क्योंकि जंजीर ही उनका जीवन थी। और जंजीर को उन्होंने जंजीर कभी माना न था, वह आभूषण था। वही तो एकमात्र सजावट थी उनके शरीर पर। और तो कोई सजावट न थी।

धीरे-धीरे इस आदमी को समझ में आने लगा कि ये आभूषण नहीं, जंजीरें हैं। क्योंकि उसे स्वतंत्रता के जगत की थोड़ी झलक मिलनी शुरू हो गई। एक किरण उतर आई अंधेरे में। सूरज का संदेश आ गया। अब इस अंधेरे घर में, इस अंधेरे कारागृह में रहना मुश्किल हो गया। धीरे-धीरे उसने जंजीर को तोड़ने की व्यवस्था कर ली।

असली सवाल तो भीतर की जंजीर का टूट जाना है। बाहर की जंजीर बहुत कमजोर है। अगर तुम बंधे हो, तो भीतर की जंजीर से बंधे हो। भीतर की जंजीर है, जंजीर को आभूषण समझना। एक बार उसे समझ में आ गया कि यह आभूषण नहीं है, आधी तो मुक्ति हो ही गई।

उसी दिन से उसने जंजीरों को घिसना बंद कर दिया, साफ करना बंद कर दिया, सजाना बंद कर दिया। लोग समझने लगे कि जीवन से उदास हो गया है।

जैसा कि आमतौर से संन्यासी के लिए संसारी समझते हैं। उदास हो गया बेचारा। उनके भाव में एक बेचारेपन की प्रतीति होती है। जिंदगी में हार गया। शायद पाया कि अंगूर खट्टे हैं। छलांग पूरी न हो सकी। कमजोर था। हम पहले से ही जानते थे कि कमजोर है और आज नहीं कल थक जाएगा और संघर्ष से अलग हो जाएगा। कायर है। जंजीरें, जो कि आभूषण हैं, इसको सजाना बंद कर दिया। ऐसा ही बे-सजाया रह रहा है। आस-पास की दीवाल को साफ-सुथरा करना भी बंद कर दिया। अब पागलपन बिलकुल पूरा हो गया है।

लेकिन उस आदमी ने धीरे-धीरे जंजीरें तोड़ने के उपाय खोज लिए। भीतर की जंजीर टूट जाए तो बाहर का कारागृह टूटा ही हुआ है। आधा तो गिर ही गया। बुनियाद तो हिल ही गई। और पीछे के जगत का, छिपे हुए जगत का संदेश आ जाए... तब एक अनंत पुकार उसे पुकारने लगी। एक प्यास उसके रोएं-रोएं में समा गई—असली जगत में प्रवेश करना है।

उसने जंजीरें तोड़ लीं। जब प्यास प्रगाढ़ हो, तो कमजोर से कमजोर आदमी शक्तिशाली हो जाता है। जब प्यास प्रगाढ़ न हो, तो कमजोर से कमजोर जंजीरें भी बड़ी मजबूत मालूम पड़ती हैं।

प्यास बढ़ती चली गई। पीछे का जगत ज्यादा साफ होने लगा। आंख जितनी साफ होने लगी, उतना ही सत्य का जगत साफ होने लगा। एक दिन उसने जंजीरें तोड़ दीं और वह उस कारागृह से निकल भागा। उसके आह्लाद का अंत नहीं था। वह नाच रहा था। सूरज, पक्षी, वृक्षों में खिले फूल! बस वास्तविक लोग, छायाएं नहीं, संगीत! रंग! सुगंध! वह आह्लादित था। वह नाच रहा था।

लेकिन कारागृह में अफवाहें उड़ गईं कि हम जानते थे कि आज नहीं कल, वह जीवन के संघर्ष से भाग जाएगा—एस्केपिस्ट, पलायनवादी, भगोड़ा! संसारी हमेशा संन्यासी को यही कहता रहा है। उसने साधारण संन्यासी को कहा हो, ऐसा नहीं है। महावीर और बुद्ध को भी भगोड़ा ही कहा है। भाग गए!

यह अपने को बचाने की तरकीब है। यह अपने को सांत्वना देने की तरकीब है कि हम कायर नहीं। और तुम कायर हो, इसलिए तुम वहां हो, जहां तुम हो। यह अपने को समझाने की तरकीब है। हम कोई पलायनवादी नहीं हैं। हम तो जीवन के संघर्ष में जूझेंगे।

और तुम्हें जीवन का अभी पता ही नहीं है। और जिससे तुम जूझ रहे हो वह केवल छाया का जगत है। असली जूझने वाले जीवन से जूझते हैं। तुम जिससे जूझ रहे हो, और जिससे लड़ रहे हो, वह सपनों से ज्यादा मूल्यवान नहीं है। और उसका अस्तित्व तुम्हारी नींद में है।

उसका अस्तित्व और कहीं भी नहीं है। वह तुम्हारा सपना है। वह तुम्हारा अंधकार है। वह तुम्हारी गहन निद्रा और मूर्च्छा है।

लेकिन अगर सब लोग सोए हों और एक जग जाए—भले वे सोए लोग भयंकर दुख स्वप्न देखते हों। देखते हों कि नरक में सड़ाए जा रहे हैं, गलाए जा रहे हैं, तो भी वे सोए हुए लोग कहेंगे, भगोड़ा! भाग गया! जीवन के संघर्ष को छोड़ गया। करवट ले लेंगे, फिर अपने सपने में खो जाएंगे।

थोड़े दिन चर्चा रही फिर लोग भूल गए। लेकिन उस आदमी के जीवन में एक नई बेचैनी का प्रारंभ हुआ। जितना उसने बाहर की मुक्ति और आनंद को जाना, जितना उसने सत्य को अनुभव किया, उतनी ही एक नई महा करुणा, एक दुर्दम्य करुणा पैदा होने लगी, लौट जाए कारागृह में और खबर दे दे उन सब लोगों को, थोड़े दिन तो ऐसे उसने समझाया अपने को कि वे सुनेंगे नहीं। और बहुमत उनका है। वे फिर हंसेंगे, वे भरोसा न करेंगे। क्योंकि अंधकार में रहते-रहते लोग श्रद्धा भूल ही जाते हैं। श्रद्धा तो प्रकाशवान चित्त का लक्षण है। अंधेरे में रहने वाले लोग संदेह में निष्णात हो जाते हैं। संदेह अंधकार का हिस्सा है; श्रद्धा प्रकाश का। इसलिए तो समस्त ज्ञानियों ने श्रद्धा को सेतु माना है कि अगर अंधकार से प्रकाश की तरफ आना हो, तो श्रद्धा के सेतु से गुजरना पड़ेगा।

एक भरोसा चाहिए। भरोसे का मतलब इतना है कि जो मैंने नहीं जाना है वह भी हो सकता है। अगर तुम यह सोचते हो कि तुमने जो जाना है बस उतना ही है, तब तो यात्रा का कोई सवाल नहीं। बात समाप्त हो गई। बुद्ध आकर सिर पीटें और कहें कि मैंने थोड़ा सा ज्यादा जाना है तुमसे, तो भी तुम मानोगे नहीं।

संदेह का इतना ही अर्थ है कि मुझ पर सत्य समाप्त हो गया। मैंने जो जान लिया, वही सत्य की भी सीमा है। मेरा अनुभव और सत्य समान है। यह संदेह है। श्रद्धा का अर्थ है, मेरा अनुभव छोटा है, सत्य बहुत बड़ा हो सकता है। मेरा छोटा आंगन है। आंगन पूरा आकाश नहीं। बड़ा आकाश है। मेरी छोटी खिड़की है। लेकिन खिड़की का ढांचा आकाश का ढांचा नहीं। माना कि मैं खिड़की से ही झांक कर देखता हूं, तो भी खिड़की आकाश नहीं है।

इतना जिसे खयाल आ जाए, जिसे संदेह पर संदेह आ जाए, वह श्रद्धावान हो जाता है। वह बड़े से बड़ा संदेह है, ध्यान रखना। जिसे संदेह पर संदेह आ जाए, जो अपने संदेह की प्रवृत्ति के प्रति संदिग्ध हो जाए, उसके जीवन में श्रद्धा का आविर्भाव हो जाता है।

श्रद्धा का अर्थ है: जानने को बहुत कुछ शेष है। मैंने थोड़े कंकड़-पत्थर बीन लिए हैं समुद्र के तट पर, लेकिन इससे समुद्र का तट समाप्त नहीं हो गया। मैंने मुट्ठी भर रेत इकट्ठी कर ली है, लेकिन सागर के किनारों पर अनंत रेत शेष है। मेरी मुट्ठी की सीमा है, सागर की सीमा

नहीं। मेरी बुद्धि की सीमा है, सत्य की सीमा नहीं। मैं कितना ही पाता चला जाऊं तो भी पाने को सदा शेष रह जाएगा।

यही तो अर्थ है परमात्मा को अनंत कहने का। तुम कितना ही पाओ, वह फिर भी पाने को शेष रहेगा। तुम पा-पा कर थक जाओगे, वह नहीं चुकेगा। तुम्हारा पात्र भर जाएगा, ऊपर से बहने लगेगा, लेकिन उसके मेघों से वर्षा जारी रहेगी।

हम कणमात्र हैं। जब कण को खयाल हो जाता है कि मैं सब, वहीं श्रद्धा समाप्त हो जाती है। श्रद्धा अज्ञात की तरफ पैर उठाने के साहस का नाम है। अनजान में प्रवेश, अज्ञात में प्रवेश; जहां मैं कभी नहीं गया, जो मैं कभी नहीं हुआ, वह भी हो सकता है।

उस आदमी के मन में बहुत बार करुणा उठने लगी, आनंद का अनिवार्य लक्षण है करुणा।

जब बुद्ध से किसी ने पूछा कि समाधि की पूर्ण परिभाषा क्या है? तो उन्होंने कहा: परिभाषा तो मुझे पता नहीं; लेकिन दो बातें निश्चित हैं—महाज्ञान, महाकरुणा।

पूछने वाले ने कहा: महाज्ञान कह देने से क्या काफी न होगा? बुद्ध ने कहा: नहीं। वह अधूरा होगा। वह सिक्के का एक पहलू है। दूसरा पहलू है, महाकरुणा।

जब भी ज्ञान का जन्म होता है, तभी करुणा का जन्म हो जाता है। क्यों? क्योंकि अब तक जो जीवन-ऊर्जा वासना बन रही थी वह कहां जाएगी? ऊर्जा नष्ट नहीं होती। अभी धन के पीछे दौड़ती थी, पद के पीछे दौड़ती थी, महत्वाकांक्षाएं थीं अनेक। अनेक-अनेक तरह के भोगों की कामना थी, सारी ऊर्जा वहां संलग्न थी। प्रकाश के जलते, ज्ञान के उदय होते, वह सारा अंधकार, वह भोग, लिप्सा, महत्वाकांक्षा ऐसे ही विलीन हो जाते हैं, जैसे दीये के जलते अंधकार।

ऊर्जा का क्या होगा? जो ऊर्जा कामवासना बनी थी, जो ऊर्जा क्रोध बनती थी, जो ऊर्जा ईर्ष्या बनती थी, मत्सर बनती थी, उस ऊर्जा का, उस शुद्ध शक्ति का क्या होगा? वह सारी शक्ति करुणा बन जाती है। महाकरुणा का जन्म होता है। और वह करुणा तुम्हारी कामवासना से ज्यादा अदम्य होती है। क्योंकि तुम्हारी कामवासना और बहुत सी वासनाओं के साथ है। महत्वाकांक्षा है, धन भी पाना है। तुम कामवासना को स्थगित भी कर देते हो कि ठहर जाओ दस वर्ष; धन कमा लें ठीक से, फिर शादी करेंगे।

धन की वासना भी अकेली नहीं है। पद की वासना भी है। तुम पद पाने के लिए धन का भी त्याग कर देते हो। चुनाव में लगा देते हो सब धन कि किसी तरह मंत्री हो जाओ। लेकिन मंत्री की कामना भी पूरी कामना नहीं है। मंत्री होकर फिर तुम स्त्रियों के पीछे भागने लगते हो। मंत्री-पद भी दांव पर लग जाता है।

तुम्हारी सभी कामनाएं अधूरी-अधूरी हैं। हजार कामनाएं हैं और सभी में ऊर्जा बंटी है। लेकिन जब सभी कामनाएं शून्य हो जाती हैं, सारी ऊर्जा मुक्त होती है। तुम एक अदम्य ऊर्जा के स्रोत हो जाते हो। एक प्रगाढ़ शक्ति! उस शक्ति का क्या होगा?

जब भी आनंद का जन्म होता है, समाधि का जन्म होता है, सत्य का आकाश मिलता है, तब तुम तत्क्षण पाते हो कि वे जो पीछे रह गए, उन्हें भी इसी खुले आकाश में ले आना है। तब तुम्हारा सारा जीवन जो बंधे हैं उन्हें मुक्त करने में लग जाता है। जो कारागृह में हैं, उन्हें खुला आकाश देने में लग जाता है। जिनके पंख जंग खा गए हैं, उनके पंखों को सुधारने में लग जाता है कि वे फिर से उड़ सकें। जिनके पैर जाम हो गए हैं, उनके पैरों को फिर जीवन देने में लग जाता है। ताकि लंगड़े चलें और अंधे देखें और बहरे सुन सकें।

और तुम लंगड़े हो। तुम चले नहीं। यात्रा तुमने बहुत की है लेकिन जब तक तीर्थयात्रा न हो, तब तक कोई यात्रा यात्रा नहीं है। तुम बहरे हो। तुमने सुना बहुत है, लेकिन वासना के सिवाय कोई स्वर तुमने नहीं सुना। और वासना भी कोई संगीत है! वासना तो एक शोरगुल है जिसमें संगीत बिलकुल ही नहीं है। वासना तो एक विसंगीत है, जिससे तुम तनते हो, चिंतित होते हो, बेचैन-परेशान होते हो। संगीत तो वह जो तुम्हें भर दे उस अनंत आनंद से, जहां सब बेचैनी खो जाती है, जहां चैन की बांसुरी बजती है। और ऐसी बांसुरी कि उसका फिर कभी अंत नहीं आता।

तुम अंधे हो। तुमने बहुत कुछ देखा है लेकिन जो देखा है वह सब ऊपर की रूप-रेखा है। भीतर का सत्य तुम नहीं देख पाते। शरीर दिखता है, आत्मा नहीं दिखती। पदार्थ दिखता है, परमात्मा नहीं दिखता। दृश्य दिखाई पड़ता है, अदृश्य नहीं दिखाई पड़ता। और अदृश्य ही आधार है दृश्य का। परमात्मा ही आधार है पदार्थ का। और आत्मा के बिना क्षण भर भी तो शरीर जीता नहीं। इधर उड़ गया पंछी, उधर शरीर जलाने को लोग ले चले। फिर भी तुमने सिर्फ शरीर देखा है और आत्मा नहीं देखी। अंधे हो तुम, पंगु हो तुम।

जिसके जीवन में समाधि खिलती है वह भागता है उनको जगाने, जो सोए हैं। लेकिन उसे भी कठिनाई खड़ी होती है।

कुछ दिन तो उसने अपने को रोका। क्योंकि वह जानता है कि वे लोग हंसेंगे। क्योंकि वह जानता है कि वे सुनेंगे नहीं। क्योंकि वह जानता है कि उसका स्वागत नहीं होने वाला, अपमान और तिरस्कार होने वाला है, क्योंकि वह जानता है कि जो सदा से हुआ है, वही फिर होगा। पत्थर और कांटों से स्वागत होगा, फूलमालाएं मिलने को नहीं हैं। लेकिन अदम्य है करुणा। उसे रोका नहीं जा सकता।

कथा है कि बुद्ध को जब ज्ञान हुआ, तो सात दिन तक वे चुप बैठे रहे। बड़ी मीठी कथा है। क्या करते रहे चुप बैठ कर? बहुत बार अदम्य वेग से उठी करुणा कि जाएं। बहुत लोग

भटकते हैं। सारे लोग भटकते हैं। जो मुझे मिल गया है वह बांट दूं। लेकिन कोई चीज रोकती रही... कोई चीज रोकती रही।

बुद्ध जैसा व्यक्ति भी हिम्मत न जुटा सका। तुम्हारे सामने बुद्ध भी हारे हुए हैं। बुद्ध को भी डर लगा। जिसको अब कोई डर नहीं बचा है, जिसको मृत्यु का भय नहीं, वह भी तुमसे डरता है। जो यम से नहीं डरता, वह तुमसे डरता है।

सात दिन तक बुद्ध ने प्रतिरोध किया अपना ही। सब तरह से रोका कि नहीं। अपने को समझाया कि जो जागने वाले हैं वे मेरे बिना ही जाग जाएंगे। और जो नहीं जागने वाले हैं, मैं लाख सिर पटकूं, वे सुनेंगे नहीं। तो क्यों व्यर्थ मेहनत करूं?

कथा है कि आकाश के देवता चिंतित हो गए। बड़ी बेचैनी फैल गई आकाश के देवताओं में! बेचैनी यह कि कभी करोड़-करोड़ वर्षों में कभी कोई एक व्यक्ति बुद्धत्व को उपलब्ध होता है। और वह भी अगर चुप रह गया, तो जो भटकते हैं मार्ग पर उनका क्या होगा? जो अंधेरे में प्रतीक्षा करते हैं, अनजानी प्रतीक्षा, उन्हें पता भी नहीं है किसी का, जो मार्ग बताएगा। बताने वाले का पत्थर से ही वे स्वागत करेंगे। लेकिन फिर भी अनंत-अनंत काल से खोजते तो हैं ही। भीतर कहीं कोई गहरे में छिपा हुआ बीज तो पड़ा ही है। न फूट पाता हो, ठीक भूमि न मिली हो, सूरज का प्रकाश न मिला हो, कोई पानी देने वाला न मिला हो, कोई साज-सम्हाल करने वाला न मिला हो। लेकिन बीज तो पड़ा ही है; उनका क्या होगा?

कथा है कि आकाश के देवता उतरे। बुद्ध के चरणों में उन्होंने सिर रखा और कहा कि नहीं अब चुप न बैठें, अब उठें। बहुत देर वैसे ही हो गई।

देवता का अर्थ है: ऐसी चेतनाएं जो अत्यंत शुभ-परिणामी हैं। ऐसी चेतनाएं जिनके जीवन से अशुभ खो गया है, सिर्फ शुभ बचा है। अभी वे पूर्ण मुक्त नहीं हैं। क्योंकि जब शुभ भी खो जाएगा तभी पूर्ण मुक्ति होगी। देवता का अर्थ है: शुद्धतम चेतनाएं, मुक्ततम नहीं। पहले अशुद्धि से बंधी हुई चेतनाएं हैं, जिनको हम राक्षस कहें, असुर कहें। नारकीय योनि में पड़े हुए लोग कहें। और फिर शुद्ध चेतनाएं हैं जो स्वर्ग में हैं, शांत हैं, शुभ-परिणामी हैं। किसी का बुरा नहीं चाहतीं, भला चाहती हैं; लेकिन चाह बाकी है। नरक में जो पड़े हैं उनके हाथ में जो जंजीरें हैं वे लोहे की हैं। स्वर्ग में जो पड़े हैं उनके हाथ में जो जंजीरें हैं वे सोने की हैं। हीरे-माणिक से जड़ी हैं, पर जंजीरें हैं।

मुक्त वह है जिसे न शुभ रहा, न अशुभ रहा। जिसकी लोहे की जंजीरें, सोने की जंजीरें सब टूट गईं। मुक्त वह है, जिसका द्वंद्व समाप्त हो गया। जिसके भीतर दो न रहे—शुभ-अशुभ, अच्छा-बुरा, रात-दिन, स्वर्ग-नरक, सुख-दुख सब खो गए।

देवता का अर्थ है: शुद्ध, सुखी चेतनाएं। निश्चित ही स्वभावतः उनके ही हृदय में कंपन

पैदा होगा क्योंकि वे निकटतम हैं मुक्त पुरुषों के। नरक में पड़े लोगों को तो पता भी न चला कि कोई बुद्ध हो गया है।

पृथ्वी पर जो लोग हैं वे दोनों के बीच में हैं। न तो नरक में हैं और न स्वर्ग में। वे त्रिशंकु की भांति हैं। शुभ और अशुभ दोनों में डोलते रहते हैं। सुबह देवता, घंटे भर बाद शैतान। घंटे भर बाद फिर देखो मुस्कुरा रहे हैं और अच्छे भले आदमी मालूम पड़ते हैं। और थोड़ी देर बाद किसी की गर्दन काट सकते हैं। पृथ्वी पर जो हैं, मध्य लोक जिसको ज्ञानियों ने कहा, वे स्वर्ग और नरक के बीच डोलते रहते हैं। एक पैर नरक में और एक पैर स्वर्ग में। कहीं भी नहीं हैं वे। उनका होना नहीं है। इसलिए तो तुम्हें पता नहीं चलता कि तुम कौन हो? नरक में ठीक पता चलता है लोगों को कि कौन हैं। स्वर्ग में भी ठीक पता चलता है कि वे कौन हैं। क्योंकि एक ही नाव पर सवार हैं।

जो शुभ की नाव पर सवार हैं उनको लगा, उनके प्राण कंप गए कि बुद्ध चुप हैं। कहीं ऐसा न हो कि वे चुप ही रह जाएं।

देवताओं ने पैर में सिर रखा। स्वयं ब्रह्मा ने कहा कि नहीं, आप बोलें। और देर हो जाएगी तो वाणी खो जाएगी। आप भीतर मत डूबते चले जाएं। आपने पा लिया, लेकिन जिन्होंने नहीं पाया है, उन पर करुणा करें।

कहते हैं, बुद्ध ने कहा कि जो पाने को हैं, जो पाने की चेष्टा में रत हैं, वे पा ही लेंगे। मैंने पा लिया, वे भी पा लेंगे। वे भी मेरे जैसे हैं। थोड़ी देर-अबेर होगी पर इस अनंतकाल में क्या देर क्या अबेर! घड़ी भर पहले कि घड़ी भर बाद। एक जन्म पहले कि एक जन्म बाद। क्या फर्क पड़ता है? मुझे क्यों परेशानी में डालते हो?

और जो नहीं पाने को हैं—मेरे पहले बहुत बुद्धपुरुष हो चुके हैं, उन सब ने उनके द्वार पर दस्तक दी है। उन्होंने द्वार भी नहीं खोला। नहीं कि द्वार नहीं खोला, वे नाराज भी हुए कि क्यों हमारी नींद तोड़ते हो? क्यों हमारी शांति में दखल देते हो? हम जैसे हैं, ठीक हैं। क्यों हमें बेचैन करते हो? ये किस लोक की खबरें लाते हो। यही लोक सब-कुछ है। कोई और लोक नहीं है। उन्होंने श्रद्धा नहीं की। वे नहीं सुनेंगे। हजारों बुद्ध हार चुके हैं। मैं भी हार जाऊंगा। तुम मुझे क्यों परेशान करते हो?

देवताओं ने चिंतन किया, विचार किया कि कुछ तर्क निकालना ही पड़ेगा कि बुद्ध को उनके बाहर ले आया जाए। फिर वे सब विचार करके आए और उन्होंने कहा कि आप ठीक कहते हैं। कुछ हैं, जो आपके बिना भी पा लेंगे और कुछ हैं, जो आपके सहयोग से भी नहीं पाएंगे। लेकिन दोनों के मध्य में भी कुछ हैं, जो आपके बिना न पा सकेंगे और आपके साथ पा लेंगे। उनकी संख्या बहुत न्यून होगी। समझ लो कि एक ही आदमी पा सकेगा, तो भी, तो भी उपाय करने योग्य है। क्योंकि एक व्यक्ति का भी बुद्धत्व को उपलब्ध हो जाना इतनी महान घटना है कि आप बैठे मत रहें।

बुद्ध को झुकना पड़ा। देवताओं के तर्क से नहीं; देवताओं के तर्क ने तो जो प्रतिरोध था, उसको भर तोड़ा। भीतर तो करुणा बहने को तैयार थी।

उस आदमी को भी तकलीफ हुई। बेचैनी होने लगी। कारागृह में जिनको छोड़ आया था उनकी याद आने लगी। वे ऐसे ही बंधे-बंधे समाप्त हो जाएंगे? उनका जीवन ऐसे ही अंध-कार में पैदा हुआ, अंधकार में ही खो जाएगा? कभी उनकी आंखें प्रकाश न देख सकेंगी? वे छायाएं ही देखते रहेंगे दीवाल पर? वे जंजीरों को ही आभूषण मानते रहेंगे? उन्हें मुक्ति के पंख कभी भी न मिलेंगे?

नहीं। भारी होने लगा उसका मन। जैसे मेघ जब भर जाते हैं तो बरसते हैं, ऐसे भारी होने लगा उसका प्राण। बरसने को तत्पर होने लगा। जैसे फूल जब भर जाता है गंध से, तो खुल जाता है और गंध फेंक देता है, चारों लोक-लोकांतर में। ऐसे उसके प्राण भी खिलने को तत्पर होने लगे। कोई अवश प्रेरणा उसे खींचने लगी वापस।

जानते हुए, वहां स्वागत नहीं होने को है, वह वापस लौट आया कारागृह में। लोग हंसने लगे। उन्होंने कहा: हमने पहले ही कहा था कि वहां कुछ भी नहीं है। सिर्फ छायाएं हैं, जहां तुम जा रहे हो। आ गए वापस? आ गई बुद्धि? रास्ते पर आ गई बुद्धि? और उलटा हमें समझा रहे थे कि हम भी तुम्हारे साथ चलें। हमें भी मूढ़ बनाने की सोची थी? अब तो समझ आ गई? आ जाओ वापस, सम्हाल लो अपने आभूषणों को। यही एकमात्र जगत है। और दीवाल पर बनती छायाएं ही सत्य हैं।

ये सब सपने हैं रंगीनियों के, प्रकाश के। ये कल्पनाएं हैं। और तुम अकेले नहीं हो। हममें से भी बहुतों ने ऐसे सपने देखे हैं। और ऐसी कल्पनाएं की हैं। वे सब कविताएं हैं-- और लोकों की, सत्यों के लोकों की, मुक्त आत्माओं की, सिद्धों की। सब कल्पनाएं हैं। सब बकवास हैं। ये चालबाजों ने मूढ़ों को चूसने के, शोषण करने के उपाय बना रखे हैं।

धक से रह गया होगा वह आदमी! द्वार बंद है। इन्हें मुक्त करने आया है। लेकिन ये अपने कारागृह को अपना जीवन समझ बैठे हैं। फिर भी उसने कोशिश की। जो सदा हुआ है, वही हुआ। लोग उसके विरोध में होते गए। जितना ही वह चेष्टा करने लगा, उतना ही वे नाराज होते गए।

क्योंकि उनकी नाराजगी भी स्वाभाविक मालूम होती है। तुम उनके जीवन भर के दांव को मिट्टी पर करने में लगे हो। तुम यह कह रहे हो कि साठ साल तुम व्यर्थ ही जीए। तुम यह कह रहे हो कि तुम इतने बुद्धिहीन हो कि साठ साल तुम अंधेरे में रहे, फिर भी तुम्हें खयाल न आया कि यह अंधकार है? जंजीरों में बंधे सड़ते रहे और तुम्हें इतना भी बोध न उठा कि ये जंजीरें हैं? मूढ़! और तुम इन्हें आभूषण समझते रहे? दीवाल पर बनी छायाओं को देखा और समझा कि यही सत्य है?

यह बर्दाश्त के बाहर है। क्योंकि अगर यह आदमी सच है तो उस कारागृह के सभी आदमी गलत हैं।

भीड़ गलत है, अगर बुद्ध सच हैं। अगर मैं सच हूं, तो तुम गलत हो। तुम्हारे सही होने का एक ही उपाय है कि मैं गलत होऊं। और तुम आसानी से यह उपाय कर सकते हो। भीड़ तुम्हारी है, संख्या तुम्हारी है।

वह आदमी अकेला था, अजनबी। अपरिचित लोगों के बीच। उसकी भाषा और हो गई थी। उनकी भाषा और थी। उनके बीच, उन दोनों के बीच अब कोई संवाद होना तक मुश्किल था। उसने लाख समझाने की कोशिश की, लेकिन कोई समझने को राजी न था। फिर उसका समझाना भी लोगों के सिर पर भारी होने लगा। और जो सदा हुआ है वही हुआ। उन्होंने पत्थरों से और जंजीरों की चोटों से उस आदमी को मार डाला।

तुमने जीसस के साथ वही किया। तुमने सुकरात के साथ वही किया। तुमने मंसूर के साथ वही किया।

यह कहानी बड़ी प्राचीन है, और बड़ी नई भी। पुरानी से पुरानी, नई से नई। यह अतीत में भी होती रही है, आज भी हो रही है; भविष्य में भी होती रहेगी। यह चिर-नूतन, चिर-पुरातन कथा है। यूनान के बहुत बड़े मनीषी अफलातून ने इस कथा का एक अंश अपनी किताबों में उल्लेख किया है। लेकिन यह कथा अफलातून से भी पुरानी है। यह उतनी ही पुरानी है जितना आदमी पुराना है। और यह तब तक रहेगी, जब तक एक भी आदमी जमीन पर बंधा हुआ है।

अब हम कबीर के इस सूत्र को समझने की कोशिश करें।

तब तुम समझ पाओगे क्यों कबीर कहता है: 'कहै कबीर दीवाना।' नहीं तो तुम न समझ पाओगे, क्यों कबीर अपने को खुद पागल कहता है? कैसी बेबूझ दुनिया है! प्रज्ञावान पागल समझे जाते हैं, मूढ़ ज्ञानी। जिन्हें कुछ भी पता नहीं है, जिन्होंने शब्दों का कचरा इकट्ठा कर लिया है। या खोपड़ी में शास्त्र भर लिए हैं, वे ज्ञानी हैं, वे पंडित हैं।

कबीर काशी में रहे जीवन भर। पंडितों की दुनिया! स्वभावतः उन सभी पंडितों ने कहा होगा पागल है। काशी...! वहां तो सबसे ज्यादा बड़े अंधों की भीड़ है। वहां तो सब तरह के मूढ़ प्रतिष्ठित हैं, जिनके पास शब्दों का जाल है। वेद, उपनिषद हैं; गीता, पुराण हैं। जिन्हें गीता पुराण, वेद, उपनिषद कंठस्थ हैं। शब्दों के अतिरिक्त जिन्होंने कुछ भी नहीं जाना। दीवालों पर बनी छायाओं को जिन्होंने इकट्ठा किया है—बड़ी मेहनत से, बड़े श्रम से, बड़ी कुशलता से। वे बड़े निष्णात हैं तर्क में, शब्द में। लेकिन शब्द तो छाया है सत्य की। और तर्क तो सिर्फ सांत्वना है।

इसलिए कबीर अपने को खुद कहते हैं:

कहै कबीर दीवाना।

एक-एक शब्द को सुनने की, समझने की कोशिश करो। क्योंकि कबीर जैसे दीवाने मुश्किल से कभी होते हैं। अंगुलियों पर गिने जा सकते हैं। और उनकी दीवानगी ऐसी है कि तुम अपना अहोभाग्य समझना अगर उनकी सुराही की शराब से एक बूंद भी तुम्हारे कंठ में उतर जाए। अगर उनका पागलपन तुम्हें थोड़ा सा भी छू ले तो तुम स्वस्थ हो जाओगे। उनका पागलपन थोड़ा सा भी तुम्हें पकड़ ले, तुम भी कबीर जैसा नाच उठो और गा उठो, तो उससे बड़ा कोई धन्यभाग नहीं है। वही परम सौभाग्य है। सौभाग्यशालियों को ही उपलब्ध होता है।

जब मैं भूला रे भाई, मेरे सतगुरु जुगत लखाई।

किरिया करम अचार मैं छाड़ा, छाड़ा तीरथ नहाना।

सगरी दुनिया भई सयानी, मैं ही इक बौराना।।

जब मैं भूला रे भाई,...

क्या भूल है? क्या तुम भूल गए हो? तुम स्वयं को भूल गए हो, सब तुम्हें याद है। वेद कंठस्थ, सिद्धांत, शास्त्र याद। सिर्फ एक को तुम भूल गए हो, वह तुम स्वयं हो। और उसे जाने बिना सब ज्ञान व्यर्थ है। और जिसने उस एक को जान लिया, उसने सब जान लिया। उस एक के जानने में जान लिए जाते हैं सब वेद, कुरान, बाइबिल। उस एक को चूकने में सब चूक जाता है।

क्योंकि वही एक तुम्हारे भीतर चैतन्य का स्रोत है। उस एक से ही तुम परमात्मा से जुड़े हो। वह एक तुम्हारे भीतर आया हुआ परमात्मा है। जैसे तुम्हारी खिड़की में से आ गया आकाश तुम्हारे घर को भरे; ऐसा तुम्हारे उस एक में से आ गया आकाश—परमात्मा—तुमको भरे। उस एक को भर तुम भूल गए हो।

उसकी तरफ पीठ, सारे संसार की तरफ आंख है। भागे फिरते हो, ज्ञान का संग्रह करते चले जाते हो। धन का संग्रह करते चले जाते हो। एक बात भूल ही जाते हो वह कौन है, जिसके लिए तुम संग्रह कर रहे हो? वह कौन है, जो संग्रह कर रहा है? वह कौन है जो शास्त्र पढ़ रहा है? शास्त्र तो याद रह जाता है, वह कौन है, जो शास्त्र पढ़ रहा है? वह कौन है, जो सबके प्रति साक्षी है? वह कौन है चैतन्य का स्रोत तुम्हारे भीतर?

जब मैं भूला रे भाई, मेरे सतगुरु जुगत लखाई।

कबीर कहते हैं: जब मैं भूल गया... विस्मरण अज्ञान है। इसलिए तुम ज्ञान से अज्ञान को न मिटा सकोगे; स्मरण से मिटा सकोगे। इसे ठीक से समझ लो। विस्मरण अज्ञान है। तुम भूल गए हो कि तुम कौन हो? इसकी पुनर्याद, पुनर्स्मरण चाहिए। ज्ञान से यह न होगा।

क्योंकि ऐसा नहीं है कि तुम्हें कुछ जानकारी की कमी है, तो जानकारी बढ़ जाएगी,

तो ज्ञान हो जाएगा। तुम्हारे मन में अभी हजार जानकारियां हैं, दस हजार हो जाएंगी। इससे तुम्हारा अज्ञान न टूटेगा। तुम महापंडित हो जाओगे, लेकिन तुम्हारी मूढ़ता बरकरार रहेगी। क्योंकि मूढ़ता का पांडित्य के होने से और टूटने का कोई संबंध नहीं है। मूढ़ता है भूलना; विस्मरण। इसलिए स्मरण से तुम्हें अपनी याद आ जाएगी, मैं कौन हूं।

इसलिए कबीर दो शब्दों में समझे जा सकते हैं—विस्मरण और स्मरण; जिसको कबीर ने सुमिरन कहा है, सुरति कहा है। 'सुरति' संस्कृत के 'स्मृति' शब्द का अपभ्रंश है। स्मृति आ जाए, सुरति आ जाए, सुमिरन आ जाए। लेकिन लोग बड़े अजीब हैं। कबीर के मानने वालों को भी मैं जानता हूं। वे माला फेरते हैं। उनसे पूछो क्या कर रहे हो? वे कहते हैं सुमिरन कर रहे हैं। सुमिरन को उन्होंने जाप बना लिया।

सुमिरन का अर्थ है, स्मरण, जिसको गुरजिएफ ने सेल्फ-रिमेंबरिंग कहा है—आत्म-स्मृति। जिसको बुद्ध ने सम्यक-स्मृति कहा है—राइट माइंडफुलनेस। जिसको महावीर ने विवेक कहा है—याद।

लेकिन कैसे तुम्हें याद आएगी? तुम तो भूल गए हो। तुम्हें कोई याद दिलाए, तो ही आएगी। तुम्हें खुद कैसे याद आएगी?

रात तुम सोते हो। सुबह पांच बजे उठना है, ट्रेन पकड़नी है, क्या करते हो? कोई जुगत चाहिए। अलार्म भर देते हो। अलार्म जुगत। तुम न जाग सकोगे पांच बजे। कोई तुम्हें जगाए। घड़ी भी जगा सकती है। यंत्र है सिर्फ। लेकिन तुम स्वयं न जाग सकोगे। या किसी को कह देते हो पड़ोस में कि जगा देना।

कोई जागा हुआ जगा सकता है। किसी सोए आदमी से मत कह देना कि जगा देना। वे पहले ही घुर्रा रहे हैं और तुम उनसे जाकर कहो कि भाई सुनो, पांच बजे जगा देना। उससे कुछ हल न होगा। उन्होंने सुना ही नहीं। उनको खुद ही कोई जगाने वाले की जरूरत थी। कोई जागा हुआ चाहिए।

और समस्त योग का अर्थ है: जुगत। 'जुगत' शब्द बड़ा प्यारा है।

अंग्रेजी में उसके लिए शब्द है 'डिवाइस,' तरकीब। हजारों तरह की तरकीबें उपयोग की गई हैं आदमी को जगाने के लिए। लेकिन अगर तुम खुद ही करोगे, तो खतरा है।

मैंने सुना है कि अमरीका का बहुत बड़ा वैज्ञानिक एडीसन भुलक्कड़ था। भूल जाता था। अक्सर जो लोग बहुत सोचते हैं वे भुलक्कड़ हो जाते हैं। सोचना इतना ज्यादा हो जाता है कि सबकी याद रखनी मुश्किल हो जाती है। तो वह हर चीज को, जब भुलक्कड़ हो गया... और उसने एक हजार आविष्कार किए हैं। इसलिए बड़ी पैनी बुद्धि का आदमी था। कभी वह कोई चीज आधी करके—पूरी न कर पाया है, आधी की है, आधा कोई आविष्कार कर लिया है—फिर भूल जाए वर्षों तक; तो बड़ा नुकसान होने लगा।

तो किसी ने उसको सुझाव दिया कि तुम ऐसा क्यों नहीं करते कि हर चीज को लिख लिया, ताकि याद बनी रहे। तो उसने लिखना शुरू कर दिया। तो अलग-अलग कागजों पर लिख कर रखता जाता; वे कागज खो जाते कि कहां रख दिया? किसी ने कहा, तुम भी पागल हो। अलग-अलग कागजों पर क्यों लिखते हो? डायरी क्यों नहीं बना लेते? उसने डायरी बना ली। डायरी खो गई।

आदमी भूलने वाला हो, तो इससे क्या फर्क पड़ता है? तुम चाहे कागज पर लिखो, चाहे तुम डायरी पर लिखो। इससे फर्क ही क्या पड़ता है? क्योंकि वह आदमी तो बुनियादी वही है। वह डायरी भूल गया एक दिन। उसने कहा इससे तो कागज ही बेहतर थे। एक भूलता था, तो बाकी तो बचते थे। यह पूरा गया। डायरी में सब लिखा था। अब डायरी कहां है?

आदमी अपने से ही कोशिश करेगा तो उसका जो बुनियादी गुण है, उसके पार नहीं जा सकता। इसलिए आध्यात्मिक जीवन में गुरु की अनिवार्यता है। गुरु का केवल इतना ही अर्थ है, कोई जो जाग गया। कोई जो तुम्हें भूलने न देगा। कोई तुम्हें जो कोड़े लगाता रहेगा। कोई तुम्हें जो हिलाता रहेगा। कोई तुम्हें जो करवट लेकर फिर सपने में न खो जाने देगा।

तुम्हारा सारा अतीत नींद की तैयारी है। गुरु के रहते भी तुम जाग जाओगे, यह पक्का नहीं है। लेकिन गुरु के बिना तो बिलकुल पक्का है, तुम जाग न सकोगे। हां, यह हो सकता है कि तुम नींद में ही सपना देखने लगो कि जाग गया। यह भी होता है। तुमने कभी नींद में ऐसा सपना भी देखा होगा कि जब तुम जाग गए।

इसलिए अलार्म भी बहुत काम नहीं दे सकता। अलार्म बज रहा है। तुम सो रहे हो। तुम एक सपना पैदा कर लेते हो कि मंदिर में प्रार्थना चल रही है। घंटी बज रही है। तुमने खत्म कर दी घड़ी। तुमने तरकीब निकाल ली। नींद ने रास्ता बना लिया। क्योंकि अगर अलार्म है तो जागना पड़ेगा। तो नींद ने एक सपना पैदा किया। नींद ने कहा कि अहा! कैसी सुंदर आरती उतर रही है। भगवान के मंदिर में कैसी घंटी बज रही है मधुर। बस, अब तुम सो सकते हो, अलार्म का कोई सवाल न रहा। नींद में तुम अलार्म भी बंद कर सकते हो। करवट ले सकते हो। घड़ी मुर्दा है।

इसलिए विधियां अकेली काम न देंगी। गुरु चाहिए। विधियां तो उपलब्ध हैं। पतंजलि का योगशास्त्र, योगसूत्र, उपलब्ध है। सब विधियां लिखी हैं। लेकिन अगर किताब पढ़ कर तुमने काम किया तो विधियां घड़ी की तरह होंगी–यंत्रवत। तुम कर भी लोगे, लेकिन करोगे तो तुम्हीं–सोया हुआ आदमी। कबीर कहेंगे, स्मरण करो। तुम सुमिरन कर लोगे, माला फेर लोगे।

जीवित गुरु चाहिए। सभी धर्म मर जाते हैं। जिस दिन उनका जीवित गुरु मर जाता है, उसी दिन मर जाते हैं।

सिक्ख धर्म जिंदा था, जब तक दस गुरु जिंदा रहे। जिस दिन गुरु गोविंदसिंह ने तय किया कि अब गुरुग्रंथ ही गुरु होगा, अब कोई जीवित गुरु नहीं होगा, उसी दिन मर गया। तो दस गुरुओं के जीते-जी जो खूबी थी सिक्ख धर्म में, वह बात ही और थी। तब यंत्र नहीं था। जीवित आदमी था।

जैनों के चौबीस तीर्थंकर जब तक थे तब तक एक जीवंत धारा थी। फिर जैनियों ने तय किया कि अब चौबीस से ज्यादा तीर्थंकर नहीं। महावीर के बाद दरवाजा उन्होंने बंद कर दिया। मर गया। तब से जैन धर्म एक लाश है। मोहम्मद के साथ इस्लाम जिंदा था। कुरान के साथ मुर्दा है। हालांकि कुरान मोहम्मद की किताब है। इससे कोई फर्क नहीं पड़ता।

मैं खड़ा हूं एक डंडा लिए, तुम सो रहे हो। मैं डंडे से तुम्हें उठाता हूं। डंडा नहीं उठाता, मैं उठाता हूं। तुम्हारी आंख खुल जाती है। मैं तो तुम्हें दिखाई नहीं पड़ता। डंडा तुम्हें छूता दिखाई पड़ता है। तुम डंडे को पकड़ लेते हो अहोभाव से कि बड़ी कृपा! कि मुझे जगा दिया।

अब तुम अपने बच्चों को डंडा दे जाओगे कि सम्हाल कर रखना। यह जगाता है। जुगत मर गई। डंडा नहीं जगा रहा था, डंडे के पीछे कोई जीवित हाथ थे। डंडा क्या जगाएगा? डंडा अकेला क्या करेगा? अलार्म घड़ी रह जाती है आखिर में। फिर उसे तुम सम्हाले रहो। अलार्म भी बजता रहेगा और तुम सोते भी रहोगे।

सभी शास्त्र डंडे हो जाते हैं। तुम उनकी पूजा करते हो, याद करते हो। और यह भी नहीं है कि कभी उनसे लोग न जगे थे—जगे थे। लेकिन कोई जीवित हाथ पीछे था। कोई नानक पीछे था। वह कंपन जो डंडे में था, डंडे का नहीं था। वह उस जीवित हाथ का था। वह डंडे में जो जीवन प्रवाहित हो रहा था, वह नानक का था। अब तुम चले जाओ। पांचों ककार पूरे करते रहो। केश बांधो, कंधा लगाओ, कटार रखो, कच्छा पहनो, जो तुम्हें करना है करो, मगर ये सब डंडे हैं। अब इनसे कुछ होने वाला नहीं।

जुगत जीवित होती है, जब कोई हाथ जागा हुआ पीछे होता है। मैं अभी हूं, तब तुम मेरे डंडे का उपयोग कर लो। मेरे मर जाने के बाद तुम करना सक्रिय ध्यान, कुछ भी न होगा। और तुम करोगे मरने के बाद। यह मुझे पक्का है। इसमें कोई शक नहीं। क्योंकि तुम्हारी पुरानी आदत है।

क्यों ऐसा होता है? ऐसा इसलिए होता है, विधियों से तुम्हें कोई डर नहीं, तुम्हारी नींद को कोई डर नहीं। तो विधियां तो तुम करने को राजी हो, लेकिन गुरु से डर है। खतरा है। क्योंकि जीवित आदमी के पास कितनी देर तुम सोए रहोगे? नींद तुम्हें छोड़नी पड़ेगी। वह तुम्हें छुड़ाएगा।

जागा हुआ आदमी कितनी देर तक तुम्हारी नींद की दशा देख सकेगा? तुम्हारा उदास चेहरा, तुम्हारी कीचड़ से भरी आंखें, तुम्हारे मुंह से टपकती लार! तुम मुर्दे की भांति पड़े हो।

अनर्गल तुम्हारी नींद में बकवास! कभी भयभीत होते हो, कंपते हो। कभी सुखी मालूम होते हो। मुस्कुराहट फैल जाती है चेहरे पर, लेकिन सब नींद में होता है, सब सपने में हो रहा है। सब झूठ हो रहा है। तुम्हारी नींद तोड़नी जरूरी है।

जब मैं भूला रे भाई, मेरे सतगुरु जुगत लखाई।

तो मेरे गुरु ने मुझे जगाया। मुझे जुगत दी, कोई विधि दी। और जो विधि दी...

जब कोई जीवित गुरु विधि देता है तो सारी पुरानी विधियां व्यर्थ हो जाती हैं स्वभावतः। क्योंकि पुरानी विधियों का क्या प्रयोजन? तुम पुराना सब साज-सामान फेंक देते हो। अगर अब तक तुम बैठ कर अपने घर में एक कोठरी बना कर और शंकर जी की पूजा कर रहे थे, अब तुम इनको लपेट कर सागर में डुबा आते हो। कोई जरूरत न रही। कि अभी तक तुम मंदिर में जाकर रोज घंटी बजाते थे। अब यह बंद हो जाता है खेल। क्या जरूरत जागे हुए आदमी को कि वह अलार्म घड़ी रखे बैठा रहे और इसकी पूजा करे? वह किसी और को दे देता है। बांट आता है, या नदी में फेंक आता है।

जब मैं भूला रे भाई, मेरे सतगुरु जुगत लखाई।

वह जुगत क्या है? जिसके कारण--

किरिया करम अचार मैं छाड़ा,...

सब क्रियाएं छोड़ दीं। सब कर्म छोड़ दिए। सब आचरण छोड़ दिए।

...छाड़ा तीरथ नहाना।

और तीर्थ में जाकर नहाना छोड़ दिया। गंगा साधारण नदी हो गई। अब कोई तीर्थ न रहा।

क्रियाकांड का अर्थ है: वे जुगतें, जिनका जीवित हाथ विदा हो गया। वे सब क्रियाकांड हो जाती हैं।

तुम मेरे साथ ध्यान करो, यह एक बात है। तुम मेरे बिना ध्यान करोगे, वो क्रियाकांड हो जाएगा। तुम कर लोगे पूरा-पूरा। ठीक श्वास लोगे, ठीक उछलोगे, कूदोगे, लेकिन सब नाटक होगा। तुम उसके भी अभ्यासी हो जाओगे। वह व्यायाम होगा। थोड़ा बहुत लाभ जो शरीर को हो सकता है होगा, लेकिन तुम जाग न सकोगे।

किरिया करम अचार मैं छाड़ा,...

और सब आचरण छोड़ दिया जो कि साधु को करना चाहिए। कि रात्रि भोजन न करे कि पानी छान कर पीए कि ये न खाए कि वह न पीए, ये कपड़े पहने, वे न पहने कि नग्न रहे, कपड़ा न पहने कि शरीर पर भभूत लगाए कि धूप में बैठे कि आग जला कर गर्मी में और शरीर को तपाए, और गलाए, और जलाए कि कांटे बिछा कर लेटे। नहीं।

किरिया करम आचार मैं छाड़ा, छाड़ा तीरथ नहाना।

सब छोड़ दिया। छूट ही जाता है। छोड़ना पड़ता नहीं।

जब सतगुरु मिल जाए, सब छूट जाता है। इसलिए सभी धर्म सतगुरुओं के विपरीत होंगे। क्योंकि सभी धर्म पुराने क्रियाकांड, पुरानी विधि, पुराना तीर्थ, पुराना मंदिर, पूजा पाठ—उस पर आरूढ़ हैं। जब भी कोई सतगुरु पैदा होगा तत्क्षण सारे धर्म उसके विपरीत हो जाएंगे।

क्योंकि जो-जो उस सतगुरु के साथ चलेंगे, उनके क्रियाकांड छूटने लगेंगे। वे तीर्थ जाना बंद कर देंगे। एक नया तीर्थ पैदा हो गया और जीवित तीर्थ पैदा हो गया, अब कौन मुर्दा तीर्थों में जाता है? अब एक नई विधि मिल गई, जीवित विधि मिल गई, जिसमें अभी भी आग है, अंगार है; राख नहीं हो गई।

तो अब कौन पुरानी विधियों को खोजता है, जिनकी अंगार कभी की बुझ गई? कभी थी। अब नहीं है। अब सिर्फ राख के ढेर रह गए। राख के ढेरों में भी गर्मी तक नहीं रह गई, बिलकुल ठंडे हो गए। कोई प्राण नहीं बचा। अब उनको तुम छोड़ ही दोगे। छोड़ना पड़ता नहीं, वे छूट जाते हैं।

इसलिए एक बात खयाल रखना कि जब भी कोई सतगुरु पैदा होता है, तभी सारे धर्म उसके विपरीत हो जाते हैं। होना उलटा चाहिए कि सारे धर्म उसके पक्ष में हो जाएं, क्योंकि वह वही कर रहा है जो इन धर्मों ने कभी किया था। लेकिन ऐसा प्रतीत होता है कि वह दुश्मन है।

नानक पैदा होगा, तो सिक्ख धर्म पैदा हो जाएगा अलग। हिंदू राजी न होंगे स्वीकार करने को, मुसलमान राजी न होंगे स्वीकार करने को, जैन राजी न होंगे स्वीकार करने को। क्योंकि नानक की मान कर कोई जैन नग्न साधु कपड़े पहन लेगा। छोड़ देगा नग्नता। नानक की मान कर कोई हज यात्री आधी यात्रा से वापस लौट आएगा। नानक की मान कर कोई माला को फेंक देगा। कोई पूजा, अर्चना को बंद कर देगा। सभी दुश्मन हो जाएंगे—मस्जिद भी, मंदिर भी।

लेकिन वही अब होगा। अब नानक का धर्म भी उतना ही मुर्दा है, जितना नानक के समय हिंदू, मुसलमान और जैन मुर्दा थे। अब अगर कोई सदगुरु पैदा होगा तो नानक के मानने वाले उसके खिलाफ खड़े हो जाएंगे, क्योंकि इसकी सुन कर कोई गुरुद्वारा जाना बंद कर देगा। कोई गुरुग्रंथ को बंद करके रख देगा कि अब क्षमा करो। सदगुरु सदा ही संप्रदायों को दुश्मन की तरह मालूम होगा। धर्म का वह दुश्मन नहीं है, धर्म का तो वह पुनर्स्थापक, स्थापन कर रहा है, लेकिन संप्रदाय का वह दुश्मन है।

संप्रदाय का अर्थ है: मरा हुआ धर्म। संप्रदाय का अर्थ है: तुम्हारे पिता बड़े प्यारे थे, जिंदा थे, तुम उनकी सेवा करते थे, वे मर गए। अब क्या करो? संप्रदाय का अर्थ है, पिता की लाश को घर में रख लो और पूजा करो। समझदार आदमी यह नहीं करता। माना कि पिता बड़े प्यारे थे। रोता है, ज़ार-ज़ार रोता है। छाती पीटता है। महीनों तक घाव न भरेगा। लेकिन सब ठीक। अरथी सजाता है। पिता को लेकर रोता हुआ मरघट जाता है। प्यारे थे, संबंध गहरा

था। लेकिन मर गए, बात खत्म हो गई।

जिस दिन दुनिया में वस्तुतः लोग थोड़ी गहरी समझ के होंगे, उस दिन धर्म जिस दिन मरेगा, संप्रदाय बनेगा, उसी दिन अरथी सजा कर मरघट ले जाकर विदा कर देंगे। ताकि जब भी नया सदगुरु पैदा हो, तो लोग उसके लिए उपलब्ध हो सकें। लोग पुराने से बंधे हों, उपलब्ध नहीं हो पाते। पुराने से ग्रस्त हों, उपलब्ध नहीं हो पाते।

'जब मैं भूला रे भाई'—कबीर कहते हैं:

...मेरे सतगुरु जुगत लखाई।

किरिया करम आचार मैं छाड़ा, छाड़ा तीरथ नहाना।

सगरी दुनिया भई सयानी, मैं ही इक बौराना।।

और सदगुरु की मान कर हालत ऐसी बनी कि सारी दुनिया तो समझदार मालूम होने लगी, एक मैं ही पागल हो गया।

निरंतर ऐसा होगा। मेरे संन्यासी को पागल होना ही पड़ेगा। जहां जाएगा, लोग देख कर हंसेंगे कि हो गया दिमाग खराब? पड़ गए तुम भी चक्कर में? तुम जैसे बुद्धिमान आदमी?

स्वाभाविक है। यह बचाव है। यह रक्षण है दूसरे व्यक्ति का। यह उसका डिफेंस है। वह यह कह रहा है, हम इतने बुद्धू नहीं। वह यह कह रहा है, हम काफी समझदार हैं। ऐसे जल्दी चक्कर में नहीं पड़ते। सम्मोहित हो गए हो मालूम होता है। हिप्नोटाइज कर लिया किसी ने। हमें कोई सम्मोहित नहीं कर सकता।

वह अपनी रक्षा कर रहा है। वह तुम पर नहीं हंस रहा है। कहीं अपने पर उसे रोना न पड़े, इसलिए वह तुम पर हंस रहा है। उसकी हंसी में वह अपने रोने की संभावना को दबा रहा है। कहीं उसे अपने पर पछताना न पड़े इसलिए वह तुम्हारा व्यंग कर रहा है।

भीतर वह जानता है कि जिंदगी छूटी जा रही है हाथ से। भीतर वह जानता है, क्रियाकांड पूरा कर रहा हूं, आचरण का पूरा पालन कर रहा हूं। कुछ भी नहीं हो रहा। कोई दीया नहीं जल रहा। कोई बांसुरी नहीं बज रही, कोई नृत्य पैदा नहीं हो रहा। वह जानता है कि मंदिर नियम से जाता हूं, पाठ रोज गीता का करता हूं लेकिन गीत पैदा नहीं हो रहा। गीता रोज पढ़ता हूं लेकिन गीत पैदा नहीं हो रहा। वह धुन नहीं आ रही। वह महक—जो नचा दे, उत्सव से भर दे। कि जीवन एक परम आशीष मालूम होने लगे परमात्मा की—एक आशीर्वाद, वह नहीं हो रहा। वह जानता है। उसे पता है।

क्यों पता न होगा? उसे पता है कि उसकी जिंदगी एक रेगिस्तान है। और उसमें कोई मरूद्यान नहीं। सब वह तुम्हारे जीवन में मुस्कुराहट देखेगा और थोड़े से मरूद्यान का जन्म देखेगा, वह तुमसे कहेगा, अरे! तुम भी पागल हो गए? ऐसा कह कर वह यह कह रहा है कि

तुम्हारा मरूद्यान झूठा है। क्योंकि अगर तुम्हारा मरूद्यान सही है, अगर तुम्हें सच में ही मिल गया है शीतल स्रोत जल का कि तुम हरे होने लगे हो कि तुममें फूल की संभावना आई जा रही है तो फिर मेरा क्या होगा? वह तुम्हें पोंछ कर मिटा देना चाहता है ताकि तुम उसके भीतर एक पीड़ा का बीज अंकुरित न कर दो। वह तुम पर हंसेगा, व्यंग करेगा, तुम्हारी उपेक्षा करेगा, अपमान करेगा, तिरस्कार करेगा। और अगर तुम अपनी जिद में कायम रहे, अगर तुम अपनी दीवानगी में कायम रहे और तुमने फिकर न की और तुम चिंतित न हुए तो धीरे-धीरे वह फिर तुम्हें भूलने की कोशिश करेगा कि तुम हो भी। वह तुम्हारे अस्तित्व को इनकार करेगा कि तुम जैसे हो ही नहीं। वह तुम्हें समाज बहिष्कृत कर देगा। वह तुम्हें देख कर निकल जाएगा, नमस्कार न करेगा। वह तुम्हारे पास न आएगा। तुम अछूत हो जाओगे।

पर यह होगा। क्योंकि ये सब उसकी रक्षा के उपाय हैं। वह अपनी दीनता को दबा रहा है, छिपा रहा है। अपनी मूढ़ता को आवृत्त कर रहा है। अपने जीवन के मरुस्थल को तुम्हारे मरूद्यान को गलत सिद्ध करके यह सांत्वना दे रहा है कि मरुस्थल तो सभी के भीतर है, मरूद्यान होता ही नहीं। इसलिए अगर मेरे जीवन में मरूद्यान नहीं है तो कुछ खास बात नहीं, सभी के भीतर ऐसा है। तुम हंसते हुए उसे स्वीकार नहीं हो सकते। वह कहेगा कि तुम पागल हो। या तुम कल्पना कर रहे हो। यह बड़े मजे की बात है।

एक युवक ने संन्यास लिया। उस युवक के पिता उसे लेकर मेरे पास आए। पहले उन्होंने सब उपाय कर लिए। लेकिन युवक सच में ही युवक था। वह हंसता ही रहा। वह न तो नाराज हुआ, न लड़ा-झगड़ा, न उसने कोई प्रतिशोध किया, न कोई प्रतिशोध लेने की कोशिश की। वह जैसा था वैसा ही रहा। हंसता रहा, प्रसन्न रहा। न उसने क्रोध किया।

बेचैनी बढ़ गई पिता की। जरूर लड़के के दिमाग में कुछ गड़बड़ हो गई। क्योंकि पहले अगर पिता कुछ कहता था तो वह लड़ने को तैयार हो जाता था। वह ठीक था, नेचुरल मालूम होता था—स्वाभाविक। गाली दो, अपमान करो, तो वह भी गाली और अपमान देने को तैयार था। लेकिन अब कोई गाली दे तो वह हंसता है। जरूर कुछ गड़बड़ हो गई। अस्वाभाविक! इसके दिमाग में कोई खराबी तो नहीं हो गई? आखिर पिता लेकर मेरे पास आए। कहने लगे कि मुझे शक है, इसके दिमाग में कुछ गड़बड़ हो गई है। यह जो ध्यान वगैरह कर रहा है, यह ठीक नहीं। क्योंकि हम अगर नाराज भी हों तो यह मुस्कुराता है। या तो हम पागल हैं या यह पागल है। दोनों में से कोई एक तो पागल होना ही चाहिए क्योंकि यह मुस्कुराहट किस तरह की? और इसकी मुस्कुराहट देख कर बड़ी हैरानी होती है। इससे तो बेहतर कि यह नाराज हो पड़े, टूट पड़े, झगड़ा कर ले—समझ में आता है। वह भाषा पहचानी हुई है। इसको कुछ हो गया है। पिता निश्चित दुखी थे। कहने लगे, कुछ भी करें, इसको ठीक करें।

बेचैनी कहां है? क्या तुम नहीं चाहते कि तुम्हारा लड़का हंसे? क्या तुम न चाहोगे कि

तुम्हारा बेटा अपमान में भी हंसे? यही तो जीवन की कला है। नहीं, लेकिन बाप चाहेगा बेहतर है वह झगड़ा कर ले, बेहतर है लड़ पड़े। गाली दे।

लेकिन स्वाभाविक–तुमने अपने अंधेपन को, अपने रोग को स्वाभाविक समझ लिया है? तुम अपने अंधेरे को स्वभाव समझ रहे हो? बाप लेकर बेटे को आया है कि इसे सुधार दें। इसको वापस यह जैसा था वैसा हो जाना चाहिए।

मैंने उनको कहा कि बेहतर हो कि आप इसके जैसे हो जाएं। उन्होंने कहा कि अब सत्तर साल की उम्र है!

सत्तर साल का इंवेस्टमेंट है। सत्तर साल जिंदगी लगाई है एक धंधे में। और अब अचानक पता चले कि वह धंधा बिलकुल ही बेकार था। उसमें कोई सार ही न था। जिस बैंक में तुम रुपया जमा कर रहे थे, वह बैंक है ही नहीं। अब सत्तर साल में इसका पता चले कि चैक-बुक नकली है, तो बड़ी पीड़ा होती है। आदमी चाहता है अब जैसा भी भ्रम था, जो भी था, शांति से मर जाएं।

वे कहने लगे: इस उम्र में, सत्तर साल की उम्र में अब बदलाहट न हो सकेगी। अब तो मैं जी लिया।

तो मैंने कहा कि कृपा करके इसको जी लेने दें नये ढंग से। तुमने कुछ पाया, जो तुम सोचते हो कि तुम्हारे ढंग से यह लड़का भी जीएगा तो कुछ पा लेगा? तुम्हारे बाप भी ऐसे ही जीए। उनके बाप भी ऐसे ही जीए। तुम भी ऐसे ही जीए। इस लड़के ने थोड़ी हिम्मत की है, बंधी लकीर से हट जाने की। तुम क्यों बेचैन हो रहे हो?

बेचैनी है, क्योंकि इसका मतलब वे भी गलत, उनके बाप भी गलत, उनके बाप के बाप भी गलत। और यह लड़का–अभी उम्र केवल तीस साल, और यह ठीक? कठिन है। अहंकार नहीं मान पाता।

इसलिए कबीर कहते हैं, जैसे ही क्रिया-कर्म छोड़ा--

सगरी दुनिया भई सयानी, मैं ही इक बौराना।

बुद्ध के जीवन में उल्लेख है कि बुद्ध ने छह वर्ष तक बड़ी गहन तपश्चर्या की। जो-जो सूत्र दिए जिस-जिस ने पाले, जो-जो अनुशासन बताया गुरुओं ने, पूरा किया। ऐसी हालतें आ गईं कि गुरु थक जाते थे। क्योंकि उनको सब, जितना बता सकते थे, बता दिया। और बुद्ध उसको इतनी निष्णात स्थिति से करते, इतनी तत्परता और लगन से करते कि गुरु के पास यह भी बहाना न बचता कहने का कि तुमने ठीक से नहीं किया, इसलिए नहीं हो रहा।

गुरुओं के पास वह तरकीब है–गुरु जो कि सचमुच में गुरु नहीं हैं–क्योंकि वे जो बताते हैं तुम कभी पूरा कर नहीं पाते, इसलिए जांच कभी हो नहीं पाती कि वे जो बताते हैं, वह

कुछ सार का भी है कि निस्सार है? कोई गुरु कहता है कि अगर तुमने नब्बे दिन का उपवास किया तो आत्म-ज्ञान हो जाएगा। अब बड़ी मुश्किल है। नब्बे दिन का उपवास न तुम करोगे, न आत्म-ज्ञान होगा। और अगर तुमने एक दिन पहले भी तोड़ दिया, गुरु कहेगा कि अधूरा रह गया। इसलिए तुम्हें कभी जांच का मौका भी नहीं मिलता।

गुरुओं की ठीक परीक्षा तभी होती है, जब उन्हें ठीक शिष्य मिल जाते हैं।

बुद्ध ऐसा ही शिष्य था। उसने अनेक गुरुओं का पानी उतार दिया। वह जिस गुरु के पास गया, गुरु ने जो कहा—गुरु ने कहा पंद्रह दिन का उपवास तो उसने पैंतालीस दिन का करके बताया। गुरु को यह कहने की जगह न रही कि तुमने किया नहीं। आखिर गुरु हाथ जोड़ लेते कि हम जो बता सकते थे, बता दिया। इसके आगे हमें भी पता नहीं है। तुम कहीं और जाओ। क्योंकि उनकी वजह से दूसरे शिष्यों में शक पैदा होने लगता कि जब इतना करके इस आदमी को कुछ नहीं हुआ, तो हमको क्या होगा? बुद्ध की वजह से शिष्य भागने लगते दूसरे।

बुद्ध ने सारे गुरुओं को टटोल डाला। और जैसा कि अक्सर होता है, गुरु तो मुश्किल से कोई होता है। सौ में कभी एक। निन्यानबे तो केवल धोखे के गुरु होते हैं। जैसे तुमने खेतों में खड़े देखे हों आदमी धोखे के। हंडी लगी है, कपड़ा लगा है, डंडे पर खड़े हैं। पक्षियों को भगाने के लिए ठीक। ऐसे गुरु हैं तुम्हारे। नासमझों के लिए ठीक, कमजोरों के लिए ठीक, नपुंसकों के लिए ठीक। जो कुछ नहीं करना चाहते, जो सिर्फ सिर हिलाते हैं कि ठीक है, कभी करेंगे; उनके लिए ठीक। लेकिन कोई करने वाला आ जाए तो कठिनाई हो जाती है।

बुद्ध ने मुश्किल खड़ी कर दी। सब किया। ऐसी हालत हो गई कि लोग बुद्ध के पीछे चलने लगे। बुद्ध ने इतना किया और बुद्ध कहे जा रहे हैं कि मुझे कोई ज्ञान नहीं हुआ है। यह सब करना फिजूल गया है, लेकिन फिर भी मानने वाले पैदा हो गए।

एक गुरु—आखिरी गुरु—अलार कलाम को जब उन्होंने छोड़ा तो उसके पांच शिष्य बुद्ध के शिष्य हो गए। उन्होंने कहा कि इस गुरु से तो यह बुद्ध बेहतर। उन दिनों बुद्ध केवल एक दाना चावल रोज लेते थे भोजन में। कृशकाय हो गए थे। सिर्फ एक मूर्ति उसको चित्रित करने वाली उपलब्ध है। शायद उसका चित्र तुमने कभी देखा हो। उसमें बुद्ध की पीठ और पेट एक हो गए हैं। शरीर सिर्फ हड्डियों का अस्थि-पंजर रह गया है। एक-एक हड्डी तुम गिन सकते हो! सब चर्बी खो गई है। खून सूख गया है। सिर्फ आंखें भर जीवित मालूम पड़ती हैं। सारा मुंह धंस गया है। सिर्फ चमड़ी और हड्डियां बाकी रह गई हैं।

ऐसे बुद्ध एक तृण मात्र खाकर जीते थे। इतने कमजोर हो गए कि निरंजना नदी को पार करते वक्त, बुद्धगया के पास, पार न कर सके। कमजोरी ऐसी थी। और नदी बड़ी छिछली है। कुछ बड़ी भारी नदी नहीं है, मुश्किल से गले-गले पानी रहा होगा क्योंकि मैं भी उस नदी में जहां से बुद्ध पार किए, कई बार जाकर देख लिया हूं। उसमें टी. बी. का मरीज भी पार होगा।

उसमें कैंसर का मरीज भी पार हो सकता है। बुद्ध पार न हो सके। हालत बड़ी कमजोर रही होगी, बड़ी दयनीय रही होगी। और नदी बलवान मालूम पड़ती थी। घाट चढ़ न सकते थे। तो एक वृक्ष की शाखा को पकड़ कर लटक गए।

उस क्षण में उन्हें होश आया कि यह मैं क्या कर रहा हूं। शरीर को नष्ट कर रहा हूं। इससे आत्मा कैसे मिलेगी? आत्मा के मिलने का शरीर को नष्ट करने से कौन सा संबंध है? कौन सा तर्क है, कौन सा गणित? और कमजोर मैं इतना हो गया कि निरंजना–साधारण सी नदी मैं पार नहीं कर पाता, और भवसागर पार करने की सोच रहा हूं। यह नहीं होगा।

और उस क्षण निरंजना नदी में पड़े हुए, वृक्ष की जड़ को पकड़े हुए उन्हें लगा कि सब करना व्यर्थ गया। कोई क्रियाकांड कहीं न ले जा सका। पहले मैंने संसार छोड़ दिया था। अब मैं यह त्याग-तपश्चर्या भी छोड़ देता हूं। उस दिन त्याग पूरा हुआ। उस दिन कुछ भी न बचा पकड़ने को। सब छूट गया। मुट्ठी खुल गई।

बुद्ध किसी तरह बाहर निकले। जिस वृक्ष के नीचे उनको बोध हुआ उस वृक्ष के नीचे बैठे। किसी युवती ने गांव की, जिसका नाम सुजाता है; ऐसा उस वृक्ष के देवता के लिए कुछ चढ़ौती मानी होगी कि कोई उसकी इच्छा पूरी हो जाएगी तो वह खीर से भरा हुआ थाल वृक्ष को चढ़ाएगी। पूर्णिमा की रात थी। उस रात वह खीर चढ़ाने आई। उसकी इच्छा पूरी हो गई थी।

पूर्णिमा की उस निर्जन रात में, निरंजना के एकांत तट पर वृक्ष के नीचे उसने बुद्ध को देखा–दुर्बलकाय, पीत हो गए। समझा–भोली युवती रही होगी, श्रद्धावान–समझा कि वृक्ष का देवता स्वयं खीर लेने को उपस्थित हुआ है। कोई और दिन होता, तो बुद्ध ने खीर न ली होती, क्योंकि वे केवल एक तृण ही लेते थे। कोई और दिन होता तो बुद्ध ने रात में कुछ भी न लिया होता एक तृण भी, क्योंकि रात वे लेते न थे। कोई और दिन होता तो जात-पांत पूछी होती कि स्त्री कौन है?

निश्चित ही स्त्री शूद्र रही होगी। नाम सुजाता बताता है कि शूद्र रही होगी। क्योंकि जो अच्छी जात में पैदा हुआ हो वह सुजाता नाम न रखेगा। जरूरत नहीं। इसलिए अक्सर कुरूप स्त्रियों का नाम तुम पाओगे सुंदरबाई। सुंदर स्त्री को कोई सुंदरबाई नाम देता? जंचती नहीं बात, बैठती नहीं बात। निश्चित लड़की शूद्र रही होगी। और शूद्र ही तो वृक्षों इत्यादि को पूजते हैं। ब्राह्मणों के तो मंदिर हैं। जैनों के बड़े विशाल मंदिर हैं। उनको कोई वृक्षों की पूजा करने नहीं जाना पड़ता। जो मंदिर बना नहीं सकते, देवता प्रतिष्ठापित नहीं कर सकते, दीन-दरिद्र हैं, वे ही तो वृक्षों को पूजते हैं। शूद्र ही रही होगी।

लेकिन उस रात बुद्ध ने न पूछा। पूछने की बात ही न रही। उस दिन सब छोड़ दिया। जो हो, हो। अब यह हो रहा है कि यह लड़की अचानक इस रात में बिना मांगे खीर लेकर आ गई,

तो उन्होंने स्वीकार कर लिया। यह खबर उनके पांच शिष्यों को मिली जो दूसरे वृक्षों के नीचे ध्यान कर रहे थे। पांच शिष्य, जो बुद्ध की तपश्चर्या देख कर उनके पीछे हो गए थे। उन्होंने कहा कि यह भ्रष्ट हो गया है। शूद्र लड़की, रात का समय और अब तक एक तृण लेता था। यह गौतम भ्रष्ट हो गया। उन्होंने तत्क्षण गौतम को छोड़ दिया, त्याग कर दिया।

वैसी ही दशा कबीर की हो गई होगी।

किरिया करम अचार मैं छाड़ा, छाड़ा तीरथ नहाना।

सगरी दुनिया भई सयानी, मैं ही इक बौराना।।

बुद्ध के अपने पांच शिष्य भी छोड़ कर चले गए कि भ्रष्ट हो गया यह आदमी। क्योंकि तुम्हारे लिए धर्म का अर्थ क्रियाकांड है। तुमने धर्म को तो जाना नहीं। तुमने तो धर्म के नाम पर मुर्दा विधियों को जाना है। अब तक यह बुद्ध ज्ञानी था, मानने योग्य था, पूज्य था। अब यह भ्रष्ट हो गया। खीर खाने से आदमी भ्रष्ट हो गया। रात भोजन लेने से भ्रष्ट हो गया।

मैं एक घर में मेहमान था, जैन घर। गांव के सबसे प्रतिष्ठित वृद्ध जैन मुझे मिलने आए थे, उन्होंने मेरी किताब साधना-पथ पढ़ी थी और बहुत प्रभावित हुए थे। और मेरी बड़ी तारीफ कर रहे थे। ऐसे, जैसे मैं पच्चीसवां तीर्थंकर हूं। और तभी घर की गृहिणी ने मुझे आकर कहा कि अब आप चलें। रात हुई जाती है, भोजन कर लें। जैन तो रात को भोजन नहीं करते। और वृद्ध इतने भाव में थे कि मैंने कहा कि थोड़ी देर हो जाएगी तो हर्जा नहीं। पहले उनसे मैं बात कर लूं।

फिर रात हो गई। फिर गृहिणी आई, उसने कहा: अब देर हुई जाती है। अब उसको भी बेचैनी शुरू हो गई। क्या रात में मैं भोजन करूंगा? और जब मैंने कहा कि बस, मैं स्नान कर लूं और आया। तो वृद्ध जो मेरा पैर पकड़े बैठे थे, उन्होने तत्क्षण मेरा पैर छोड़ दिया और कहा: क्या! क्या आप रात्रि-भोजन करेंगे?

मैंने कहा, भूख न तो दिन जानती है, न रात। और महावीर के जमाने में बिजली नहीं थी। अंधेरे में—नब्बे प्रतिशत लोग अंधेरे में भोजन करते थे। दस प्रतिशत, जिनके पास सुविधा थी, वे भी मिट्टी के दीये जलाते थे। उन दीयों में भी बहुत रोशनी न थी। उलटे उन दीयों के कारण कीट-पतंगे आते थे। अब इस एअरकंडीशंड घर में कीड़े-पतंगों के आने का उपाय नहीं। दिन हो कि रात, सूरज सदा बटन से बुझता और जलता है, उगता, डूबता है। क्या इसमें पंचायत की बात है? कोई हर्जा नहीं है। ज्यादा उचित यह है कि आपकी बात पूरी हो जाए। वृद्ध हैं, इतनी दूर चल कर आए हैं।

उन्होंने कहा कि तब फिर मुझे आपको एक बात कहनी पड़ेगी कि मैं कुछ सीखने आया था। लेकिन मैं गलत आदमी के पास आ गया। और बजाय सीखने के मैं आपको इतना

सिखाना चाहूंगा—मैं वृद्ध हूं, पचहत्तर वर्ष की मेरी उम्र है—इतनी शिक्षा आपको जरूर दूंगा कि जिसको अभी इतना भी ज्ञान नहीं कि रात्रि-भोजन वर्जित है, उसका सब ज्ञान वृथा है। इसमें कोई सार नहीं।

स्वभावतः—**'सगरी दुनिया भई सयानी, मैं ही इक बौराना।'**

क्रियाकांड जब छोड़ दिया होगा कबीर ने, लोगों ने कहा होगा, हो गया भ्रष्ट।

बुद्ध को जब ज्ञान उत्पन्न हो गया उस रात—जब शिष्य छोड़ कर चले गए—उस वृक्ष के नीचे सोए पहली दफा निश्चिंत। न चिंता रही संसार की, बाजार की, राज्य की, साम्राज्य की। न चिंता रही मोक्ष की, स्वर्ग की, परमात्मा की। उस रात बिलकुल निश्चिंत सोए। चिंता ही न रही। पाने को कुछ न बचा। सब व्यर्थ है। सब व्यर्थ इतना समग्ररूपेण हो गया कि चिंता न रही। कोई सपना न आया। कोई मन में उद्विग्नता न उठी। नींद थी, सो गए। सुबह पांच बजे आंख खुली। वैसी शुद्ध आंख, कुंआरी आंख जब भी खुलती है, तभी सत्य उपलब्ध हो जाता है। कोई विचार नहीं, कोई चिंता नहीं, कोई धारणा नहीं। क्या ठीक, क्या गलत; क्या करना, क्या नहीं करना; कोई ऊहापोह नहीं।

सीधी-सादी कुंआरी आंख! आखिरी तारा डूबता था। और बुद्ध को परमज्ञान उपलब्ध हुआ, उस डूबते तारे के साथ ही पुराना आदमी समाप्त हो गया। नये का जन्म हुआ। चेतना पुरानी लीन हो गई, नई चेतना जन्म गई।

उस क्षण बुद्ध ने जाना कि सत्य कुछ करने से नहीं मिलता, सिर्फ आंख खोलने की बात है। सिर्फ होश, स्मरण, जागृति। पहला स्मरण आया उन पांच शिष्यों का, जो छोड़ कर चले गए हैं। इतने दिन साथ थे बेचारे। असमय में साथ रहे। जब कुछ देने को न था तब पीछे चले। जब कुछ मेरे पास ही न था, तब मुझे गुरु माना और अब जब मेरे पास देने को है, तब वे छोड़ कर चले गए हैं।

तो बुद्ध उनको खोजने निकले। उनको जाकर पकड़ पाए सारनाथ में। जब उन्होंने देखा बुद्ध को आते हुए, दूर से एक टीले पर बैठे हुए तो उन पांचों ने तय किया, यह भ्रष्ट गौतम आ रहा है। हम न तो उठ कर इसको आदर दें और न नमस्कार करें। न इतना, हम इसकी तरफ पीठ कर लें। अगर इसको आना हो खुद आ जाए। बैठना हो, खुद बैठ जाए। हम यह भी न कहें कि बैठो। जो साधारण अतिथि के लिए भी किया जाता है वह भी हम न करें, यह गौतम भ्रष्ट है। इसने नियम छोड़ दिए, तप छोड़ दिया, चर्या छोड़ दी। आचरण-भ्रष्ट! इसके लिए अब कोई समादर नहीं है।

लेकिन जैसे-जैसे बुद्ध पास आने लगे, उनको बड़ी बेचैनी होने लगी। जैसे ही बुद्ध पास आए, निकट आए, पहले एक उठ कर खड़ा हुआ, चरणों में गिरा। फिर दूसरा, फिर तीसरा,

फिर वे पांचों। और बुद्ध ने कहा कि तुमने निर्णय कुछ और किया था। निर्णय बदल क्यों दिया? निर्णय पर आदमी को टिकना चाहिए।

उन्होंने कहा: हमने बदला ऐसा कहना ठीक न होगा। तुम्हारी सन्निधि, तुम्हारा पास होना—और हमने आदर दिया, ऐसा कहना भी ठीक न होगा। क्योंकि हमने तो निर्णय किया था न देने का। आदर हुआ तुम्हारी मौजूदगी में, जैसे कि कोई एक चुंबक खींच ले।

जिनके भीतर भी थोड़ी सी क्षमता है, वह सदगुरुओं के पास खिंचे चले जाते हैं चुंबक की भांति। किसी क्रियाकांड के कारण नहीं, किसी योग-तपश्चर्या के कारण नहीं, किसी संप्रदाय, सिद्धांत, शास्त्र के कारण नहीं। जिनके भीतर थोड़ी सी भी संभावना है आत्मा की, वे सदगुरु के पास खिंचे चले जाते हैं। चाहे सारी दुनिया विरोध में हो। चाहे सारी दुनिया कहे कि तुम पागल हो। वह पागल होना दांव लगाने जैसा लगता है। वह पागल होना शुभ मालूम होता है।

ना मैं जानूं सेवा बंदगी ना मैं घंट बजाई।

ना मैं मूरत धरि सिंहासन ना मैं पुहुप चढ़ाई।।

सब छूट गया। फूल चढ़ाना पत्थरों पर—क्योंकि जो अपनी आत्मा के खिले हुए फूल को परमात्मा में चढ़ाने में समर्थ हो गया, अब वह फूलों को तोड़ कर पत्थरों पर चढ़ाने जाएगा? और वृक्ष पर खिले हुए फूल तो जिंदा हैं। तुम उन्हें मार डालोगे तोड़ कर। और तुम पत्थरों पर चढ़ा दोगे। वृक्ष में क्या कम चढ़े थे वे परमात्मा को? वृक्ष में भले चढ़े थे, पूरी तरह चढ़े थे, जीवित चढ़े थे। तुमने मार कर चढ़ाए।

असल में संप्रदाय मुर्दा है और मुर्दा चीजें ही करवाता है। फूल जिंदा था। चढ़ा ही हुआ था परमात्मा को। क्योंकि परमात्मा के अतिरिक्त और किसको चढ़ेगा? वह परमात्मा की ही सुगंध थी जो बिखर रही थी उससे। वे परमात्मा के ही रंग थे, जो खिले थे। वे परमात्मा की ही पंखुड़ियां थीं जो खिली थीं। वह परमात्मा का ही रूप था। वह उसका ही गीत था, तुम उसे तोड़ डाले और पत्थर पर चढ़ा आए।

तुमने उसे अपने परमात्मा पर चढ़ा दिया। तुम्हारा परमात्मा झूठा है। वह तुम्हारा ही बनाया हुआ परमात्मा है। वह मूर्ति तुम्हारे हाथ से गढ़ी गई है। अपने हाथ से गढ़ी मूर्ति, जिसे तुम बाजार से खरीद लाए हो और कुछ पंडित-पुजारियों को, जिनको भी तुम बाजार से खरीद लाए थे, उन्होंने शोरगुल मचा कर, घंटे बजा कर, आवाज करके, धुआं पैदा करके उसको असली परमात्मा की तरह प्रतिष्ठित कर दिया है। तुम भी जानते हो, वे भी जानते हैं। और फूल नाहक बेचारा बलि दिया जा रहा है। उसका कोई कसूर नहीं है। उसका कोई हाथ नहीं है इस उपद्रव में।

मैं जबलपुर में था, तो मैंने एक बड़ा बगीचा अपने चारों तरफ लगा रखा था। मैं बड़ी मुश्किल में पड़ गया। क्योंकि धार्मिक लोग–पास ही मंदिर थे–वे सुबह ही सुबह वहां से निकलते, वे बगीचे में घुस जाते। अधार्मिक को तो डर भी हो, धार्मिक को डर ही नहीं। उसको पूछने की भी जरूरत नहीं कि फूल हम तोड़ सकते हैं कि नहीं? क्योंकि वह पूजा के लिए तोड़ रहा है। अब पूजा के लिए कोई मना करता है?

आखिर मुझे एक तख्ती लगा देनी पड़ी कि पूजा के लिए भर तोड़ना मना है। और किसी के लिए तोड़ो, चलेगा। क्योंकि पूजा का फूल तोड़ने से क्या लेना-देना? और वे इतनी अकड़ से घुस आते, राम-राम जपते, उनका अधिकार है। ये तो पूजा के लिए तोड़ रहे हैं, वे मुझसे कहते: कोई अपने लिए थोड़े ही तोड़ रहे हैं।

फूल भले सो रहे हैं वृक्षों पर, क्यों उनको तोड़ कर पत्थरों पर चढ़ा रहे हो? अगर बहुत ही ज्यादा इच्छा होती हो, पत्थरों को लाकर फूलों पर चढ़ा दो। कम से कम जिंदगी पर मुर्दा को चढ़ा दो। मगर संप्रदाय उलटा ही सिखाते हैं।

जिस दिन कबीर ने बंद कर दिया–

ना मैं जानूं सेवा बंदगी ना मैं घंट बजाई।

ना मैं मूरत धरि सिंहासन ना मैं पुहुप चढ़ाई।।

ना हरि रीझै जप-तप कीन्हें ना काया के जारे।

न तो परमात्मा को कोई रटन लगा कर राम-राम की पा सकता है, रिझा सकता है। रिझाएगा क्या, उलटा उसको उबाता होगा।

मैंने सुना है, एक आदमी मरा और उसने जाकर स्वर्ग में जब देखा, तो वह बहुत नाराज हुआ। एक पापी जो उसके घर के सामने ही रहता था वह परमात्मा के पास बैठा हुआ है। उसे नरक में होना चाहिए।

और उसने कहा: यह अन्याय है। यह क्या मैं अपनी आंख से देख रहा हूं! तो यहां भी रिश्वत चल रही है कि भाई-भतीजावाद चल रहा है। क्या मामला है? यह आदमी यहां कैसे बैठा है? यह पापी है। और मैं सदा तुम्हारा गुणगान गाता रहा। और सिवाय कष्ट के मुझे जिंदगी में कुछ न मिला और अब यह कष्ट तुम दे रहे हो कि इस पापी को यहां देखना पड़ेगा स्वर्ग में? तो मतलब हमारे पुण्य का क्या हुआ!

परमात्मा ने कहा कि तुम इसमें ही खैर समझो कि तुम स्वर्ग में हो। इरादा तो तुम्हें नरक में भेजने का था।

उस आदमी ने कहा: क्या? और मैं राम-राम जपता रहा–दिन में नहीं, रात में तक। सोते, जागते, राम की धुन लगाए रहा।

परमात्मा ने कहा: उसी की वजह से तो। तुमने मुझे तक नहीं सोने दिया। तुम खोपड़ी खा गए। एक रात चैन न लेने दिया। तुम काफी सौभाग्य समझो कि तुम यहां प्रवेश किए जा रहे हो। और यह आदमी यहां है, क्योंकि इसने कभी मुझे सताया नहीं। इसने न तो कभी कोई प्रार्थना की, न कभी पूजा की, न यह कभी मंदिर गया। दुनिया इसे पापी समझती थी। क्योंकि दुनिया जिसे पुण्य समझती है वह पुण्य ही नहीं है। मंदिर जाने में क्या पुण्य है?

लेकिन इस आदमी ने चुपचाप दीनों की सेवा की। इधर दुकान पर कमाया, उधर गरीबों को बांट दिया। बांटा भी इसने शोरगुल करके नहीं। अखबार वालों को बुला कर नहीं बांटा। फोटोग्राफर तैयार नहीं रखे। चुपचाप लोगों के घरों में डाल आया। उनको भी पता नहीं है। वह धन्यवाद देने का भी मौका इसने नहीं दिया। यह मंदिर नहीं गया, यह सच है। इसने पूजा नहीं की, यह सच है। लेकिन यह मेरा प्यारा है।

ना मैं मूरत धरि सिंहासन ना मैं पुहुप चढ़ाई।

ना हरि रीझै जप-तप कीन्हें ना काया के जारे।।

और तुम शरीर को तपाओ, जलाओ, इससे तुम सोचते हो, परमात्मा प्रसन्न होगा? आत्मा तक प्रसन्न नहीं होती, परमात्मा क्या प्रसन्न होगा! भीतर की आत्मा से पूछो। वह परमात्मा का प्रतिनिधि है तुम्हारे भीतर। पीड़ा पाती है। पीड़ा कभी पूजा नहीं हो सकती। उत्सव ही केवल पूजा हो सकती है।

तुम जब प्रफुल्लित हो, जब तुम्हारा सारा शरीर खिला है और स्वस्थ है, जब तुम्हारे सारे शरीर के रग-रग, रोएं-रोएं में जीवन की धारा बह रही है, जब तुम नाच सकते हो, तभी तुम्हारी आत्मा प्रसन्न है। और जिस बात में आत्मा प्रसन्न है, वही परमात्मा की पूजा है। तुम अपनी आत्मा की सुनो, तुमने परमात्मा की सुनी। तुमने अपनी आत्मा की न सुनी, तुम परमात्मा के दुश्मन हो।

गुरजिएफ कहा करता था कि दुनिया के सारे धर्म परमात्मा के दुश्मन हैं। और वह ठीक कहता था। क्योंकि वे सब तुम्हें तुम्हारी आत्मा की सुनने की नहीं सिखाते। उनके पास बंधे हुए अनुशासन हैं, उनको पूरा करो। और अगर तुम्हारी आत्मा इनके विपरीत है, तो दबाओ। अपने को ही मारो। अपना ही गला घोंटो। वे सब आत्मघाती हैं।

ना हरि रीझै धोति छाड़े...

और नग्न हो जाने से कोई हरि को रिझा लोगे?

...ना पांचों के मारे।

और पांचों इंद्रियों को भी मार डालो। फोड़ लो आंखें अपनी। कान में सींकचे डाल लो, ताकि न सुनाई पड़ेगा संगीत, न वासना पैदा होगी। न दिखाई पड़ेगा रूप, न वासना पैदा

होगी। मार डालो, काट डालो पांचों इंद्रियों को। वही तो तुम्हारे साधु-संन्यासी कर रहे हैं।

परमात्मा बनाता है, तुम मिटाते हो। तुम कैसे उसके मित्र हो सकते हो? परमात्मा आंखें बनाता है, तुम फोड़ते हो। परमात्मा कान देता है, तुम बहरे बनना चाहते हो। जो परमात्मा ने दिया है, उसे मिटाओ मत, उसे सम्हालो। उसे सुसंस्कृत करो, उसे संवेदनशील बनाओ।

आंख ऐसी संवेदनशील हो जाए कि रूप तो दिखाई पड़े ही, रूप के भीतर छिपा अरूप भी दिखाई पड़ने लगे। कान ऐसे श्रवण की गहनता को उपलब्ध हो जाएं कि संगीत तो सुनाई पड़े ही, सब संगीत में जो शून्य छिपा है, वह भी सुनाई पड़ने लगे। स्वर तो है ही संगीत में, शून्य भी है। स्वर ऊपर का आवरण है। शून्य भीतर का प्राण है। रूप तो है ही फूल में, अरूप भी है। रूप तो है ही एक सुंदर स्त्री में, एक सुंदर पुरुष में; अरूप भी है। आकार तो दिखाई पड़े, ठीक, निराकार भी दिखाई पड़े। आंख चाहिए ऐसी।

तुम आंख फोड़ रहे हो कि रूप से डर गए हो कि कहीं रूप न दिखाई पड़ जाए, नहीं तो वासना पैदा होती है। ठीक है। रूप दिखाई पड़ने से वासना पैदा होती है। आंख फोड़ लेने से रूप दिखाई नहीं पड़ेगा, इस भ्रांति में मत रहना। अंधे में भी वासना होती है, भयंकर वासना होती है। और तुम तो कुछ कर भी सकते हो, वह बेचारा कुछ कर भी नहीं पाता। इसलिए बड़ी असहाय वासना होती है। बड़ी विकृत, परवरटेड।

सच है। रूप दिखाई पड़ने से वासना पैदा होती है। इसका अर्थ है कि थोड़ा और गहरे देखो: अरूप दिखाई पड़ने से करुणा पैदा होती है। रूप दिखाई पड़ने से काम पैदा होता है। अरूप दिखाई पड़ने से प्रेम पैदा होता है। आंख को बढ़ाओ, स्वाद को बढ़ाओ। स्वाद को मिटाओ मत। जीभ को जला लेना बहुत आसान है। क्या कठिनाई है? स्वाद से घबड़ाओ मत। स्वाद में परम स्वाद भी छिपा है। अस्वाद को उपलब्ध नहीं होना है, परम स्वाद को उपलब्ध होना है। तब तुम परमात्मा की धारा में बह रहे हो। तब तुम्हें कुछ करना न पड़ेगा। तुम ऐसे ही बहते हुए पहुंच जाओगे। धारा जा ही रही है सागर की तरफ। तुम बस धारा के साथ एक हो जाओ।

दाया रखि धरम को पाले जगसूं रहै उदासी।

अपना सा जिव सबको जाने ताहि मिले अविनासी।।

दो शब्द-दया, करुणा। जिसमें करुणा जग गई, सब जग गया।

'धरम'-धर्म से तुम अर्थ मत लेना, हिंदू धर्म, मुसलमान धर्म, ईसाई धर्म; नहीं। क्योंकि वे सब तो क्रियाकांड हैं। धर्म से मूल अर्थ है: स्वभाव; स्वयं को जो साध ले। हम कहते हैं, आग का धर्म-ताप; या पानी का धर्म-शीतलता। क्या है धर्म तुम्हारा-मनुष्य का? क्या है

गुण तुम्हारा, तुम्हारी निजता का? चैतन्य, होश, बुद्धत्व। जो प्रज्ञा को साध ले और करुणा को; जो जाग जाए और करुणावान हो जाए...।

दाया रखि धरम को पाले जगसूं रहै उदासी ।

वह अपने आप इस सपने के प्रति, जो चारों तरफ चल रहा है, उदास हो जाता है। पर यह उदासी घृणा की नहीं है। क्योंकि घृणा कभी उदास नहीं होती।

दुनिया में तीन तरह के लोग हैं। एक, जो दुनिया के राग में पड़े हैं, वे उदास नहीं हैं। दूसरे, जो दुनिया के प्रति विरागी हो गए हैं, वे भी उदास नहीं है। प्रेम घृणा में बदल गया। मित्रता शत्रुता बन गई। जिस तरफ देखते थे, वहां पीठ कर ली। लेकिन उदासी नहीं है।

उदास तो वह है, जो दोनों से मुक्त हो गया–राग से, विराग से। जिसको महावीर ने वीतराग कहा है। जो उदास है। उदास का अर्थ तुम्हारी उदासी नहीं कि पत्नी नाराज है, तुम उदास बैठे हो। कि धंधा ठीक नहीं चल रहा है, तुम उदास बैठ हो। यह तो राग है । यह उदासी नहीं है। यह तो राग असफल हो रहा है, इसलिए तुम उदास हो।

तुम्हारा आनंद भी झूठा है। कि आज धंधा खूब चला कि तुमने ग्राहकों को खूब लूटा कि तुम बड़े प्रसन्न घर चले आ रहे हो। पैर पड़ते नहीं जमीन पर, आकाश में उड़ते हैं। यह आनंद भी आनंद नहीं है। यह भी राग है। राग और विराग दोनों जब छूट जाएं। न तो संसार के प्रति राग रहे और न घृणा। न द्वेष रहे, न राग; तब उदास।

उदासी परम अनुभव है। उदासी से बड़ा इस जगत में कुछ भी नहीं है। उदासी दुख नहीं है ध्यान रखना, जैसे तुम्हारे शब्दकोषों में लिखा है। उदासी परम आनंद है। संसार के प्रति उदासी तब ही आती है जब अपने प्रति परमानंद आ जाता है। जब परमात्मा में नृत्य चलने लगता है तब संसार के प्रति उदासी आ जाती है।

जैसे एक छोटा बच्चा है, वह बड़ा हो गया। अब खिलौने पड़े हैं कोने में, वह निकल भी जाता है, देखता भी नहीं कमरे से। कभी बिलकुल पागल था। कभी इतना पागल था कि रात भी खिलौने को साथ लेकर सोता था। बिना खिलौने के नींद भी नहीं आती थी। कोई दूसरा मांगता खिलौना तो लड़ने को तैयार हो जाता था। अब बड़ा हो गया, समझ आ गई, खिलौने पड़े हैं। धीरे-धीरे कचरे में फेंक दिए जाएंगे।

जिस दिन तुम्हें बड़ा आनंद मिल जाता है, छोटे आनंद अपने आप पड़े रह जाते हैं, खिलौने हो जाते हैं। जिस दिन परमात्मा मिलता है, संसार के प्रति उदासी हो जाती है। तुम संसार के प्रति उदास होने की कोशिश मत करना। अन्यथा उदासी गलत होगी। वह उदासी विराग की होगी। तुम तो परमात्मा को पाने की कोशिश करो। तब एक अनूठी उदासी आती है, जिसका स्वभाव आनंद का है। जो बड़ी विरोधाभासी है। संसार के प्रति कोई अच्छा न बुरा

भाव रह जाता। सब खो जाता है। अपने में कोई लीन है। इतना आनंदित है कि कुछ और चाह न रही। सब मिल गया। कुछ पाने को न बचा। संसार की तरफ जो उदासी है, वही परमात्मा की तरफ आनंद है। वे एक ही सिक्के के दो पहलू हैं।

दाया रखि धरम को पाले जगसूं रहै उदासी।

अपना सा जिव सबको जाने ताहि मिले अविनासी।।

और जैसे ही ये दो घटनाएं घटती हैं, दया और धर्म; करुणा और प्रज्ञा; वैसे ही दिखाई पड़ता है कि जो ज्योति मुझ में जल रही है, वही सब में जल रही है।

अहिंसा अपने आप पैदा हो जाती है। चींटी में भी वही है। हाथी में भी वही है। वृक्ष में भी वही है। छोटे में, बड़े में, कण में, विराट में, सब में वही है। और वह मैं हूं। तत्वमसि श्वेतकेतु। वह मैं ही हूं। वह श्वेतकेतु तुम्हीं हो। एक ही का विस्तार है अनेक में।

सहे कुसबद बाद को त्यागे छाड़े गरब गुमाना।

तब सब गर्व और गुमान, सब अहंकार और अस्मिता छूट जाती है। तब सब कुशब्द, कोई गाली दे रहा है, अपमान कर रहा है, कुछ सालता नहीं। जो उदास हो गया संसार के प्रति। कोई गाली दे तो बराबर, कोई स्तुति करे तो बराबर।

सहे कुसबद बाद को त्यागे...

और अब उसका कोई वाद नहीं है।

ईश्वरवादी का कोई वाद नहीं है। ईश्वर को जानने वाले का कोई सिद्धांत नहीं है। सिद्ध का कोई सिद्धांत नहीं है, वह स्वयं ईश्वर है। वह समझाता नहीं सत्य के संबंध में; वह सत्य ही समझाता है। वह बोलता नहीं सत्य के संबंध में, सत्य ही उससे बोलता है।

सहे कुसबद बाद को त्यागे छाड़े गरब गुमाना।

सत्य नाम ताहि को मिलि है कहै कबीर दीवाना।।

पागल कबीर कहता है कि जिसने ऐसा कर लिया, मुर्दा क्रियाकांडों को छोड़ दिया, जीवित अंतर्धर्म में जागा, वासना की ऊर्जा को करुणा बना लिया, कोई वाद, कोई शास्त्र जिसमें न रहा, जो शास्त्र-शून्य और वाद-शून्य हो गया। और जिसने सबके भीतर एक ही अखंड ज्योति को जलता देखा, वही उस अविनाशी को पा सकता है। वही पाता है।

कहै कबीर दीवाना।

आज इतना ही।

2

भगति भजन हरिनाम

पीछे लागा जाइ था, लोक वेद के साथि।
आगे थें सद्गुरु मिला, दीपक दिया हाथि।।
भगति भजन हरिनाम है, दूजा दुख अपार।
मनसा वाचा कर्मना, कबीर सुमरिन सार।।
मेरा मन सुमरे राम कूं, मेरा मन राम ही आहि।
अब मन राम ही व्है रह्या, सीस नवावें काहि।।
सब रग तंत रबाब तन, विरह बजावे नित्त।
और न कोई सुन सके, कै सांई के चित्त।।
इस तन का दीवा करूं, बाती मेल्यूं जीव।
लोही सींचौ तेल ज्यूं, कब मुख देख्यौ पीव।।

जीवन बीतता है बूंद-बूंद। रिक्त होता है रोज। हाथ से जैसे रेत सरकती जाए वैसे पैर के नीचे की भूमि सरकती जाती है। दिखाई नहीं पड़ता क्योंकि देखने के लिए बड़ी सजगता चाहिए। और इतने धीमे-धीमे बीतता है जीवन कि पता नहीं चलता कि हर घड़ी मौत निकट आ रही है। जब भी कोई मरता है तो मन सोचता है, मौत सदा दूसरे की होती है। मैं तो कभी मरता नहीं; कोई और मरता है। पड़ोसी मरता है। लेकिन हर मौत तुम्हारी मौत की खबर लाती है। जो पड़ोसी को हुआ, वही तुम्हें भी हो जाने वाला है।

आखिरी क्षण तक भी होश नहीं आता। गफलत में, बेहोशी में; अपने ही हाथ से आदमी अपने को समाप्त कर लेता है। और जो भी तुम कर रहे हो उसका कोई भी आत्यंतिक मूल्य नहीं है। कितना ही धन कमाओ, कितनी ही पद-प्रतिष्ठा मिले, मौत सभी कुछ साफ कर देती है। मौत सब मिटा देती है। तुम्हारे बनाए सब घर, ताश के पत्तों के घर सिद्ध होते हैं। और तुम्हारे द्वारा तैराई गई सभी नावें, कागज की नावें सिद्ध होती हैं। सब डूब जाता है।

जिसे यह होश आना शुरू हो गया कि मौत है, उसी के जीवन में धर्म की किरण उतरती है। मौत का स्मरण धर्म की प्राथमिक भूमिका है। अगर मृत्यु न होती तो संसार में धर्म भी न होता। मृत्यु है, इसलिए धर्म की संभावना है। और जब तक तुम मृत्यु को झुठलाओगे तब तक तुम्हारे जीवन में धर्म की किरण न उतरेगी।

मृत्यु को ठीक से समझो। क्योंकि उसके आधार पर ही जीवन में क्रांति होगी। तुम्हें अगर पता चल जाए कि आज सांझ ही मर जाना है, तो क्या तुम सोचते हो, तुम्हारे दिन का व्यवहार वही रहेगा जो इस पता न चलने पर रहता? क्या तुम उसी भांति दुकान जाओगे? उसी भांति ग्राहकों का शोषण करोगे? क्या उसी भांति व्यवहार करोगे, जैसा कल किया था? क्या पैसे पर तुम्हारी पकड़ वैसे ही होगी, जैसे एक क्षण पहले तक थी? क्या मन में वासना उठेगी, काम जगेगा? सुंदर स्त्रियां आकर्षित करेंगी? राह से गुजरती कार मोहित करेगी? किसी का भवन देख कर ईर्ष्या होगी? नहीं, सब बदल जाएगा।

अगर मौत का पता चल जाए कि आज ही सांझ हो जाने वाली है, तुम्हारे जीवन का सारा अर्थ, तुम्हारे जीवन का सारा प्रयोजन, तुम्हारे जीवन का सारा ढंग और शैली बदल जाएगी। मौत का जरा सा भी स्मरण तुम्हें वही न रहने देगा जो तुम हो।

और तुम जो हो, बिलकुल गलत हो। क्योंकि सिवाय दुख के और तुम्हारे होने से कुछ

भी फल नहीं आता। फल लगते हैं निश्चित; केवल दुख के लगते हैं। फल लगते हैं निश्चित, तुम्हारी आशाओं के अनुकूल नहीं, न तुम्हारे स्वप्नों के अनुसार। फल लगते हैं तुम्हारी आशाओं के विपरीत। तुम्हारे स्वप्नों से बिलकुल उलटे।

जीवन के अंत में सिर्फ राख छूट जाती है हाथ में। और एक विषाद और एक गहन पीड़ा कि एक और अवसर खो गया। इसीलिए तो मरते वक्त लोग इतने दुखी और पीड़ित मरते हैं। अन्यथा अगर जीवन की चरितार्थता उपलब्ध हुई हो और जीवन की धन्यता को जाना हो और जीवन एक गीत बन गया हो, जिसे कबीर कहते हैं, सुमिरन बन गया हो; एक याददाश्त कि मैं कौन हूं, तो मृत्यु तो एक महोत्सव हो जाएगी। क्योंकि वह तो सारे जीवन की परिपूर्णता है। वह तो सारे जीवन का निचोड़ है, सार है। तब मृत्यु मृत्यु न होगी, महाजीवन में प्रवेश हो जाएगी।

जो जान कर जीता है उसकी मृत्यु समाधि हो जाती है। जो अनजान जीता है, उसका जीवन भी मृत्युवत है। जो होश से जीता है वह मरता ही नहीं। जो बेहोशी में जीता है वह कभी जीता ही नहीं। उसका जीवन एक प्रवंचना है।

और स्वभावतः जिनके बीच तुम पैदा हुए हो वे ऐसे ही मुर्दे हैं। और उनके पीछे ही तुम चल रहे हो।

कबीर कहते हैं:

पीछे लागा जाइ था, लोक वेद के साथि।

लोगों के पीछे चला जा रहा था। जहां लोग जा रहे थे वहीं मैं चला जा रहा था। उनका अनुसरण कर रहा था। इस बात को बिना सोचे कि वे उतने ही अंधे हैं जितना मैं हूं। बिना यह सोचे कि इस सारी भीड़ का क्या अंत होता है, आदमी भीड़ के साथ चलता है। बड़े गहरे कारण हैं। वे समझ लेने जरूरी हैं।

समाज व्यक्ति का शत्रु है। समाज तुम्हें भेड़ों की भांति चाहता है, व्यक्तियों की भांति नहीं। क्योंकि व्यक्ति के साथ ही बगावत का स्वर शुरू हो जाता है। व्यक्ति के साथ ही होश। और जैसे ही होश की पहली किरण उतरी कि व्यक्ति अपने मार्ग को खोजने में लग जाता है। फिर वह भीड़ के पीछे नहीं चलता। कितना ही सुंदर राजपथ हो, कितना ही साफ-सुथरा हो, कंटकाकीर्ण न हो, फिर भी वह भीड़ की पीठ के साथ नहीं चलता। वह अपना रास्ता बनाना शुरू करता है। होश जैसे ही आया कि तुम समाज से टूट जाते हो। तुम पहली दफा स्वयं होते हो। और स्वयं होने में बगावत है, विद्रोह है, क्रांति है। इसलिए कोई समाज बर्दाश्त नहीं करता व्यक्ति को।

जन्म के पहले क्षण से लेकर मृत्यु की आखिरी घड़ी तक समाज व्यक्ति को नष्ट करने की

कोशिश करता है, दबाता है। हर तरह से तुम्हें तोड़ता है। तुम कहीं आत्मवान न हो जाओ; क्योंकि तुम अगर आत्मवान हुए तो समाज का नियंत्रण तुम पर न हो सकेगा।

अब तक किसी आत्मवान व्यक्ति पर समाज नियंत्रण नहीं कर सका। सिर्फ मुर्दों को काबू में रख सकता है। जिंदा व्यक्ति एक आग है। उसे हाथ में बांध कर रखना आसान नहीं। उसके ऊपर कोई बंधन नहीं हो सकते। तुम जिंदा व्यक्ति को कारागृह में डाल सकते हो, लेकिन कैदी नहीं बना सकते। तुम जंजीरें पहना सकते हो, लेकिन तुम उसकी स्वतंत्रता नहीं छीन सकते। उसकी स्वतंत्रता आंतरिक है। होश की स्वतंत्रता है।

इसलिए सभी समाज, बिना किसी अपवाद के, चाहे वे पूंजीवादी हों, चाहे समाजवादी हों, चाहे साम्यवादी हों–सभी समाज व्यक्ति के दुश्मन हैं। और समाज में होने वाली कोई भी क्रांति वास्तविक क्रांति नहीं है, धोखा है। चाहे फ्रांस में हो, चाहे रूस में, चाहे चीन में, सभी क्रांतियां धोखे हैं। क्योंकि क्रांति कुछ भी करती नहीं। समाज के एक ढांचे को दूसरे ढांचे से बदल देती है। एक गुलामी की जगह दूसरी गुलामी आ जाती है। और स्वभावतः दूसरी गुलामी पहली गुलामी से अक्सर ज्यादा ताकतवर सिद्ध होती है क्योंकि नई होती है।

पुरानी गुलामी जरा–जीर्ण हो गई होती है। उसमें से छेद होते हैं निकलने के बाहर। उसकी दीवालें गिर गई होती हैं। उसके द्वार दरवाजे कमजोर हो गए होते हैं। उसके पहरेदार शिथिल हो गए होते हैं। कारागृह का मालिक आश्वस्त हो गया होता है कि सब ठीक चल रहा है। सो जाता है।

नई गुलामी, पुरानी गुलामी से हमेशा ज्यादा मजबूत होती है। क्योंकि कारागृह नये बनते हैं। द्वार दरवाजे मजबूत बनते हैं। और नये समाज की व्यवस्था जानती है कि जिस तरह हमने पुरानी व्यवस्था को तोड़ दिया, कोई दूसरी बगावत इस व्यवस्था को न तोड़ दे। इसलिए नई व्यवस्था पुरानी से ज्यादा कुशल होती है।

जार के जमाने में रूस में जितनी आजादी थी, उतनी स्टैलिन के जमाने में न रही। और च्यांग–काई–शेक के साथ चीन में जितनी स्वतंत्रता थी, उतनी माओ के साथ न रही। गर्दन और कस जाती है। क्योंकि क्रांति असली क्रांति से बचाव करने की व्यवस्था है।

असली क्रांति सिर्फ एक है कि व्यक्ति समाज से मुक्त हो जाए।

मुक्त होने का यह अर्थ नहीं है कि समाज में नियम है कि रास्ते पर बीच में मत चलो, तो वह बीच में चलने लगे। वह तो मूढ़ता होगी, मुक्ति न होगी। मुक्त हो जाने का अर्थ स्वच्छंदता नहीं है। क्योंकि जो स्वच्छंद होगा, वह समझा ही नहीं। स्वच्छंदता तो गुलामी की ही उलटी तस्वीर है। स्वतंत्रता न तो स्वच्छंदता है और न गुलामी। वह दोनों के मध्य में एक परम जागरण है।

वैसा व्यक्ति समाज का दुश्मन नहीं होता। पर वैसा व्यक्ति समाज की छाया भी नहीं होता। जहां तक समाज की गौण व्यवस्था का संबंध है, वह हमेशा राजी होता है। क्योंकि उसका कोई मूल्य ही नहीं है।

रास्ते पर नियम है भारत में कि बाएं चलो; अमरीका में कि दाएं चलो; क्या फर्क पड़ता है? चाहे दाएं चलो, चाहे बाएं चलो। एक बात तय है कि सभी लोग एक ही तरफ चलें, ताकि रास्ते पर सुविधा रहे। बाएं चलने से भी काम चल जाता है, दाएं चलने से भी काम चल जाता है। लेकिन सभी लोग बाएं-दाएं इकट्ठा चलने लगें तो काम न चलेगा। तो अड़चन होगी। ये गौण नियम हैं। ये कोई शाश्वत नियम नहीं हैं। और न ही इनमें कोई नीति है। और न कोई इनमें परमात्मा का हाथ है, हस्ताक्षर है। समाज की सुविधा है।

स्वतंत्र व्यक्ति समाज की सुविधा में बाधा नहीं डालता, सहयोगी होता है। लेकिन समाज की सुविधा के लिए अपनी आत्मा को खोने को राजी नहीं होता। जहां तक बाएं-दाएं चलने का सवाल है, बिलकुल राजी होता है। लेकिन जहां समाज आग्रह करता है कि तुम अपनी आत्मा ही खो दो, वहां वह उस आग्रह को ठुकरा देता है।

लेकिन समाज को उससे कोई बाधा भी नहीं आती। क्योंकि आत्मा कोई रास्ते का ट्रैफिक नहीं है। वहां तुम बिलकुल अकेले हो। वहां दूसरा है ही नहीं। इसलिए वहां समाज के नियमन की कोई भी जरूरत नहीं है। लेकिन समाज को खतरा है। खतरा यह है कि आत्मवान व्यक्ति दबाया नहीं जा सकता। आत्मवान व्यक्ति झुकाया नहीं जा सकता।

और आत्मवान व्यक्ति संक्रामक होता है। जो और भी बड़ा खतरा है, क्योंकि जैसे ही कोई व्यक्ति आत्मवान होता है। उसके आस-पास हवा फैलने लगती है आत्मवत्ता की, भगवत्ता की। दूसरे लोग भी आत्मवान होने लगते हैं। और अगर बहुत लोग रास्ते को छोड़ कर अपने रास्ते और पगडंडियां खोजने लगें, तो वह जो राजपथ का बल है, वह टूट जाता है। समाज निर्बल हो जाता है। क्योंकि आत्मवान व्यक्ति मौलिक रूप से अराजक होता है, स्वच्छंद नहीं। लेकिन वह कोई शासन पसंद नहीं करता।

इसलिए तो कबीर कहते हैं कि जब अब मैं हरि ही हो गया, तो किसके सामने सिर झुकाना? आत्मवान व्यक्ति एक दिन पाता है कि वह स्वयं परमात्मा है। अब कैसे सिर झुकाना? कहां झुकाना? क्यों झुकाना?

इसलिए नहीं कि वह कोई अहंकारी है; नहीं, आत्मवान तो होता ही तब है जब अहंकार खो जाता है। नहीं, लेकिन अब कुछ बचा ही नहीं, जहां सिर झुकाना। सिर झुकाने वाला भी नहीं बचा। सिर भी नहीं बचा। सब खो ही गया है। तो न तो राज्य पसंद करता है आत्मवान व्यक्ति को, न तुम्हारे तथाकथित धर्म पसंद करते हैं आत्मवान व्यक्ति को, क्योंकि मंदिर-मस्जिद वह छोड़ देगा।

कहां सिर पटकना? आदमी की बनाई हुई मूर्तियों के सामने सिर पटकने से होगा भी क्या? वे गुलामी के जाल हैं, जो समाज ने सब तरफ फैला रखे हैं। कारागृह भी उसी का कारागृह है। और जिसे तुम मंदिर कहते हो वह भी उसी का कारागृह है। जिसको तुम पुलिस का आदमी कहते हो, वह भी समाज का नौकर है। और जिसको तुम पुजारी, पुरोहित कहते हो वह भी समाज का उतना ही नौकर है। वे दोनों ही पुलिसवाले हैं। एक तुम्हारे शरीर के ऊपर नियंत्रण रखता है, दूसरा तुम्हारी आत्मा पर नियंत्रण रखता है। तुम छूट न जाओ।

और जैसा मैंने कहा, जन्म के पहले क्षण से समाज का हस्तक्षेप शुरू हो जाता है तुम्हें मारने का। बच्चा पैदा नहीं हुआ कि समाज मौजूद है। जैसे ही बच्चा पैदा होता है, नवीनतम खोजें कहती हैं विज्ञान की कि जैसे ही बच्चा पैदा होता है सारी दुनिया में दाइयां, डॉक्टर, नर्सेस बच्चे की नाल को तत्क्षण काट देते हैं। और नवीनतम विज्ञान की शोधें कहती हैं कि बच्चे की नाल को तत्क्षण काटना सदा के लिए उसे कमजोर बना देना है। सदा के लिए। वह कभी बलवान न हो सकेगा। और सदा उसकी ऊर्जा क्षीण प्रवाह की होगी।

उसके पीछे कारण है। मां के पेट में बच्चा श्वास खुद नहीं लेता। नाभि से जुड़े नाल से मां ही उसके लिए श्वास लेती है। मां की श्वास पर ही बच्चा जीता है, बच्चे का हृदय धड़कता है, लेकिन बच्चा स्वयं श्वास नहीं लेता। श्वास, ऑक्सीजन, वायु, प्राण, नाभि से भीतर जाते हैं। वह बच्चे की व्यवस्था है मां के पेट में कि वह मां का एक अंग है। मां का अंग होकर जीता है।

जैसे ही बच्चा मां के पेट के बाहर आया, एकदम से श्वास नहीं ले सकता। क्योंकि नये यंत्र को चलने में थोड़ा वक्त लगेगा। भीतर एक बड़ा रूपांतरण घटेगा। अभी तक नाभि से श्वास ली थी, अब नाक से श्वास लेगा। एक नई व्यवस्था शुरू होगी। इसमें कोई पांच मिनट, सात मिनट लगते हैं। लेकिन हम बच्चे की नाल तत्क्षण काट देते हैं। जब कि बच्चा मां से अभी नाल के द्वारा श्वास ले ही रहा था। पांच-सात मिनट में रूपांतरण हो जाएगा। बच्चा श्वास लेने लगेगा, उसका हृदय धड़कने लगेगा, तब तुम नाल को काटना। क्योंकि अब बच्चा स्वयं अपनी ऊर्जा को पाने लगा। ज्यादा देर नहीं लगती, पांच-सात मिनट का ही मामला है, लेकिन धैर्य नहीं है समाज को।

बड़े से बड़े अस्पताल में, कुशल से कुशल डॉक्टर के नीचे भी वही हो रहा है जो गैर-कुशल दाई गांव में कर रही है। बे-पढ़ी-लिखी दाई गांव में कर रही है। उनके काटने के ढंग बदल गए हैं। दाई बेहूदे ढंग से काटती है, उसके पास उतने कुशल औजार नहीं। डॉक्टर बड़ी कुशलता से काटता है, उसके पास सुविधा-संपन्नता है। सारे कुशल औजार हैं। लेकिन दोनों एक ही काम कर रहे हैं।

जैसे ही तुम नाल काट देते हो, सारे बच्चे का जीवन-तंत्र कंपकंपा जाता है, हड़बड़ा जाता है। और इसीलिए बच्चा रो उठता है, चीखता है। क्योंकि एक नई श्वास की व्यवस्था उसको लेनी पड़ती है। घबड़ाहट से श्वास लेता है। और पहली श्वास, जिसने घबड़ाहट से,

भय से, कंपन से ली हो, उसमें जीवन भर भय और कंपन प्रविष्ट हो जाएगा। क्योंकि श्वास जीवन है। भय पहली ही श्वास से जुड़ गया। अब पूरे जीवन यह भयभीत आदमी होगा।

पांच मिनट रुका जा सकता है। पांच मिनट के बाद अपने आप नाभि से जुड़ा हुआ नाल और उसका कंपन बंद हो जाता है। पांच मिनट तक कंपन जारी रहता है। क्योंकि धड़कन जारी रहती है, श्वास जारी रहती है। पांच मिनट में नाल अपने आप बंद हो जाती है। प्रकृति के द्वारा ही उसका कंपन बंद हो जाता है। उसकी गर्मी और ऊर्जा खो जाती है। यंत्र बदल गया।

अब तुम काट सकते हो। अब तुम मुर्दा चीज को काट रहे हो। पांच मिनट पहले तुम जिंदा चीज को काट रहे थे, और तुमने बच्चे को पहला धक्का दे दिया, और बच्चा बहुत कोमल है, अति कोमल है। नौ महीने मां के पेट में उसने कोई कष्ट नहीं जाना, कोई पीड़ा नहीं जानी। किसी तरह का दुख नहीं जाना। एकदम स्वर्ग से, अदम के बगीचे से बाहर आ रहा है। और तुमने उसे पहला धक्का दे दिया। मनोवैज्ञानिक कहते हैं, यह जो धक्का है, यह सारी दुनिया को कमजोर बनाए हुए है।

डॉक्टर को जल्दी है। शायद वह कहेगा कि पच्चीस और बच्चे होने वाले हैं। हड़बड़ाहट है, बेचैनी है, उसका खुद मन तना हुआ है। और उसे पता नहीं, वह क्या कर रहा है। अब तो यह अचेतन का हिस्सा हो गया कि बच्चा पैदा हुआ, नाल काट दी। जन्म की पहली घड़ी से भय समाविष्ट हो गया। अब तुम्हें कोई भी डरा सकेगा। अब तुम्हें कोई भी चीज डरा सकेगी। पुलिस का डंडा डरा सकेगा। पुरोहित की आवाज डरा सकेगी कि नरक चले जाओगे। अब तुम्हें कोई भी प्रलोभित कर लेगा। क्योंकि प्रलोभन भय का ही दूसरा रूप है।

और यह चलती है समाज की व्यवस्था अंतिम क्षण तक, आखिरी दम तक। तुम जीना चाहो तो भी तुम स्वतंत्र नहीं; हस्तक्षेप है। तुम मरना चाहो तो भी हस्तक्षेप है। मरने की स्वतंत्रता नहीं है।

यूरोप और अमरीका में जहां चिकित्सा ने बहुत विकास कर लिया है, लाखों लोग अस्पतालों में पड़े हैं जो मरना चाहते हैं। जो सरकारों को आवेदन करते हैं कि हम मरना चाहते हैं। कोई सौ साल के करीब पहुंच गया है। जीवन जी लिया गया, जो जानना था जान लिया, जो भटकना था भटक लिया, जो देखना था देख लिया, अब न कुछ देखने को बचा, न जानने को। न अब कोई जीने में रस रह गया।

लेकिन डॉक्टरों को आज्ञा नहीं है किसी को मरने में सहायता देने की। न केवल यही, बल्कि डॉक्टरों को आज्ञा है कि जब तक बन सके आदमी को जिंदा रखने की कोशिश करे। तो लोग टंगे हैं अस्पतालों में। टांगें बंधी हैं, हाथ बंधे हैं, ऑक्सीजन की नली लगी है। ग्लूकोज दिया जा रहा है। न उन्हें ठीक से होश है, न जीवन जैसी कोई चीज बची है। वे मरना चाहते हैं क्योंकि यह पीड़ा है अब। लेकिन मरने की किसी दुनिया के कानून में आज्ञा नहीं है। मरने की भी तुम्हें आजादी नहीं है।

तो पश्चिम में एक नया आंदोलन चल रहा है। आत्म-मरण की स्वतंत्रता का आंदोलन। 'अथनासिया' उसको वे कहते हैं। कि जो लोग मरना चाहते हैं दुनिया में, कोई उन्हें रोकने का किसी को हक नहीं है। होना भी नहीं चाहिए। जिंदगी मेरी है। मैं मरना चाहता हूं। मरने की आज्ञा नहीं है।

अगर अपने को मारने की कोशिश में पकड़े गए तो सरकार तुम्हें मार डालेगी। मगर तुम्हें आजादी नहीं है। यह बहुत मजे की बात है। अगर मैं चला जाऊं, और पहाड़ से गिर कर मरने की कोशिश कर रहा हूं और पकड़ लिया जाऊं तो सरकार मुझे फांसी देगी। क्योंकि मैंने गलत काम करने की कोशिश की। मैं भी यही काम कर रहा था, लेकिन उसमें स्वतंत्रता निहित थी। वह आज्ञा तुम्हें नहीं है। वह सरकार करे तो ठीक है। तुम करो तो नहीं।

क्योंकि अगर मरने की तुम्हें आजादी हो जाए तो तुम जल्दी ही जीने की आजादी भी मांगोगे। वह संयुक्त है। दोनों आजादियां तुम्हें दी नहीं जा सकतीं।

पैदा हुआ बच्चा कि समाज की पूरी चेष्टा है कि वह समाज का अनुकरण करे, अनुसरण करे, पीछे चले। हमेशा आगे देख ले कि कोई पीठ है या नहीं। अगर कोई पीठ न हो तो ठिठक कर खड़ा हो जाए। खतरा है। गलत रास्ते पर जा रहा है। जब तक आगे पीठ दिखाई पड़ती रहे, तभी तक रास्ता ठीक है।

ये कबीर के वचन बड़े अनूठे हैं। कबीर कहते हैं:

पीछे लागा जाइ था, लोक वेद के साथि।

समाज यानी लोक; और वेद यानी शास्त्र। दो के पीछे चला जा रहा था। पीठ भर दिखाई पड़ रही थी। पीछे से धक्के थे, आगे पीठ थी। एक भीड़ चली जा रही है। बड़ी भीड़ है। कोई चार अरब आदमी जमीन पर हैं। भारी, भयंकर प्रवाह चल रहा है। तुम्हारी छोटी सी लहर की किसको चिंता है। भयंकर तूफान है। बड़ी लहरें उठ रही हैं और भागी जा रही हैं। तुम भी पीछे लगे चले जा रहे हो। सोचते हो कि जब तक पीठ दिखाई पड़ती है, सब ठीक ही होगा।

मैंने सुना है कि मुल्ला नसरुद्दीन एक रात ज्यादा पीकर मधुशाला से निकला। ठीक-ठीक दिखाई नहीं पड़ रहा था कहां जाए। बामुश्किल तो मधुशाला के नौकरों ने उसे अपनी कार तक पहुंचाया। बामुश्किल आधे घंटे मेहनत करके किसी तरह उसने चाबी कार में लगाई। फिर किसी तरह गाड़ी को पुरानी आदतवश चला भी लिया। लेकिन तब सवाल उठा कि जाना कहां है? घर कहां है? यह गांव कौन सा है? बड़े दार्शनिक सवाल उठने लगे। तब एक ही उपाय था कि किसी के पीछे हो लूं। और तो कोई उपाय नहीं। जाना कहां है? आ कहां से रहे हैं? कौन हैं? कहां घर है? यही तो चिंता है सारे मनुष्यों की। सीधा सुगम उपाय है, किसी के पीछे हो लो।

एक कार के पीछे हो लिया। प्रसन्न था। अब सब ठीक है। कहीं जा रहे हैं। और न केवल धीमी गति से जा रहे हैं, बड़ी तेज गति से जा रहे हैं। चित्त प्रसन्न था। और क्या चाहिए? गति चाहिए। जरूर पहुंच जाएंगे। क्योंकि इतनी तेज गति से जा रहे हैं।

और जो होना था, वह हुआ। आखिर में जाकर वह उस कार से टकरा गया। तो उसने चिल्ला कर कहा कि क्या मामला है? इशारा क्यों नहीं दिया कि गाड़ी खड़ी करते हो? उस आदमी ने बाहर सिर निकाल कर कहा कि अपने ही गैरेज में इशारा देने की जरूरत है?

पीछे लागा जाइ था, लोक वेद के साथि।

वही गति तुम्हारी है। किसी के पीछे लगे जा रहे हो। पीछे इसलिए नहीं लगे हो कि जिसके पीछे लगे हो, वह जानता है। पीछे सिर्फ इसलिए लगे हो कि तुम नहीं जानते हो कि कहां जाना है। और जब तुम नहीं जानते हो तो तुम किसी के भी पीछे लगो, कैसे पहुंच जाओगे? और तुम थोड़ा यह भी तो विचार करो कि वह दूसरा भी किसी के पीछे लगा है।

तुम अपने पिता की मान रहे हो। तुम्हारे पिता उनके पिता की मानते रहे। उनके पिता उनके पिता की मानते रहे। तुम थोड़ी यात्रा करो पीछे की तरफ तो तुम पाओगे कि सभी लोग एक-दूसरे के पीछे लगे हैं। और कौन कहां पहुंचता है?

इस जगत में थोड़े से लोग कहीं पहुंचते हैं। वे वे ही लोग हैं, जो किसी के पीछे नहीं चलते। बुद्ध कहीं पहुंचते हैं क्योंकि लोगों के पीछे नहीं चलते। बेहतर है न चलना। बेहतर है बैठ जाना। बेहतर है निश्चित कर लेना ठीक से कि जाना भी है या नहीं। साफ हो गंतव्य। तो थोड़ी ही यात्रा है मंजिल तक।

गंतव्य का ही पता न हो, अपना भी ठौर-ठिकाना न हो कि कौन हूं! इसका भी कोई पक्का पता न हो कि जाना भी है, या नहीं जाना है? या कहां जाना है? तब तुम किसी के पीछे लग कर कितने ही चलते रहो, तुम्हारी यात्रा कोल्हू के बैल की यात्रा सिद्ध होगी। चलोगे बहुत, पहुंचोगे कहीं भी नहीं। चलोगे बहुत क्योंकि गोल घेरे में चलते रह सकते हो, जितना चलना चाहो। थकोगे रोज, सांझ थक कर फिर गिर जाओगे। सुबह उठ कर फिर लोक वेद के साथ हो जाओगे।

लोक, मौजूद भीड़ है; और वेद, जो भीड़ जा चुकी। मुर्दों की भीड़ है। दो भीड़ें तुम्हें घेरे हुए हैं। जिंदा तो तुम्हें पकड़े ही हुए हैं, जो मर गए उनके हाथ भी तुम्हारी गर्दन पर हैं। वेद का अर्थ है, जो अब नहीं हैं, उनके वचन तुम्हें सता रहे हैं। उनको तुम छाती से लगाए बैठे हो। जरूर उन्होंने कुछ जाना होगा, जरूर उन्होंने कुछ पहचाना होगा।

लेकिन दूसरे की आंख से देखे गए दृश्य तुम कैसे देख सकते हो? और दूसरे ने जो भोजन किया, उससे तुम्हारी भूख की तृप्ति न होगी। और जल की कितनी ही चर्चा चले, इससे कहीं किसी की प्यास कभी बुझी है? कोई तुम्हें बिलकुल लिख कर ही दे दे जल का सूत्र—एच. टू.

ओ; तुम उस कागज को लिए जिंदगी भर घूमते फिरो, तो भी कंठ की प्यास उससे न बुझेगी। तुम उस कागज के मंत्र को घोल कर पी जाओ, तो भी तुम्हारी प्यास न बुझेगी। एच. टू. ओ. से प्यास नहीं बुझती।

एच. टू. ओ. यानी वेद। जिन्होंने जाना, उन्होंने सूत्र लिख दिए। लेकिन किसी सूत्र में उनका ज्ञान समाविष्ट नहीं होता। कोई सूत्र जो उन्होंने जाना है, उसे प्रकट नहीं कर सकता। कोई शब्द सत्य को प्रकट करने में समर्थ नहीं है।

यही फर्क है सदगुरु और वेद में। वेद सदगुरुओं के वचन हैं। लेकिन सदगुरु जा चुका। अब खाली वचन रह गए हैं। ऐसा समझो कि सांप तो जा चुका, उसकी खोल पड़ी रह गई है। ऐसा समझो कि बुद्ध तो जा चुके हैं, उनके चरण-चिह्न रेत पर बने रह गए हैं। तुम उन चरण-चिह्नों पर सिर रखे पड़े हो।

जीवित भीड़ से सावधान होना जरूरी है। जो अब नहीं रहे, उनकी भीड़ से भी सावधान होना जरूरी है। वस्तुतः जो नहीं रहे, उनकी पकड़ और भी गहरी है। क्योंकि वे तुम्हें दिखाई भी नहीं पड़ते। उनसे तुम बचना भी चाहो तो कहां जाओ? वे बाहर नहीं हैं, वे तुम्हारे भीतर हैं।

हिंदू पैदा होते से ही वेद की पूजा में लग जाता है। मुसलमान पैदा होते से ही कुरान की रटन में लग जाता है। जैन पैदा होते से महावीर को कंठस्थ कर लेता है।

अब ये जो लकीरें छूट गई हैं जमीन पर, ये तुम्हारी आत्मा पर खिंच जाती हैं। इनके कारण तुम कभी खाली नहीं हो पाते। इनके कारण तुम कभी शून्य नहीं हो पाते । इनके कारण कभी तुम ध्यान को उपलब्ध नहीं हो पाते। और मजा यह है कि ये सभी शास्त्र ध्यान की बातें करते हैं, शून्य की बात करते हैं। तुम भी शून्य और ध्यान की बात करने लगते हो। लेकिन वह बात ही होती है। बात में से बात निकलती जाती है। लेकिन तुम कोरे के कोरे रह जाते हो।

तुम्हारा जीवन तो तभी समृद्ध होगा, जब तुम्हारा वेद तुम्हारे भीतर पैदा हो जाए, वह उधार न हो। उस वेद को ही हम असली वेद कहते हैं, जो तुम्हारे ध्यान में जन्मेगा। निश्चित ही जिस दिन तुम्हारा वेद जन्म जाएगा, उस दिन पुराने वेद को भी तुम अगर पढ़ोगे तो समझोगे कि ठीक है। तुम गवाही हो जाओगे।

इस बात को थोड़ा ठीक से समझ लेना, क्योंकि नाजुक है। वेद से तुम्हें ज्ञान नहीं मिलेगा। लेकिन ज्ञान अगर तुम्हें अपने ध्यान में मिल जाए, तो तुम वेद के गवाह हो जाओगे कि वह ठीक है। तुमने भी वैसा ही जाना। तुमने भी वही जाना, जो ऋषियों ने कहा है। लेकिन ऋषियों ने क्या कहा है, इसे कंठस्थ कर के कोई कभी ज्ञान को उपलब्ध नहीं होता। ज्ञान को उपलब्ध होकर ऋषियों ने जो कहा है वह ठीक है, सम्यक है, यह प्रतीति आती है। तब सभी शास्त्र सच हो जाते हैं।

और इस फर्क को भी समझ लो। अगर तुमने वेद को कंठस्थ किया तो कुरान गलत

रहेगा। सही नहीं हो सकता। क्योंकि सत्य का तो तुम्हें पता नहीं है। तुम्हें शब्दों का पता है। वेद अलग शब्दों का उपयोग करता है, कुरान अलग शब्दों का उपयोग करता है। उन शब्दों में मेल न होगा। बाइबिल और अलग शब्दों का उपयोग करती है। तालमुद और अलग शब्दों का उपयोग करता है, उनमें मेल न होगा। तुम पाओगे कि वेद सही, सब गलत। शेष सब गलत। महावीर सही, तो कृष्ण गलत। कृष्ण सही, तो बुद्ध गलत।

सब के सही होने का तुम्हें पता नहीं चल सकता। इसलिए तुम शास्त्र से बंधे रहोगे। जिस दिन तुम्हारा वेद पैदा हो जाएगा, तुम्हारा कुरान जगेगा भीतर, तुम्हारे प्राण का गीत पैदा होगा, तुम्हारी गीता पैदा होगी, वही भगवद्‌गीता है। जब तुम्हारा भगवान गा उठेगा, तभी भवगद्‌गीता। उस दिन तुम अचानक पाओगे कि वेद ही सही नहीं है, कुरान भी एकदम सही है। बाइबिल, तालमुद सब एक-साथ सही हैं।

सत्य इतना बड़ा है कि सभी शब्दों को समा लेता है। सत्य इतना बड़ा है कि सभी शास्त्र उसके साथ संयुक्त हो जाते हैं, एक हो जाते हैं। सत्य तो सागर जैसा है जिसमें सभी नदियां गिर जाती हैं। गंगा ही गिरती है ऐसा नहीं है, सिंधु भी वहीं गिर जाती है। गंगा ही पहुंचती है सागर तक ऐसा नहीं है; गोदावरी भी वहीं पहुंच जाती है। और गोदावरी, गंगाओं को छोड़ दें, छोटे-छोटे नाले, जिनका कोई नाम भी नहीं, वे भी पहुंच जाते हैं। अनाम भी पहुंच जाते हैं।

सभी जल वहीं पहुंच जाता है, जहां से आता है। सभी अपने मूल रूप को उपलब्ध हो जाते हैं–देर-अबेर। जिसने सत्य को जाना उसने सभी वेदों की, सभी शास्त्रों की सचाई को जान लिया।

कबीर कहते हैं:

पीछे लागा जाइ था, लोक वेद के साथि।

ये जो प्रत्यक्ष लोग हैं इनके पीछे भी चल रहा था, वह जो अप्रत्यक्ष भीड़ है अतीत के लोगों की, उनके पीछे भी चल रहा था। शास्त्र, सिद्धांत, शब्द, मान्यताएं, धारणाएं–उनसे भरा था। उनके पीछे चल रहा था।

आगे थें सद्‌गुरु मिला, दीपक दिया हाथि।

यह बड़ा ही सूक्ष्म वचन है। कबीर कहते हैं कि अब तक तो लोगों की पीठ के पीछे चल रहा था। गुरु इस तरह नहीं मिलता। गुरु आगे से मिला। आमने-सामने मिला। सन्मुख होकर मिला।

गुरु जब भी मिलता है, आमने सामने मिलता है। और कोई सदगुरु तुम्हें पीछे नहीं चलाता। अगर कोई सदगुरु पीछे चलाता हो तुम्हें, तो समझ लेना कि वह सदगुरु नहीं है।

वह फिर लोक वेद ही है। सदगुरु तो आगे से मिलता है। सूफियों में बड़ी प्रसिद्ध कहानी है।

एक सूफी फकीर हज की यात्रा पर गया। बूढ़ा फकीर था, तो शिष्यों ने सोचा कि उसके लिए एक गधा ले आना ठीक है। उन इलाकों में लोग गधे से यात्रा करते हैं। तो वे एक गधा ले आए। लेकिन बड़े चकित हुए। क्योंकि फकीर जब उस पर बैठा तो वह उलटा बैठा। गधे के सिर की तरफ उसने पीठ कर ली और पूंछ की तरफ मुंह कर लिया। शिष्य कुछ कह न सके। क्या कहें? गुरु बहुत मान्य था और वह जो भी करता सदा ठीक ही करता। कोई राज होगा, मगर यह बड़ा बेहूदा लगता है।

वे सब चले। जैसे ही गांव में प्रविष्ट हुए, लोग हंसने लगे। भीड़ लग गई। आवारा बच्चे पत्थर-कंकड़ फेंकने लगे। लोग बाहर निकल आए घरों के। बड़ा तमाशा होने लगा। आखिर शिष्यों को भी बड़ी बेचैनी लगने लगी। वे भी नीचे देख कर चल रहे हैं कि जिस गुरु के साथ हम जा रहे हैं, वह गधे पर उलटा बैठा हुआ है। बदनामी तो हमारी भी हो रही है। उनकी तो हो ही रही है, मगर हम भी तो उनके पीछे चल रहे हैं, तो लोग हम पर हंस रहे हैं।

लोग उनसे भी कहने लगे, किसके पीछे जा रहे हो, दिमाग खराब हो गया है? यह हज की यात्रा हो रही है? बहुत यात्राएं देखीं। यह तुम्हारा गुरु गधे पर उलटा क्यों बैठा है?

आखिर उन्होंने कहा कि सुनिए—अपने गुरु को कि इस बात को आप साफ ही कर दें। राज जरूर होगा। मगर हम बड़े मुश्किल में पड़ गए हैं।

गुरु ने कहा: ऐसा है कि अगर मैं गधे पर सीधा बैठूं, तो मेरी पीठ तुम्हारी तरफ होगी। और कभी किसी गुरु की पीठ अपने शिष्यों की तरफ नहीं हुई। अगर तुम मेरे पीछे चलो, मैं गधे पर सीधा बैठूं तो मेरी पीठ तुम्हारी तरफ होगी। यह भी हो सकता है, क्योंकि मैंने सभी विकल्प सोच लिए, तुम आगे चलो, मैं गधे पर पीछे बैठ कर सीधा चलूं तो तुम्हारी पीठ मेरी तरफ होगी। जब गुरु की पीठ भी क्षमा योग्य नहीं है कि शिष्य की तरफ हो, तो शिष्य की पीठ गुरु की तरफ हो तो यह तो बहुत अक्षम्य अपराध हो जाएगा। तो यही एक सुगम उपाय है कि मैं गधे पर उलटा बैठूं, तुम मेरे पीछे चलो। आमने-सामने हम रहें।

कहानी बड़ी प्रीतिकर है। बड़ी रहस्यपूर्ण है।

कबीर कहते हैं: 'आगे थें सदगुरु मिला।'

गुरु सदा आगे से मिलता है। गुरु सदा तुम्हारे आमने-सामने मिलता है। वह तुम्हारी आंखों में आंखें डाल कर देखेगा। वह तुम्हारे हृदय से हृदय की बातें कहेगा। वह तुम्हारे सन्मुख होगा। वह तुम्हें अपने सन्मुख करेगा। यह मिलन सीधा-सीधा है। आमने-सामने है। यह साक्षात्कार है।

तो गुरु किसी को अनुकरण नहीं करवाता। वह यह नहीं कहता कि तुम मेरे जैसे हो

जाओ। तुम हो भी नहीं सकते। तुम्हारे होने की कोशिश में ही तुम भटक जाओगे। कोई किसी जैसा नहीं हो सकता। परमात्मा एक जैसे दो व्यक्ति बनाता ही नहीं। उसका सृजन अनंत है। वह रोज नये-नये ढंग खोज लेता है। जैसे दो आदमियों के अंगूठे के चिह्न एक से नहीं होते, ऐसे ही दो आदमियों की आत्माएं भी एक सी नहीं होतीं।

व्यक्तित्व, मौलिक, अद्वितीय व्यक्तित्व प्रत्येक की संपदा है।

तुम बस, तुम जैसे हो। न तुम्हारे जैसा कोई व्यक्ति कभी हुआ है, न है, न होगा। क्योंकि परमात्मा पुनरुक्ति करने में भरोसा नहीं रखता। पुनरुक्ति तो वही करते हैं जिनकी सृजन की क्षमता क्षीण है। परमात्मा विराट है। वह चुक नहीं गया है कि अब फिर से बुद्ध को बनाए कि फिर से राम को बनाए, और फिर से धनुष पकड़ा दे उनको। यह तो तभी होगा, जिस दिन परमात्मा चुक जाए। अब उसकी बुद्धि में कुछ न आए, अब उसकी प्रतिभा खाली पड़ जाए। तब फिर वह जुगाली शुरू कर दे। तब वह पुरानों को दोहराने लगे। मगर उसी दिन परमात्मा मर जाएगा। उसके जीवित होने का अर्थ, उसके सृजन का जीवित होना है।

मैंने सुना है कि एक मित्र ने, पिकासो के एक मित्र ने उसका एक चित्र खरीदा। पिकासो के चित्र लाखों में बिकते थे। उसने कोई पांच लाख रुपये में वह चित्र खरीदा। महंगा चित्र था। खरीदने के पहले पक्का कर लेना जरूरी था कि वे पिकासो का मौलिक चित्र है या किसी की नकल है, या किसी और ने बनाया है। संदेह उसे नहीं था। संदेह इसलिए नहीं था कि जब यह चित्र पिकासो बना रहा था तब वह पिकासो से मिलने गया था और उसे पक्की तरह याद है कि यह वही चित्र है । पिकासो को बनाते देखा है। लेकिन फिर भी कौन जाने स्मृति धोखा देती हो। किसी और आदमी ने ठीक प्रतिलिपि बनाई हो। तो पिकासो से पूछ लेना अच्छा है।

उसने जाकर पिकासो से कहा कि यह चित्र मैं खरीद रहा हूं। पांच लाख रुपये का मामला है। खरीद लूं यह चित्र? ऑथेंटिक है, प्रामाणिक है, तुम्हारा ही बनाया हुआ है? किसी की प्रतिलिपि तो नहीं है? पिकासो ने चित्र देखा और कहा कि नहीं। यह प्रामाणिक नहीं है। चक्कर में मत पड़ जाना। तब तो वह मित्र बहुत हैरान हुआ। उसने कहा कि तुम मुझे हैरान करते हो। क्योंकि इस चित्र को मैंने तुम्हें बनाते देखा। पिकासो ने कहा यद्यपि मैंने ही इसे बनाया है, लेकिन यह प्रामाणिक नहीं है। तब तो बात और उलझ गई। मित्र ने कहा: प्रामाणिक का अर्थ फिर क्या होता है? पिकासो ने कहा: प्रामाणिक का अर्थ होता है मौलिक। यह मेरे ही एक पुराने चित्र की प्रतिलिपि है, मैंने ही की है, इसलिए प्रामाणिक है एक अर्थ में कि मैंने ही बनाई है। लेकिन नई नहीं है। इसलिए इसके साथ मैं अपना नाम नहीं जोड़ना चाहता।

यह भी हो सकता है कि पिकासो का बनाया हुआ चित्र भी मौलिक न हो। क्योंकि पिकासो आखिर सीमित है, आदमी है। रोज नये चित्र नहीं बना सकता। लेकिन पुनरुक्ति पिकासो खुद करे या कोई दूसरा आदमी करे, इससे क्या फर्क पड़ता है? पुनरुक्ति, पुनरुक्ति है।

परमात्मा जीवित है, क्योंकि अभी वह चुक नहीं गया है। उसने दुबारा राम नहीं बनाए। उसने दुबारा कृष्ण नहीं बनाए। उसने दुबारा बुद्ध, महावीर नहीं बनाए। उसने दुबारा कुछ बनाया ही नहीं। वह रोज नये बनाता है। यह नित-नूतन, चिर-पुरातन जीवन का जो सृजन है, उसमें तुम किसी और जैसे होने को पैदा नहीं हुए हो। भूल कर भी उस रास्ते पर मत जाना। तुम स्वयं होने को पैदा हुए हो।

गुरु तुम्हें अपना अनुकरण नहीं करवाता। गुरु तुम्हें साथ देता है, सहयोग देता है ताकि तुम स्वयं हो जाओ। यही सदगुरु और असदगुरु का लक्षण है।

सदगुरु का अर्थ है: वह तुम्हें सहारा देगा कि तुम तुम्हीं हो जाओ। तुम जो होने को पैदा हुए हो वह हो जाओ। तुम्हारी नियति पूरी हो जाए। वह तुम्हें बनाएगा नहीं, सहारा देगा। वह तुम पर आरोपित नहीं करेगा। तुम्हारे भीतर जो छिपा है उसके आविर्भाव में सहयोगी होगा। वह सब भांति तुम्हें साथ देगा, लेकिन किसी भी भांति तुम पर आरोपण नहीं करेगा। और जिस दिन तुम अपनी प्रतिभा में खिलोग-अनूठे, उस दिन वह प्रसन्न होगा। अगर तुम एक प्रतिलिपि हो गए, एक कार्बनकॉपी हो गए तो जितना दुखी सदगुरु होता है, उतना कोई दुखी नहीं होता। वह चूक गया। तुमने फिर मूढ़ता कर ली। तुम फिर लोक वेद के साथ चल पड़े।

आगे थे सदगुरु मिला,...

गुरु सदा आगे से मिलता है।

...दीपक दिया हाथि।

और गुरु ने प्रकाश दिया। यह भी बड़ी सूक्ष्म बात है।

एक अंधा आदमी आए मेरे पास, और कहे कि मुझे गांव का नक्शा समझा दें। मैं अंधा आदमी हूं। गली, रास्ते, यहां आश्रम तक आने का मार्ग सब मुझे समझा दें, ताकि मैं भटकूं न, भूलूं न। कितना ही समझा दें, अंधा धीरे-धीरे कंठस्थ भी कर ले, टटोल-टटोल कर आने लगे। फिर धीरे-धीरे इतना अभ्यासी हो जाए कि टटोलने की भी जरूरत न रहे, पूछने की भी जरूरत न रहे। सीधा चलता हुआ आश्रम आ जाए, तो भी अंधा अंधा ही रहेगा। और किसी दूसरे नगर में, इस नगर का नक्शा काम न आएगा। और अंधा जहां से आता है इस आश्रम तक अगर उसे किसी और जगह छोड़ दिया जाए तो वहां से इस आश्रम तक न आ सकेगा। उसका आना रूढ़िबद्ध है।

तो क्या यह उचित होगा कि अंधे को हम नक्शा दें और समझाएं; या यह उचित होगा कि उसके आंख की चिकित्सा करें? उसकी आंख ठीक हो जाए, फिर किसी नक्शे की कोई जरूरत नहीं। फिर कहीं भी तुम उसे छोड़ दो वह चला आएगा। फिर दूसरे नगर में भी उसकी आंखें काम आएंगी। और जिंदगी का नगर रोज बदल जाता है। प्रतिपल बदल जाता है। सुबह कुछ और है, सांझ कुछ और है। तुम एक ही जगह थोड़े ही हो। जीवन की धारा बदलती जा

रही है। हर घड़ी सब नया हो रहा है। नदी बहती चली जाती है। एक ही नदी में दुबारा उतरने का कोई उपाय नहीं है। तो आंख ही काम आ सकती है जिंदगी में।

जो असदगुरु है, वह तुम्हें सिद्धांत देता है और जो सदगुरु है, वह तुम्हें दीपक देता है। सदगुरु तुम्हें प्रकाश देता है ताकि तुम जहां भी रहो, देख लो। असदगुरु तुम्हें सिद्धांत देता है। अंधे की लकड़ी की भांति हैं वे सिद्धांत, ताकि तुम टटोल कर अपना रास्ता खोज लो। लेकिन लकड़ी और आंख का क्या मुकाबला?

शास्त्र से तुम्हें अंधे की लकड़ी मिलती है। ताकि तुम थोड़ा टटोल कर रास्ता खोज लो। मुसीबत आए तो तुम शास्त्र में देख लो कि क्या करना है। सदगुरु आंख देता है, दीया देता है, भीतर की रोशनी देता है। तुम्हें जगाता है। जागरण देता है। विवेक देता है, होश देता है; सिद्धांत नहीं देता। क्योंकि होश के लिए किसी सिद्धांत की कोई जरूरत नहीं है। तुम मुझसे पूछो कि क्या करें और क्या न करें, मैं तुम्हें कुछ न बताऊंगा। क्योंकि क्या करें, क्या न करें, सब जड़ हो जाएगा। अगर मैं तुम्हें कहूं कि यह करो, कल स्थिति बदल जाएगी। तब तुम मुश्किल में पड़ जाओगे। अगर मैं कहूं यह मत करो, कल स्थिति बदल जाएगी।

समझो कि मैं तुमसे कहूं, सत्य बोलो। वेद दे दिया तुम्हें। अब सत्य से बड़ा कोई वेद है? कोई सिद्धांत है? मैंने तुम्हें कह दिया सत्य बोलो। यह सिद्धांत है। तुम्हें सत्य दिखाई नहीं पड़ता। तुम्हारी रोशनी जगी नहीं है। तुम सत्य भी गलत जगह बोल दोगे। जहां नहीं बोलना था, वहां बोल दोगे। और जहां बोलना था, वहां न बोलोगे। तुम सत्य का भी वही उपयोग कर लोगे, जो अंधेपन में किया जा सकता है। भला मैंने लकड़ी दी थी कि टटोल कर तुम रास्ता खोज लेना। तुम किसी का सिर खोल दोगे लकड़ी से। वह भी किया जा सकता है। लकड़ी वही है।

तुम ऐसी जगह सत्य बोलोगे जहां सत्य किसी का प्राणघातक हो जाए और तुम कहोगे कि सिद्धांत मेरे साथ है। अगर किसी का प्राण जाता हो और तुम्हारे झूठ बोलने से बच जाता हो, तो होश वाला आदमी झूठ बोलेगा। बेहोश आदमी सच बोलेगा। तुम्हारे सत्य का क्या इतना मूल्य है? अकड़ ही है यह भी अहंकार की कि मैं तो सत्यवादी रहूंगा चाहे किसी की जान जाती हो।

दूसरे के जीवन का मूल्य बहुत ज्यादा है। और अगर छोटे से झूठ बोलने से किसी का जीवन बचता हो, तो मैं तुमसे कहता हूं कि बुद्ध झूठ बोलेंगे और जीवन बचा लेंगे। तुम सच बोलोगे और उसकी हत्या के जिम्मेवार हो जाओगे।

झूठ और सच मूल्यवान नहीं हैं, बोध मूल्यवान है। क्या करना, क्या न करना, ये मूल्यवान नहीं है, क्या होना! तुम्हारे भीतर की चेतना कैसी हो गई, वही मूल्यवान है। वह चेतना अगर सम्यक है, तो तुम झूठ भी बोलोगे तो सत्य से कीमती होगा। वह चेतना अगर

अंधकार में बेहोश है, मुर्दा है, सोई हुई है, अंधी है, तो तुम सत्य भी बोलोगे, तो झूठ से बदतर होगा।

झूठ और सच का सवाल नहीं है। तुम्हारे जाग्रत होने का सवाल है। और जिंदगी जटिल है। आज जो सच है, कल झूठ हो जाता है। अभी जो कहा, वह क्षण भर बाद मौजूं न रह जाए। सब बदलता जाता है। जिंदगी सीधा-सीधा रास्ता नहीं है, बड़ी पहेली है। इसलिए अगर तुम होश में हो तो ही पहेली के बाहर आ सकोगे। अगर तुम बेहोश हो, तो कितने ही सिद्धांत तुम्हारे पास हों, सिद्धांत तुम्हारे पैरों में जंजीरें बन जाएंगे। तुम्हारे प्राणों के लिए पंख न बन सकेंगे।

इसलिए कबीर कहते हैं: 'दीपक दिया हाथि।' नहीं बताया कि क्या करो और क्या न करो। नहीं कहा कि यह जप करो, यह तप करो। नहीं कहा कि यह क्रिया करो, यज्ञ करो कि मंदिर जाओ कि मस्जिद जाओ। नहीं कहा कि व्रत-उपवास करो। 'दीपक दिया हाथि।' सिर्फ ध्यान का दीया दिया। समाधि की रोशनी दी।

और गुरु सामने से मिला। सामने से ही दिया जा सकता है दीया, क्योंकि आंख जब आंख में मिले, प्राण जब प्राण में मिलें, जब बुझा दीया जले दीये के करीब आए, आमने-सामने आए, बुझी बाती जली बाती के इतने निकट आ जाए कि एक छलांग लगे ज्योति की और बुझा दीया जल जाए।

आगे थें सद्गुरु मिला, दीपक दिया हाथि।

भगति भजन हरिनाम है, दूजा दुख अपार।।

उस प्रकाश में जाना। यह गुरु ने नहीं कहा कि-'भगति भजन हरिनाम है।' नहीं, गुरु ने तो सिर्फ रोशनी दी। गुरु ने तो हिलाया और नींद तोड़ दी। गुरु ने तो जगाया कि सुबह हो गई। कब तक सोए रहोगे? उठो। बात खत्म हो गई। गुरु ने थोड़े पानी के छींटे मार दिए आंख पर। कि चाय की एक प्याली लाकर पिला दी। उठो, जाग जाओ, सुबह हो गई। बहुत सो लिए। जन्मों-जन्मों सो लिए। खोलो आंख। सूरज निकला है।

उस खुली आंख में दिखाई पड़ा:

भगति भजन हरिनाम है, दूजा दुख अपार।

सिर्फ परमात्मा का स्मरण, उसकी भक्ति, उसका भजन, उसके नाम का सतत स्मरण, उसकी प्रतीति, उसका अहसास। जैसे सब तरफ से वही घेरे हुए है।

...दूजा दुख अपार।

और सब दुख है। समझें: भक्ति प्रेम का शुद्धतम रूप है। प्रेम की तीन कोटियां हैं।

पहली कोटि, जिससे सौ में निन्यानबे लोग परिचित हैं-काम; काम का अर्थ है: दूसरे से लेना, लेकिन देना नहीं। वासना लेती है, देती नहीं। मांगती है, प्रत्युत्तर नहीं देती। वासना शोषण है। अगर देने का बहाना करना पड़े तो करती है। या देने का दिखावा भी करना पड़े तो

भी करती है। क्योंकि मिलेगा नहीं। तो तुम्हारा जो प्रेम है वह दिखावा है। वस्तुतः तुम देना नहीं चाहते, तुम लेना चाहते हो।

मेरे पास लोग आते हैं। वे कहते हैं, हमें कोई प्रेम नहीं करता। मैं उनसे पूछता हूं कि यह सवाल ही नहीं है कि तुम्हें कोई प्रेम नहीं करता। सवाल यह है कि तुम किसी को प्रेम करते हो?

इसका उन्हें खयाल ही नहीं है। इस पर उन्होंने विचार ही नहीं किया। वे कहते हैं कि इस पर हमने सोचा नहीं। इसको तो तुम मान ही बैठे हो कि तुम प्रेम करते हो। कठिनाई यह है कि दूसरा तुम्हें प्रेम नहीं करता। पत्नियां मेरे पास आती हैं वे कहती हैं, पति प्रेम नहीं करते, पति आते हैं वे कहते हैं, पत्नियां प्रेम नहीं करतीं।

कामवासना मांगती है, देना नहीं चाहती। कामवासना कृपण है। इकट्ठा करती है, बांटना नहीं चाहती। शोषण है।

और जब दो व्यक्ति, दोनों ही कामातुर हों, तो बड़ी अड़चन हो जाती है। दोनों भिखारी हैं। दोनों मांग रहे हैं। देने की हिम्मत किसी में भी नहीं है। और दोनों यह धोखा देने की कोशिश कर रहे हैं कि मैं दे रहा हूं। लेकिन यह धोखा कितनी देर चल सकता है? इसलिए कामवासना से जुड़े लोगों का जीवन अनिवार्य रूपेण दुखपूर्ण हो जाएगा। उसमें सुख नहीं हो सकता। उसमें सुख की संभावना ही नहीं है।

जिस ऊर्जा का नाम प्रेम है, उसके तीन रूप हैं। पहला: काम ; जिसमें तुम मांगते हो और भिखारी होते हो। और देने में डरते हो, देते नहीं। या देने का सिर्फ दिखावा करते हो, ताकि मिल सके। अगर कभी थोड़ा बहुत देना भी पड़ता है तो वह ऐसा ही है, जैसा कि मछली को पकड़ने वाला कांटे पर थोड़ा आटा लगा देता है। वह कोई मछली का पेट भरने को नहीं। वह कोई मछली को भोजन देने के लिए तैयारी नहीं कर रहा है। लेकिन कांटा चुभेगा नहीं बिना आटे के। मछली आटा पकड़ने आएगी, कांटे में फंसेंगी।

तुम अगर देते हो तो बस इतना ही कि आटा बन जाए। दूसरा व्यक्ति फंस जाए तुम्हारे जाल में। पर मजा यह है कि दूसरा भी मछलीमार है। उसने भी आटा कांटे पर लगा रखा है। और जब दोनों के कांटे फंस जाते हैं दोनों के मुंह में, उसको तुम विवाह कहते हो। दोनों ने एक-दूसरे को धोखा दे दिया।

इसलिए जीवन भर क्रोध बना रहता है—जीवन भर कि दूसरे ने धोखा दे दिया। लेकिन वही पीड़ा दूसरे की है। इस क्रोध में कैसे आनंद के फूल लग सकते हैं? असंभव। तुम नीम के बीज बोते हो और आम की अपेक्षा करते हो। यह नहीं होगा। यह नहीं हो सकता है।

दूसरा रूप है : प्रेम; प्रेम का अर्थ है, जितना लेना, उतना देना। वह सीधा-साफ-सुथरा

सौदा है। काम शोषण है, प्रेम शोषण नहीं है। वह जितना लेता है उतना देता है। हिसाब साफ है। इसलिए प्रेमी आनंद को तो उपलब्ध नहीं होते, लेकिन शांति को उपलब्ध होते हैं। कामी शांति को उपलब्ध नहीं होते, सिर्फ अशांति, चिंता, संताप। प्रेमी आनंद को तो उपलब्ध नहीं हो सकते, लेकिन शांति को उपलब्ध होते हैं। एक संतुलन होता है जीवन में। जितना लिया, उतना दिया। जितना दिया, उतना पा लिया, हिसाब-किताब साफ होता है।

प्रेमियों के बीच में कलह नहीं होती। एक गहरी मित्रता होती है। सब साफ है। लेना-देना बाकी नहीं है। क्रोध भी नहीं है। क्योंकि जितना दिया, उतना पाया। कुछ विषाद भी नहीं है। न कुछ लेने को है, न कुछ देने को है। हिसाब-किताब साफ है। प्रेमी साफ-सुथरे होते हैं।

ऐसी घटना अक्सर मित्रों के बीच घटती है। इसलिए मित्र बड़े शांत होते हैं मित्रों के साथ। पति पत्नी के बीच कभी घटती है, मुश्किल से घटती है। क्योंकि वहां काम ज्यादा प्रगाढ़ है। लेकिन दो मित्रों के बीच अक्सर घटती है। और अगर दो प्रेमी हों पति-पत्नी, तो वे भी मित्र हो जाते हैं। उनके बीच पति-पत्नी का संबंध नहीं रह जाता। एक मैत्री का संबंध हो जाता है, जहां कोई विषाद नहीं है। न कोई मन में पश्चात्ताप है। न यह खयाल है कि किसी ने किसी को धोखा दिया।

प्रेम का तीसरा रूप है: भक्ति; जिसमें सिर्फ भक्त देता है। लेने की बात ही नहीं करता। काम से ठीक उलटी है भक्ति। और काम और भक्ति के बीच में है प्रेम। कामी दुखी होता है। भक्त आनंदित होता है। प्रेमी शांत होते हैं।

इस पूरी बात को ठीक से समझ लेना।

भक्ति काम से बिलकुल उलटी घटना है। दूसरा विरोधी छोर है। वहां भक्त देता है, सब देता है। अपने को पूरा दे देता है। कुछ बचाता ही नहीं पीछे। इसी को तो हम समर्पण कहते हैं। अपने को भी नहीं बचाता। देने वाले को भी नहीं बचाता। उसको भी दे डालता है।

और मांगता कुछ भी नहीं। न बैकुंठ मांगता है, न स्वर्ग मांगता है। मांगता कुछ भी नहीं। मांग उठी कि भक्ति तत्क्षण पतित हो जाती है। कम हो जाती है। अगर उतना ही दिया जितना परमात्मा देता है, तो भी भक्ति भक्ति नहीं है, प्रेम ही हो जाती है। भक्ति तो तभी भक्ति है जब अशेष भाव से भक्त अपने को पूरा उंड़ेल देता है।

ऐसा नहीं है कि भक्त को मिलता नहीं। भक्त को जितना मिलता है उतना किसी को नहीं मिलता। उसी को मिलता है। लेकिन उसकी मांग नहीं है। छिपी हुई मांग भी नहीं है। वह सिर्फ उंड़ेल देता है। अपने को पूरा दे देता है। और परिणाम में परमात्मा पूरा उसे मिल जाता है। लेकिन वह परिणाम है। वह उसकी आकांक्षा नहीं है। वह उसने कभी चाहा न था।

इसलिए भक्त सदा कहता है कि परमात्मा की अनुकंपा से मिला। अनुग्रह से मिला। मैंने

कभी मांगा न था। उसने दिया है। मैं अपात्र था। फिर भी उसने भर दिया मुझे। मेरे पात्र को पूरा कर दिया है। मैं योग्य न था। मेरी क्या योग्यता थी? उसने स्वीकार किया, यह भी काफी था। वह इनकार कर देता तो भी मैं कहां अपील करने जाता? कोई अपील न थी। क्योंकि मेरी कोई योग्यता ही ना थी। भक्त अपने को दे देता है। समग्र भाव से, परिपूर्ण भाव से।

और जितना अपने को दे देता है, उतना ही परिपूर्ण परमात्मा उस पर बरस उठता है। बहुत पा लेता है। अनंत पा लेता है। सब पा लेता है, जो इस अस्तित्व में पाने योग्य है, जो भी सुंदर है, सत्य है, शिवम है, सब उसे मिल जाता है। वह इस अस्तित्व का शिखर हो जाता है।

भगति भजन हरिनाम है,...

और भजन है, भक्त के अनुग्रह की अभिव्यक्ति। भजन का अर्थ नहीं है कि तुम राम-राम, राम-राम कर रहे हो। क्योंकि राम-राम, राम-राम तुम कर सकते हो किसी वासना से। तुम करते ही हो वासना से। तब तुमने परमात्मा से भी काम का ही, वासना का ही संबंध बनाने की कोशिश की। तुम कुछ मांग रहे हो। तुम हिसाब रखते हो कि एक लाख दफे नाम लिया।

एक घर में मैं मेहमान था। उस घर का मालिक निश्चित पागल रहा होगा। उसने सारे घर को कापियों से भर रखा है—राम-राम, राम-राम। सालों से वह लिख रहा है। इतने करोड़ नाम लिख चुका है, उसका हिसाब रखता है। नाम कितने करोड़ लिख चुका है, उसकी अकड़ है। वह अगर परमात्मा के सामने जाएगा, अकड़ से खड़ा हो जाएगा कि क्या इरादे हैं? इतने करोड़ नाम लिखे, अब इसका क्या फल है? उसकी आंखों में दिखता है कि वह फल की मांग खड़ी है। अन्यथा ये कापियां बच्चों के काम आ जातीं, खराब कर दीं। स्कूल में बहुत बच्चे हैं, जिनके पास कापियां नहीं हैं। उन सज्जन से मैंने कहा कि मत करो खराब। बच्चों को बांट दो। वे नाराज हो गए कि आप नास्तिक हैं? मैं राम-राम लिख रहा हूं।

नहीं। तुम्हारे राम-राम लिखने, दोहराने का कोई अर्थ नहीं है। भजन बड़ी गहरी प्रक्रिया है। आगे कबीर समझाएंगे तब तुम्हें समझ में आ जाएगा।

और न कोई सुन सके, कै सांई के चित्त।

दूसरा सुन ले तो भजन ही न रहा। वह क्या भजन रहा जिसको दूसरे ने सुन लिया? तब तुम दूसरे को सुनाने को कर रहे होओगे। या तो तुम्हारी अंतरात्मा जानती है या परमात्मा। वह दो के बीच है, तीसरा उसे सुनता ही नहीं। सुन ही नहीं सकता। वह इतना सूक्ष्म है। वह एक भाव है। भजन एक भाव है। वह शब्दों की, ध्वनियों की व्यवस्था नहीं है, एक भाव-दशा है। भजन अनुग्रह है। तुम ऐसे भरपूर हो कि तुम चलते हो तो तुम्हारे चलने में एक नाच है। तुम्हारे पैर में एक महक, एक दमक है। भरे-पूरे चलते हो।

जैसे कभी किसी को तुमने चलते देखा हो, कोई प्रेमी को, जो किसी के प्रेम में पड़ गया,

उसकी चाल बदल जाती है। कल तक वैसे ही–इसी दफ्तर जाता था, इसी रास्ते से गुजरता था, यही पैर थे, लेकिन अब जरा बात बदल गई। अब पैरों में कुछ ऊर्जा और है। पैरों में अब कुछ नाच समा गया। घूंघर न बांधे हों। लेकिन कहीं भीतर घूंघर बजते हैं। चलता है, लगता है उड़ता है। जमीन की कशिश का प्रभाव नहीं पड़ता जैसे। कुछ पा लिया है। जरा एक स्त्री मुस्कुरा दी है।

पहले भी निकलता था यहां से। तब तुम गौर से देखते, तो इसके सिर पर तुम्हें सारी फाइलों का ढेर लगा हुआ दिखाई पड़ता। छाती पर पूरा दफ्तर लिए आता जाता था। घसिटता था। आज एक गुनगुनाहट है। चाहे ओंठ कंप भी न रहे हों, लेकिन तुम गुनगुनाहट चेहरे पर देख पाओगे। आज आदमी स्नान किया हुआ मालूम पड़ता है। रोज भी स्नान करके निकलता था, लेकिन फिर भी धूल जमी मालूम पड़ती थी। आज बाल कुछ संवारे हुए हैं। कपड़े साफ–सुथरे हैं। आज कुछ बात हो गई है। आज हृदय कुछ भरा है। जरा सी प्रेम की झलक आई है।

तो भक्त की तो क्या कहनी बात! जिसको परमात्मा की झलक आ गई हो, जिसने अपने को समर्पित किया हो और उस समर्पण में परमात्मा से भर गया हो, जिसने अपने को मिटाया हो और परमात्मा को पा लिया हो, उसका उठना, उसका बैठना, उसका चलना, उसका बोलना, न बोलना, उसका सोना, उसका जागना, सब भजन है। भजन एक अहोभाव है। तुम उसे देख कर कर कह सकते हो कि इसने पा लिया। उसका जीवन एक अहर्निश उत्सव है। तुम उसकी आंखों में संदेह न पाओगे। तुम उसकी आंखों में छाया न पाओगे विषाद की, दुख की, चिंता की। तुम उसके चेहरे पर अतीत का बोझ न पाओगे, अतीत की स्मृतियां न पाओगे। तुम उसके चेहरे पर भविष्य की कल्पनाओं का जाल न देख सकोगे। नहीं, न अतीत की छाया पड़ती है, न भविष्य की छाया पड़ती है। यह क्षण पर्याप्त है। आप्तकाम! भरा पूरा! सब मिल गया। चाहा था जितना, उससे बहुत ज्यादा, अनंत गुना मिल गया। मांगा था जन्मों–जन्मों तक, वह बिन मांगे मिल गया। सदा अपने को बचाने की कोशिश की थी, और कुछ हाथ न लगा था। आज सब डुबा दिया और सब हाथ आ गया।

भजन भाव–दशा है।

और न कोई सुन सके, कै सांई के चित्त।

परमात्मा ही पहचानेगा। या तो भक्त का हृदय जानता है, जो गुनगुना रहा है, नाच रहा है। यह पुलक और। यह धड़कन और। यह पुलक सिर्फ खून के और श्वास के द्वारा फेफड़ों में पैदा नहीं हो रही है। फेफड़ों के भीतर छिपे हुए हृदय में एक आविर्भाव हुआ है। नई अवस्था का जन्म हुआ है।

भगति भजन हरिनाम है, दूजा दुख अपार।

और अब भक्त जानता है कि और शेष सब दुख है। अपने को खो देना आनंद है। अपने को बचाना दुख है। काम, सब तरह की कामवासना, चाहे धन की हो, चाहे शरीर की हो, यश की हो, पद की हो, दुख है। अकाम हो जाना।

और अकाम तुम कब हो सकोगे? जब तक तुम हो, तब तक तुम अकाम न हो सकोगे। तुम तो खाली पात्र हो; तुम कैसे अकाम हो सकोगे? तुम तो भिखारी हो, कैसे अकाम हो सकोगे? तुम सम्राट के चरणों में अपने को छोड़ दो। छोड़ते ही तुम अकाम हो जाओगे, और तुम्हारे जीवन में अहर्निश भजन गूंजने लगेगा।

कबीर ने कहा है कि न तो जाता हूं मंदिर की परिक्रमा करने–'उठूं-बैठूं सो परिक्रमा।' अब कहीं और नहीं जाता। उठना-बैठना परिक्रमा है। अब तो जो भी करता हूं वही उसकी पूजा और अर्चना है। अब मैं तो बचा नहीं। अब वही मुझसे श्वास लेता है, उसी को भूख लगती है। उसी को प्यास लगती है। पानी पीकर वही तृप्त होता है। मैं बीच में नहीं हूं। ऐसी दशा भजन की दशा है।

मनसा वाचा कर्मना, कबीर सुमरिन सार।

इसलिए कबीर कहते हैं कि मन से, वचन से, कर्म से, जीवन की सभी अवस्थाओं से उसका सुमिरन होने लगे, हर घड़ी वही याद आने लगे। भूख लगे तो उसी को लगे, तो सुमिरन हो गया। तुम्हें भूख न लगे; प्यास लगे, उसी को प्यास लगे। जल पीयो, तृप्ति हो, उसी की तृप्ति हो।

तो जीवन का सारा सार एक शब्द में आ जाता है, वह है, 'सुमिरन।' सुमिरन स्मरण शब्द का अपभ्रंश है। और स्मरण से तुम यह मत समझना कि बैठ कर तुम राम-राम, राम-राम करते रहो। तुम करते रहो राम-राम, तुम कितना ही राम-राम करो। कबीर ने कहा है, जीभ तो राम की रटन करती है, 'मनुआ चहुं दिशि फिरे।' और मन चारों दिशाओं में घूम रहा है। यंत्रवत जीभ करती रहती है। इसका क्या मूल्य है? और अगर मुक्ति भी होगी, तो जीभ की होगी। तुम्हारी कैसे हो जाएगी? तुमने तो कभी सुमिरन किया नहीं।

स्मरण इतना गहरा होना चाहिए कि तुम्हारे प्राणों का प्राण उससे लिप्त हो जाए, आप्लावित हो जाए। जीभ तो बड़ी बाहर है। शरीर का हिस्सा है। नहीं जीभ से काम न चलेगा।

लेकिन क्या मन में स्मरण करते रहो तो काम चल जाएगा? मन भी तो बहुत गहरा नहीं है। और जिस मन से तुम स्मरण करते हो, उसी मन से तुमने वासना की है, उसी मन से तुमने धन का लोभ किया है, उसी मन से तुम कचरा इकट्ठा किए हो। उस अपात्र में तुम परमात्मा के अमृत की आकांक्षा करते हो? उस मन से, जो भ्रष्ट हुआ सब तरह? जिसमें तुमने अब

तक जहर ही रखा था, उसमें तुम अमृत की आकांक्षा मत करो। क्योंकि वह पात्र जहरीला हो गया है।

नहीं, मन से भी न होगा। और गहरे जाना पड़ेगा। वहां जाना पड़ेगा, जहां तुम्हारी कुंआरी आत्मा है। क्योंकि वहीं से भजन होगा। भजन तो एक कुंआरी घटना है। शुद्ध! किसी वासना से अस्पर्शित। जहां न कभी लोभ उठा, न जहां कभी क्रोध उठा, जहां तुम्हारा होना है, अंतर्तम गर्भगृह में। तुम्हारे भीतर के गहरे से गहरे मंदिर में। जहां तुम हो—वैसे, जैसे तुम जन्म के पहले थे। वैसे, जैसे तुम मृत्यु के बाद हो जाओगे। वहीं भजन उठेगा, वहीं भाव उठेगा।

तो भजन एक भाव है। न शब्दों की पकड़ में आएगा, न कृत्यों की पकड़ में आएगा।

जीसस ने कहा है कि तुम्हारा बायां हाथ जो करेगा वह तुम्हारे दाएं हाथ को पता न चलेगा। इतनी गहरी घटना है। ऊपर-ऊपर होती, तो बायां हाथ दाएं हाथ को देख लेता। पति करेगा, जीसस ने कहा है, तो पत्नी को पता न चलेगा। चौबीस घंटे तुम्हारे साथ रहेगी, पता न चलेगा। चलना नहीं चाहिए।

लेकिन तुम तो इतने जोर से करते हो कि पत्नी को क्या, पड़ोसियों को पता चल जाए। तुम माइक लगा कर करते हो। धर्म का सहज विस्तार कर रहे हो मोहल्ले भर में! और धर्म के लिए कोई रोक भी नहीं लगा सकता। आधी रात को भी तुम लाउड स्पीकर लगा कर हरे राम का भजन करने लगो, तो कोई कुछ नहीं कह सकता। क्योंकि धर्म की तो स्वतंत्रता है। लोगों की नींद हराम कर रहे हो। तुम उन्हें धर्म का दुश्मन बना रहे हो। वे गाली दे रहे हैं तुमको, तुम्हारे हरे राम को, लेकिन अब वे कुछ कर नहीं सकते। क्योंकि धार्मिक कृत्य में बाधा देना ठीक नहीं है। और तुम करुणावश लाउड स्पीकर का खर्चा उठा रहे हो।

नहीं, आकांक्षा यह है कि दूसरे जान लें कि तुम कोई साधारण आदमी नहीं हो, बड़े भगत, बड़े भजन करने वाले, धार्मिक, साधुपुरुष। तुम प्रचार कर रहे हो अपना। अन्यथा राम की खबर तो तुम्हारे हाथ को न चलेगी। वस्तुतः जब भाव बहुत गहन होगा, तब तुम्हारे मन तक को पता न चलेगा कि क्या हो रहा है।

लेकिन, 'मनसा वाचा कर्मना, कबीर सुमिरन सार।'

तुम्हारे मन में, तुम्हारे वचन में, तुम्हारे कर्म में, सब जगह उसकी छाप पड़ने लगेगी। जिसके पास आंखें हैं, वह देख लेगा। अंधों को दिखाई न पड़ेगा, लेकिन जिसके पास आंखें हैं, वह देख लेगा कि तुम्हारा कर्म अब किसी और रस में डूबा है। कोई और रंग पकड़ गया है तुम्हारे कर्म को। तुम्हारे वचन में कोई नये इंद्रधनुष का जन्म हुआ है। तुम्हारे होने से एक मिठास फैलती है। एक सुस्वाद गंध तुम्हारे चारों तरफ उठती है। लेकिन यह तो उसको दिखाई पड़ेगा, जिसको इसका अनुभव हुआ हो। अंधों के जगत में किसी को पता भी न चलेगा। चलने की कोई जरूरत भी नहीं है।

मेरा मन सुमरे राम कूं, मेरा मन राम ही आहि।

अब मन राम ही व्है रह्या, सीस नवावें काहि।।

स्मरण करते-करते मैं स्वयं राम हो गया। स्मरण करने वाला भी न रहा। दूरी मिट गई। द्वैत समाप्त हुआ। अब तो वही है।

...**सीस नवावें काहि।**

अब किसको सिर झुकाने जाएं? किस मंदिर में सिर पटकें? अब कौन सा शास्त्र पढ़ें?

परम भक्त के जीवन से जिसे तुम धर्म कहते हो, ऐसे ही तिरोहित हो जाता है, जैसे सुबह सूरज के उगने पर ओस उड़ जाती है। परम धार्मिक जीवन से जिसे तुम धर्म कहते हो, बिलकुल गिर जाता है—जैसे स्नान के बाद शरीर से धूल झड़ जाती है। इसलिए परम धार्मिक को तुम पहचान न सकोगे। वह करीब-करीब अधार्मिक मालूम होगा, क्योंकि तुम्हारी धर्म की परिभाषा—रोज मंदिर जाए, पूजा करे, घंटा बजाए, सत्यनारायण की कथा करवाए, मोहल्ले-गांव में शोरगुल मचाए, रामलीला करवाए कि रासलीला करवाए। तुम्हारे धर्म की परिभाषा क्रियाकांड की परिभाषा है। धार्मिक व्यक्ति तुम्हें करीब-करीब नास्तिक मालूम पड़ेगा।

कुछ आश्चर्य नहीं है कि हिंदुओं ने महावीर को नास्तिक कहा है, बुद्ध को नास्तिक कहा है। स्वाभाविक लगता है। क्योंकि इन दोनों व्यक्तियों ने सब क्रियाकांड तोड़ दिया। बुद्ध ने तो एक दफे भी भूल कर भगवान का नाम भी नहीं लिया। क्या नाम लेना है!

पश्चिम के एक बहुत बड़े इतिहासविद एच. जी. वेल्स ने लिखा है गौतम बुद्ध के संबंध में कि देअर हैज बीन नेवर सच ए गॉड लाइक मैन एंड सो गॉडलेस। संसार के इतिहास में गौतम बुद्ध जैसा ईश्वर-विहीन ईश्वर-जैसा व्यक्ति दूसरा नहीं हुआ है। यही तो परिभाषा है धार्मिक व्यक्ति की। वह ईश्वर-जैसा होगा और ईश्वर-विहीन होगा।

जिसको तुम धर्म कह रहे हो, वह पाखंड है। वह धर्म नहीं है, वह धोखा है। धोखा तो उसके जीवन में नहीं होगा। इसलिए तुम्हारी परिभाषा में वह धार्मिक मालूम न होगा।

जीसस को यहूदियों ने मार डाला क्योंकि जीसस अधार्मिक मालूम हुए। अधर्म क्या था? जो बात सबसे बड़ी अधार्मिक हो गई वह थी कि जीसस को लोगों ने देखा कि वे कभी-कभी शराबियों के घर में ठहर जाते हैं, वेश्याओं के घर में ठहर जाते हैं। गांव के पुरोहितों ने पकड़ लिया और कहा कि यह तो हमने कभी धार्मिक आदमी का लक्षण नहीं देखा। जो अछूत हैं, छूने योग्य भी नहीं, जिनकी तरफ देखना भी नहीं चाहिए—वेश्याओं और शराब पीने वालों और चोरों के घर में भी तुम्हें ठहरे हुए देखा गया है। तुम किस भांति के धार्मिक आदमी हो?

कहते हैं, जीसस ने कहा कि अगर वेश्या के भीतर परमात्मा रह सकता है, तो मैं उसके

घर में क्यों नहीं ठहर सकता? और अगर परमात्मा ने चोर को इस योग्य नहीं छोड़ा कि छोड़ दे, तो मैं कौन हूं?

यह धार्मिक आदमी है। लेकिन तुम्हारे धर्म के क्रियाकांड के बाहर पड़ रहा है। तुम्हारा धार्मिक आदमी तो चोर की तरफ देखता नहीं। तुम्हारा धार्मिक आदमी चोर और वेश्या को नरक में सड़ाने का पूरा आयोजन कर रहा है। यहूदियों में प्रथा थी कि छह दिन परमात्मा ने काम किया, सातवें दिन विश्राम किया; इसलिए सातवें दिन कोई काम न करे। यहूदी सातवें दिन सब काम बंद कर देते थे।

जीसस सातवें दिन मंदिर के पास आए। और एक अंधा आदमी आया और उस अंधे आदमी ने प्रार्थना की कि मैंने सुना है कि तुम अगर छू दो तो मेरी आंख ठीक हो जाए। जीसस ने उसे छू दिया और उसकी आंख ठीक हो गई। पुरोहितों ने कहा कि यह तो अधार्मिक कृत्य है।

सोचो! अंधे को आंख देना अधार्मिक कृत्य हुआ, क्योंकि शास्त्र में लिखा है। वेद, यहूदियों का कहता है कि सातवें दिन सब कृत्य बंद।

पुरोहितों ने पूछा कि तुमने पाप किया है, सातवें दिन तो सब काम बंद होना चाहिए।

जीसस ने पूछा कि सातवें दिन तुम भोजन करते हो या नहीं? और सातवें दिन तुम आंख झपते हो या नहीं? और सातवें दिन तुम श्वास लेते हो या नहीं? और सातवें दिन परमात्मा ने माना विश्राम किया, लेकिन विश्राम भी कुछ करना है। वह भी कृत्य है। और फिर अगर तुम्हारे नियम टूटने से एक आदमी की आंख खुल गई हो, तो नियम के लिए आदमी है कि आदमी के लिए नियम है? मैं तुमसे पूछता हूं, उचित है यह कि यह अंधा आदमी आंख वाला हो जाए, या उचित है यह कि इस अंधे आदमी को मैं कह दूं कि मैं धार्मिक आदमी हूं, और सातवें दिन मैं कुछ भी नहीं कर सकता। क्या भरोसा है कि कल मैं न बचूं? और क्या भरोसा है कि कल यह अंधा आदमी न बचे? तुम गारंटी देते हो कि कल हम दोनों रहेंगे? मैं इसकी आंख ठीक करने और यह आंख ठीक करवाने?

नहीं, धार्मिक आदमी को बात नहीं जमती। उसका तो हिसाब है। वह अपने हिसाब से जीता है। उसके नियम सख्त हैं। अंधा आदमी है, लकड़ी से टटोलता है। उसके पास प्रकाश नहीं है।

अब मन राम ही व्है रह्या, सीस नवावें काहि।
सब रग तंत रबाब तन, विरह बजावे नित्त।
और न कोई सुन सके, कै सांई के चित्त।।

शरीर की सारी रगें वीणा के तार हो गई हैं। कबीर कहते हैं: सारा तन वीणा हो गया और

एक ही गीत बजता रहता है चौबीस घंटे—'विरह बजावे नित्त।' एक ही गीत बजता रहता है, परमात्मा के विरह का।

और न कोई सुन सके, कै सांई के चित्त।

और इस विरह के गीत को या तो परमात्मा सुन सकता है, या तो सांई—या स्वयं।

प्रार्थना तुम्हारे और तुम्हारे परमात्मा के बीच का संबंध है। समाज से उसका कुछ लेना-देना नहीं। पूजा तुम्हारे और तुम्हारे परमात्मा के बीच का अत्यंत गोपनीय संबंध है।

जब तुम किसी व्यक्ति के प्रेम में होते हो, किसी स्त्री के प्रेम में, किसी पुरुष के प्रेम में, तब तुम एकांत चाहते हो। तुम नहीं चाहते कि बीच बाजार में बैठ कर और प्रेम का रास रचाएं कि लोग देखें। तुम द्वार दरवाजे बंद कर देते हो। तुम प्रकाश तक बुझा देते हो, ताकि एकांत पूरा हो जाए। ताकि इस आत्मीयता के क्षण में कोई हस्तक्षेप न हो। ताकि प्रेमी और प्रेयसी बिलकुल अकेले रह जाएं।

परमात्मा के बीच तो बड़े से बड़े प्रेम का संबंध है। वह तुम्हारे और उसके बीच संबंध है। उससे संसार का कुछ लेना देना नहीं है। भीड़ से उसका कोई नाता नहीं। वह अत्यंत गोपनीय है। जहां तुम हो और वह है। और कबीर कहते हैं कि मेरा पूरा तन तो रबाब हो गया, वीणा बन गया। 'सब रग तंत'—रग-रग, नाड़ी-नाड़ी, रेशा-रेशा शरीर का तार बन गए हैं। और एक ही धुन बज रही है अहर्निश, 'विरह बजावे नित्त।'

यह थोड़ा समझने जैसा है।

जितना ही व्यक्ति परमात्मा को पा लेता है उतनी ही विरह की वीणा बजने लगती है। तुम जरा इसे मुश्किल समझोगे। तुम समझोगे कि परमात्मा न मिला हो, तब विरह की वीणा बजनी चाहिए। जब मिल गया फिर विरह की क्या वीणा? यह तुम्हें थोड़ा जटिल लगेगा।

लेकिन जब तक तुमने परमात्मा को जाना ही नहीं, तुम विरह का अनुभव ही न कर सकोगे। विरह तो उसका अनुभव है जिसने मिलन जाना हो। तुम कैसे जानोगे विरह को? तुम कैसे रोओगे परमात्मा के लिए? आंसू कैसे निकलेंगे? उससे तुम्हारी कोई पहचान नहीं है, उससे तुम्हारा कोई संबंध नहीं है। एक क्षण को भी तुम्हारी कोई मुलाकात नहीं हुई। परमात्मा बिलकुल अनजान है। न के बराबर है। है या नहीं, यह भी संदिग्ध है तुम्हें। तुम कैसे उसके लिए रोओगे? कैसे तुम्हारा पूरा तन वीणा बन जाएगा? कैसे तुम्हारे रग-रेशे तार बन जाएंगे? कैसे तुम्हारे हृदय में उठेगा विरह का गीत? मिलन के बाद ही विरह संभव है।

इसलिए भक्त ही जानता है विरह को। तब एक क्षण को भी इस शरीर में होना, एक क्षण को भी इस संसार में होना बड़ी दूरी मालूम पड़ती है। कोई दूरी नहीं बची। अपने को समर्पित किया है भक्त ने। परमात्मा से भर गया है। लेकिन अभी इस शरीर की यात्रा बाकी है। अभी

कुछ समय लगेगा। संदेश आ गया। पता-ठिकाना मिल गया। घर की राह मिल गई। थोड़ा सा फासला है।

तुम्हें शायद कभी अंदाज हुआ हो। अगर तुम किसी यात्रा पर गए हो, जब तुम बिलकुल मंजिल के करीब पहुंच जाते हो, तब जितनी दूरी मालूम पड़ती है, उतनी दूरी पहले कदम पर भी मालूम नहीं पड़ी थी। जब मंजिल बिलकुल करीब होती है, जब अब मिले, अब मिले, तब क्षण भर का भी फासला अत्यंत कष्टपूर्ण हो जाता है। मंजिल जब बिलकुल आंख के सामने आ जाती है, तब जरा सी भी दूरी खलती है।

भक्त ने सब दे दिया, लेकिन अभी शरीर में है। इसलिए बुद्ध ने मोक्ष के दो भेद किए हैं। जैसा कि भारत में सदा किए गए हैं। मुक्त व्यक्ति को हम जीवन-मुक्त कहते हैं। जीवन-मुक्त का अर्थ है: अभी वह जीवित है। शरीर में है। मुक्त हो गया। भीतर से सब बंधन टूट गए, लेकिन शरीर की यात्रा अभी जारी है। शायद कुछ समय और लगेगा जब शरीर भी गिर जाएगा और मिलन परिपूर्ण होगा। इतना सा फासला बाकी है।

ऐसा समझो कि तुम ऐसे व्यक्ति हो, एक घड़ा है भरा हुआ, घाट पर रखा है, नदी से दूर। भक्त ऐसा घड़ा है कि नदी में आ गया, भीतर भी पानी है, बाहर भी पानी है, जैसे मिट्टी की जरा सी देह रह गई है। मिट्टी की देह भी पोरस है, छिद्रवाली है। पानी थोड़ा आता जाता भी है। लेकिन फिर भी देह बाकी है। यही विरह है। नदी में घड़ा है, बाहर जल, भीतर जल। वही जल बाहर, वही भीतर। फिर भी घड़े की पतली सी मिट्टी की लकीर है। मिट्टी की ही लकीर है, लेकिन है। इतना सा फासला रह गया। तब विरह पैदा होता है। तब नित, प्रतिपल एक ही विरह रहता है कि कैसे यह भी गिर जाए? कब?

कबीर ने कहा है कि कब मरूंगा, कब मिटूंगा कि पूर्ण परमानंद उपलब्ध हो जाए? 'कब मिटिहों, कब पाहिहों पूरन परमानंद।' जरा सी कमी है। बाल भर फासला है। कोई बड़ी दीवाल नहीं है। मिट्टी की दीवाल है। वह भी छिद्र वाली है। उससे भी पानी आता जाता है। लेकिन फिर भी है।

ध्यान रखना, जब तक तुम्हें स्वाद नहीं लगा तब तक तुम्हें विरह का पता ही नहीं चलेगा। तब तक तुम्हें मिलन का ही स्वाद नहीं, विरह को तुम जानोगे कैसे? तब तक तुम जी रहे हो। लेकिन तुम्हारे भीतर वह प्यास नहीं उठी, जो तुम्हें विरह से भर दे। विरह की अग्नि नहीं उठी। तुम छोटे बच्चों की भांति हो, जो अभी किसी के प्रेम में नहीं पड़े।

भक्त प्रेमी की भांति है। उसे उसकी राधा मिल गई। लेकिन फासला है। प्रेमी जानते हैं विरह को। जिसने प्रेम नहीं किया वह कैसे जानेगा? जिसको स्वाद ही नहीं लगा उस रस का, वह कैसे जानेगा कि स्वाद का अभाव क्या है?

प्रेमी जानते हैं, विरह को। और अगर तुम परम प्रेमियों को गौर से देखो, तो जितने ही वे करीब आते हैं, उतना ही विरह बढ़ता जाता है। क्योंकि कितने ही करीब आते हैं, फिर भी लगता है कि बिलकुल एक नहीं हो पाते। कुछ फासला है। शरीर मिल जाते हैं। लेकिन मन अलग हैं। कभी-कभी किसी गहन संभोग के क्षण में मन भी मिल जाते हैं। लेकिन फिर भी चेतनाएं अलग हैं।

प्रेम में पूर्ण मिलन तो हो भी नहीं सकता, भक्ति में ही हो सकता है। लेकिन भक्त को थोड़े दिन की जो शरीर की यात्रा बाकी है, वह यात्रा पिछले जन्मों से संबंधित है। शरीर के अपने कर्मों का जाल है, वह पूरा होना है। वह पूरा होगा।

तो बुद्ध ने कहा है, एक तो निर्वाण है जो जीते व्यक्ति को उपलब्ध होता है और दूसरा महा निर्वाण है, जब शरीर गिर जाता है, तब उपलब्ध होता है। हिंदू कहते हैं, जीवन-मुक्त और मोक्ष। जैन कहते हैं, केवल ज्ञान और कैवल्य। ज्ञान तो हो गया, तैयारी पूरी है, बस नाव की प्रतीक्षा है, कब आ जाए। पर थोड़ी देर और तट पर खड़े रहना है। प्रतीक्षा दूभर हो जाती है, जैसे-जैसे समय करीब आता है।

तुमने कभी रेलवे स्टेशन पर देखा लोगों को प्रतीक्षा करते? अभी गाड़ी के आने में देर है। वे अखबार पढ़ रहे हैं, गपशप कर रहे हैं, चाय पी रहे हैं, यहां-वहां जा रहे हैं। कोई नहीं देख रहा कि गाड़ी आ रही है या नहीं। घंटा बजा। एक लहर दौड़ गई। लोगों ने अपने सामान सम्हाल लिए। बैग उठा लिए, कपड़े-लत्ते ठीक कर लिए, खड़े हो गए, बातचीत बंद हो गई। गाड़ी जैसे-जैसे करीब आती, स्टेशन वैसे-वैसे आतुर होता जाता है। लोग बिलकुल तैयार हैं। किस क्षण... एक क्षण भी अब मुश्किल मालूम पड़ता है।

ठीक वैसी दशा भक्त की हो जाती है। नाव करीब है। खबर आ गई। संदेशे आ गए हवाओं में। नाव दिखाई भी पड़ने लगी किनारे की तरफ आती। भक्त किनारे पर खड़ा है।

सब रग तंत रबाब तन, विरह बजावे नित्त।

और न कोई सुन सके, कै सांई के चित्त।।

इस तन का दीवा करूं, बाती मेल्यूं जीव।

लोही सींचौ तेल ज्यूं, कब मुख देख्यौ पीव।।

उस प्यारे का मुख कब देखूंगा? सब करने को राजी हूं।

इस तन का दीवा करूं,...

इस सारे शरीर को दीया बनाने को राजी हूं।

...बाती मेल्यूं जीव।

प्राण को बाती बनाने को राजी हूं।

लोही सींचौ तेल ज्यूं,...

खून को तेल बनाने को राजी हूं।

...कब मुख देख्यौ पीव।

कब देखूंगा प्यारे का मुख? कब होगा उससे पूर्ण मिलन? कब ऐसे मिट जाऊंगा जैसे बूंद सागर में खो जाती है कि रत्ती भर का फासला न रह जाए, दुई न रह जाए।

जब तक शरीर है, तब तक थोड़ी सी दुई बची रहती है। डूबा रहता है घड़ा पानी में, लेकिन जरा सा फासला बना रहता है। वह फासला ही विरह की अग्नि है। और धन्य हैं, वे जो विरह को जान लेते हैं। क्योंकि वे, वे ही लोग हैं जिन्होंने थोड़े से मिलन को जाना।

इजिप्त में एक बड़ी पुरानी उक्ति है कि तुम परमात्मा को खोजने तभी निकलते हो, जब वह तुम्हें मिल ही चुका होता है। नहीं तो तुम खोजने कैसे निकलोगे? लेकिन तब विरह बहुत सताता है।

लेकिन उस विरह में आनंद है। उस विरह में परम आनंद है। वह विरह पीड़ा जैसा नहीं है। वह विरह बड़ा मधुर और मिठास भरा है। तुमने मीठी पीड़ा जानी? वह विरह मीठी पीड़ा है। बड़ी मधुर है पीड़ा। काटती रहती है भीतर, लेकिन संगीत की तरह। स्वर उसका गूंजता रहता है, लेकिन वीणा के स्वर की भांति।

धन्य हैं वे, जिन्हें थोड़ा सा मिलन का स्वाद मिला और जो महा मिलन की पीड़ा से भर गए हैं। जिनका शरीर वीणा हो गया। और उस वीणा पर एक ही स्वर निरंतर उठ रहा है-- विरह का स्वर।

मिलन के बाद विरह है और विरह के बाद महा मिलन।

आज इतना ही।

3

पाइबो रे पाइबो ब्रह्मज्ञान

अब मैं पाइबो रे पाइबो रे ब्रह्मज्ञान।
सहज समाधें सुख में रहिबो, कौटि कलप विश्राम।
गुरु कृपाल कृपा जब कीन्हीं, हिरदै कंवल विगासा।
भागा भ्रम दसों दिसि सूझ्या, परम ज्योति परगासा।
मृतक उठ्या धनक कर लीए, काल अहेड़ी भागा।
उद्या सूर निस किया पयाना, सोवत थें जब जागा।
अविगत अकल अनूपम देख्या, कहंता कह्या न जाई।
सैन करे मन ही मन रहसे, गूंगे जान मिठाई।
पहुप बिना एक तरुवर फलिया, बिन कर तूर बजाया।
नारी बिना नीर घट भरिया, सहज रूप सो पाया।
देखत कांच भया तन कंचन, बिन बानी मन माना।
उड़या विहंगम खोज न पाया, ज्यूं जल जलही समाना।
पूज्या देव बहुरि नहिं पूजौ, न्हाए उदिक न नाऊं।
भागा भ्रम ये कहीं कहंता, आए बहुरि न आऊं।
आपै में तब आपा निरख्या, अपन पै आपा सूझ्या।
आपै कहत सुनत पुनि अपना, अपन पै आपै बूझ्या।
अपने परिचै लागी तारी, अपन पै आप समाना।
कहे कबीर जो आप विचारै, मिट गया आवन जाना।

एक ज्ञान है, जो भर तो देता है मन को बहुत जानकारी से, लेकिन हृदय को शून्य नहीं करता।

एक ज्ञान है, जो मन को भरता नहीं, खाली करता है। हृदय को शून्य का मंदिर बनाता है।

एक ज्ञान है, जो सीखने से मिलता है और एक ज्ञान है जो अनसीखने से मिलता है। जो सीखने से मिले, वह कूड़ा-करकट है। जो अनसीखने से मिले, वही मूल्यवान है। सीखने से वही सीखा जा सकता है, जो बाहर से डाला जाता है। अनसीखने से उसका जन्म होता है, जो तुम्हारे भीतर सदा से छिपा ही है।

ज्ञान को अगर तुमने पाने की यात्रा बनाया, तो पंडित होकर समाप्त हो जाओगे। ज्ञान को अगर खोने की खोज बनाया, तो प्रज्ञा का जन्म होगा।

पांडित्य तो बोझ है; उससे तुम मुक्त न होओगे। वह तो तुम्हें और भी बांधेगा। वह तो गले में लगी फांसी है, पैरों में पड़ी जंजीर है। पांडित्य तो कारागृह बन जाएगा, तुम्हारे चारों तरफ। तुम उसके कारण अंधे हो जाओगे। तुम्हारे द्वार-दरवाजे बंद हो जाएंगे। क्योंकि जिसे भी यह भ्रम पैदा हो जाता है कि शब्दों को जान कर उसने जान लिया, उसका अज्ञान पत्थर की तरह मजबूत हो जाता है।

तुम उस ज्ञान की तलाश करना जो शब्दों से नहीं मिलता, निःशब्द से मिलता है; जो सोचने विचारने से नहीं मिलता, निर्विचार होने से मिलता है। तुम उस ज्ञान को खोजना, जो शास्त्रों में नहीं है, स्वयं में है। वही ज्ञान तुम्हें मुक्त करेगा, वही ज्ञान तुम्हें एक नये नर्तन से भर देगा। वह तुम्हें जीवित करेगा। वह तुम्हें तुम्हारी कब्र के ऊपर बाहर उठाएगा। उससे ही आएंगे फूल जीवन के। और उससे ही अंततः परमात्मा का प्रकाश प्रकटेगा।

पंडित जानता है और नहीं जानता। लगता है कि जानता है। ऐसे ही, जैसे बीमार आदमी बजाय औषधि लेने के, चिकित्साशास्त्र का अध्ययन करने लगे। जैसे भूखा आदमी पाकशास्त्र पढ़ने लगे।

ऐसे सत्य की अगर भूख हो, तो भूल कर भी धर्मशास्त्र में मत उलझ जाना। वहां सत्य के संबंध में बहुत बातें कही गई हैं, लेकिन सत्य नहीं है। क्योंकि सत्य को कब कहा जा सका है? कौन हुआ समर्थ जो उसे कह सके? इसलिए गुरु ज्ञान नहीं देता, वस्तुतः तुम जो ज्ञान लेकर आते हो उसे भी छीन लेता है। गुरु तुम्हें बनाता नहीं, मिटाता है। तुम्हारी याददाश्त के संग्रह

को बढ़ाता नहीं, तुम्हारी याददाश्त, तुम्हारे संग्रह को खाली करता है। जब तुम पूरे खाली हो जाते हो, तो परमात्मा तुम्हें भर देता है। शून्य हो जाना पूर्ण को पाने का मार्ग है।

कोई बीस वर्ष पहले, मैं एक वर्ष तक रायपुर में रहा था। जिस मकान में मैं रहता था, एक बूढ़ा आदमी उसी मकान के पड़ोस में रहता था। वह दांत का मंजन बेचने का काम करता था। जब मेरा उससे परिचय हो गया तो मैंने उससे पूछा कि दांत तो तुम्हारे एक भी नहीं। तुमसे दांत का मंजन कौन खरीदता होगा? तुम अपने दांत नहीं बचा सके और तुम तख्ती लगा कर बैठते हो बाजार में कि ये मंजन से दांत मजबूत हो जाते हैं, दांत गिरने से बच जाते हैं और तुम्हारा एक दांत नहीं है। कौन तुमसे मंजन खरीदता होगा? और किस हिम्मत से तुम मंजन बेच आते हो?

उस बूढ़े ने थोड़ी नाराजगी से कहा: इससे क्या फर्क पड़ता है? कई लोग पुरुष होते हुए भी चोलियां बेचते हैं, साड़ियां बेचते हैं, चूड़ियां बेचते हैं। मैं उससे राजी हुआ, तो उसने इतनी बात और जोड़ी, और उसने कहा कि फिर लोग अपने दांतों में उत्सुक हैं। मेरे दांत की तरफ देखते कहां हैं? वस्तुतः उस बूढ़े आदमी ने कहा कि आप मेरे पहले पूछने वाले हैं, जिसने यह संदेह उठाया। लोग अपने दांत की चिंता कर रहे हैं। दंतमंजन का डिब्बा देखते हैं। मेरे दांत की कौन फिकर करता है?

तुम पंडितों के दांतों की थोड़ी फिकर करो। वे जो बेच रहे हैं, वह उन्हें भी नहीं बचा सका। वे जो तुम्हें समझा रहे हैं, उससे उनकी भी समझ नहीं जागी। वे जो तुम्हें दे रहे हैं, उससे उन्हें भी कुछ मिला नहीं है। उनके जीवन को थोड़ा परखो। तुम वहां उदासी पाओगे। एक रिक्तता पाओगे। भारी तुम पाओगे उन्हें। वजन से दबे हुए पाओगे, लेकिन तुम्हें वह नृत्य वहां न दिखाई पड़ेगा जो कबीर कह रहे ह– पाइबो रे पाइबो रे ब्रह्मज्ञान।

नाच उठता है हृदय, जब ज्ञान की पहली किरण उतरती है। मोर को नाचते देखा? आषाढ़ के प्रथम दिवसों में आकाश में मेघ घिरने लगते हैं और मोर पंख फैला देता है और नाचता है। वैसा ही ब्रह्मज्ञानी भी नाचता है, जब उसके जीवन में परमात्मा के मेघ घिर जाते हैं। आषाढ़ का दिन आ जाता है। वर्षा होने के करीब हो जाती है। जन्मों–जन्मों की छाती प्यासी थी। मेघ घिर उठे, आषाढ़ का दिवस आ गया। नाच उठता है मन–मयूर। तुमने कोयल को गाते देखा है? पुकारती है प्यारे को, पुकारती रहती है।

विरह की वैसी ही अग्नि खोजी को जलाती है, जब तक कि प्रेमी मिल ही न जाए। मिलन पर बड़ी गहन शांति, बड़ा गहन आनंद।

ज्ञानी का अस्तित्व बदलता है। पंडित की केवल स्मृति भरती है। स्मृति तो यंत्र मात्र है। उसका कोई मूल्य नहीं। तुम्हारा पूरा अस्तित्व अहोभाव से भर जाए। तुम्हारा रोआं–रोआं धन्यवाद देने लगे। तुम्हारे सब द्वार–दरवाजों से उस परमात्मा का प्रकाश भीतर आ जाए। सब तरफ से तुम्हें आपूर परमात्मा घेर ले। आकंठ तुम भर जाओ। बाढ़ आ जाए उसकी कि तुम समझ ही न पाओ, कैसे धन्यवाद दें। शब्द खो जाएं, बोलने को कुछ न बचे। तुम्हारा

पूरा अस्तित्व ही बोलने लगे। वाणी छोटी पड़ जाए। आनंद लक्षण है। सच्चिदानंद लक्षण है। पंडित के दांत खुद ही टूटे हुए हैं। और तुम उससे सीख ले रहे हो।

आनंद को कसौटी समझो, अन्यथा तुम धोखा खाओगे। शब्दों के धनी बहुत हैं, आनंद का धनी खोजो। जिसके जीवन में सब शांत और परिपूर्ण हो गया हो। जिसे कुछ पाने को न बचा हो, वही तुम्हें कुछ दे सकेगा। वही गुरु हो सकता है। पंडित तो तुम्हारे ही साथ है। तुमसे थोड़ा ज्यादा जानता है, तुम थोड़ा कम जानते हो। तुम भी थोड़ी मेहनत करो, तो थोड़ा ज्यादा जान लोगे। पंडित में और तुम में कोई गुणात्मक भेद नहीं है। मात्रा का भले हो, गुण का नहीं है। ज्ञानी और तुम में गुणात्मक भेद है।

जैसे दो आदमी सोते हों, एक आदमी सपना देखता हो कि चोर है; और एक आदमी सपना देखता हो कि साधु है। क्या तुम सोचते हो, उन दोनों में कोई गुणात्मक भेद है? दोनों सो रहे हैं। दोनों सपना देख रहे हैं। दोनों के हाथ में सत्य नहीं है। और एक तीसरा आदमी जागा हुआ पास ही बैठा है। जागा हुआ है, सपना नहीं देख रहा है। इस आदमी में और उन दो सोए आदमियों में गुणात्मक भेद है। इसकी चेतन-दशा ही अलग है। यह जागा हुआ है।

सपने इसे नहीं सताते हैं। क्योंकि सपने तो गहन तंद्रा में ही आते हैं। जब तुम बेहोश होते हो, तभी सपने तुम्हें आते हैं। जागे हुए व्यक्ति को वासना नहीं सताती, क्योंकि वासना एक स्वप्न है। जागे हुए व्यक्ति को लोभ नहीं सताता, क्योंकि लोभ एक स्वप्न है। जागे हुए व्यक्ति को पाप नहीं सताता, क्योंकि पाप एक स्वप्न है। और मैं तुमसे कहता हूं, जागे हुए व्यक्ति को पुण्य भी नहीं सताता, क्योंकि पुण्य भी एक स्वप्न है। अशुभ तो सताता ही नहीं, शुभ भी नहीं सताता। न तो जागा हुआ आदमी शैतान होने की कामना करता है, और न साधु होने की कामना करता है। जागा हुआ आदमी, जागा हुआ आदमी है। अब इन स्वप्नों से कुछ लेना-देना नहीं है।

और जब जीवन सारे द्वंद्व के पार जागता है, तभी कोई कबीर की तरह खड़ा हो सकता है मेघों के नीचे-'पाइबो रे पाइबो रे ब्रह्मज्ञान।'

यह महानतम घटना है। लक्षण है आनंद। जहां तुम्हें आनंद दिखाई पड़े, भला उस आदमी में पांडित्य भी न हो, तो भी तुम पीछे उस आदमी के दौड़ना। उसके पास कोई सुवास है। और भला कोई आदमी कितने ही ज्ञान से भरा हो और उसके चेहरे पर और उसकी आंखों में तुम्हें आनंद की पुलक, रहस्य का भाव, कुछ ऐसे महत्वपूर्ण को पाने की प्रतीति न हो, जो शब्दों में कहा नहीं जा सकता, कुछ ऐसी गूढ़ता का बोध न हो, जो हृदय में तो लबालब है, लेकिन शब्द उसे बाहर नहीं ला पाते, जिसके पास बैठ कर तुम्हें किसी शांत झील का अनुभव हो, जिसके पास आकर तुम्हें सूर्य के प्रकाश का अनुभव हो, जिसके पास बैठ कर तुम्हें चांद की शीतलता मिले, अपरिचित फूलों की गंध आए, जिसके पास कोई अनजान वीणा बजने लगे, तुम्हारे हृदय के तार भी जिसे दोहराने लगें।

क्या तुम्हें पता है? संगीतज्ञ एक बड़े अनूठे अनुभव को कहते हैं। एक वीणा को रख दिया जाए कक्ष के एक कोने में, कोई छुए भी न; और कुशल संगीतज्ञ दूसरी वीणा पर गीत बजाए, राग उठाए तो तुम्हें पता है, एक अनूठी घटना घटती है—कि पहली वीणा जो कोने में रखी है, धीरे-धीरे उसी धुन को बजाने लगती है। मगर बड़ा कुशल संगीतज्ञ चाहिए। एक वीणा तो वह बजाता है। उससे उठती हुई झंकार दूसरी वीणा के तारों को छूती है। उससे उठती हुई स्वर-लहरी दूसरी वीणा पर चोट करती है। धीरे-धीरे दूसरी वीणा के तार भी कंपायमान होने लगते हैं। एक धीमी सिहरन उनमें दौड़ जाती है। तानसेन या बैजू बावरा जैसे संगीतज्ञों के संबंध में कथाएं हैं कि दूसरी वीणा ठीक वही दोहराने लगती है, जो पहली वीणा कर रही है।

और अब तो इस पर वैज्ञानिक शोध हुई है और पाया गया कि यह सच है। इसको वैज्ञानिक कहते हैं: लॉ ऑफ सिन्क्रानिसिटी। अगर एक चीज बज रही हो एक ढंग से, तो उसके चारों तरफ तरंगों का एक जाल पैदा होता है। उस जाल में उसके समान-धर्मा कोई भी मौजूद हो, तो उसके भीतर भी उसी तरह की ध्वनि कंपित होने लगती है।

ज्ञानी तो वही है, जिसके पास बैठ कर तुम्हारे हृदय की वीणा कंपित होने लगे। उसका स्वर जाग गया। उसकी वीणा बज रही है, अनंत-अनंत हाथों से परमात्मा उसकी वीणा पर खेल रहा है। तुम उसके पास जाओगे, तुम्हारे हृदय के तार झंकृत होने लगेंगे। यह कोई बुद्धि का संबंध न होगा। यह एक हार्दिक संबंध होगा। इसका तालमेल प्रेम से ज्यादा होगा, ज्ञान से कम होगा। इसका तालमेल श्रद्धा से ज्यादा होगा, सोच-विचार से कम होगा। समान-धर्मा तुम्हारी आत्मा भी कंपित होने लगेगी। तुम्हारे भीतर की वीणा भी जागेगी, हिलेगी, उठेगी।

गुरु वही है, जिसके पास शिष्य रूपांतरित होने लगे।

कबीर के इन वचनों को बहुत ध्यानपूर्वक समझने की कोशिश करें।

अब मैं पाइबो रे पाइबो रे ब्रह्मज्ञान।

ये शब्द भी बड़े मिठास से भरे हैं—'पाइबो रे।' अब मैंने पा लिया! अब मैंने पा लिया!

सहज समाधें सुख में रहिबो, कौटि कलप विश्राम।

घट गई वह घटना, जिसे सहज समाधि कहते हैं।

समाधियां दो तरह की हैं। एक तो समाधि है जो चेष्टा से घटती है, प्रयास से घटती है, आयोजन से घटती है, यत्न, श्रम से घटती है। ऐसी समाधि को पूरी समाधि नहीं कहा जा सकता।

क्यों? क्योंकि तुम्हारे प्रयास से जो घटी है उसमें तुम्हारा कुछ न कुछ बाकी रह ही जाएगा। तुम्हारा प्रयास तुमसे ऊपर कैसे जा सकता है? तुमने जो किया, उसमें तुम्हारी छाप रह ही जाएगी। तुम्हारे हस्ताक्षर उसमें मौजूद रहेंगे ही। तुम्हारा प्रयास तुम्हीं हो। तो तुम्हारे प्रयास से आई समाधि, तुमसे पार नहीं जा सकती। वह परमात्मा तक नहीं पहुंच सकती।

एक तो समाधि है, जो प्रयत्न से फलित होती है। हां, तुम थोड़े शांत हो जाओगे। तुम थोड़े तनाव से मुक्त हो जाओगे। तुम्हें नींद ठीक आने लगेगी। तुम्हारे जीवन में थोड़ा संतुलन आ जाएगा। भटकाव कम हो जाएगा। व्यर्थ की बातों में तुम कम उलझोगे। लोभ, क्रोध तुम्हें कम आकर्षित करेंगे। कामवासना वैसी प्रगाढ़ न रह जाएगी, जैसी पहले थी। लेकिन फिर भी मोडिफाइड, थोड़े से रूपांतरित—रहोगे तुम पुराने ही।

जैसा कोई पुराने मकान को रेनोवेशन कर लेता है। पुराने मकान को थोड़ा टीम-टाम सजा लेता है। जरा-जीर्ण मकान को यहां-वहां ठीक-ठाक करके, थोड़े नये पत्थर जोड़ कर, थोड़ी दीवालों को नया पोत कर, रंग-रोगन लगा कर, नये का ढंग दे देता है। लेकिन भीतर तो जरा-जीर्ण मकान, जरा-जीर्ण ही रहेगा।

यत्न से जो समाधि आती है, वह ऐसा ही है जैसे किसी ने जरा-जीर्ण मकान का पुनरुद्धार कर लिया। वह नया भवन नहीं है। उसका पुराने से संबंध नहीं टूटा। सातत्य जारी रहा। वह पुराने का ही सिलसिला है। उसे तुमने कितना ही संवार लिया हो, भीतर से वह जरा-जीर्ण ही है।

पुराना बिलकुल टूट जाए और समग्ररूपेण नये का जन्म हो। सिलसिला ही टूट जाए, सातत्य ही टूट जाए। पुराने और नये के बीच कोई जोड़ ही न बचे। इधर पुराना गया, उधर नया आया। दोनों के बीच कोई संबंध ही न हो। तभी समाधि परम होगी।

लेकिन वैसी समाधि तुम कैसे लाओगे? क्योंकि तुम लाओगे, तो तुम्हारा सातत्य जारी रहेगा। तुम्हारी समाधि, लाई गई समाधि, चेष्टित, कितनी ही तुम्हें शांत कर दे, तुम्हें पुलक और आनंद से नहीं भर सकेगी। क्योंकि आनंद तो परमात्मा का है। मनुष्य की गहनतम से गहनतम संभावना शांत होने की। उससे ऊपर मनुष्य नहीं जा सकता।

और वैसी शांति कभी भी खंडित हो सकती है। क्योंकि जिसे आनंद न मिला हो, उसकी शांति का बहुत भरोसा नहीं है। क्योंकि शांति एक नकारात्मक स्थिति है। अशांत तुम कम हो गए हो, इसलिए शांत लगते हो। लेकिन प्रकाश नहीं जला है। आनंद की वर्षा नहीं हुई है।

जिसके जीवन में आनंद की वर्षा हो जाती है, उसके अशांत होने की संभावना समाप्त हो जाती है। और जिसके जीवन में आनंद खिल जाता है वह सिर्फ शांत नहीं होता, क्योंकि शांत तो बड़ी निष्क्रिय अवस्था है। शांत तो नकारात्मक स्थिति है। वह विधायक आनंद से भरा होता है। उसकी समाधि नाचती हुई होती है। उसकी समाधि में एक गीत होता है। एक सतत प्रवाह होता है, एक सृजनात्मक, सक्रिय ऊर्जा होती है। उसकी समाधि अशांति का हट जाना नहीं है, आनंद का उतर आना है। उसकी समाधि बीमारी का मिट जाना नहीं है, स्वास्थ्य का आर्विभाव है।

कबीर कहते हैं:

सहज समाधें सुख में रहिबो, कौटि कलप विश्राम।

वह जो अनंत-अनंत कल्पनाएं थीं, पीड़ाएं थीं, विकल्प थे, सबसे विश्राम हो गया। वे सब जा चुके। अब कोई सताता नहीं। न लोभ द्वार पर दस्तक देता है, न मोह, न राग, न क्रोध–'कौटि कलप विश्राम।' वे सब विकल्प जा चुके।

सहज समाधें सुख में रहिबो,...

और एक महासुख का अवतरण हुआ है। लेकिन वह अवतरण सहज समाधि में होता है। यत्नपूर्वक जो समाधि है वह असहज समाधि है। सहज समाधि का अर्थ: स्वस्फूर्त; अपने आप उतर आई।

लेकिन यह कैसे होगा? अपने आप उतर आई तब तो तुम्हारे करने में कुछ बचा नहीं। क्या करोगे? तुम्हें तो चेष्टा करनी पड़ेगी असहज समाधि की। शांति तो तुम्हें लानी पड़ेगी। आनंद आता है। शांति तो केवल तैयारी है कि आनंद उतर सके। जगह खाली करनी है। सारा योग शांत समाधि तक ले जाता है। इसलिए जिन्होंने उस परम समाधि को पाया वे कहेंगे, गुरु कृपा से, प्रभु कृपा से, प्रसाद से। क्योंकि दूसरी समाधि तो तुम नहीं ला सकते। वह तो आएगी।

ऐसा ही, जैसे बाहर सूरज उगा है। तुम द्वार बंद किए भीतर बैठे हो। सूरज भीतर नहीं आ सकता। प्रकृति, परमात्मा आक्रामक नहीं है। वह तुम्हारे द्वार पर दस्तक भी न देगा। बाहर खड़ा रहेगा। उसकी किरणें तुम्हारे द्वार को हिलाएंगी भी न, तुम्हें चेताएंगी भी न कि मैं आ गया हूं, द्वार खोलो। और द्वार को छेद कर भी सूर्य की किरणें भीतर प्रकाश न करेंगी। अगर तुम अंधेरे में रहने को राजी हो, तो यह तुम्हारी स्वतंत्रता है। यह तुम्हारा चुनाव है। जबर्दस्ती नहीं की जा सकती।

तुम द्वार खोल देते हो, सूर्य की किरणें भीतर आ जाती हैं। द्वार खोलना यत्नपूर्वक समाधि है। लेकिन सूरज का आना तुम्हारे यत्न से नहीं होता, सूरज अपने आप आता है। तुम थोड़े ही किरणों के घसीट कर भीतर लाते हो! तुम थोड़े ही बाहर जाकर किरणों को हांकते हो कि चलो भीतर! तुम थोड़े ही बाहर जाकर किरणों को कहते हो कि आओ भीतर, स्वागत है! नहीं, कुछ भी नहीं करना पड़ता है। तुम सिर्फ द्वार खोल दो।

इसका अर्थ हुआ कि तुम सिर्फ बाधा मत बनो। तुम सिर्फ प्रतिरोध मत खड़ा करो। दरवाजा खोल दो, सूरज अपने से भीतर आता है। वह आगमन सहज है। तुम्हें उसके लिए कुछ भी न करना होगा।

योग का अर्थ है: यत्नपूर्वक समाधि। इसलिए पतंजलि योगशास्त्र तुम्हें सविकल्प समाधि तक ले जाएगा। निर्विकल्प समाधि तो घटेगी। द्वार खुल जाएगा सविकल्प समाधि

से। निर्विकल्प समाधि आएगी। तुम तैयार होओ, तुम्हारे तैयार होते ही परमात्मा एक क्षण भी देरी नहीं करता। तुमने द्वार खोला, वह मौजूद है। वह भीतर आ जाता है। और जब परमात्मा भीतर आता है तब स्वभावतः तुमने कुछ भी तो नहीं किया था उसे पाने को। तुम कैसे कहोगे कि यह मेरे कारण भीतर आया? कार्य-कारण की शृंखला टूट जाती है। इसे तुम आगे समझोगे कबीर के वचनों में। कार्य-कारण की शृंखला टूट जाती है। अब तुम यह नहीं कह सकते कि मैंने दरवाजा खोला, इसलिए सूरज भीतर आया। तुम इतना ही कह सकते हो कि मैं दरवाजा न खोलता, तो सूरज भीतर नहीं आ सकता था। मेरे दरवाजे खोलने से, दरवाजा ही खुलता है। सूरज का आना, दरवाजे के खुलने से जुड़ा ही नहीं है। सिर्फ अवरोध हट जाता है। सूरज तो आ ही रहा था, सिर्फ बीच का अवरोध हट जाता है।

तुम भर बीच से हट जाओ। और परमात्मा प्रतिपल बरस रहा है। आषाढ़ की प्रतीक्षा करने की जरूरत नहीं, उसके मेघ सदा ही घिरे हैं। वह कोई मौसम नहीं है कि आता है और चला जाता है। सदा जो मौजूद है, सदा ही उसके मेघ आकाश को घेरे हैं। तुम जिस दिन हृदय-पट के द्वार खोल दोगे, उसी दिन सहज समाधि घटित हो जाएगी। लेकिन सहज समाधि के लिए तो कुछ किया नहीं जा सकता।

फिर तुम क्या करोगे?

तुम यत्नपूर्वक शांत होने की चेष्टा करो। ये जो ध्यान के सारे प्रयोग हैं, ये सिर्फ दरवाजा खोलना है। अगर ठीक समझो, तो इनको ध्यान कहना भी ठीक नहीं। इनको तो ध्यान की पूर्व तैयारी कहना चाहिए। जैसे माली घास-पात को उखाड़ता है, जमीन को साफ करता है; लेकिन इसको कोई बगीचा लगाना थोड़े ही कहोगे! क्योंकि यह भी हो सकता है कि माली घास-पात उखाड़ दे, जमीन को साफ कर दे और नये बीज न बोए और बगीचा कभी पैदा न हो। घास-पात उखाड़ कर फेंक देना, जमीन को तैयार कर लेना, कंकड़-पत्थर से मुक्त कर देना, सिर्फ पूर्व तैयारी है। भूमिका है। अब बीज बोने पड़ेंगे। भूमिका तुम तैयार करो, बीज परमात्मा बोता है। तुम हृदय को तैयार करो, वर्षा उसकी तरफ से हो जाती है।

इजिप्त की एक बहुत पुरानी पुस्तक कहती है कि तुम एक कदम चलो, परमात्मा हजार कदम तुम्हारी तरफ चलता है। मगर पहला कदम तुम्हें उठाना पड़ेगा। क्योंकि परमात्मा आक्रामक नहीं है। जब तुम दर्शाओगे प्यास, जब तुम दिखाओगे मुमुक्षा, जब तुम उठोगे और एक कदम चलोगे, तत्क्षण तुम पाओगे, परमात्मा हजार कदम करीब आ गया। इधर तुमने तैयार किया भूमि को, उधर बीज आने शुरू हो गए। इधर तुमने द्वार खोला, उधर प्रकाश आया।

सहज समाधें सुख में रहिबो,...

जिसे तुम सुख कहते हो, कबीर उस सुख की बात नहीं कर रहे हैं। क्योंकि उस सुख में

रहना हो ही नहीं सकता। वह आया भी नहीं कि गया हो जाता है। आ भी नहीं पाया कि जा रहा है। इधर तुम देख रहे थे कि मुंह था अपनी तरफ, तुम ठीक से पहचान भी न पाए थे कि सुख आ रहा था कि देखा कि पीठ हो गई, जा रहा है।

क्षण भर के सुख में कैसे रहोगे? होश आते ही क्षण खो जाता है। और फिर सुख–जिसे तुम सुख कहते हो–जब आता है, तब भी मन दुख से ही भरा रहता है। क्योंकि तुम जानते हो कि यह टिकेगा नहीं। तब भी भीतर एक गहरी उदासी घेरे रहती है चित्त को। तुम जानते हो भलीभांति कि यह लहर की तरह आया, और लहर की तरह चला जाएगा। यह लहर तट पर सदा रुकने वाली नहीं है। जैसी आई है, वैसी चली जाएगी। यह ज्वार जल्दी ही भाटा हो जाएगा।

स्वभावतः जब सुख आता है, और पता चलता रहता है कि गया...गया...गया। कैसे तुम सुख में रह सकते हो? सुख आता है, तो तुम पकड़ने की कोशिश से भर जाते हो। रहना तो बहुत मुश्किल है, पकड़ते हो। रोक लें थोड़ी देर और, एक क्षण और, उस पकड़ने में ही वह क्षण खो जाता है, जो कि जीने का क्षण हो सकता था। सुख आता है, तब कहीं चला न जाए, यह चिंता मन में व्याप्त हो जाती है। दुख होता है, तब तुम दुख से पीड़ित। दुख होता है, तब तुम इस चिंता से पीड़ित कि कैसे जाए। सुख होता है, तो तुम इस चिंता से पीड़ित कि कहीं चला न जाए। कि अब गया–कि अब गया। कैसे बांध लूं।

रह कैसे पाओगे? सुख में रहना तो तभी हो सकता है, जब सुख आए और जाए न। आ गया, फिर जाने को न हो। तुम्हारा स्वभाव हो जाए, चित्त की वृत्ति नहीं। चित्त की वृत्ति तो लहर की तरह आती है और चली जाती है। तुम जिसको सुख कहते हो, वह चित्त की एक तरंग है। कबीर जिस सुख की बात कर रहे हैं, वह अस्तित्व की अवस्था है। वह आत्मा की भाव-दशा है। स्वभाव फिर जाता नहीं।

बोधिधर्म चीन गया: एक बहुत महत्वपूर्ण संन्यासी, बौद्ध भिक्षु। चीन के सम्राट ने उससे पूछा कि क्रोध आता है, लोभ आता है, अशांति आती है, क्या करूं? तो बोधिधर्म ने कहा: आंख बंद कर। मुझे बता, अभी क्रोध है? सम्राट ने कहा: अभी तो नहीं। तो बोधिधर्म ने कहा: जो चौबीस घंटे और सदा नहीं है, वह तेरा स्वभाव नहीं है। आता है, जो चला जाता है, वह तू कैसे हो सकता है? तू तो सदा है। क्या तू यह भी कह सकता है कि कभी-कभी तू होता है और कभी-कभी नहीं भी हो जाता है? नहीं, उस सम्राट ने कहा, मैं तो चौबीस घंटे हूं, चाहे क्रोध हो, चाहे अशांति हो, चाहे शांति हो, चाहे सुख हो, चाहे नींद हो, चाहे जागरण हो, मैं तो सतत हूं। तो बोधिधर्म ने कहा: वह जो सतत है, उसकी फिकर कर। उसको जान। और जो कभी आता है और कभी चला जाता है, वह तो बाहर की तरंग है। किनारे को छूती है, लौट जाती है। उस पर ज्यादा ध्यान मत दे।

न तो सुख मूल्यवान है तुम्हारा, न दुख मूल्यवान है तुम्हारा। तुमने बहुत ध्यान उन पर दिया, इसलिए तुम बुरी तरह उलझ गए हो। वे ध्यान देने योग्य भी नहीं हैं। उपेक्षा के अतिरिक्त उनके प्रति दूसरा भाव नहीं चाहिए। सुख आए तो उपेक्षा रखना, क्योंकि वह जाने ही वाला है। दुख आए तो उपेक्षा रखना कि जानते हो कि कितनी देर टिकेगा! कभी दुख सदा नहीं टिकता। तो फिर क्या इतनी परेशान होने की जरूरत है? रह लेने दो थोड़ी देर।

आ गया है पक्षी उड़ कर तुम्हारे कमरे में, दुख का हो या सुख का, क्षण भर फड़फड़ाएगा, दूसरी खिड़की से निकल जाएगा। कोई सदा रहने को नहीं है। एक खिड़की से प्रवेश कर जाता है पक्षी, क्षण भर फड़फड़ाता है, दूसरी खिड़की से निकल कर फिर अनंत यात्रा पर निकल जाता है। तुम तो वह भवन हो, जहां पक्षी थोड़ी देर उड़ा—वह रिक्तता, वह खाली जगह; उसी से अपना तादात्म्य करो, तो तुम समझ पाओगे कबीर किस सुख की बात कर रहे हैं! जो आता है, और जाता नहीं। आया कि आया, फिर जाने का नाम नहीं लेता। वह कोई मेहमान नहीं है, वह तुम ही हो। वह कोई अतिथि नहीं है, वह स्वयं आतिथेय है। मेहमान नहीं, मेजबान। वह तुम ही हो। वह कोई किनारे पर आने वाली तरंग नहीं, वह किनारा ही है।

सहज समाधें सुख में रहिबो, कौटि कलप विश्राम।

गुरु कृपाल कृपा जब कीन्हीं, हिरदै कंवल विगासा।

जब गुरु का प्रसाद मिला, जब गुरु की कृपा हुई, जब उसकी अनुकंपा बरसी, तो हृदय का कमल विकसित हुआ।

खुद की चेष्टा से भूमि तैयार होती है। इसलिए जो लोग खुद की चेष्टा को ही सब-कुछ समझ लेते हैं, भटक जाते हैं। खुद की चेष्टा ऐसी ही है, जैसे कोई अपने जूतों के बंदों को पकड़ कर खुद को उठाने की कोशिश करे। थोड़ा-बहुत उछल-कूद मचा सकता है। क्षण दो क्षण को, फीट दो फीट छलांग भी लगा सकता है। लेकिन कितनी देर यह छलांग टिकेगी? उछल भी न पाएगा कि पाएगा कि फिर जमीन पर खड़ा है।

आदमी की सामर्थ्य कितनी! बड़ी छोटी सामर्थ्य है। उस छोटी सामर्थ्य से विराट को खोजने हम जाएं, तो हम विराट को भी रंग डालेंगे। वह विराट भी हम जैसा ही छोटा हो जाएगा, इसलिए तो हमारे सब भगवान छोटे हो गए हैं। छोटे आदमी का भगवान बड़ा कैसे हो सकता है?

तुम राम को बनाओगे, तो अपनी ही शक्ल में बनाओगे। कितने ही धनुष वगैरह दे दो, कितनी ही मूर्ति सुंदर बनाओ, लेकिन होगी आदमी की ही मूर्ति। तुम्हारी ही मूर्ति का प्रतिफलन होगा। तुम कृष्ण का जीवन पढ़ोगे, तुम क्या पढ़ोगे? तुम अपने को ही पढ़ लोगे। बुद्ध को तुम, महावीर को, गौर से देखो! या तो तुम्हारे चेहरे उन में प्रकट हुए हैं, या तुम्हारी आकांक्षाएं—ज्यादा से ज्यादा

तुम्हारी आकांक्षाएं, अभीप्साएं, जैसे तुम होना चाहोगे। लेकिन तुमसे बाहर कुछ भी नहीं जा सकता। तुम जो भी करोगे, तुम उसे घेर लोगे। वह तुम्हारी प्रतिध्वनि होगी।

इसलिए कबीर कहते हैं:

गुरु कृपाल कृपा जब कीन्हीं,...

गुरु से अर्थ है: जो जाग गया। जो जाग गया, वह तुम्हारे और परमात्मा के बीच कड़ी बन सकता है।

इसे थोड़ा समझो।

गुरु एक द्वार है; और द्वार से ज्यादा कुछ भी नहीं। उस द्वार के एक तरफ तुम हो और दूसरी तरफ परमात्मा है। तुम परमात्मा को समझने में असमर्थ हो। क्योंकि वह भाषा बिलकुल अपरिचित। वह रूप अनचीन्हा। वह राग अनसुना। तुम्हारे कान उस संगीत के लिए तैयार नहीं हैं। तुम्हारा हृदय उस स्पर्श के लिए तैयार नहीं। तुम्हारी भूमि घास-पात से भरी है। वे बीज तुममें गिर भी जाएं, तो भी अंकुरित न हो पाएंगे।

फिर तुम द्वार की तरफ पीठ किए खड़े हो। परमात्मा की तरफ तुम उन्मुख नहीं हो, परमात्मा से विमुख हो। संसार की तरफ जितनी उन्मुखता होगी, उतनी परमात्मा की तरफ विमुखता होगी, पीठ होगी। तुम मुंह तो एक ही तरफ कर सकते हो—या संसार की तरफ या परमात्मा की तरफ।

संन्यासी का इतना ही अर्थ है: जिसने संसार की तरफ पीठ कर ली और मुंह परमात्मा की तरफ कर लिया। गृहस्थ का अर्थ है, जिसने पीठ परमात्मा की तरफ की और मुंह संसार की तरफ किया। बस, उनके खड़े होने के ढंग का जरा सा फर्क है। एक जहां पीठ किए है, दूसरा वहां मुंह किए है। बस, इतना ही फर्क है। जरा सा मुड़ना, एक सौ अस्सी डिग्री घूम जाना—और गृहस्थ संन्यासी हो जाता है। एक क्षण में! और एक क्षण में संन्यासी गृहस्थ हो सकता है।

मुंह कहां है? प्रभु-उन्मुखता, संन्यास है। लेकिन तुम्हारी पीठ द्वार की तरफ... और उस द्वार के पार जो अनंत फैला हुआ है, वह तुम्हारी परिभाषाओं में नहीं आता है। तुमने जो भी जाना है, उससे उसका कोई मेल नहीं है। तुम्हारा सब जानना व्यर्थ है। गुरु का अर्थ है: जो कभी तुम जैसा था। पीठ किए खड़ा था द्वार की तरफ। फिर उसने द्वार की तरफ मुंह किया।

गुरु का अर्थ है: जो तुम्हारी भाषा भलीभांति समझता है। जो तुम्हारे बीच से ही आया है। जिसका अतीत तुम्हारे जैसा ही था। लेकिन जिसका वर्तमान भिन्न हो गया है। जिसके जीवन में परमात्मा की थोड़ी सी किरण उतर गई है। वह परमात्मा की भाषा को भी थोड़ा समझा है।

वह अनुवाद का काम कर सकता है।

गुरु एक अनुवादक है, एक ट्रांसलेटर। वह परमात्मा को समझता है, उसकी भाषा को। वह तुम्हें समझता है, तुम्हारी भाषा को। वह परमात्मा को तुम्हारी भाषा में लाता है। वह परमात्मा को तुम्हारे अनुकूल... जिसे तुम सह सको। वह छानता है तुम्हारे लिए। रस लग जाए, तो तुम छलांग ले लोगे। लेकिन रस इतना बड़ा न हो कि उस आघात में तुम मिट जाओ। वह धीरे-धीरे तुम्हें तैयार करता है।

एक छोटे पौधे को तो सुरक्षा की जरूरत होती है। बड़े हो जाने पर किसी बागुड़ की कोई जरूरत नहीं रहती। वह तुम्हारे छोटे से पौधे को सम्हालता है। छोटे से पौधे पर तो मेघ भी बरस जाए, तो मौत हो सकती है। मेघ से भी बचाना पड़े। छोटे पौधे पर तो सूरज भी ज्यादा पड़ जाए, तो मृत्यु हो सकती है। सूरज जीवनदायी है। लेकिन छोटे पौधे के लिए मृत्यु हो सकती है। जरूरत से ज्यादा है। छोटा पौधा उतना लेने को, उतना आत्मसात करने को तैयार नहीं।

गुरु की सारी चेष्टा इतनी ही है कि वह परमात्मा को तुम्हारे योग्य बना दे और तुम्हें परमात्मा के योग्य बना दे। परमात्मा को उसे थोड़ा रोकना पड़ता है कि थोड़ा ठहरो, इतनी जल्दी नहीं। इतनी जोर से मत बरस जाना। वह आदमी मिट ही जाएगा।

और तुम्हें उसे तैयार करना पड़ता है कि घबड़ाओ मत, थोड़ी प्रतीक्षा करो। जल्दी ही वर्षा होने को है। अगर एक बूंद गिरी है, तो पूरा मेघ भी गिरेगा। घबड़ाओ मत। तुम्हें तैयार करता है ज्यादा लेने को, परमात्मा को तैयार करता है, कम देने को। और जब तुम्हारे दोनों के बीच एक संतुलन बन जाता है तो गुरु की कोई जरूरत नहीं रह जाती।

गुरु तो सिर्फ एक द्वार है। तुम उससे पार हो जाते हो। वह तुम्हें रोकता भी नहीं। क्योंकि द्वार किसी को कभी रोकता है? तुम उससे पार हो जाते हो। गुरु तो सिर्फ मध्य की कड़ी है। और अगर तुम गुरु के साथ संबंध न जोड़ पाओ, तो तुम्हारी हालत ऐसी होगी कि तुम हिंदी जानते हो, दूसरा आदमी जापानी जानता है। वह जापानी बोलता है, तुम हिंदी बोलते हो। दोनों के बीच कोई तालमेल नहीं बनता। एक आदमी चाहिए, जो जापानी भी जानता हो और हिंदी भी जानता हो। जो तालमेल बिठा दे। गुरु तालमेल बिठा देता है।

पर कबीर कहते हैं:

गुरु कृपाल कृपा जब कीन्हीं,...

पर गुरु की कृपा भी अर्जित करनी होगी। वह भी मुफ्त नहीं मिल सकती। मुफ्त कुछ

मिलता ही नहीं। और जो लोग मुफ्त लेने की चेष्टा में होते हैं, वे सदा भिखारी रह जाते हैं। मुफ्त कुछ मिलता ही नहीं। धर्म तो कभी नहीं। वहां तो तुम्हें अपने को पूरा ही दांव पर लगाना पड़े, तो ही मिल सकता है।

गुरु की कृपा का क्या अर्थ? जो शब्द उपयोग किए कबीर ने बड़े अदभुत हैं।

गुरु कृपाल कृपा जब कीन्हीं,...

कहते हैं: गुरु तो स्वयं कृपा है, वह तो कृपाल है। यह पुनरुक्ति क्यों?

गुरु कृपाल कृपा जब कीन्हीं,...

गुरु तो स्वयं कृपा है, अनुकंपा है, करुणा है। लेकिन वह करुणा भी तुम पर तभी बरस सकती है, जब तुम तैयार हो जाओ। वह करुणा तो सदा ही है गुरु, लेकिन तुम अगर औंधे रखे घड़े हो, तो वह करुणा तुम पर बरसती भी रहे, तो भी तुम न भर पाओगे। तुम्हें पता भी न चलेगा।

बुद्ध ने कहा है: मुझे जब लोग सुनने आते हैं तो मैं जानता हूं कि उसमें कुछ तो ऐसे हैं, जो उलटे घड़े की तरह हैं। उन पर कितना ही डालो, उनके भीतर कुछ पहुंच ही नहीं सकता। क्योंकि उनका मुंह ही जमीन पर टिका है।

कुछ हैं, जो फूटे घड़े की तरह हैं। मुंह उनका चाहे सीधा भी हो, डालो, छू भी नहीं पाता कि बाहर निकल जाता है।

कुछ हैं, जो डांवाडोल घड़े की तरह हैं—कंपित, चंचल। कुछ पड़ता है, कुछ गिर जाता है, कुछ बचता है। पूरा कभी नहीं बच पाता।

कुछ जो सधे हुए, सीधे घड़े की तरह हैं। न तो फूटे हैं, न उलटे हैं, न चंचल हैं। उनमें जितना डालो, उतना तो सुरक्षित होता ही है, लेकिन उनके सधे होने के कारण वह बढ़ता है। बीज डालो, अंकुर हो जाता है। जितना डालो, उतना ही नहीं रहता, वह बढ़ता है। घटता तो है ही नहीं; विकासमान होता है।

कबीर कहते हैं:

...हिरदै कंवल विगासा।

हृदय का कमल खिल गया। जब कृपावान गुरु ने कृपा की। गुरु तो कृपावान है। वह तो सदा कृपा कर ही रहा है। लेकिन जब तक शिष्य राजी न हो जाए, तब तक उससे कृपा का संबंध न जुड़ेगा। कृपा बरसती रहेगी, चांद उगा रहेगा, तुम आंख बंद किए बैठे रहोगे।

गुरु की कृपा को पाने के लिए क्या तैयारी करनी होगी? उसको ही समस्त धर्मों ने श्रद्धा

कहा है। शिष्य की श्रद्धा और गुरु की कृपा इनका मिलन होता है। जब शिष्य की श्रद्धा पूरी होती है, तब गुरु की कृपा पूरी हो जाती है। एक तरफ श्रद्धा चाहिए, दूसरी तरफ कृपा, तब कहीं हृदय का कमल खिलता है।

श्रद्धा बड़ी दूभर घटना है। बड़ी कठिन है। करीब-करीब असंभव। इसलिए मैं धर्म को असंभव क्रांति कहता हूं। बड़ी मुश्किल से घटती है। क्योंकि इसका मौलिक आधार ही असंभव जैसा मालूम पड़ता है। संदेह तो मन के लिए स्वाभाविक है। श्रद्धा मन के लिए बिलकुल अस्वाभाविक मालूम होती है। संदेह तो सुरक्षा मालूम पड़ता है। श्रद्धा में खतरा मालूम पड़ता है कि पता नहीं!... और पता तो है नहीं। जिसके साथ जा रहे हैं, वह कहीं ले जाएगा कि भटका देगा। जिसका हाथ पकड़ा है, वह हाथ पकड़ने योग्य भी है या नहीं, इसका भरोसा कैसे आए? अनुभव के बिना भरोसा नहीं हो सकता। और धर्म कहता है, श्रद्धा के बिना अनुभव नहीं हो सकता। बड़ी असंभव बात मालूम पड़ती है: कैसे करें श्रद्धा?

और सारा जीवन संदेह का शिक्षण है। जीवन भर हम संदेह सीखते हैं। क्योंकि संसार में श्रद्धा अगर करोगे तो लुट जाओगे। यहां तो संदेह ही आत्मरक्षा है। यहां तो हर वक्त अपनी जेब को पकड़ कर रखना है। अपनी तिजोड़ी पर ताला डालना है। द्वार पर ताला लगाना है। यहां तो हर आदमी पर संदेह रखना है कि चोर है। यहां तो हर आदमी को मान कर चलना है कि दुश्मन है, प्रतिस्पर्धी है, प्रतियोगी है। यहां तो किसी को मित्र नहीं मानना। इस जीवन का तो पूरा शास्त्र ही मैक्यावली और चाणक्य का है। मैक्यावली ने लिखा है, अपने मित्र का भी इतना भरोसा कभी मत करना कि उससे सभी बातें कह दो। मित्र से भी इसी तरह बात करना, जैसे वह कभी हो जाने वाला दुश्मन है। कभी भी मित्र दुश्मन हो सकता है। फिर पछताना पड़ेगा। तो मैक्यावली कहता है कि मित्र से भी ऐसी ही बातें कहना, जो तुम अपने दुश्मन से भी कह सकते हो। क्योंकि कल यह दुश्मन हो सकता है। और दुश्मन के भी खिलाफ ऐसी बातें मत कहना, जो तुम अपने मित्र के खिलाफ न कह सको। क्योंकि कौन जाने, कल दुश्मन मित्र हो जाए। फिर पछतावा होगा।

चालाकी शास्त्र है संसार का। दिल्ली के राजनीतिज्ञों ने जो नगरी बसाई है राजनीतिज्ञों की, उसका नाम चाणक्य नगरी रखा है। बिलकुल ठीक रखा है। क्योंकि सारे बेईमान, चोर, सब वहां इकट्ठे हैं। वह चाणक्य नगरी बिलकुल ठीक है। चाणक्य भारतीय मैक्यावली है। ये दो आदमी मैक्यावली और चाणक्य वैसे ही हैं संसार के लिए; जैसे बुद्ध, महावीर, कृष्ण, क्राइस्ट, मोहम्मद, धर्म के लिए। ये महर्षि हैं संसार के। किसी पर भरोसा मत करना।

मैक्यावली की किताब 'द प्रिन्स' का इतना प्रभाव पड़ा यूरोप में, सभी सम्राट और राजा उससे प्रभावित हुए। क्योंकि वह राजाओं के लिए लिखी गई किताब है, राजनीतिज्ञों के लिए।

लेकिन प्रभाव इतना पड़ा कि मैक्यावली को कोई आदमी वजीर बनाने को राजी नहीं था, क्योंकि यह आदमी इतना चालाक है और इतना जानकार है, मैक्यावली गरीब आदमी मरा। उसको नौकरी नहीं मिली। हालांकि कोई भी सम्राट उसको नौकरी देने को उत्सुक हो जाता, क्योंकि वह आदमी सच में चालबाज था।

लेकिन उसकी किताब का तो प्रभाव बहुत पड़ा। किताब तो सबने पढ़ी। लेकिन जिसके द्वार पर भी उसने दस्तक दी, लोगों ने कहा क्षमा करो। क्योंकि तुम्हारी किताब से जो हम सीखे, उसी का उपयोग कर रहे हैं। तुम्हें करीब लेना खतरनाक है। तुम जरूरत से ज्यादा जानते हो आदमी की बेईमानी के संबंध में। तुम्हारा भरोसा नहीं किया जा सकता।

संदेह शास्त्र है संसार का। और मन की तैयारी संदेह के लिए की जाती है। स्कूल, कालेज, युनिवर्सिटी संदेह सिखाते हैं। विश्वास तो तब करना, जब संदेह की कोई जगह न रह जाए। यह सूत्र है संसार का। लेकिन संदेह की जगह तो सदा रहेगी।

और आत्मा के जगत में तो संदेह की जगह बहुत बड़ी है। वहां तो तुम अनजान रास्ते पर जा रहे हो। अनुभव तुम्हारा कोई भी नहीं है। और श्रद्धा की मांग है, खतरा है। श्रद्धा तुम कर न सकोगे, अगर संदेह के मन को तुमने जारी रखा।

इसलिए श्रद्धा केवल वे ही लोग कर सकते हैं जो अति दुस्साहसी हैं। साहसी भी नहीं कहता, अति दुस्साहसी। जिन्होंने जीवन का सब राग-रंग देख लिया। संदेह भी करके देख लिया, चालाकी भी करके देख ली और पाया कि हाथ में राख के सिवाय कुछ भी नहीं लगता। बेईमानी भी करके देख ली, चोरी भी करके देख ली, सारी दुनिया को दुश्मन मान कर भी देख लिया और पाया कि हाथ में सिवाय राख के और कुछ भी नहीं लगता। जिनके जीवन का विषाद गहन हो गया है, और जिन्होंने संदेह की असमर्थता देख ली, और अब जो तैयार हैं श्रद्धा में छलांग लगाने को।

श्रद्धा तो अंधी है। संदेह वाले व्यक्ति को श्रद्धा अंधी दिखाई पड़ेगी। जो कूदने को तैयार है, जो इस बात के लिए राजी है कि ज्यादा से ज्यादा मौत ही होगी। तो जीवन भी देख लिया, वहां भी मौत के सिवाय कुछ भी न पाया। ज्यादा से ज्यादा मिट जाऊंगा। तो जिंदगी देख ली, वहां मिटने के सिवाय कुछ और न हुआ। बहुत जन्मों से मिट-मिट कर देख लिया। जो तैयार है, जो इतना परिपक्व है कि जो कहता है मिट जाएंगे, ठीक है। अब अंधे होने की तैयारी। आंख से चल कर देख लिया, कहीं न पहुंचे। अब आंख बंद करके भी चल कर देख लें। शायद पहुंच जाएं।

और बड़े मजे की बात यह है कि जो आंख बंद करके चलने को तैयार होता है, उसकी

भीतर की आंख तत्क्षण खुल जाती है। श्रद्धा, संदेह से देखे जाने पर अंधी है और अनुभव से देखे जाने पर उससे बड़ी कोई आंख नहीं। वही दृष्टि है। लेकिन वह उसी को मिलती है, जो छलांग लेता है।

तुम्हारी दशा वैसी है कि तुम नदी के तट पर खड़े हो, और मैं तुमसे कहता हूं कि आओ, उतर आओ। तैरना सीख लो। तुम कहते हो, पहले हम तैरना सीख लें। पानी का क्या पता? खतरा हो, जान चली जाए। बात आपकी ठीक होगी, लेकिन हम पहले तैरना सीख लें, तभी पानी में उतरेंगे।

बात तुम्हारी भी ठीक है। क्योंकि खतरा पानी में उतरने का तभी लेना चाहिए जब तैरना आता हो। संदेह का शास्त्र यही कहता है कि पहले सीख लो, समझ लो, फिर उतरो।

लेकिन तुम तैरना सीखोगे कैसे अगर तुम पानी में उतरने को राजी ही नहीं? तुम्हें पानी में उतरना ही पड़ेगा, बिना तैरना सीखे। क्योंकि तैरना भी पानी में उतरने से ही आएगा। धीरे-धीरे उतरो, आहिस्ता-आहिस्ता, उतरो। सम्हाल-सम्हाल कर कदम रखो, पर उतरो। पानी में तुम उतर गए, तैरना सीखने में बहुत कठिनाई नहीं है।

वस्तुतः गुरु कुछ ज्यादा नहीं सिखाता। तुम में साहस हो, तो गुरु की शिक्षा बहुत थोड़ी है। वह तुम्हें तैरना सिखा देता है। तैरना तो सभी को आता है। यह तुम जान कर चकित होओगे। तैरना सभी को आता है, तुमने सिर्फ अपनी संभावना की परीक्षा नहीं की है। तैरना तो सभी को आता है। सीखना नहीं है, सिर्फ स्मरण करना है। पानी में उतर कर तुम हाथ-पैर फेंकना शुरू कर दोगे। वह तैरना है—थोड़ा अकुशल। दो चार दिन में कुशलता से तुम हाथ फेंकने लगोगे। वह वही का वही है। पहले दिन जो तुमने हाथ फेंके थे, उस हाथ फेंकने में और आखिरी दिन, जिस दिन तुम कुशल तैराक हो जाओगे, हाथ फेंकने में फर्क नहीं है। थोड़ी व्यवस्था का फर्क है।

और वह फर्क भी बहुत गहरा नहीं है। वस्तुतः थोड़ी आस्था का फर्क है। पहले दिन आस्था न थी, घबड़ाहट में फेंके थे। अब तुम आस्थावान हो। जानते हो कि हाथ फेंकने से बच जाते हो। कोई खतरा नहीं, पानी कितना ही गहरा हो। तैरने वाले को क्या फर्क पड़ता है कि पानी दस गज गहरा है कि दस मील गहरा है? कोई फर्क नहीं पड़ता। एक बार कला आ गई, फिर तो हाथ भी फेंकने की जरूरत नहीं रह जाती। आदमी ऐसे ही पड़ा रह जाता है पानी में, तिरता है; तैरता भी नहीं। क्या हो गया? आस्था बड़ी गहन हो गई। अब वह जानता है कि डूब तो सकता ही नहीं।

अब यह बड़े मजे की बात है कि आदमी, जिंदा आदमी हो, तैरना न जानता हो, तो डूब

कर मर जाता है। लेकिन जब मर जाता है तो पानी के ऊपर आकर तैरने लगता है। मुर्दे भी जानते हैं, कैसे तैरना। और जिंदा आदमी डूब जाता है।

मुर्दों को कोई कला आती है, जो जिंदा को नहीं आती। मुर्दे का संदेह समाप्त हो गया। मुर्दे की घबड़ाहट मिट गई। मुर्दा अब और क्या होगा? जो होना था, हो चुका। अब यह नदी भी क्या करेगी? अब यह सागर भी क्या मिटा लेगा, मिटना खतम हो गया। तत्क्षण नदी उसे ऊपर उठा देती है।

क्योंकि तुम्हारे शरीर में इतनी वायु है ही कि तुम पानी पर तिर सकते हो। लेकिन तुम्हें सिर्फ स्मरण नहीं है। तुम पानी से हलके हो। क्योंकि तुम्हारे रोएं-रोएं में वायु भरी है। तुम एक गुब्बारे की तरह हो, जो पानी पर तिर जाता है बिना हाथ पैर फड़फड़ाए। वस्तुतः जो लोग डूबते हैं, वे तैरना न जानने की वजह से नहीं, जरूरत से ज्यादा हाथ-पैर फड़फड़ा देते हैं। उसी में डुबकी खा जाते हैं। पानी मुंह में भर जाता है। श्वास अवरुद्ध हो जाती है, प्राण निकल जाते हैं। हर एक तैरना जान कर ही पैदा हुआ है।

यह जो मैं तुमसे कर रहा हूं, इसलिए कि ध्यान को तुम जानते हुए ही पैदा हुए हो। समाधि तुम्हारा स्वभाव है। सिर्फ स्मरण! थोड़ी श्रद्धा करो। और जो समाधि के सागर में तुम्हें बुला रहा हो, उसके पास जाओ। छोड़ो संदेह, बहुत दिन तक किनारे और संदेह से बंधे रहे। उतरो पानी में। उतरते ही श्रद्धा बढ़ेगी। लेकिन उतरने के पहले भी श्रद्धा चाहिए। फिर श्रद्धा प्रगाढ़ होगी। मजबूत होगी। एक घड़ी आती है, तुम हंसोगे। तुम हंसोगे और तुम कहोगे यह तो बिना गुरु के भी हो सकता था।

मेरे गांव में जो व्यक्ति लोगों को तैरना सिखाते थे, वे कुछ खुद भी बड़े तैराक न थे। उन्होंने ही मुझे भी तैरना सिखाया था। और उनकी कला कुल इतनी थी कि उठा कर बच्चे को फेंक देते थे पानी में। उन्होंने मुझे भी फेंक दिया था। लेकिन वे किनारे पर खड़े हैं, इसलिए कोई डर न था। हाथ पैर फड़फड़ा कर मैं वापस आ गया। उन्होंने दुबारा फेंका, आस्था बढ़ती गई। वे कभी पानी में उतरे नहीं, कभी उन्होंने मुझे हाथ पकड़ कर सिखाया नहीं। सिर्फ किनारे से मुझे पानी में फेंका। लेकिन घबड़ाहट में डुबकी खाने में आदमी भागता है वापस किनारे की तरफ।

पर वे खड़े हैं। जरूरत होगी, तो बचा लेंगे। वे खड़े हैं इसलिए कोई चिंता नहीं। उन्होंने सैकड़ों बच्चों को तैरना सिखाया। बहुत छोटे-छोटे बच्चों को तैरना सिखाया। और कभी वे नीचे उतर कर किसी को सिखाने नहीं गए। वे किनारे पर ही बैठे रहते। अपना कपड़ा धोते रहते, या मालिश करते रहते शरीर की, और उठा कर बच्चे को फेंक देते और देखते रहते कि

बच्चा आ रहा है। बस इतना भरोसा कि कोई बचाने को मौजूद है, काफी है।

श्रद्धा भीतर जन्म जाए, तो गुरु की कृपा तो सदा मौजूद है। कृपा और श्रद्धा का मिलन हो जाए, क्रांति की चिनगारी पैदा हो जाती है। असंभव क्रांति भी घटती है। इसलिए मैं असंभव कहता हूं तो यह मत समझना कि संभव नहीं है। असंभव कहता हूं सिर्फ इसलिए, अति दूभर है, अति कठिन है। करीब-करीब असंभव है। घटती तो है, असंभव भी घटता है। असंभव भी संभव है।

गुरु कृपाल कृपा जब कीन्हीं, हिरदै कंवल विगासा।

भागा भ्रम दसों दिसि सूझ्या,...

एक क्षण में सारा भ्रम टूट गया। दसों दिशाएं सूझने लगीं।

...परम ज्योति परगासा।

परम ज्योति प्रकट हुई।

एक क्षण में घट जाती है घटना।

मेरे पास लोग आते हैं। वे कहते हैं, जन्मों-जन्मों का कर्मों का जाल है। आप कहते हैं, एक क्षण में घट जाती है घटना, यह कैसे घटेगा? पाप, पुण्य जो किए हैं, उनका क्या होगा?

वे सब तुमने स्वप्न में किए हैं। वे तुमने सब बेहोशी में किए हैं, उसकी कोई जिम्मेवारी तुम पर नहीं है। एक आदमी शराब पीकर किसी को मार दे, अदालत भी क्षमा कर देती है। एक आदमी पागल हो, पत्थर फेंक कर किसी की खिड़की तोड़ दे, अदालत भी माफ कर देती है। छोटा बच्चा चोरी कर ले, अदालत क्षमा कर देती है। बेहोश का भी कोई दायित्व है? और परमात्मा बेहोश को क्षमा न करे, तो अन्याय हो जाए। मैं तुमसे कहता हूं कि कोई कर्म बाधा नहीं है। एक क्षण में तुम जाग सकते हो।

तुम यह मत कहो कि मैं रात भर सोया रहा, तो एक क्षण में तुम मुझे उठाओगे कैसे? रात भर सोया रहा, तो उठाने में इतना ही तो वक्त लगेगा, जितना मैं सोया रहा। नींद गहरी हो गई। लेकिन हम जानते हैं कि एक झटके में उठाए जा सकते हो। नींद बाधा नहीं बनेगी। तुम जन्मों-जन्मों से सोए रहे हो, इससे कोई फर्क नहीं पड़ता। सिर्फ तुम राजी हो जाओ कि कोई तुम्हें हिलाए, तो तुम श्रद्धा से उठ आओ।

भागा भ्रम दसों दिसि सूझ्या, परम ज्योति परगासा।

एक क्षण में खिल गया हृदय का कमल। परम ज्योति प्रकट हुई। एक क्षण में ही घट जाता है। जैसे चकमक को रगड़ो, और एक क्षण में आग पैदा हो जाती है। और यह हो सकता है कि

चकमक के दोनों पत्थर करोड़ों साल से पड़े रहे हों, और आग पैदा न हुई हो। करोड़ों साल से दोनों पत्थर पास ही पास पड़े रहे हों, टकराए न हों, तो क्या तुम सोचते हो, करोड़ों वर्ष ने कोई बाधा डाल दी? अब तुमको करोड़ों वर्ष तक रगड़ना पड़ेगा, तब कहीं आग पैदा होगी? आग तो एक क्षण में पैदा हो जाएगी। करोड़ों वर्ष तक पैदा न हुई, क्योंकि रगड़ न हुई। श्रद्धा और कृपा की रगड़ हो जाए, बस। वे दो चकमक के पत्थर हैं–तत्क्षण...!

...परम ज्योति परगासा।

मृतक उठ्या धनक कर लीए,...

पर जो कल तक मरा हुआ पड़ा था, वह पुनरुज्जीवित हो गया, परम-ऊर्जा से भरा हुआ, धनुषबाण लिए। जो कल तक मरा हुआ पड़ा था...

मृतक उठ्या धनक कर लीए, काल अहेड़ी भागा।

और उसकी जीवन-ऊर्जा को देख कर मृत्यु भाग खड़ी हुई।

उद्‌या सूर निस किया पयाना,...

सुबह हो गई, सूरज उगा, रात्रि भाग गई। रात्रि ने एक क्षण भी रुक कर चेष्टा न की कि थोड़े पैर जमा कर खड़ी रहे। रात ने यह भी न कहा कि यह कैसा अन्याय है! सदा से मैं यहां हूं। और अचानक तुम आ गए आज? मेहमान की तरह ठीक, लेकिन मुझे घर से तो मत भगाओ।

मैंने सुना है, बड़ी पुरानी कथा है कि अंधेरे ने जाकर परमात्मा को कहा कि तुम्हारे सूरज को तुम रोक लो। सदा-सदा से मुझे परेशान करता रहा है। और मैंने इससे कभी कोई छेड़छाड़ नहीं की। ऐसा कुछ मेरे ऊपर नहीं कि मैंने इसे कभी सताया है, या परेशान किया है, या कोई दुख दिया है। लेकिन मैं सो भी नहीं पाती, विश्राम भी नहीं कर पाती और यह सुबह आकर परेशान कर देता है। और फिर मुझे भगाता रहता है दिन भर।

परमात्मा ने अंधेरे को कहा कि बात ठीक है, लेकिन तुम दोनों का साथ-साथ मौजूद होना जरूरी है; तभी फैसला किया जा सकता है। क्योंकि सूरज की भी तो बात सुननी पड़ेगी, वह क्या कहता है। रात की सुन ली, अंधेरे की सुन ली, सूरज की भी सुननी पड़ेगी।

कहते हैं, इस बात को कई-कई कल्प, महाकल्प बीत गए, अंधेरा अब तक सूरज को लेकर अदालत में मौजूद नहीं हो पाया। क्योंकि यह हो ही नहीं सकता। ये दोनों साथ नहीं हो सकते। इसलिए फैसला अटका है। फाइल में पड़ा है। वह कभी हल नहीं होगा। वह फाइल में ही रहेगा। वह फाइल दिल्ली की फाइल है। यह हो ही नहीं सकता। कैसे सूरज को अंधेरा लेकर मौजूद होगा? और स्वभावतः जब तक दोनों दल मौजूद न हों, दोनों पक्ष मौजूद न हों, परमात्मा भी कैसे निर्णय करे? सूरज से भी तो पूछना जरूरी है।

ऐसी मैंने सुनी है अफवाह कि उसने सूरज से कभी एकांत में पूछा कि अदालत में मुकदमा है, कभी न कभी मौजूद होना ही पड़ेगा, लेकिन तुमसे मैं निजी एकांत में पूछता हूं कि क्यों अंधेरे के पीछे पड़े हो? क्यों परेशान करते हो? सूरज ने कहा, कौन अंधेरा? मैं तो जानता भी नहीं। मेरा कभी मिलना नहीं हुआ। मेरी पहचान ही नहीं है, किस अंधेरे की बात कर रहे हैं? मैंने कभी अंधेरे को देखा नहीं। सब जगह घूम आया हूं। अंधेरे से मेरी कोई मुलाकात न हुई। अगर आपकी मुलाकात कभी हो जाए, तो मुझे मिला देना।

परमात्मा भी वह नहीं कर सकता। कहते हैं, परमात्मा सभी कुछ कर सकता है, लेकिन यह तो नहीं कर सकता। कहते हैं, वह सर्व शक्तिशाली है। शक की बात है। यह तो नहीं कर सकता कि अंधेरे को सूरज के सामने खड़ा कर दे। कैसे करेगा?

अंधेरा सूरज का अभाव है। तो अभाव और भाव एक साथ तो नहीं हो सकते। मैं यहां हूं, या नहीं हूं। दोनों तो एक साथ नहीं हो सकता इस कुर्सी पर। या तो हूं और या नहीं हूं। दोनों एक साथ कैसे होऊंगा? अंधेरा सूरज का अभाव है, गैर-मौजूदगी है, अनुपस्थिति है, एबसेंस है। तो सूरज की मौजूदगी और सूरज की गैर-मौजूदगी दोनों तो साथ-साथ नहीं हो सकती।

जैसे ही भीतर का सूरज उगता है, वह जो अंधेरी रात थी जन्मों-जन्मों की, भाग जाती है।

उद्या सूर निस किया पयाना, सोवत थें जब जागा।

जब जगा दिया गुरु ने, नींद टूटी, सब अंधेरा, सब रात, सब पाप, सब पुण्य, सब कर्मों का जाल जा चुका। एक क्षण में सभी दिशाएं दिखाई पड़ने लगीं।

अविगत अकल अनूपम देख्या,...

जो कभी नहीं देखा था। जिसे कभी जाना न था। अज्ञात, अविगत, जो पूर्ण है, समग्र है, परिपूर्ण है, अकल्प है, जो अद्वितीय है, बेजोड़ है, अनुपम है, उसे देखा।

...कहंता कह्या न जाई।

अब उसे कहना बहुत मुश्किल है। क्योंकि उस जैसा कोई भी नहीं, जिससे तुलना हो सके।

तुमको अगर मैं कहूं गुलाब के फूल के संबंध में कुछ। हो सकता है, तुमने गुलाब का फूल न देखा हो, तो मैं किसी और फूल की तुलना कर सकता हूं। लेकिन तुमने फूल ही न देखें हों, तो फिर गुलाब के फूल को समझाना मुश्किल है।

हो सकता है, तुमने कभी शक्कर न चखी हो लेकिन गुड़ चखा हो, तो समझाया जा सकता है कि शक्कर गुड़ का ही शुद्धतम रूप है। लेकिन तुमने मिठास ही न जानी हो, न शक्कर, न गुड़, न मधु, तुमने मिठास ही न जानी हो, तो फिर समझाना मुश्किल है। परमात्मा अकेला

है। जिन्होंने जाना, जाना; और जिन्होंने नहीं जाना, नहीं जाना। दोनों के बीच सब सेतु टूट जाते हैं। भाषा काम नहीं आती। किस ढंग से समझाएं? कोई उपमा काम नहीं करती। कोई प्रतीक सार्थक नहीं मालूम होता।

अविगत अकल अनूपम देख्या, कहंता कह्या न जाई।

सैन करे मन ही मन रहसे, गूंगे जान मिठाई।

गूंगे ने मिठाई खा ली है। हाथ से सैन करता है। मन ही मन स्वाद लेता है। हाथ का इशारा करता है कि गजब की चीज है। लेकिन सैन से कहीं मिठास का पता चलता है? सभी संत सैन करते रहे हैं। इशारा करते हैं, भीतर स्वाद भरा है। सब तरफ से तुम्हें समझाते हैं। हर तरह से उपाय करते हैं कि किसी तरह बात तुम तक पहुंच जाए, तुम्हारे कान में पड़ जाए। क्योंकि तुम भी तड़फ रहे हो उसी प्यास के लिए। वही पानी तुम्हें भी चाहिए। और पानी किसी को मिल गया है। वह इशारे करता है। गूंगे के इशारे। स्वाद भीतर भरा है, तृप्ति भरपूर है। आकंठ पूरा हो गया है, लेकिन कैसे तुमसे कहे?

सैन करे मन ही मन रहसे,...

लेकिन जो है वह तो भीतर रह जाता है। सैन में पहुंच नहीं पाता। अंगुली में आ नहीं पाता स्वाद। अनुभव अंगुली में उतर ही नहीं पाता है।

...गूंगे जान मिठाई।

पहुप बिना एक तरुवर फलिया, बिन कर तूर बजाया।

बिना फूल के एक वृक्ष में फल आ गए हैं। यह बड़ा रहस्यपूर्ण वचन है। इनको कबीर की उलटबांसिया कहा गया है। ये कबीर के अनूठे शब्द हैं। इन शब्दों के द्वारा कबीर ने यह कहने की कोशिश की, जो मैं थोड़ी देर पहले तुमसे कह रहा था; कि उस परमात्मा का अनुभव अकारण है। तुम्हारे किसी उपाय से नहीं घटता। कार्य-कारण की शृंखला टूट जाती है।

पहुप बिना एक तरुवर फलिया,...

बिना फूल के किसी वृक्ष में फल नहीं लग सकते। क्योंकि फूल पहली अवस्था है। फिर फूल ही तो फल में रूपांतरित होता है। फूल कारण है, फल कार्य है।

पहुप बिना एक तरुवर फलिया,...

और कबीर कह रहे हैं, अब यहां सब उलटा हो गया है मामला। यहां बांसुरी उलटी बज रही है। यहां मैंने कुछ किया नहीं। और सब कुछ हो गया है। कारण था नहीं, और कार्य हो गया है। फूल लगे ही नहीं और फल आ गया है।

पहुप बिना एक तरुवर फलिया, बिन कर तूर बजाया।

अब कोई तुरही बजाए तो हाथ में पकड़नी पड़ती है, तुरही तो बज रही है और मेरे हाथ तो हैं ही नहीं, जिनमें मैं तुरही को पकड़ लूं। मेरे कारण नहीं हो रहा है। मेरे हाथों से नहीं हो रहा है, हो रहा है। मैं ज्यादा से ज्यादा साक्षी हूं। कर्ता नहीं हूं।

नारी बिना नीर घट भरिया,...

समझ में आता है कि नारी एक घट लेकर जाती है, भरती पानी, डुबाती घड़े को पानी में, लेकिन नारी तो चाहिए। कबीर कहते हैं, यहां मैं बड़ी अनघट घटना देख रहा हूं। नारी तो दिखाई नहीं पड़ती, भरने वाला तो दिखाई नहीं पड़ता और घट भर गया है। कर्ता दिखाई नहीं पड़ता और घटना घट गई है।

सहज समाधें सुख में रहिबो, कौटि कलप विश्राम।

जब बिना कर्ता के समाधि फलित हो जाती है, तब सहज-समाधि। जब तुम्हारे बिना किए हो जाती है।

नारी बिना नीर घट भरिया, सहज रूप सो पाया।

अब उसे पा लिया जो सिर्फ सहज रूप से ही मिलता है। क्योंकि वह मिला ही हुआ है। उसे पाने के लिए कुछ भी करना नहीं है। करने की भ्रांति छोड़ देनी है। कर्ता को थोड़ा शांत करना है। बस, इतना ही करना है। कर्ता को कहना है, ज्यादा मत कर। बैठ। तेरे करने से उपद्रव हो रहा है, तू कर ही मत, तू विश्राम कर। थोड़ी देर बिना किए रह जाना है। और जो व्यक्ति भी बिना किए रह जाता है, उसके जीवन में सहज समाधि फलित होने लगती है।

अकर्म ध्यान है। अक्रिया ध्यान है। कुछ न करने की अवस्था को उपलब्ध कर लेना ध्यान है। फिर वर्षा शुरू हो जाती है। मेघ तो घिरे ही थे। आषाढ़ तो सदा से ही था। एक क्षण को भी वे गए न थे। तुम प्यासे थे तो अपने कर्ता के कारण, अहंकार के कारण। तुम करने में लगे थे। तुम परमात्मा के सामने दिखाने में लगे थे कि मैं करके दिखा दूंगा। वहीं भूल हो गई थी। छोड़ो कर्तापन। अकर्तापन से राजी हो जाओ।

देखत कांच भया तन कंचन,...

और कल तक जो शरीर कांच का था, इस परम-प्रकाश में अचानक स्वर्ण का हो गया। अनघट घटने लगा।

...बिन बानी मन माना।

और किसी ने समझाया न, किसी ने सांत्वना न दी, किसी ने संतोष न बंधाया, किसी ने तर्क-विचार न किया, और मन मान गया।

और लाख समझाने वाले मिले, और मन न माना। और मन तर्क उठाए चला गया। और लाख सिद्धांत जांचे, संदेह न मरा। लाख शास्त्र पढ़े, लेकिन भीतर की शंका, दुविधा न गई। और आज कोई समझा नहीं रहा है। बस आंख खुल गई, नींद टूट गई।

...बिन बानी मन माना।

उड़या विहंगम खोज न पाया,...

और पक्षी उड़ गया। कहां, पता नहीं। किस दिशा में, पता नहीं। क्योंकि यह पक्षी शून्य का है। इस पक्षी में कोई अहंकार नहीं, कोई रूप नहीं, कोई नाम नहीं।

उड़या विहंगम खोज न पाया, ज्यूं जल जलही समाना।

जैसे बूंद सागर में गिर गई और एक हो गई; अब कहां खोजूं?

हेरत हेरत हे सखि, रह्या कबीर हिराइ।

बुंद समानी समुंद में, सो कत हेरी जाइ।।

उड़या विहंगम खोज न पाया, ज्यूं जल जलही समाना।

परमात्मा मिलता है जिस क्षण, उसी क्षण तुम खो जाते हो। तत्क्षण! युगपत! यह एक ही साथ घटती हैं घटनाएं—तुम्हारा खोना और उसका होना। जब तक तुम हो, वह न हो पाएगा। मिटो! वही पा लेने का सूत्र है।

उड़या विहंगम खोज न पाया, ज्यूं जल जलही समाना।

पूज्या देव बहुरि नहिं पूजौ,...

बहुत पूजे देवता, मंदिर, मस्जिद, गुरुद्वारे, अब नहीं। अब किसकी पूजा? अब तो पूज्य और पुजारी दोनों एक हो गए।

...न्हाए उदिक न नाऊं।

बहुत तीर्थयात्राएं कीं। बहुत स्नान किए गंगाओं में। अब कोई जरूरत न रही। परम स्नान हो गया। परम तीर्थ मिल गया।

भागा भ्रम ये कहीं कहंता,...

और सारा भ्रम, सारा अज्ञान, सारी माया भागी यह कहते हुए—आए बहुरि न आऊं! बहुत आए हम तेरे पास। अब न आएंगे।

भागा भ्रम ये कहीं कहंता, आए बहुरि न आऊं।

अब न आएंगे। बात खत्म हो गई। भ्रम भाग गया, यह कहते हुए कि अब न लौटूंगा।

बुद्ध को ज्ञान हुआ। तो बुद्ध ने जो पहले वचन कहे, वे ये थे–कहा, अपने अज्ञान से, कहा अपनी वासनाओं से, कहा अपने वासना के मूल काम से कि अब तू विश्राम कर सकता है। अब तुझे दुबारा आने की जरूरत नहीं। तूने बहुत घर मेरे लिए बहुत बार बनाए। अब तुझे घर बनाने की जरूरत नहीं। अब तू मुक्त है। अब तू जा सकता है। अब तेरी चाकरी समाप्त हुई। धन्यवाद! तूने बहुत शरीर मेरे लिए धारण किए और बहुत नामरूप। अब कोई जरूरत न रही।

कबीर दूसरी तरफ से वही बात कह रहे हैं:

भागा भ्रम ये कहीं कहंता, आए बहुरि न आऊं।

खुद भ्रम भागने लगा दूर और कहता गया भागते-भागते, बहुत बार आए, अब न आऊंगा।

आपै में तब आपा निरख्या, अपन पै आपा सूझ्या।

कुछ और बचा नहीं। खुद ही देखने वाला, खुद ही दिखाई पड़ने वाला, खुद ही दर्पण के सामने खड़ा, खुद ही दर्पण, खुद ही दर्पण में बनी तस्वीर। बस, खुद के सिवाय कुछ भी न पाया। जिस क्षण तुम पा लोगे कि खुद के सिवाय कुछ नहीं, उसी क्षण खुदा को पा लिया। 'खुदा' शब्द बड़ा प्रीतिकर है। कबीर के इस वचन में खुदा की व्याख्या है। खुदा का अर्थ है, खुदी को इस भांति पा लेना कि उसके सिवाय कुछ भी न बचे। स्वयं को इतना जान लेना समग्रता में कि उस स्वयं में सब समा जाए।

आपै में तब आपा निरख्या, अपन पै आपा सूझ्या।

आपै कहत सुनत पुनि अपना...

अब कोई दूसरा है ही नहीं। खुद कह रहे हैं, खुद ही सुन रहे हैं।

सैन करे मन ही मन रहसे, गूंगे जान मिठाई।

आपै कहत सुनत पुनि अपना, अपन पै आपा सूझ्या।

अपने परिचै लागी तारी, अपन पै आप समाना।

कहे कबीर जो आप विचारै, मिट गया आवन जाना।

और जिसने इस आप को पहचान लिया, इस आत्मा को, उसका आना-जाना मिट गया।

अपने परिचै लागी तारी,...

'तारी' कबीर का बड़ा प्यारा शब्द है और बड़ा सूक्ष्म। बड़ा अर्थपूर्ण, बड़ा रहस्य से भरा हुआ। तारी ऐसी नींद का नाम है, जब तुम सोए भी नहीं होते, जागे भी नहीं होते, तब तारी लग गई। ऐसा कहते हैं। भीतर तुम जागे भी रहते हो। बाहर तुम सोए भी रहते हो। शरीर विश्राम

में होता है, लेकिन चेतना का दीया जलता रहता है। तारी, निद्रा और जागरण के ठीक मध्य की अवस्था है। जहां जागरण है पूरा और निद्रा का विश्राम भी पूरा।

पतंजलि ने योग-सूत्रों में कहा कि समाधि सुषुप्ति जैसी है, नींद जैसी है, सिर्फ एक फर्क के साथ कि नींद में बेहोशी है और समाधि में होश है।

'तारी' कबीर का शब्द है। तारी का मतलब है: जागे भी पूरे, विश्राम से भरे भी पूरे। और 'तारी' शब्द में एक तरह की मादकता का भी भाव है। जैसे कोई शराब पी गया—परमात्मा की शराब! एक गहन नशा छा गया।

उमर खय्याम की रुबाइयात, कबीर की तारी की पूरी व्याख्या है। जिसमें उमर खय्याम मधु और मधुशाला की बात करता रहता है, वह सूफी ग्रंथ है। और सारे अनुवादों ने उसे भ्रष्ट कर दिया है। पश्चिम में फिट्ज़राल्ड ने उसका अनुवाद किया। और फिट्ज़राल्ड ने समझा कि यह शराब की ही बात है।

यह शराब की बात नहीं है। यह तो परमात्मा के नशे की बात है। और उमर खय्याम एक सूफी फकीर है, जिसने शराब कभी छुई नहीं। लेकिन शब्द भ्रांति में डाल देते हैं। फिर फिट्ज़राल्ड के अनुवाद से सारी दुनिया में अनुवाद हुए। और मधुशाला, मधुशाला मालूम होने लगी। पियक्कड़ सच में ही पियक्कड़ मालूम होने लगे। लेकिन बात खो गई। बात कुछ और ही थी।

यह किसी और ही मधुशाला की बात थी। यह किसी और ही मधु और साकी और किन्हीं और ही पियक्कड़ों की बात थी—परमात्मा के पियक्कड़! कबीर के शब्द तारी में बड़ा रहस्य है। समाधि! सुषुप्ति जैसी। लेकिन इतना ही नहीं कि जागरण और नींद का विश्राम; पर एक मस्ती भी—एक विधायक मस्ती, एक नशा, एक आनंद, एक अहोभाव।

अब मैं पाइबो रे पाइबो रे ब्रह्मज्ञान।

अपने परिचै लागी तारी, अपन पै आप समाना।

कहे कबीर जो आप विचारे, मिट गया आवन जाना।

आज इतना ही।

4

मन रे जागत रहिए भाई

मन रे जागत रहिए भाई।
गाफिल होइ बसत मति खोवै, चोर मुसै घर जाई।
षट्चक्र की कनक कोठरी, बस्त भाव है सोई।
ताला कुंजी कुलफ के लागै, उघड़त बार न होई।
पंच पहिरवा सोई गए हैं, बसतैं जागण लागी।
जरा मरण व्यापै कछु नाही, गगन मंडल लै लागी।
करत विचार मन ही मन उपजी, ना कहीं गया न आया।
कहै कबीर संसा सब छूटा, राम रतन धन पाया।

मनुष्य चेतना के दो आयाम हैं: एक मूर्च्छा, एक अमूर्च्छा। मूर्च्छा का अर्थ है: सोए-सोए जीना; बिना होश के जीना। अमूर्च्छा का अर्थ है: होशपूर्वक जीना; जाग्रत, विवेकपूर्ण। मूर्च्छा का अर्थ है: भीतर का दीया बुझा है। अमूर्च्छा का अर्थ है: भीतर का दीया जला है।

मूर्च्छा में रोशनी बाहर होती है। बाहर की रोशनी से ही आदमी चलता है। जहां इंद्रियां ले जाती हैं, वहीं जाता है। इंद्रियों की कामना ही खुद की कामना बन जाती है। क्योंकि खुद का कोई पता ही नहीं। मन जो सुझा देता है, वही जीवन की शैली हो जाती है। क्योंकि अपने स्वरूप का तो कोई बोध नहीं। लोग जो समझा देते हैं, समाज जो बता देता है, वहीं आदमी चल पड़ता है, क्योंकि न तो अपनी कोई जड़ें होती हैं अस्तित्व में, न अपना भान होता है। मैं कौन हूं, इसका कोई पता ही नहीं।

तो जीवन ऐसे होता है, जैसे नदी में लकड़ी का टुकड़ा बहता है। जहां लहरें ले जाती हैं, चला जाता है। जहां धक्के हवा के पहुंचा देते हैं, वहीं पहुंच जाता है। अपना कोई व्यक्तित्व नहीं, निजता नहीं। जीवन एक भटकन है।

निश्चित ही ऐसी भटकन में कभी मंजिल नहीं आ सकती। मंजिल तो सुविचारित कदमों से पूरी करनी पड़ती है। भटकाव बहुत हो सकता है, यात्रा नहीं हो सकती। यात्रा का तो अर्थ है कि तुम्हें पता हो तुम कौन हो; कहां हो! कहां जा रहे हो! क्यों जा रहे हो! होशपूर्वक ही यात्रा हो सकती है। होशपूर्वक ही तीर्थयात्रा हो सकती है। इसलिए ज्ञानियों ने होश को ही तीर्थ कहा है।

अमूर्च्छित चित्त, जागा हुआ चित्त बिलकुल दूसरे ही ढंग से जीता है। उसके जीवन की व्यवस्था आमूल रूप से भिन्न होती है। वह दूसरों के कारण नहीं चलता, वह अपने कारण चलता है। वह सुनता सबकी है। वह मानता भीतर की है। वह गुलाम नहीं होता। भीतर की मुक्ति को ही जीवन में उतारता है। कितनी ही अड़चन हो, लेकिन उस मार्ग पर ही यात्रा करता है जो पहुंचाएगा। और कितनी ही सुविधा हो, उस मार्ग पर नहीं जाता, जो कहीं नहीं पहुंचाएगा।

क्योंकि उस सुविधा का क्या अर्थ? मार्ग कितना ही सुंदर हो, कंटकाकीर्ण न हो, चोर-लुटेरे न हों, मार्ग पर। सब सुरक्षा हो, सुविधा हो, लेकिन अगर मार्ग कहीं पहुंचाता ही न हो,

तो उस मार्ग की सुविधा और सौंदर्य का क्या करिएगा? मार्ग कंटकाकीर्ण हो, राह लुटेरों से भरी हो, जंगली जानवरों का भय हो, लेकिन कहीं पहुंचाता हो, तो जाने योग्य है।

अमूर्च्छित व्यक्ति का जीवन भटकाव नहीं, एक सुनियोजित यात्रा है। लेकिन वह नियोजन कौन देगा? समाज उस नियोजन को नहीं दे सकता। समाज तो अंधों की भीड़ है। वह तो मूर्च्छित लोगों का समूह है। अगर तुमने समाज की सुनी, तो तुम अंधेरे में ही भटकते रहोगे। भीड़ तो बोधपूर्ण नहीं है। हो भी नहीं सकती। कभी-कभी कोई एकाध व्यक्ति अनेकों में बोध को उपलब्ध होता है। तो भीड़ तो बुद्धों की नहीं है।

अमूर्च्छित व्यक्ति अपने भीतर अपने जीवन की विधि खोजता है। अपने होश में अपने आचरण को खोजता है। अपने अंतःकरण के प्रकाश से चलता है। कितना ही थोड़ा हो अंतःकरण का प्रकाश, सदा पर्याप्त है। इतना थोड़ा हो कि एक ही कदम पड़ता हो, तो भी काफी है। क्योंकि दुनिया में कोई भी दो कदम तो एक साथ चलता नहीं।

छोटे से छोटा दीया भी इतना तो दिखा ही देता है कि एक कदम साफ हो जाए। एक कदम चल लो, फिर और एक कदम दिखाई पड़ जाता है। कदम-कदम करके हजारों मील की यात्रा पूरी हो जाती है।

अमूर्च्छित व्यक्ति विद्रोही होता है। अमूर्च्छित व्यक्ति एक-एक क्षण, पल-पल एक ही बात को साधता है; और वह बात यह है कि कुछ भी मुझसे ऐसा न हो पाए, जो मूर्च्छा को बढ़ाए, मूर्च्छा को गहन करे। ध्यान रखना, एक-एक बूंद पानी की गिरती है, चट्टानें टूट जाती हैं। एक-एक बूंद होश की गिरती है, और तुम्हारी जन्मों-जन्मों की चट्टान हो मूर्च्छा की, निद्रा की, टूट जाती है। लेकिन एक-एक बूंद गिरनी चाहिए।

तो प्रतिपल अमूर्च्छित व्यक्ति की चेष्टा यही होती है कि हर क्षण का उपयोग एक ही संपदा को पाने में कर लिया जाए। वह यह कि मेरे भीतर का विवेक प्रगाढ़ हो, जागे।

मूर्च्छित चित्त की तीन अवस्थाएं हैं, जिन्हें हम जानते हैं।

एक, जिसे हम 'जाग्रत' कहते हैं; जो कि शब्द उचित नहीं है। क्योंकि मूर्च्छित व्यक्ति जागेगा कैसे? उसका जागरण नाममात्र का जागरण है। कहने भर का जागरण है। सुबह सूरज उगता है, पशु-पक्षी जाग आते हैं, पौधे जाग आते हैं, तुम भी जाग आते हो। क्या पशु-पक्षी जाग्रत हैं; क्या पौधे जाग्रत हैं? तुम भी नहीं हो। सिर्फ शरीर का विश्राम पूरा हो गया, इसलिए तुम उठते हो, चलते हो, बैठते हो। ऐसा लगता है, जैसे जागे हो। लेकिन यह सिर्फ लगना मात्र है। इसका वास्तविक जागरण से कोई दूर का भी संबंध मुश्किल से बनता है।

मैंने सुना है कि मुल्ला नसरुद्दीन को किसी ग्रामीण परिचित ने, किसान ने गांव से एक मुर्गी भेज दी भेंट में। जो आदमी लेकर मुर्गी आया था, स्वभावतः नसरुद्दीन ने उसका काफी

स्वागत किया। मुर्गी का शोरबा बनवाया। उसे शोरबा पिलाया। वह आदमी बड़ा प्रसन्न हुआ। उसने जाकर गांव में खबर कर दी कि आदमी बहुत अच्छा है। और अतिथि को तो बिलकुल देवता मानता है।

फिर तो गांव से लोगों का आना शुरू हो गया। दूसरे ही दिन दूसरा आदमी मौजूद हो गया। नसरुद्दीन ने पूछा: आप कौन? उसने कहा कि जिसने मुर्गी भेजी थी, उसका दूर का रिश्तेदार हूं। उसका भी नसरुद्दीन ने स्वागत किया। घर आया आदमी! फिर कितने ही दूर का रिश्तेदार हो, रिश्तेदार ही है उसी का, जिसने मुर्गी भेजी थी।

लेकिन फिर बात सीमा के बाहर होने लगी। रिश्तेदारों के रिश्तेदार आने लगे। रिश्तेदारों के रिश्तेदारों के मित्र आने लगे। रिश्तेदारों के रिश्तेदारों के मित्रों के मित्र आने लगे। पत्नी बेचैन हो गई। उसने कहा: यह मुर्गी तो एक अपशगुन सिद्ध हुई। हम इसे इनकार ही कर देते। यह तो पूरा गांव चला आ रहा है। नसरुद्दीन ने बहुत सोचा। कुछ करना ही पड़ेगा। और दूसरे दिन सुबह फिर एक आदमी खड़ा है। आप कौन? उसने कहा कि जिसने मुर्गी भेजी थी, उसके रिश्तेदारों के रिश्तेदारों के मित्रों का मित्र हूं। नसरुद्दीन ने कहा: आइए। स्वागत है।

लेकिन वह आदमी बड़ा हैरान हुआ, जब भोजन उसे कराया गया तो सिर्फ कुनकुना पानी था शोरबे के नाम पर। उस आदमी ने कहा, और सब तो ठीक है, लेकिन मैंने बड़ी चर्चा सुनी थी आपके आतिथ्य की। और यह तो कुनकुना पानी है। नसरुद्दीन ने कहा: माफ करिए। कुनकुना पानी नहीं है। मुर्गी के शोरबे का शोरबे का शोरबे का शोरबा है।

आपकी जागृति बस मुर्गी के शोरबे का शोरबे का शोरबे का शोरबा है। अगर बुद्ध की जागृति जागृति है तो आपकी जागृति रिश्तेदारों के रिश्तेदारों के मित्रों का मित्र है। बहुत लंबा फासला है। बुद्ध को हमने जाग्रत कहा है। 'बुद्ध' शब्द का अर्थ है: जो जाग गया। जो होश से भर गया।

अगर बुद्ध मापदंड हों जागरण के, तो तुम्हारा जागरण क्या होगा? एक खोटा सिक्का, जो सिक्के जैसा लगता है, लेकिन सिक्का है नहीं। एक झूठ, जो सत्य का दावा करता है, लेकिन सत्य है नहीं। एक मुर्दा लाश, जो ठीक जीवित आदमी जैसी ही मालूम पड़ती है, नाक-नक्श बिलकुल जीवित आदमी जैसा, लेकिन भीतर कोई प्राण नहीं। एक बुझा हुआ दीया, जिसमें सब है; दीया है, बाती है, तेल है, लेकिन ज्योति नहीं।

मूर्च्छा के तीन रूप हैं। एक, जिसे हम जागृति कहते हैं; जो बिलकुल खोटी है। क्योंकि जागे हुए भी तुम जागे हुए नहीं होते। जाग कर भी तुम जो करते हो, वह खबर देता है कि तुम सोए हुए हो।

तुमने हजार दफे तय किया है कि अब दुबारा क्रोध न करेंगे। और फिर एक आदमी अपमान कर देता है, या तुम्हें लगता है अपमान कर दिया। या किसी आदमी का भीड़ में तुम्हारे पैर पर पैर पड़ जाता है—और एक क्षण भी नहीं लगता। एक क्षण की देरी भी नहीं होती, और आग उबल उठती है। और तुमने अनेक बार तय किया है कि अब क्रोध न करेंगे। हजार बार कसमें ली हैं। हजार बार पछताए हो। वह सब कहां चला गया पछतावा? यह याददाश्त इतनी जल्दी कैसे खो जाती है? होश होता, तो साथ रहती। बेहोशी में याददाश्त साथ कैसे रह सकती है? क्षण में आग जल उठती है। फिर वही क्रोध खड़ा है। फिर तुम पछताओगे घड़ी भर बाद; लेकिन न तुम्हारे पछतावे का कोई मूल्य है और न तुम्हारे क्रोध का कोई मूल्य है। तुम्हारा पछतावा भी झूठा है। क्योंकि कितनी बार पछता चुके। अब रुकते नहीं। अब रुक जाओ।

एक आदमी मेरे पास आया। और उसने कहा, जिंदगी भर हो गई—उसकी उम्र कोई पैंसठ साल होगी—बस, एक ही चीज मुझे कष्ट दे रही है, मेरा क्रोध। इससे मेरा घर भर पीड़ित है। मेरे बच्चे, मेरी पत्नी, मेरी जीवन एक कलह की लंबी कहानी है। मगर यह क्रोध मुझसे नहीं जाता। और अभी भी है, मौत करीब आई जा रही है। लेकिन यह क्रोध मुझे आग की तरह कंपाता रहता है।

और मैंने हजारों बार पश्चात्ताप कर लिया। कसमें खा लीं मंदिरों में जाकर, साधुओं के चरणों में सिर रख कर कि शायद उनकी कृपा का साथ मिल जाए। भगवान को साक्षी रख कर मंदिरों में कसम खा ली। वह भी काम नहीं आती। जब क्रोध पकड़ता है तो भगवान की सामर्थ्य भी काम नहीं आती। उस वक्त मैं सब भूल ही जाता हूं। एक क्षण को मैं होता ही नहीं। कौन आ जाता है मेरे भीतर भूत-प्रेत जैसा, और मैं क्या कर गुजरता हूं, इसका मुझे खुद ही समझ नहीं आता। पीछे लौट कर देखता हूं, तो मानने का मन नहीं होता कि मैंने ऐसा किया होगा। क्या करूं? आप साक्षी हो जाएं। मुझे संकल्प करवाएं।

मैंने कहा कि मैं वह भूल न करूंगा जो दूसरों ने तुम्हारे साथ की है। तुमसे मैं सिर्फ एक प्रार्थना करता हूं कि तुम पश्चात्ताप का त्याग कर दो। क्रोध तो चलने दो। इतना तो कर सकते हो कि अब क्रोध आएगा तो पश्चात्ताप न करेंगे।

वह आदमी हंसने लगा। उसने कहा कि यह तो मैं कर ही सकता हूं। इसमें क्या अड़चन है? उसे पता नहीं कि जो क्रोध नहीं छोड़ सकता, वह पश्चात्ताप भी नहीं छोड़ सकता। छोड़ना तो होश की बात है। मैंने कहा: तो जिस दिन पश्चात्ताप छूट जाए, तुम आ जाना। उसी दिन क्रोध भी छुड़वा दूंगा।

महीने भर बाद वह आदमी वापस आया और उसने कहा कि आपने धोखा दिया।

पश्चात्ताप भी नहीं छूटता। इसमें तो कोई अड़चन नहीं है। यह तो किसी शास्त्र ने तुमसे कहा नहीं, यह तो छोड़ ही सकते हो। पश्चात्ताप के तो विरोध में कोई भी नहीं है। क्रोध के विरोध में तो सारी दुनिया है। तुम पश्चात्ताप छोड़ दो। उसने कहा: नहीं। मेरी बात समझ में आ गई। आप क्या समझाना चाहते थे, वह मुझे दिख गया। मैं कुछ भी नहीं छोड़ सकता। मैं हूं ही नहीं।

जब तक तुम जागे नहीं हो, तुम हो ही नहीं। तुम्हारा होना सिर्फ एक भ्रांति है। सिर्फ एक खयाल है। जिसकी कोई जड़ें नहीं हैं। सिर्फ एक सपना है; जिसकी कोई सार्थकता नहीं और जिसमें कोई पौद्‌गलिकता नहीं; जिसमें कोई पदार्थ नहीं; जिसमें कोई बल नहीं। न तुम पश्चात्ताप छोड़ सकते हो, न तुम क्रोध छोड़ सकते हो। करते जरूर हो। वह भी कहना ठीक नहीं है कि तुम करते हो। उचित होगा कहना कि वह भी होता है। तुम यंत्रवत हो। नहीं तो छोड़ देते।

जिस काम को तुम करते हो, उसे तुम छोड़ सकते हो; यह नियम है। जिस काम को तुम करते ही नहीं, उसको तुम छोड़ोगे कैसे? जो होता है, उसको तुम कैसे छोड़ोगे? बटन दबाते हो, बिजली का बल्ब जल जाता है। क्या बिजली के बल्ब के हाथ में यह बात है कि वह न जले; या जब चाहे तब जले? या जब उसका भाव न हो, तो कह दे अभी विश्राम कर रहा हूं? नहीं, बटन दबती है तो बिजली का बल्ब जल जाता है। शायद बिजली का बल्ब भी अपने भीतर सोचता होगा कि मैं जलता हूं, मैं बुझता हूं। वह गलती में है। तुम भी बुझते नहीं, जलते नहीं।

एक आदमी ने गाली दी, बटन दबा दी। जल गए! एक आदमी आया, कहने लगा, कैसे देवपुरुष हो आप! प्रसन्न हो गए! एक आदमी ने कहा, कैसी सुंदर मूर्ति है। और भीतर फूल खिल गए। और एक आदमी ने कह दिया कि जरा देखो भी तो अपना चेहरा दर्पण में। ऐसी बेहूदी शक्ल कहीं नहीं देखी—कि आग लग गई। बटनें हैं। तुम नहीं हो।

बुद्ध के पास एक आदमी आया और उसने कहा कि मुझे कुछ शिक्षा दें। मैं संसार की सेवा करना चाहता हूं। बुद्ध उदास हो गए। वह आदमी कहने लगा, आप उदास क्यों हो गए हैं? बुद्ध ने कहा कि उदास इसलिए हो गया हूं, क्योंकि तुम अभी हो ही नहीं। संसार की सेवा कौन करेगा? और तुम सेवा के नाम से दूसरों को सताने लगोगे। तुम कृपा करो। तुम पहले अपनी सेवा कर लो। पहले तुम हो तो जाओ।

गुरजिएफ--पश्चिम का एक बहुत बड़ा रहस्यवादी संत इस सदी का—कहता था कि आत्मा सभी के भीतर नहीं है। उसकी बात में थोड़ी सच्चाई है। क्योंकि आत्मा तो उन्हीं के भीतर है, जो जागे हुए हैं। बाकी तो सिर्फ मिट्टी के पुतले हैं, बाकी तो सब पदार्थ हैं। उनके भीतर अभी आत्मा का कोई आविर्भाव नहीं हुआ है।

उसकी बात में सच्चाई है। क्योंकि आत्मवान होने का एक ही अर्थ होता है कि तुम अपने

मालिक हुए। अब तुम जो चाहो, वही होगा। तुम हवा में कंपते हुए पत्ते नहीं हो कि जब झोंका आएगा तब कंपोगे और जब झोंका नहीं आएगा तो लाख चाहो, तो न कंप सकोगे। अब तुम यंत्रवत नहीं हो। तुम मनुष्य हो। मनुष्य का अर्थ है कि अब तुम्हारे भीतर से निकलेंगे तुम्हारे कृत्य। बाहर की घटनाओं से पैदा न होंगे। परिस्थितियां नहीं, अब तुम मूल्यवान हो। तभी तो तुम आत्मवान होओगे। अन्यथा आत्मा है, यह केवल सिद्धांत है।

कभी-कभी किसी व्यक्ति में आत्मा होती है। तुममें आत्मा ऐसे ही है, जैसे बीज में वृक्ष है। हुआ न हुआ बराबर। हो सकता है, लेकिन है नहीं। और हो सकना और होने में बड़ा फर्क है। वह केवल संभावना है बीज की कि अगर ठीक समुचित भूमि मिले, समुचित खाद मिले, समुचित सुरक्षा मिले, समुचित जल, समुचित सूर्य की किरणें मिलें, सुरक्षा मिले तो संभावना है कि बीज वृक्ष हो सकेगा। लेकिन बहुत सी शर्तें पूरी हों, तब। अन्यथा बीज बीज की तरह ही मर जाएगा और वृक्ष न हो सकेगा।

अधिकतम लोग शरीर की तरह ही जीते हैं और शरीर की तरह ही मर जाते हैं। बीज उनका ऐसे ही खो जाता है। अवसर आता है और चला जाता है। आत्मवान होने का अर्थ है: होश, विवेक, जागृति। तुम्हारे कृत्य तुम्हारे भीतर से निकलने लगें। अभी तुम्हारे कर्म, कर्म नहीं हैं, प्रतिकर्म हैं। प्रतिकर्म यानी रिएक्शन। कोई कुछ करता है, उसकी प्रतिक्रिया में तुम्हारे भीतर कुछ होता है। अगर कोई प्रेम करता है, तो तुम प्रेम करते हो। और कोई घृणा करता है, तो तुम घृणा करते हो।

जीसस का वचन है: शत्रु को भी प्रेम करो। इसका क्या मतलब हुआ? यह कोई नीति की शिक्षा नहीं है। जीसस जैसे व्यक्तियों को नीति में क्या उत्सुकता? यह धर्म का गहनतम सूत्र है। जीसस कहते हैं: शत्रु को प्रेम करो। वे यह कह रहे हैं, मित्र को तो प्रेम करना प्रतिक्रिया है, वह तो सभी करते हैं। शत्रु को घृणा करना भी प्रतिक्रिया है। वह तो सभी करते हैं। जिसने शत्रु को प्रेम कर लिया, वह मालिक हो गया। उसने प्रतिक्रिया तोड़ दी। वह अपने कर्म का खुद मालिक हो गया।

शत्रु तो पूरी चेष्टा कर रहा है कि तुम उसे घृणा करो। लेकिन तुमने उसकी चेष्टा तोड़ दी। वह तो बटन दबा रहा था तुम्हारे क्रोध की, लेकिन तुमने प्रेम का प्रवाह पैदा कर दिया। अगर तुम अपने शत्रु को प्रेम कर पाओ तो तत्क्षण तुम यंत्रवत्ता से मुक्त हो गए। तब तुम्हारे प्रतिकर्म खो गए। अब तुम कर्मवान हुए।

और यह बड़े मजे की बात है; प्रतिकर्म बांधते हैं, कर्म नहीं बांधता। असल में प्रतिकर्मों से ही कर्मों की श्रृंखला बनती है। जब कोई व्यक्ति होशपूर्वक कर्म करता है तो उससे कोई बंधन पैदा नहीं होता।

तुमने कभी जीवन में कोई कर्म होशपूर्वक किया है। होशपूर्वक करने का अर्थ है, तुम्हारे शरीर का यंत्र जो करना चाहता हो वह नहीं; तुम्हारे भीतर का होश जो करना चाहता हो वही तुमने कभी किया है? शरीर कहता था, करो क्रोध, मन कहता था, करो क्रोध। मन में तो गाली उठ आई थी, शरीर ने डंडा उठा लिया था। कभी ऐसा हुआ है कि डंडा हाथ में रह गया हो, गाली मन में रह गई हो और तुम अछूते, अस्पर्शित भीतर खड़े रहे? तुम्हारी ज्योति पर छांव भी न पड़ी इस डंडे की। तुम्हारी ज्योति पर गाली का दंश भी न आया। तुम्हारी ज्योति निष्कलुष बनी रही–कमलवत। पानी छुआ ही नहीं।

अगर ऐसा तुमने कभी किया है, तो तुम्हें पहली दफा पता चलेगा कि अमूर्च्छा क्या है, जागृति क्या है, होश क्या है! उसी क्षण तुम परम आनंद से भर जाओगे। तुम मुक्त हो गए। अब तुम्हें कोई चला नहीं सकता। अब तुम्हें कोई धका नहीं सकता। अब तुम अपने मालिक हो। यही तो मालकियत है, जिसकी तलाश चल रही है। अब तुम सम्राट हो गए।

जब तक तुम बंधे हो यंत्रवत्ता से तब तक तुम एक भिखारी हो। तुम्हारा जागरण, नाममात्र का जागरण है। खोटा सिक्का है। मूर्च्छा का पहला रूप है–जागरण–सुबह से सांझ तक जिसे तुम जानते हो, वह जागरण ऊपर-ऊपर है। भीतर तो निद्रा बहती रहती है। तुमने कभी खयाल किया? आंखें बंद करके थोड़ी देर बैठ जाओ। तत्क्षण तुम सपना देखने लगोगे। आंख खुली थी, वृक्ष, लोग, रास्ता, दुकान, बाजार दिखाई पड़ रहा था। आंख बंद की–सपना शुरू!

मैंने सुना है कि मुल्ला नसरुद्दीन को फुटबॉल का बहुत शौक था। शौक इतना ज्यादा हो गया था, जैसा कि अक्सर लोगों को हो जाता है। जब बाढ़ आती है तो कोई सीमाओं का खयाल रख कर थोड़ी आती है! क्रिकेट के पागल हैं कि अगर उनकी टीम हार जाए तो रेडियो, जिस पर वे कामेंट्री सुन रहे थे, उसको पटक देते हैं। हॉकी के दीवाने हैं। मुल्ला नसरुद्दीन फुटबॉल का दीवाना था।

पत्नी परेशान हो गई थी। क्योंकि वह दिन में बैठ कर कुर्सी पर भी लातें फटकारता था। फुटबॉल! रात सोता तो भी सपने में लाते फेंकता, और ऊधम मचाता। पत्नी डॉक्टर के पास गई और उसने कहा, बहुत हो गया। अब यह फुटबॉल का इलाज ही करना पड़ेगा। तो डॉक्टर ने उसे दवा दी कि यह ट्रैंक्वेलाइजर है, शामक है। इसे ले जाओ। इसको एक गोली दे दोगे, तो रात भर मुल्ला शांत रहेगा।

पत्नी घर आई। उसने मुल्ला से कहा कि यह गोली मैं ले आई हूं। तुम शांति से सो सकोगे। रात सोते वक्त इसे लेना है। मुल्ला ने कहा: अगर आज न लूं और कल लूं तो कोई हर्जा? उसकी

पत्नी ने कहा: क्यों? आज क्या मामला है? उसने कहा: आज फाइनल मैच है—सपने में।

अगर तुम आंख बंद करो तो तुम पाओगे कि वहां न मालूम कितने तरह के मैच चल रहे हैं सपनों के। जरा आंख बंद की कि सपना दौड़ने लगता है। सपना दौड़ ही रहा था। सिर्फ आंख खुली थी, तुम बाहर उलझे थे, इसलिए खयाल नहीं था। सपना नींद का लक्षण है क्योंकि बिना नींद के सपना हो ही नहीं सकता। इसे तुम सूत्र की तरह याद रखना; सपना नींद का लक्षण है। और अगर जागते-जागते भी तुम्हारे भीतर सपना चलता है तो उसका अर्थ है, तुम्हारे भीतर नींद ही चलती है। ऊपर-ऊपर, सतह पर जरा से तुम जागे हुए लगते हो। भीतर सपना चल रहा है।

तुम रास्ते पर चलते लोगों को देखो। वे उस रास्ते पर चल रहे हैं—ऊपर-ऊपर। भीतर दूसरे ही रास्ते हैं, जिन पर उनका मन चल रहा है। लोगों को खाना खाते देखो। कौर बना रहे हैं, मुंह में खाना डाल रहे हैं। बिलकुल होश में लगते हैं। लेकिन जरा गौर से उनके चेहरे को देखो। भीतर कुछ और चल रहा है। शायद उन्हें पता भी न हो कि वे भोजन कर रहे हैं। वे किसी दूसरे लोक में, किसी सपने में संलग्न हैं। उनके ओंठ कंप रहे हैं। बात चल रही है किसी और से, जो वहां मौजूद नहीं है।

लोग रास्ते पर चले जा रहे हैं और ओंठ हिलते हैं। हाथ से मुद्राएं होती रहती हैं। जैसे वे किसी से चर्चा कर रहे हैं, जो वहां मौजूद है, तुम्हें नहीं दिखाई पड़ता, उनके सपने में मौजूद है।

तुम अपना ही निरीक्षण करो। तुम पाओगे, तुम जो भी करते हो, वह ऊपर-ऊपर है। भीतर कुछ और भी चल रहा है। भीतर सपना चल रहा है। भीतर नींद भरी है। ऊपर जरा सी पतली सतह है जागरण की। वह कामचलाऊ है। उससे कोई आत्मा की उपलब्धि न होगी और न परमात्मा मिलेगा। वह इतनी धीमी मंदी रोशनी है कि उससे वह प्रगाढ़ अंधकार न टूटेगा, जो तुम्हारे जीवन के भीतरी तलों को घेरे हुए है।

वह ऐसे है, जैसे जुगनू हो। चमकती है जुगनू, लेकिन जुगनू की चमक में बैठ कर तुम कोई गीता थोड़े ही पढ़ सकते हो! ऐसा ही तुम्हारा जागरण है, जुगनू की चमक जैसा। उसमें तुम भीतर के परमात्मा को थोड़े ही देख पाओगे। उसमें कुछ दिखाई ही नहीं पड़ता। उसमें जुगनू तक दिखाई नहीं पड़ती; और तो क्या कुछ दिखाई पड़ेगा। बस, जरा सी चमक। उतना ही तुम्हारा जागरण है। वह भी चमक पल भर की है। जुगनू के पंख खुले—चमक। पंख बंद हुए—चमक बंद। ऐसे प्रतिपल तुम सोते, जागते हो। होश पकड़ते हो, खोते हो।

दूसरी अवस्था है। तुम्हारे स्वप्न की। स्वप्न बड़ी अनूठी घटना है। क्योंकि जो है ही नहीं, वह स्वप्न में तुम्हें वास्तविक मालूम होता है। तुम्हारी तंद्रा कितनी गहरी न होगी! और तुमने कोई सपना नया नहीं देखा है। तुम रोज रात देखते हो। अगर आदमी साठ साल जीएगा तो

कम से कम बीस साल सोएगा। आठ घंटे रोज सोएगा। एक तिहाई दिन सोएगा। साठ साल आदमी जिंदा रहेगा, तो बीस साल से ज्यादा सोएगा। रोज तुम सोते हो। रोज रात तुम सपना देखते हो। और रोज रात सपने में तुम्हें सपना सच मालूम होता है। तुम्हारा होश बिलकुल भी नहीं है। हां, पहली दफा तुमने सपना देखा हो, सच मालूम हो जाए। क्योंकि परिचय नहीं था। लेकिन सुबह हर दिन जागते हो और पाते हो कि सपना झूठ था। बीस वर्ष सोओगे, जागोगे। हर बार पाओगे कि सपना झूठ था। फिर से सोओगे, और फिर सपना सच मालूम होगा।

तुम्हारा होश कैसा होश है? तुम्हारा अनुभव कैसा अनुभव है? तुम्हारे जीवन में कोई भी अनुभव संगृहीत होता है या नहीं होता? तुम्हारा ज्ञान निर्मित होता है या नहीं होता?

एक बच्चा एक बार भूल करे, तो हम कहते हैं, चलो माफ कर दो। फिर दुबारा वही भूल करता है, तो हम कहते हैं, चलो बच्चा है। लेकिन तीसरी दफा हम सोचने लगते हैं कि अब कुछ करना पड़ेगा। लेकिन तुम तो करोड़ों बार वही भूल कर चुके। रोज सांझ सोते हो, तब तुम जानते हो कि रात जो दिखाई पड़ता है, वह झूठा है। सुबह जाग कर जानते हो कि झूठा है। लेकिन रात के आठ घंटों में सच हो जाता है—तुम्हारे लिए ही। तो तुम्हारा जानना भीतर जाता ही नहीं। कांटा भी ज्यादा चुभ जाता है, इतना भी तुम्हारा जानना नहीं चुभता, जानने की कोई लकीर ही तुम्हारे ऊपर नहीं बनती।

महाभारत की कथा है कि पांचों पांडव वन में भटकते हैं। वे एक झील के किनारे आए हैं। वे प्यासे हैं। छोटे भाई को भेजा है पानी लेने, लेकिन जैसे ही वह झुक कर पानी भरने लगा, एक यक्ष ने, जो झील का मालिक था, उसने आवाज दी कि ठहरो। इस झील का नियम है कि जो मेरे तीन प्रश्नों का उत्तर देगा वही केवल जल ले सकता है। और शर्त है कि अगर तुम उत्तर न दे पाए या गलत उत्तर दिए, तो तुम इस झील से जिंदा न लौट सकोगे।

प्यासा था नकुल, भाई भी प्यासे थे। तो उसने कहा: मैं राजी हूं जवाब देने को। लेकिन जवाब दे न पाया। गिर पड़ा। दूसरा भाई आया, तीसरा भाई आया; चार भाई लौटे नहीं झील से, तो युधिष्ठिर खोजने आए। चारों की लाशें पड़ी हैं किनारे पर। हैरान हुए कि क्या हुआ?

आवाज आई। जैसे ही झुके पानी पीने को कि ठहरो! जो तुम्हारे भाइयों के साथ हुआ, वही तुम्हारे साथ हो जाएगा। चुनौती है। तीन सवाल हैं। जवाब दे दो। क्योंकि इन तीन सवालों के जब मुझे जवाब मिल जाएंगे तो मैं इस यक्ष की योनि से मुक्त होऊंगा। यह मेरे लिए अभिशाप है। तो मैं खोज रहा हूं जवाब। और जब तक मुझे जवाब न मिलेगा, मैं पानी न पीने दूंगा। पानी पीआ तो मरोगे। बिना जवाब दिए भागने की कोशिश की तो मरोगे। जवाब तो चाहिए ही। जवाब गलत हुए तो मरोगे। युधिष्ठिर ने कहा: तुम पूछ लो।

उसने पहला ही सवाल पूछा, वह सबसे महत्वपूर्ण सवाल है। वह उसने पूछा कि मनुष्य के जीवन में सबसे महत्वपूर्ण बात तुम्हें क्या अनुभव हुई? युधिष्ठिर ने कहा कि मनुष्य जान कर भी जानता नहीं, सीख कर भी सीखता नहीं। मनुष्य सीखता ही नहीं।

कहते हैं, यक्ष ने स्वीकार कर लिया कि यह मनुष्य के जीवन में सबसे अनूठी घटना है। कितना ही अनुभव हो, अनुभव का सार—नवनीत इकट्ठा नहीं होता।

कितनी बार तुमने सपना देखा है, फिर भी तुम धोखा खाओगे? आज रात फिर सपना देखोगे। और जब सपना देखोगे तो झूठ सच मालूम होने लगता है। जिसको झूठ सच मालूम होता हो, हजारों बार जान कर भी उसके होश को होश कहोगे? वह प्रगाढ़ रूप से बेहोश है। सपना बेहोशी का लक्षण है। गहनतम बेहोशी का लक्षण है। सिर्फ मन पर बनी लकीरें और चित्र वास्तविक मालूम होने लगते हैं। असंगत घटनाएं भी सपने में सही मालूम पड़ती हैं।

एक मित्र चला आ रहा है—सपने में। तुम देखते हो, अचानक वह घोड़ा हो गया। तो भी तुम्हारे मन में यह संदेह पैदा नहीं होता कि जो अभी तक आदमी था, अचानक घोड़ा कैसे हो गया? सपने में संदेह पैदा ही नहीं होता। बड़े से बड़े संदेहवादी भी सपने में संदेह नहीं करते। और जिसने सपने में संदेह कर लिया, उसका सपना टूट जाता है। वह सपने के बाहर हो जाता है।

सत्य के लिए चाहिए श्रद्धा, और सपने के लिए चाहिए संदेह। सत्य उसे मिलता है, जो श्रद्धा करता है। सपना उसका छूटता है, जो संदेह करता है। तुम उलटा ही कर रहे हो। सत्य पर संदेह करते हो, सपने पर श्रद्धा करते हो। तुम शीर्षासन कर रहे हो।

पैर पर खड़े हो जाओ। सपने पर करो संदेह। और जिस दिन तुम सपने पर संदेह कर लोगे, उसी दिन तुम पाओगे, सत्य पर श्रद्धा करना आसान हो गया। एकदम आसान हो गया। तुम अपने पैर पर खड़े हो गए। सपने पर संदेह आते ही सपना टूट जाता है। इतना भी तुम्हें खयाल आ जाए रात नींद में कि यह सपना है, उसी वक्त टूट जाएगा। क्योंकि इतना होश भी पर्याप्त है सपने की मौत के लिए। सपना तो झूठ है।

मूर्च्छित व्यक्ति की दूसरी अवस्था है: स्वप्न। और तीसरी अवस्था है: निद्रा। तुम्हारी जागृति ही झूठी। सपने में तो जरा भी नहीं रह जाती। जागने में थोड़ी सी रहती मालूम पड़ती है। एक आभास, एक छाया, एक प्रतिध्वनि, लेकिन सपने में बिलकुल नहीं रह जाती। तो निद्रा में तो क्या रह जाएगी, जब सपना भी नहीं रह जाता? तब तो तुम ऐसे हो जाते हो जैसे सड़क पर पड़ी हुई चट्टान। तुम होते ही नहीं।

निद्रा का अर्थ है, स्वप्न-शून्य निद्रा। तब तुम होते ही नहीं। तुम्हारा होना बिलकुल ही

विलुप्त हो जाता है। दीया बिलकुल ही बुझ गया। अब जुगनू भी नहीं टिमटिमाती। जागने में जुगनू टिमटिमाती थी। सपने में जुगनू थी, पंख बंद थे। टिमटिमाती नहीं थी। निद्रा में समाप्त ही हो गई। बंद पंख की जुगनू भी नहीं है।

ये साधारण चित्त की तीन अवस्थाएं हैं, मूर्च्छित चित्त की।

अमूर्च्छित चित्त की क्या दशा है? अमूर्च्छित चित्त की कोई अवस्थाएं नहीं हैं। क्योंकि अमूर्च्छित व्यक्ति कभी सपना नहीं देखता। अमूर्च्छित व्यक्ति को सपना हो ही नहीं सकता। क्योंकि जिसको होश है उसे सपना कैसे धोखा दे पाएगा। कैसे झूठ सच मालूम होगा? जैसे प्रकाश के जलने पर अंधेरा खो जाता है, ऐसे ही होश के आने पर सपने खो जाते हैं। अमूर्च्छित व्यक्ति, जागा हुआ प्रबुद्ध व्यक्ति सपने से मुक्त हो जाता है, और निद्रा से भी।

इसका यह अर्थ नहीं कि वह सोता नहीं। सोता है, लेकिन जागा हुआ सोता है। जैसे तुम जागे हुए भी सोते हो, वैसे वह सोया हुआ भी जागता है।

कृष्ण ने गीता में कहा है कि योगी उस समय भी जागता है, जब भोगी की रात है। जब भोगी सोता है, तब भी योगी जागता है। इसका यह अर्थ नहीं कि कृष्ण सोते नहीं थे। शरीर तो विश्राम करेगा, शरीर तो यंत्र है। थकेगा और विश्राम करेगा। और शरीर के पुनर्जीवन के लिए विश्राम जरूरी है। बस, शरीर ही सोता है लेकिन। भीतर का दीया जलता ही रहता है। शरीर सोया रहता है। भीतर का पुरुष जागा रहता है।

जाग्रत व्यक्ति की कोई अवस्थाएं नहीं हैं। जागृति ही उसकी अवस्था है। वह जागे में भी जागता है, सोने में भी जागता है। जागना उसका स्वभाव है। और इसलिए समस्त योग एक ही कुंजी में भरोसा करता है। और वह कुंजी है, जाग जाना। जिस दिन जागने की कुंजी तुम्हारे नींद के ताले पर लग जाती है, खुल गए द्वार।

कबीर के इन वचनों में उसी कुंजी की चर्चा है। इन्हें समझो।

मन रे जागत रहिए भाई।

बड़ी गहरी नींद है। जागते-जागते ही टूटेगी। निरंतर-निरंतर अभ्यास करने से ही मिटेगी। लड़ते रहने से ही कटेगी। चेष्टा जारी रहे; कितनी ही छोटी हो, तो भी एक दिन बूंद-बूंद गिर कर यह चट्टान टूट जाएगी।

रहीम ने कहा है:

रसरी आवत जात है, सिल पर पड़त निशान।

रस्सी की ताकत क्या? लेकिन चलती रहती है कुएं पर, भरती रहती है पानी को, और मजबूत से मजबूत चट्टान पर निशान बन जाता है। अगर तुम्हारें बोध की रसरी सरकती ही रहे तो तुम्हारे जीवन के घाट पर, तो कितनी ही हो गहरी तंद्रा, आज नहीं कल निशान छूट जाएगा।

मन रे जागत रहिए भाई।

गाफिल होइ बसत मति खोवै, चोर मुसै घर जाई।

असावधान होकर जीओगे, गाफिल होकर जीओगे, बेहोश जीओगे, नशे-नशे में जीओगे तो वह जो भीतर बसता है, वह जो भीतर का मालिक है, उसका तुम्हें कभी भी पता न चलेगा। वह जो भीतर बसा है तुम्हारे घर में।

संस्कृत में, सांख्य और वैशेषिक शास्त्रों में आत्मा को 'पुरुष' कहा है। पुरुष शब्द बड़ा प्यारा है। पुरुष शब्द उसी धातु से बनता है जिससे पुर बनता है। पुर यानी नगर। कानपुर, नागपुर; पुर यानी नगर। और पुरुष यानी जो उस नगर के भीतर रहता है—निवासी।

कबीर उसको कहते हैं 'बसत'—वह जो बसा है। हम कहते हैं न गांव को: बस्ती—वह जो भीतर बसा है।

गाफिल होइ बसत मति खोवै,...

अगर बेहोश चले, तो वह जो भीतर बसा है, उसकी जो प्रतिभा है, उसकी जो चमक है, जो आभा है वह खो जाएगी। उसकी मति धूमिल हो जाएगी। उसके ऊपर धूल जम जाएगी। दर्पण पर धूल जम जाती है, तो दिखाई पड़ना बंद हो जाता है। ऐसे तुम्हारे भीतर जो बसा है, अगर नींद की पर्त ही पर्त तुम जमाते गए, तो उसकी मति, उसकी प्रतिभा, उसकी चमक खो जाएगी।

गाफिल होइ बसत मति खोवै, चोर मुसै घर जाई।

और जब भीतर का पुरुष, भीतर का दीया अंधेरे से ढंक जाए, गहन रात में खो जाए, भीतर की प्रतिभा सो जाए, जागी न हो, तो फिर चोर घर में घुसना शुरू हो जाता है।

बुद्ध ने कहा है, घर में कोई न भी हो और सिर्फ दीया जलता हो तो भी चोर डरते हैं। घर में कोई न भी हो लेकिन दीया जलता हो, तो भी चोर दूर-दूर चलते हैं। क्योंकि दीये के जलने की खबर, शायद घर में कोई हो! जिस दिन भीतर का दीया जलता है, उस दिन चोर प्रवेश नहीं करते।

चोर कौन है? जो भी तुम्हें प्रतिक्रिया में ले जाते हैं, वे सभी चोर हैं।

किसी ने गाली दी और तुम प्रभावित हो गए। चोर भीतर घुस गया। अब यह चोर तुम्हें नुकसान पहुंचाएगा। यह बड़े मजे की बात है; गाली देने वाला तुम्हें कोई नुकसान नहीं पहुंचाता था, न पहुंचा सकता था। उसकी कोई सामर्थ्य न थी। चोर बाहर था। क्या करेगा? लेकिन तुमने चोर को भीतर बुला लिया। तुम क्रोधित हो गए। अब नुकसान होगा।

महावीर ने बार-बार कहा है कि तुमसे बड़ा तुम्हारा कोई मित्र भी नहीं है और तुमसे बड़ा

तुम्हारा कोई शत्रु भी नहीं है। अगर तुम चोरों को भीतर घुसने दोगे, तो तुम्हीं शत्रु हो। जिसने गाली दी, वह शत्रु नहीं है। क्योंकि उसकी गाली तो बाहर पड़ी रह जाती, अगर तुम अक्रोध में रहे आते। अप्रभावित अगर तुम गुजर जाते, तो उसकी गाली भीतर प्रवेश कैसे करती? किसी ने सम्मान किया, सम्मान में कोई खतरा नहीं है। लेकिन तुम अकड़ गए, अहंकार आ गया। चोर भीतर घुस गया। चोर तुम्हारे कारण भीतर घुसता है, दूसरे के कारण नहीं।

एक सुंदर स्त्री गुजरी। उसे पता भी न होगा कि आप वहां मंदिर के सामने खड़े क्या कर रहे थे। या मंदिर के भीतर आप तो पूजा कर रहे थे और एक स्त्री भी आकर झुकी। स्त्री को कुछ पता भी न हो, स्त्री का कुछ हाथ भी न हो, चोर आपके भीतर घुस गया। किसी ने गाली दी, तब तो हमें यह भी लगता है कि कम से कम इसने गाली तो दी। कुछ तो इसका हाथ है। लेकिन एक सुंदर स्त्री पास से गुजरी, उसने आपकी तरफ देखा भी नहीं, लेकिन चोर भीतर घुस गया। आपने चोर खुद ही बुला लिया। काम जग गया। वासना जग गई। आप गाफिल हो गए। मुश्किल में पड़ गए। बेचैनी हो गई। एक उत्तप्तता ने घेर लिया। खो दिया केंद्र अपना। सपना जग गया। नींद आ गई।

गाफिल होइ बसत मति खौवे, चोर मुसै घर जाई।

जैसे ही तुम गाफिल हुए, वैसे ही चोर भीतर घुस जाता है। तो तुम्हारी गफलत ही असली कारण है।

बुद्ध एक गांव के पास से गुजरे। लोगों ने गालियां दीं, अपमान दिया। बुद्ध ने कहा, क्या मैं जाऊं, अगर बात पूरी हो गई हो? क्योंकि दूसरे गांव मुझे जल्दी पहुंचना है। लोगों ने कहा, यह कोई बात न थी। हमने भद्दे से भद्दे शब्दों का प्रयोग किया है, क्या तुम बहरे हो गए? क्या तुमने सुना नहीं।

बुद्ध ने कहा कि सुन रहा हूं। पूरे गौर से सुन रहा हूं। इस तरह सुन रहा हूं, जैसा पहले मैंने कभी सुना ही न था, लेकिन तुम जरा देर करके आए। दस साल पहले आना था। अब मैं जाग गया हूं। अब चोरों को भीतर घुसने का मौका न रहा। तुम गाली देते हो। मैं देखता हूं, गाली मेरे तक आती है और लौट जाती है।

ग्राहक मौजूद नहीं है। तुम दुकानदार हो। तुम्हें जो बेचना है, तुम ले आए हो। लेकिन ग्राहक मौजूद नहीं है। ग्राहक दस साल हुए मर गया। पीछे के गांव में कुछ लोग मिठाइयां लाए थे। मेरा पेट भरा, तो मैंने उनसे कहा: वापस ले जाओ। मैं तुमसे पूछता हूं, वे क्या करेंगे? किसी ने भीड़ में से कहा: जाकर गांव में बांट देंगे, खा लेंगे।

बुद्ध ने कहा: तुम क्या करोगे? तुम गालियों के थाल सजा कर लाए। मेरा पेट भरा है। दस

साल से भर गया। तुम जरा देर करके आए। अब तुम क्या करोगे? इन गालियों को वापस ले जाओगे, बांटोगे, या खुद खाओगे? मैं नहीं लेता। तुम गलत आदमी के पास आ गए। और जब तक मैं न लूं, तुम कैसे गाली दे सकते हो? देना तुम्हारे हाथ में है, लेने की मालकियत तो सदा मेरे हाथ में है। देने से ही तो काम पूरा नहीं हो जाता। वह तो अधूरी प्रक्रिया है।

और मजा यह है कि अगर तुम लेने को तत्पर हो, तो बिना दिए भी मिल जाता है। कोई आदमी हंस रहा है। वह किसी और कारण से हंस रहा है, तुमको चोट लग गई। तुम समझे, तुम्हारे कारण हंस रहा है। तुम्हारी अकड़ ऐसी है कि तुम सोचते हो, दुनिया में जो भी हो रहा है, तुम्हारे कारण हो रहा है। लोग हंस रहे हैं, तो तुम्हारी वजह से हंस रहे हैं? लोग धीरे-धीरे घुस-पुस करके बातें कर रहे हैं, तो तुम्हारी निंदा कर रहे हैं। अन्यथा घुस-पुस करके क्यों बातें करेंगे?

जैसे तुम केंद्र हो सारे संसार के कि जो भी यहां हो रहा है, वह तुम्हारी वजह से हो रहा है? फूल खिल रहे हैं, तो तुम्हारे लिए? चांद-तारे उग रहे हैं, तो तुम्हारे लिए? गालियां आ रही हैं, तो तुम्हारे लिए? लोग हंस रहे हैं, मजाक कर रहे हैं, तो तुम्हारे लिए। तुमने सारी दुनिया को अपने सिर पर उठा रखा है। जो तुम्हें नहीं दिया गया है, वह भी तुम ले लेते हो।

होशपूर्ण व्यक्ति, बुद्ध जैसा व्यक्ति वही लेता है, जो लेना है। तुम्हारे देने का सवाल नहीं है, तुम्हारे न देने का सवाल नहीं है। बुद्ध मालिक हैं। गुलामी के दिन होते दस साल पहले, तो पता भी न चलता और गालियां ले ली होतीं।

गाफिल होइ बसत मति खोवै, चोर मुसै घर जाई।

षट्चक्र की कनक कोठरी, बस्त भाव है सोई।

कबीर कहते हैं: यह भीतर का—कबीर का—मनुष्य के अंतस्तल का विश्लेषण।

योग छह चक्रों को मानता है; जिनके भीतर छिपी है तुम्हारी चेतना। ये छह, षटचक्र तुम्हारे इस शरीर के हिस्से नहीं हैं। इस शरीर के भीतर जो छिपा है सूक्ष्म शरीर, उस सूक्ष्म शरीर के हिस्से हैं। यह छह चक्र ऊर्जा के चक्र हैं। इन छह चक्रों के कारण ही तुम ऊर्जावान हो। तुम्हें जो जीवन में शक्ति मालूम पड़ती है—उठते हो, बैठते हो, चलते हो, काम करते हो, थक जाते हो, फिर शक्ति वापस लौट आती है, ये इन छह चक्रों के, इन छह डायनेमोज के द्वारा तुम्हारे भीतर ऊर्जा पैदा हो रही है।

जैसे डायनेमो पैदा करता है विद्युत को। जैसे तुम पानी से विद्युत को पैदा होते देखे? पानी में विद्युत छिपी पड़ी है। लेकिन उसे निकालने के लिए यंत्र चाहिए। पानी में विद्युत का प्रगाढ़ रूप छिपा है। लेकिन यंत्र चाहिए, जिनसे विद्युत बाहर आ जाए और उपयोग में आ जाए।

तुम्हारी आत्मा प्रगाढ़ ऊर्जा है, अनंत ऊर्जा है। जिन्होंने जाना, उन्होंने कहा स्वयं परमात्मा से जुड़ी है। अनंत, अक्षय उसकी शक्ति है। लेकिन उस शक्ति को सक्रिय बनाने के लिए भीतर छह चक्र हैं। उन चक्रों के घूमने से, निरंतर घूमने से आत्मा की शक्ति शरीर तक प्रवाहित होती है। योग उन छह चक्रों को जगाने की बड़ी चेष्टा करता है।

जब वे छह ही चक्र ठीक-ठीक सक्रिय हो जाते हैं, तब जीवन में बड़ी ऊर्जा का आविर्भाव होता है। तब तुम अनथके जीते हो। तब तुम्हारे भीतर एक बाढ़ होती है ऊर्जा की। तुम कितना ही बांटो, बंटता नहीं। तुम कितना ही लुटाओ, लुटता नहीं। तुम देते चले जाओ, और बहता चला आता है। तब तुम्हारी अपार क्षमता हो जाती है। तब तुम्हारा दान कोई सीमा नहीं जानता। तुम प्रेम बांटो, प्रेम बढ़ता है। तुम ज्ञान बांटो, ज्ञान बढ़ता है। तुम जो चाहो। एक बार ये छह चक्र ठीक से चलने लगें, तुम्हारे यंत्र सुनियोजित व्यवस्था से चलने लगे, तो तुम्हारे भीतर कभी भी बाढ़ की कमी नहीं आती। तब तुम कभी कृपण नहीं होते। इसलिए आज तक कोई भी व्यक्ति, जिसने भीतर की थोड़ी सी गंध पाई हो, कृपण नहीं पाया गया है।

सारी मनुष्यता कृपण है। कृपणता का कारण है, क्योंकि तुम्हें लगता है, चुक जाएगा। जो तुम्हारे पास है, वह इतना थोड़ा है कि तुम डरे हो। उसे बचाते हो। और बड़ी जटिल बात यह है कि जितना तुम बचाते हो, उतनी ही तुम्हारी षटचक्रों की प्रक्रिया कम हो जाती है। क्योंकि जब जरूरत ही नहीं रहती—बांटते हो, तो जरूरत पैदा होती है। जरूरत पैदा होती है तो चक्र घूमते हैं। ज्यादा ऊर्जा को लाते हैं। जब जरूरत ही नहीं रहती, चक्र थिर हो जाते हैं, जंग खा जाते हैं। चलते ही नहीं।

कृपण आदमी कमजोर हो जाता है। कृपण से ज्यादा कमजोर कोई भी नहीं। लोभी कमजोर हो जाता है। दानी फैलता है। लोभी सिकुड़ जाता है। ऐसे ही, जैसे एक कुआं है; तुम उसमें से पानी भर लेते हो रोज, तो कुएं के नीचे झरने हैं, उन झरनों से पानी चला आता है। नया पानी, नये जल के स्रोत खुल जाते हैं। तुम रोज पानी उलीचते जाते हो। नया पानी कुएं में आता जाता है। लेकिन कुएं का तल हमेशा वही रहता है। खींच लो कितना ही पानी, फिर कुएं में पानी भर जाता है; और यह पानी नया होगा। और नये झरने खुल जाएंगे। जितनी जरूरत होगी, उतनी ऊर्जा बहेगी।

लेकिन किसी कुएं में कंजूसी आ जाए, या किसी कुएं के मालिक को कृपणता आ जाए कि इतना सा तो पानी है कुल। इसको खींच कर लुटा दिया, तो कुआं खाली हो जाएगा। कुआं कोई घड़ा नहीं है कि तुमने निकाल लिया तो खाली हो जाएगा। कुआं कोई मुर्दा नहीं है। जीवंत धार है उसकी। वह नीचे सागर से जुड़ा है। कंजूसी मत करो। नहीं तो कुआं सड़ेगा। उसका पानी पीने योग्य न रह जाएगा। और बढ़ेगा तो नहीं, उसके झरने धीरे-धीरे बंद हो

जाएंगे। उनकी जरूरत न रहेगी। उन पर मिट्टी जम जाएगी। कंकड़ बैठ जाएंगे। कुएं का पानी सड़ेगा। और झरने बंद हो जाएंगे। ऐसा ही होता है कृपण आदमी के जीवन में। जिस आदमी के जीवन में थोड़ी सी भी जागृति आती है, वह बांटना शुरू करता है। वह अपने को बांटता है। जितना बांटता है, उतना बढ़ता है। जितना बांटता है, उतने नये स्रोत उपलब्ध होते हैं। जितना बांटता है, उतना ही पाता है, अनंत शक्ति उपलब्ध है। अनंत ऊर्जा उपलब्ध है।

षट्‌चक्र की कनक कोठरी,...

तुम स्वर्ण के अंबार हो। तुम्हारी संपदा की कोई सीमा नहीं—इसलिए 'कनक कोठरी।' तुम स्वर्ण के खजाने हो। वह खजाना भी कोई मरा हुआ स्वर्ण नहीं है। जीवंत ऊर्जा है परमात्मा की। लेकिन वह छह चक्रों के द्वारा जुड़ा है।

षट्‌चक्र की कनक कोठरी, बस्त भाव है सोई।

और उस कोठरी के भीतर ही, उस अनंत संपदा के भीतर ही बसा हुआ है पुरुष, तुम्हारी आत्मा। ये छह चक्र सक्रिय होने चाहिए। ये जितने सक्रिय होंगे, उतना ही भीतर प्रवेश होगा। और ठीक अंतर्तम में, ठीक मध्य-बिंदु पर, तुम्हारे होने के ठीक केंद्र में परमात्मा छिपा है। वही है असली बसने वाला। शरीर घर है। मन घर है। और मन से भी गहरा घर षटचक्र है।

ताला कुंजी कुलफ के लागै, उघड़त बार न होई।

बस, ठीक कुंजी तुम्हें मिल जाए, ताले में लग जाए, तो कुंडलिनी जाग्रत हो जाती है। ऊर्जा जग जाती है। उन छहों चक्रों में एक ही ऊर्जा का प्रवाह हो जाता है। छह चक्रों को जोड़ने वाली ऊर्जा का नाम कुंडलिनी है। चक्र अलग-अलग चलते हैं, तो तुम संसार के काम के योग्य शक्ति पैदा कर पाते हो।

जब छहों चक्र इकट्ठे एक सूत्र में आबद्ध हो जाते हैं, जैसे कि माला के मनके एक ही धागे में बंध जाते हैं। अलग-अलग मनके भी मनके हैं, लेकिन माला नहीं। अलग-अलग चक्र भी चक्र हैं, और उनसे शक्ति पैदा होती है, लेकिन माला नहीं है अभी। जब छहों चक्र जुड़ जाते हैं एक धारा में, एक लयबद्धता में, छहों एक साथ सक्रिय होते हैं और उन छहों के बीच एक संगीत निर्मित हो जाता है, एक माला अनुस्यूत हो जाती है, तो उसी का नाम कुंडलिनी है। और जिस दिन कुंडलिनी जग जाती है—'उघड़त बार न होई।' फिर तुम्हारे परमात्मा-स्वरूप के उघड़ने में क्षण भर की भी देर नहीं होती।

पंच पहिरवा सोई गए हैं, बसतैं जागण लागी।

और जैसे ही तुम जागते हो, पांचों इंद्रियां सो जाती हैं। जब तक पांचों इंद्रियां जागती हैं, तब तक तुम सोए रहते हो। जैसे-जैसे इंद्रियां सोती जाती हैं, शांत होती जाती हैं, वही

ऊर्जा, जो इंद्रियों से प्रवाहित होकर बाहर जा रही थी, वही ऊर्जा अंतर्यात्रा पर निकल जाती है। उसी से तुम जागने लगते हो।

पंच पहिरवा सोई गए हैं, बसतैं जागण लागी।

वह जो भीतर बसा है, वह जाग गया। वे पांच पहरेदार सो गए।

जरा मरण व्यापै कछु नाही, गगन मंडल लै लागी।

और अब न कोई मृत्यु है, न कोई जन्म। क्योंकि तुम्हारे भीतर जो छिपा है वह कभी जन्मा नहीं, कभी मरा नहीं। मरना और जन्मना उसके बाहर ही घटा है। तुम्हारा शरीर मरा है, जन्मा है, तुम्हारा मन, तुम्हारे रूप, नाम, अनंत-अनंत बार बदले हैं। लेकिन वह जो भीतर छिपा है अविनाशी, वह सदा वही का वही रहा है। वह कभी बदला नहीं। न पैदा हुआ, न मरेगा। न वह बनाया गया है और न मिटेगा।

जरा मरण व्यापै कछु नाही,...

और जिसने उसकी साक्षात अनुभूति कर ली, उसके लिए मृत्यु का भय मिट जाता है। और जीवन की अभीप्सा मिट जाती है। वह जीवन की जो जिजीविषा है—लस्ट फॉर लाइफ, वह भी मिट जाती है।

...गगन मंडल लै लागी।

अब उसकी तो सारी ज्योति, लौ, लगन, शून्य की तरफ लग जाती है। गगन यानी शून्य, आकाश, निराकार। ब्रह्म कहो, निर्वाण कहो, मोक्ष कहो। अब तो उसकी सारी ज्योति शून्य की तरफ प्रवाहित होने लगती है।

तुम्हारी जीवन-ज्योति सदा वस्तुओं की तरफ प्रवाहित होती है। आकृति की तरफ, रूप की तरफ, धन की तरफ, शरीर की तरफ, मकान की तरफ, लेकिन सदा वस्तुओं की तरफ। इंद्रियां वस्तुओं की तरफ प्रवाहमान हैं। चेतना सदा निर्विकार, निराकार, शून्य की तरफ प्रवाहमान है।

पंच पहिरवा सोई गए हैं, बसतैं जागण लागी।

जरा मरण व्यापै कछु नाही, गगन मंडल लै लागी।

करत विचार मन ही मन उपजी, ना कहीं गया न आया।

कहै कबीर संसा सब छूटा, राम रतन धन पाया।

'करत विचार'—यह सूत्र बड़ा बहुमूल्य है। कबीर के एक-एक सूत्र में एक-एक उपनिषद समा जाए।

करत विचार मन ही मन उपजी,...

कबीर जिसे विचार कहते हैं, वह तुम्हारा विचार नहीं है। तुमने तो कभी विचार किया

ही नहीं। तुम्हारे भीतर विचार तो बहुत हैं, लेकिन तुमने विचार कभी नहीं किया। इस भेद को ठीक से समझ लेना। थॉट्स–विचारों की तो तुम्हारे भीतर भीड़ है, लेकिन थिंकिंग–विचार की तुम्हारे भीतर बिलकुल संभावना नहीं है। विचार तुम्हारे भीतर बहुत हैं, लेकिन तुम्हारा उसमें कौन सा विचार है? सब उधार हैं। तुमने क्या विचारा है? बाहर से आ गए हैं। जो बाहर से आ जाए, उसे क्या विचार कहना! दूसरे का है, बासा है, जूठन है, उच्छिष्ठ है, त्याज्य है। तुम्हारा अपना कोई विचार है?

जिसको तुम अपना भी कहते हो, वह भी गौर करोगे तो पाओगे किसी और से, कहीं से पा लिया है। ज्यादा से ज्यादा तुम इतना ही कर पाए होओगे कि किसी एक के विचार की टांग और किसी दूसरे के विचार का सिर और किसी तीसरे के विचार के हाथ जोड़ कर तुमने एक प्रतिमा बना ली हो। जो नई लगती हो। लेकिन वह नई है नहीं। वह भी दूसरों के विचारों का जोड़ है। संयोग नया होगा, लेकिन विचार पुराना है। उसमें कुछ भी नया नहीं है।

मौलिक विचार तो तुम्हें तभी हो पाएगा, जब ध्यान लग जाए। ध्यान का अर्थ है जब विचारों की भीड़ चली जाए। इसलिए असली विचार की क्षमता तो तब आती है, जब विचारों की भीड़ विदा हो जाती है। जब भीतर मन का खुला आकाश रह जाता है, जिसमें एक भी बादल विचार का नहीं। तब विचार की क्षमता उपजती है। तब तुम विचार करते नहीं। तब तुम सोचते नहीं, तुम्हें दिखाई पड़ता है। तब विचार दर्शन हो जाता है।

करत विचार मन ही मन उपजी,...

कबीर उसी विचार की बात कर रहे हैं। कि ऐसे बैठे ध्यान में–शांत! कोई विचार की भीड़ नहीं, शून्य में लगन लगी, शून्य की तरफ भागती लौ जीवन की, ऐसे विचार के क्षण में–'मन ही मन उपजी।' भीतर यह भाव उठा। भीतर आविर्भूत हुआ यह भाव। यह धारणा जन्मी।

...ना कहीं गया न आया।

न तो कहीं गया अब तक, और न कहीं आया अब तक। न कोई जन्म हुआ, न कोई मृत्यु हुई।

सब सपना था। जन्म और मरना और सारा व्यापार दोनों के बीच–सब सपना था। इसलिए हिंदू इस संसार को माया कहते हैं। माया का अर्थ है, जो वस्तुतः जागते हैं, उन्हें दिखाई पड़ता है कि जिसे हम जीवन कहते हैं, वह भी सपना था। न कहीं गया, न आया। सदा से वहीं हूं, जहां था। शाश्वत, सनातन, नित्य! जरा भी अंतर नहीं पड़ा।

तुम आते हो, जाते हो। थोड़ा समझो; घर से तुम उठे, यहां चले आए। यहां से उठोगे, घर

जाओगे, दुकान, दफ्तर जाओगे। लेकिन तुम्हारे भीतर जो है, वह कहीं आया? कहीं गया? वह तो वहीं के वहीं है। शरीर डांवाडोला, उठ कर यहां चले आए। शरीर डांवाडोला, उठ कर वापस चले गए। लेकिन तुम्हारे भीतर जो चितस्वरूप है तुम्हारा, वह कहीं आया? कहीं गया? वह तो वहीं के वहीं है।

तुम चाहे लंदन जाओ, चाहे कलकत्ता, चाहे मास्को, चाहे पेकिंग, शरीर ही जाएगा, आएगा। मन जाएगा, आएगा। तुम तो वहीं के वहीं रहोगे। तुम कहां जाओगे? तुम कैसे जाओगे? उस परमचित, उस परम चेतना का कोई आवागमन नहीं है।

इसलिए कबीर बड़ी अनूठी बात कह रहे हैं:

करत विचार मन ही मन उपजी,...

ऐसे शांत शून्य के क्षण में उठी यह बात।

...ना कहीं गया न आया।

और जैसे ही यह प्रतीति हुई कि न कहीं गया न आया–

कहै कबीर संसा सब छूटा,...

उसी क्षण सब संशय छूट गए।

...राम रतन धन पाया।

उसी क्षण मिल गई वह संपदा, जो परमात्मा की है, ब्रह्म की है–'पाइबो रे पाइबो रे ब्रह्मज्ञान।'

...राम रतन धन पाया।

और जब तक राम रतन का धन न मिल जाए, तब तक जानना कि तुम मूर्च्छित हो। वह कसौटी है। वही निकष है।

जैसे सोने को कसते हैं, निकष पर, कसौटी पर, ऐसे ही अमूर्च्छा पर कसे जाओगे तुम। अगर मूर्च्छित हो, तो तुम मिट्टी हो। अमूर्च्छित हो, तो तुम परमात्मा हो। मूर्च्छित, तो तुम मृण्मय। अमूर्च्छित, तो तुम चिन्मय। मूर्च्छा ही तुम्हारे जीवन से टूट जाए तो कुछ और तोड़ना नहीं है।

ज्ञानियों ने नहीं कहा–चोरी मत करो, बेईमानी मत करो, हिंसा मत करो। नहीं। ज्ञानियों ने तो इतना ही कहा है कि मूर्च्छा मत करो; और जिसने मूर्च्छा न की, वह बेईमानी करेगा नहीं। कर नहीं सकता। चोरी करेगा नहीं। चोरी हो नहीं सकती। हिंसा असंभव है।

महावीर से कोई पूछता है साधु कौन? असाधु कौन? तो महावीर ने बड़ा महत्वपूर्ण सूत्र

दिया है। महावीर ने कहा कि जो सोया है, वह असाधु। जो जागा है, वह साधु। 'असुत्ता मुनि। सुत्ता अमुनि।'

जैन साधु भी सोच-विचार में पड़ेंगे। क्योंकि महावीर को कहना था, जो अहिंसा का पालन करता है वह साधु। जो रात्रि भोजन नहीं करता वह साधु। जो पानी छान कर पीता है वह साधु। लेकिन महावीर ने बात ही नहीं उठाई अहिंसा की। महावीर ने रात-दिन की चर्चा ही न की। पानी छानने, न छानने की कोई चर्चा ही नहीं उठाई।

महावीर उठाते वैसी चर्चा, तो साधारण साधु रहते। महावीर जाग्रत पुरुष हैं--बुद्धत्व को, जिनत्व को उपलब्ध। उन्होंने कुंजी की बात कही। सार-सूत्र कहा-'सुत्ता अमुनि।' दो छोटे से शब्द!

सोया, वह असाधु। असुत्ता मुनि: जागा, वह साधु।

वही कबीर कह रहे हैं:

मन रे जागत रहिए भाई।

आज इतना ही।

5

गगन मंडल घर कीजै

अवधू, गगन मंडल घर कीजै।
अमृत झरै सदा सुख उपजै, बंकनालि रस पीजै।
मूल बांधि सर गगन समाना, सुखमनि यों तन लागी।
काम क्रोध दोऊ भया पलीता, तहां जोगणी जागी।
मनवा जाई दरीबै बैठा, मगन भया रसि लागा।
कहै कबीर जिय संसा नाही, सबद अनाहद बागा।।

मैं देखता हूं तुम्हारे भीतर कोई बड़ा पहाड़ तुम्हारे और सत्य के बीच नहीं खड़ा है। धुएं की पतली लकीर है। चाहो तो क्षण भर में मिट जाए, न चाहो तो जन्मों-जन्मों तक चले। तुम्हारे और तुम्हारे स्वरूप के बीच में विचार की पतली सी दीवाल के अतिरिक्त और कुछ भी नहीं है। और विचार तो पानी के बुलबुले हैं। उनके न होने, होने में कितना फर्क है!

लेकिन उतनी सी दीवाल ने—धुएं की लकीर जैसी है, पानी के बबूले जैसी है—तुम्हें खूब भटकाया है। और अगर तुम्हारी भटकन का हिसाब लगाओ तो ऐसा ही लगेगा कि कोई हिमालय बीच में खड़ा है।

आंख में छोटा सा रेत का कण है। लेकिन आंख बंद हो गई, तो अस्तित्व दिखाई पड़ना बंद हो जाता है। कोई आंख में पहाड़ गिराने की जरूरत नहीं है। जरा सी रेत की किरकिरी—और आंख बंद हो जाती है। तुम्हारी भीतर की आंख पर भी रेत की किरकिरी से ज्यादा नहीं है। सिर्फ भरोसा चाहिए उठने का। सिर्फ साहस चाहिए जागने का। तुम्हारे संकल्प से ही टूट जाएगी धुएं की यह रेखा। शायद कुछ और करना जरूरी नहीं है। इतना खयाल में ही आ जाए कि बाधा बड़ी छोटी है, तुम बहुत बड़े हो। इतना भरोसा ही पैदा हो जाए, तो बाधा टूट जाती है।

लेकिन तुमने मान रखा है, बाधा बहुत बड़ी है और तुम बहुत छोटे हो। और तुम्हारे तथाकथित धर्मगुरु भी तुम्हें समझाए जाते हैं कि तुम बहुत छोटे हो और बाधा बहुत बड़ी है। वे तुम्हारे आत्मविश्वास की हत्या कर देते हैं। वे तुम्हें समझाते हैं कि तुम पापी हो। तुम्हारे पैर के नीचे की जमीन छीन लेते हैं। वे समझाते हैं, तुम अपराधी हो। वे समझाते हैं, तुम अज्ञानी हो। वे समझाते हैं कि जन्मों-जन्मों का पाप, कर्मों का बोझ। ऐसे कहीं कुछ क्षण भर में होने वाला है।

बड़ी दूभर यात्रा वे बताते हैं। करीब-करीब इतना असंभव कर देते हैं सारी बात को कि तुम साहस ही खो देते हो। और जिसने साहस खो दिया, उसके लिए दीवाल बहुत बड़ी हो जाती है।

क्योंकि वह बिलकुल छोटा हो गया।

और तुम्हारा होना तुम्हारी धारणा पर निर्भर है। तुम छोटा समझो तो छोटे हो जाओगे। तुम बड़ा समझो तो तुम बड़े हो जाओगे। तुम्हारी धारणा ही तुम्हारी सीमा है। तुम अणु समझो तो अणु जैसे हो जाओगे। तुम ब्रह्म समझो तो तुम ब्रह्म जैसे हो जाओगे।

वास्तविक जिन्होंने धर्म को जाना है, वे तो चिल्ला-चिल्ला कर कहते हैं कि तुम ब्रह्म हो। स्वयं ब्रह्म हो। तत्वमसि। वे तो चिल्ला-चिल्ला कर कहते हैं कि आत्मा ही परमात्मा है। वे तो कहते हैं कि तुम्हारी कोई सीमा नहीं, कोई परिभाषा नहीं। तुम अनंत, अनादि हो।

लेकिन पुरोहित है, मंदिर मस्जिद को चलाने वाला, शब्दों के संग्रह पर जीने वाला पंडित है, वह तुम्हें छोटा करता है। वह तुम्हें हीन बताता है। वह तुम्हारी निंदा करता है। और उसने इतने समय तक तुम्हारी निंदा की है कि जब तुम्हें कोई कहता है, जागो! तुम महान हो, विराट हो; तो तुम्हें भरोसा नहीं आता।

उसकी निंदा के पीछे कारण है। वह तुम समझ लो, क्योंकि अगर तुम ब्रह्म हो, तो न तो मंदिर की कोई जरूरत है, न मस्जिद की कोई जरूरत है, क्योंकि तुम्हीं मंदिर हो। अगर तुम विराट हो, तो न तो मूर्ति की जरूरत है, न पूजा अर्चना की जरूरत है। तुम स्वयं ही पूज्य हो। तुम ही पुजारी हो। तुम ही पूजा अर्चना हो।

तुम अगर तुम्हारे वास्तविक रूप में ही प्रकट हो जाओ, तो धर्मगुरु कहां खड़ा रहेगा? उसके व्यवसाय का क्या होगा? तुम्हारी निंदा में ही उसके व्यवसाय का सारा राज छिपा है। तुम पापी हो तो पंडित की जरूरत है। तुम पापी हो तो पुरोहित की जरूरत है। तुम पापी हो तो तुम्हारे बीच और परमात्मा के बीच मध्यस्थों की जरूरत है। अगर तुम स्वयं ब्रह्म हो, तो कौन मध्यस्थ चाहिए? बीच के दलाल अर्थहीन हो जाते हैं।

इसलिए समस्त संप्रदाय तुम्हारी निंदा पर जीते हैं। पहले वे तुम्हें अपराधी घोषित करते हैं, महापापी घोषित करते हैं। पहले तुम्हारे भीतर के प्राणों को संकुचित करते हैं। और जब तुम इतने संकुचित हो जाते हो कि तुम त्राहि-त्राहि कर उठते हो और मांगते हो कि मार्ग दो, राह दो, तब वे तुम्हें विधियां बताना शुरू करते हैं।

पहले वे तुम्हारी बीमारी पैदा करते हैं फिर तुम्हें औषधि देते हैं। बीमारी झूठी है इसलिए औषधि सच्ची नहीं हो सकती। बीमारी ही बुनियाद में नहीं है। इसलिए उपाय सब व्यर्थ हैं, यह बोध कैसे आए? तुम कैसे जागो? तुम क्या करो कि जागरण हो जाए?

यह पहली बात खयाल में ले लेनी जरूरी है। दीवाल न के बराबर है। बड़ी झीनी है। जैसे घूंघट पड़ा हो नववधू की आंखों पर, और उसे कुछ दिखाई न पड़ता हो। जरा सरका ले, और सब दिखाई पड़ना शुरू हो जाए। लेकिन तुमने मान रखा है कि बहुत कठिन है। तुमने स्वीकार

ही कर लिया है। और तुम्हारे स्वीकार के पीछे भी कारण है, पुजारी, पंडित, पुरोहित के पीछे कारण है, क्योंकि वह तुम्हें ब्रह्म घोषित करे, तो वह व्यर्थ हो जाता है। उसका कोई उपयोग नहीं रह जाता। वह तुम्हारी निंदा पर जीएगा।

तुम्हारे पीछे भी मानने का कारण है। तुम्हारे मानने का कारण क्या होगा? तुम अपने चारों तरफ जो भी देखते हो, अपने ही जैसे लोग देखते हो। क्षुद्र! छोटे! उनको देख कर यह भरोसा गहरा होता है कि आदमी और परमात्मा के बीच बड़ा फासला है। क्योंकि आदमी में तुम्हें परमात्मा तो दिखाई नहीं पड़ता। शैतान बहुत बार दिखाई पड़ता है। संत तो मुश्किल से दिखाई पड़ता है। और संत अगर हो भी तो भी दिखाई नहीं पड़ता। क्योंकि शैतान पर भरोसा इतना है कि तुम मान नहीं सकते कि कोई संत हो सकता है।

फिर तुम्हें अपने भीतर भी सिवाय रोग, उपाधियों के, घृणा, ईर्ष्या, मत्सर, लोभ, काम, क्रोध इनके अतिरिक्त कुछ भी दिखाई नहीं पड़ता। तुम तो स्वयं को दिखाई ही नहीं पड़ते। बस यही चीजें दिखाई पड़ती हैं।

और रोज-रोज इन्हें तुम देखते हो। रोज-रोज इनका अनुभव करते हो। तो तुम्हारे भीतर का अनुभव भी तुमसे कहता है कि पुजारी ठीक ही कहता होगा। फिर अगर तुम्हें कोई संत भी मिल जाए तो तुम भरोसा नहीं करते। कि तुम्हारी आंख वही देख सकती है, जो तुमने अपने भीतर देखा है। इस सूत्र को ठीक से खयाल में रख लो। तुम वही देख सकते हो, जो तुम्हारा अनुभव है। जो तुम्हारा अनुभव नहीं है, वह तुम्हें दिखाई नहीं पड़ेगा। अगर संत सरल होगा तो तुम्हें मूर्ख दिखाई पड़ेगा। सरलता नहीं दिखाई पड़ेगी। तुम समझोगे मूढ़ है। क्योंकि मूढ़ता तुम जानते हो, सरलता तुम जानते नहीं।

अगर संत तुम्हें मिलेगा और मौन बैठा होगा, शांत होगा, तो तुम समझोगे कि आलसी है, काहिल है, सुस्त है। क्योंकि तुमने उसी को जाना है, अपने भीतर। जब तुम खाली बैठे होते हो, तब तुम काहिल होते हो, सुस्त होते हो, आलसी होते हो, तामसी होते हो। तो संत अगर तुम्हें मिलेगा खाली बैठा, कुछ न करता, तो तुम समझोगे अकर्मण्य है। तुम्हारी भाषा तो तुम्हारी ही रहेगी। उसका मौन तो तुम्हें दिखाई न पड़ेगा। मौन तो तुमने जाना ही नहीं। तुम तो सदा ही शब्दों से भरे रहे हो। तो तुम्हारा अनुभव ही तुम्हें बताएगा। तुम अपने को ही फैला कर दूसरों में देखोगे। दूसरे दर्पण की भांति हैं।

बहुत वर्ष हुए मैं पहली बार ही बंबई आया था। और एक गुजराती के ख्यातिनाम लेखक, बड़े सुसंस्कृत, संभ्रांत परिवार से आते हैं। गहरे रूप से सुशिक्षित व्यक्ति हैं, संस्कारशील हैं। वे मेरे विचारों से प्रभावित थे; तो मुझे भोजन कराने एक होटल में ले गए।

मुझे पता नहीं था कि उनकी आंखें कमजोर हैं। और वे बिना चश्मे के नहीं देख सकते निकट की चीजें। पढ़ नहीं सकते। चश्मा वे घर भूल आए थे। टेबल पर पड़े मेनू को उठा कर वे थोड़ी देर देखते रहे। मुझे कुछ पता नहीं, और मुझे शायद उन्होंने इसलिए नहीं कहा कि न बताना चाहते होंगे कि उनकी आंखें इतनी कमजोर हैं कि बिना चश्मे के देख नहीं सकते। मैं समझा कि वे पढ़ रहे हैं। तभी बैरा आया पानी लेकर और उन्होंने उस बैरे से कहा कि जरा इस मेनू को पढ़ दो। उस बैरे ने उनकी तरफ देखा और कहा: भाई! हम भी तुम्हारी माफिक पढ़ेला नहीं हैं।

जो हमारी दशा है, वही हम दूसरे में देख सकते हैं। दूसरे की दशा तो दिखाई नहीं पड़ सकती। उसके देखने का उपाय ही नहीं है। इसलिए बुद्धपुरुष तुम्हारे भीतर आते हैं, तुम्हारे इतिहास का भी अंग नहीं बन पाते। पुराणकथाएं बन जाती हैं। शक होता है कि ये लोग कभी हुए?

चंगेज खां हुआ, इस पर कभी शक नहीं होता। नादिरशाह हुआ, इस पर कभी संदेह नहीं होता। हिटलर हुआ, इस पर कभी संदेह नहीं होता। लेकिन आज से हजार साल पहले रमण महर्षि हुए या नहीं, यह संदिग्ध होगा। वे इतिहास के हिस्से नहीं बनते। इतिहास तो तुम बनाते हो। इतिहास तो तुम लिखते हो।

तो बुद्ध, महावीर, कृष्ण, क्राइस्ट हुए भी, या सिर्फ कपोल-कल्पनाएं हैं? अगर तुम ठीक से सोचो, तो तुम्हें कपोल-कल्पनाएं ही लगेंगी। ऐसे आदमी हो ही कैसे सकते हैं? क्योंकि आदमी की परिभाषा तो तुम हो। ये भरोसे के नहीं हैं। ये किन्हीं लोगों ने सपने सजाए हैं, कथाएं लिखी हैं। लेकिन ऐसा यथार्थ में हो नहीं सकता बुद्ध जैसा आदमी। यह कैसे हो सकता है कि जीसस को लोग सूली दें और सूली पर लटका हुआ जीसस परमात्मा से प्रार्थना करे कि इन सबको माफ कर देना, क्योंकि ये जानते नहीं ये क्या कर रहे हैं। यह कैसे हो सकता है? ऐसी बात तुम्हारे भीतर कभी उठी कि जो तुम्हें पत्थर मार रहा हो, गाली दे रहा हो और तुमने प्रार्थना की हो कि परमात्मा इसे क्षमा कर देना, क्योंकि यह जानता नहीं यह क्या कर रहा है? अगर ऐसा तुम्हारे भीतर थोड़ा सा भी हुआ हो तो तुम समझ पाओगे कि जीसस भी हो सकते हैं। लेकिन पत्थर मारने में यह नहीं होता, तो फांसी लगाने पर कैसे होगा?

जो तुम्हारी तरफ मिट्टी का ढेला फेंके, तुम्हारे प्राण उसकी तरफ चट्टान फेंकना चाहते हैं। जो तुम्हें एक गाली दे, तुम्हारी आत्मा हजार गालियों से उसके लिए भर जाती है। जो तुम्हें कांटा चुभाए, उसके लिए तुम्हारे प्राणों में फूल पैदा नहीं होते। और तुम्हीं तो तुम्हारा बोध हो। तो जीसस संदिग्ध हैं। हो नहीं सकते। कहानी होगी। पुराण कथा है।

पुराण और इतिहास का यही फर्क है। जिन-जिन पर तुम भरोसा नहीं कर सकते, उनके लिए तुमने पुराण लिखा है। जिन पर तुम भरोसा करते हो, उनके लिए तुमने इतिहास लिखा

है। इतिहास से यह सिद्ध नहीं होता कि ये लोग हुए। इतिहास से इतना ही सिद्ध होता है कि ये तुम्हारे जैसे लोग हैं। और पुराण से यह सिद्ध नहीं होता कि ये लोग नहीं हुए; पुराण से इतना ही सिद्ध होता है कि इनसे तुम्हारा कोई तालमेल नहीं बैठता। ये तुम्हारी भाषा में नहीं आते। ये तुम्हारी सीमा के बाहर पड़ जाते हैं। तुम अगर मान भी लेते हो तो भी बहुत गहराई से नहीं। जानते तो तुम यही हो कि यह हो नहीं सकता।

इसलिए जब कोई ज्ञानी तुमसे कहता है तुम परमात्मा हो, तो तुम कैसे भरोसा करो? तुम्हें शैतान दिखाई पड़ता है, परमात्मा दिखाई नहीं पड़ता। और जब कोई ज्ञानी मंसूर जैसा घोषणा कर देता है, मैं स्वयं परमात्मा हूं, तब तो तुम क्रोध से भर जाते हो कि यह आदमी तो अब संस्कार की सीमा के भी बाहर जा रहा है। यहां तक भी तुम माफ कर सकते थे कि तुमसे कहता कि तुम परमात्मा हो; लेकिन यह आदमी कह रहा है कि मैं परमात्मा हूं। अब तुम माफ नहीं कर सकते।

जब मंसूर या उपनिषद के ऋषि कहते हैं कि मैं परमात्मा हूं, तो तुम्हें लगता है, जानते हो तुम गहरे में कि यह आदमी अहंकारी है। क्योंकि तुम अहंकार को ही जानते हो। और यह तो हद दर्जे का अहंकार है। तुमने भी अहंकार की घोषणाएं की हैं कि मुझसे सुंदर कोई भी नहीं, कि मुझसे शक्तिशाली कोई भी नहीं, कि मुझसे ज्यादा समझदार कोई भी नहीं। लेकिन एक आदमी घोषणाएं कर रहा है कि मैं परमात्मा हूं, तुम्हारे सब अहंकार दो कौड़ी के मालूम पड़ते हैं। इसने तो आखिरी घोषणा कर दी। इतनी हिम्मत तो तुम भी न जुटा पाए। तो यह आदमी तो महा अहंकारी होना ही चाहिए। जब जीसस ने कहा कि मैं परमात्मा का पुत्र हूं, तो स्वभावतः कठिनाई हुई। मंसूर को तो मार डाला मुसलमानों ने। क्योंकि इसने कुफ्र की बात कह दी कि मैं परमात्मा हूं—अनलहक। वह वही कह रहा था, जो उपनिषद के ऋषियों ने कहा है—अहं ब्रह्मास्मि। जरा भी भेद न था।

ज्ञानी को तुम न समझ पाओगे।

तो तुम्हें दो काम करने जरूरी हैं। तुम्हें पुरोहित से मुक्त होना है और तुम्हें स्वयं से भी मुक्त होना है। पुरोहित से मुक्त होना इतना कठिन नहीं, स्वयं से मुक्त होना बहुत कठिन है। वे दोनों एक ही सिक्के के दो पहलू हैं। तुम्हें संप्रदाय से मुक्त होना है। क्योंकि वह तुम्हारा शोषण कर रहा है। और तुम्हें स्वयं से मुक्त होना है, क्योंकि वह तुम्हें संप्रदाय के द्वारा शोषित किए जाने योग्य बना रहा है। वे एक ही सिक्के के दो पहलू हैं।

कहां से शुरू करोगे? अगर तुम संप्रदाय से मुक्त होने की कोशिश करो और स्वयं से मुक्त न हो पाओ, तो तुम एक संप्रदाय से मुक्त ना हो पाओगे कि दूसरे में उलझ जाओगे। क्योंकि

मूल बीज तो भीतर कायम रहेंगे। वे नई शाखाएं भेज देंगे। तो हिंदू ईसाई हो जाता है, ईसाई हिंदू हो जाता है। जैन बौद्ध हो जाते हैं, बौद्ध जैन हो जाते हैं। कोई फर्क नहीं पड़ता। बिमारियों के नाम बदल जाते हैं। इससे क्या फर्क पड़ता है कि तुम बीमारी को क्षयरोग कहते हो, कि ट्यूबरक्लोसिस, इससे क्या फर्क पड़ता है? बीमारी के नाम से कहीं कुछ भेद होता है?

तुम बीमारी का नाम मुसलमान कहो कि हिंदू कहो कि जैन कहो कोई फर्क नहीं पड़ता। सारी बिमारियां बुनियादी रूप से तुम्हारे इस बोध पर निर्भर हैं कि तुम शैतान हो। और यही सबसे बड़ी अधार्मिक अवस्था है चित्त की। और इसके लिए बल मिलता है क्योंकि देखते हो क्रोध, घृणा, वैमनस्य, कठोरता, हिंसा। रोग ही तो दिखाई पड़ते हैं भीतर। इन सबका जोड़ शैतान है।

लेकिन मैं तुमसे कहता हूं, तुम इन सबका जोड़ नहीं हो। वस्तुतः इनमें से कोई भी तुम्हारा अंग नहीं है। क्रोध, लोभ, मोह, माया, मत्सर ये तुम्हारे चारों तरफ होंगे, लेकिन तुम नहीं हो।

तुम तो वह हो, जो जानता है। जो जानता है कि क्रोध आया। जो जानता है कि क्रोध गया। जो जानता है कि माया उठी, जो जानता है कि माया तिरोहित हुई। जो जानता है कि कामवासना जगी और जो जानता है कि अब कामवासना जा चुकी। भूख उठी, तृप्ति हुई। प्यास लगी, प्यास बुझी। वह जो जानता है, वह तुम हो। और तुमने अपने को वह समझ लिया है, जो तुम्हारे निकट भला हो लेकिन तुम्हारा स्वभाव या स्वरूप नहीं। बहुत निकट होने से भ्रांति होती है।

ऋषियों ने सदा इस दृष्टांत को लिया है कि अगर कांच के एक टुकड़े को नीलमणि के पास रख दिया जाए, तो कांच का टुकड़ा भी नीलिमा से भर जाता है। प्रतिफलित होने लगती है। मुश्किल होगा तय करना कि कौन नीलमणि है और कौन कांच का टुकड़ा है। पास होने से झांई पड़ने लगती है।

ये सब तुम्हारे बहुत पास हैं। ये तुमसे बिलकुल सट कर खड़े हैं। क्रोध, लोभ, मोह, काम, इतने पास हैं, इसके कारण तुम पर भी झांई पड़ती है। और तुम नीलमणि हो। इनकी झांई तुम में पड़ती है। तुम्हारी झांई इनमें पड़ती है। निकटता से एक तादात्म्य पैदा हो जाता है। एक आइडेंटिटी पैदा हो जाती है। और वही तुम्हें भटका रही है।

बस, उस छोटे से तादात्म्य को तोड़ने की जरूरत है। और वह तादात्म्य नींद जैसा है। एक झटके में टूट सकता है। अंधकार जैसा है। एक दीये की लपट में खो सकता है। तुम कभी भी परमात्मा से इंच भर नीचे नहीं रहे हो। यह हो ही नहीं सकता। इसका कोई उपाय नहीं। हालांकि तुमने बहुत उपाय किए। तुमने बहुत उपाय किए कि तुम पशु हो जाओ, लेकिन तुम नहीं हो सकते हो। तुमने बहुत उपाय किए कि तुम शैतान हो जाओ, लेकिन तुम नहीं हो

सकते हो।

बुद्ध ने एक हत्यारे को संन्यास की दीक्षा दी थी। शिष्य राजी न थे क्योंकि हत्यारा भयंकर था। उसने हजारों लोग मार डाले थे। उसका एक ही रस था—लोगों को मारना। और बुद्ध ने जब उसे दीक्षा दी तो बुद्ध के निकटतम शिष्यों को भी लगा कि बुद्ध जरा गलती कर रहे हैं। यह आदमी ठीक नहीं है। इससे ज्यादा शैतान पाना मुश्किल है।

तो आनंद ने बुद्ध को कहा कि रुकें। इस आदमी को थोड़े दिन परिचित होने दें। जल्दी न करें। यह आदमी भयंकर हत्यारा है। इसका नाम सुन कर सम्राट भी कंप जाते हैं। बुद्ध ने कहा, लेकिन मैं जानता हूं कि यह ब्राह्मण है। हत्यारे होने से कोई फर्क नहीं पड़ता। वह भीतर का ब्रह्म थोड़े ही स्पर्शित होता है। वह तो सदा शुद्ध है। इसने क्या किया, वह तो सपना है। यह क्या है, वह सत्य है।

तुमसे भी मैं यही कहता हूं। तुमने क्या किया, वह सपना है। तुमने क्या सोचा वह तो सपने में भी सपना है। तुम्हारा ब्रह्मत्व रत्ती भर कलुषित नहीं होता। उसके कलुषित होने का उपाय नहीं है। उसका कुंआरापन भ्रष्ट नहीं होता। क्योंकि कुंआरापन कोई बाह्य घटना नहीं है। कुंआरापन उसका स्वरूप है। कितने ही तुमने पाप किए हों—अनगिनत।

बुद्ध ठीक कहते हैं कि यह ब्राह्मण है। और बुद्ध ने ब्राह्मण की क्या परिभाषा की है? तुम सभी ब्राह्मण हो। बुद्ध ने परिभाषा की है कि जिसके भीतर ब्रह्म है वह ब्राह्मण है। पौधे, पशु, पक्षी, सभी ब्राह्मण हैं।

परमात्मा में शूद्र पैदा ही कैसे हो सकता है? और अगर परमात्मा में शूद्र पैदा होता हो, तो परमात्मा में शूद्र होना चाहिए। क्योंकि कारण के बिना कैसे फल लगेंगे? शैतान सपना है, ब्रह्म अस्तित्व है। एक भ्रांति की रेखा है।

बुद्ध ने उसे दीक्षा दे दी। सम्राट को खबर मिली। प्रसेनजित सम्राट था उस राज्य का, जहां बुद्ध ठहरे थे उन दिनों। वह भी थक गया था इस हत्यारे से। इस हत्यारे का नाम था अंगुलीमाल... अंगुलीमाल उसका नाम था, क्योंकि वह आदमियों को मारता और उनकी अंगुलियों की माला पहनता। एक आदमी मारता, तो उसकी एक अंगुली अपनी माला में डाल देता। उसने एक हजार आदमियों को मारने का व्रत लिया था। जब बुद्ध ने उसे दीक्षा दी, तो केवल एक अंगुली की कमी थी। नौ सौ निन्यानबे अंगुलियां उसकी माला में थीं। प्रसेनजित भी थक गया था। कोई बस नहीं आता था इस आदमी पर। फौजें थक गई थीं। सैनिक जाने से डरते थे उस इलाके में, जहां खबर मिल जाती कि अंगुलीमाल आ गया है।

प्रसेनजित को खबर मिली कि अंगुलीमाल दीक्षित हुआ। बुद्ध का भिक्षु हो गया।

संन्यासी हो गया है। तो वह देखने आया इस खतरनाक आदमी को कि यह आदमी किस तरह का है। उसकी मां तक डरती थी उसके पास जाने में। क्योंकि उसका कोई भरोसा नहीं था। उसको भी काट देता।

प्रसेनजित जब आया, तो उसने चारों तरफ नजर डाली। वहां तो हजारों भिक्षु थे। वह पहचान भी न पाया। और वह पहचान भी न पाता। क्योंकि अंगुलीमाल ठीक बुद्ध के पास बैठा था। उसने कहा कि मैंने सुना है कि अंगुलीमाल ने दीक्षा ली और संन्यासी हुआ। भरोसा तो नहीं आता कि यह आदमी और संन्यासी होगा। मैं उसके दर्शन करना चाहता हूं। वह है कहां? बुद्ध ने कहा: तुम उसे अब पहचान न पाओगे। फिर भी प्रसेनजित ने कहा कि मैं उसे जानना चाहता हूं। उसे पता ही नहीं कि अंगुलीमाल बगल में बैठा सुन रहा है। बुद्ध ने कहा: तो अगर तुम जानना ही चाहते हो, तो यह जो मेरे निकट बैठा हुआ भिक्षु, यह अंगुलीमाल है।

ऐसा नाम सुनते ही प्रसेनजित के हाथ-पैर कंप गए। इतने पास! झपट पड़े, गर्दन काट दे, क्या पता। इस आदमी का कोई भरोसा नहीं। कथा है कि प्रसेनजित के हाथ-पैर कंप गए। पसीना आ गया। और उसने कहा कि यही वह आदमी है? पर बुद्ध ने कहा कि घबड़ाओ मत। अब इसने अपने ब्राह्मणत्व को पुनः उपलब्ध कर लिया है। वह सपना टूट गया।

दूसरे दिन सारे नगर में खबर फैल गई। अंगुलीमाल भिक्षा के लिए गांव में गया तो लोगों ने द्वार-दरवाजे बंद कर लिए। भयभीत लोग अपनी छतों पर चढ़ गए। और लोगों ने पत्थर मारने शुरू किए छतों से अंगुलीमाल को। अंगुलीमाल ढेर होकर राह पर गिर पड़ा—सब तरफ से लहूलुहान।

कथा है, बुद्ध आए और उन्होंने अंगुलीमाल को कहा: अंगुलीमाल, तूने सिद्ध कर दिया कि तू ब्राह्मण है। तेरे मन में क्या भाव उठा, जब लोग तुझे पत्थर मार रहे थे?

अंगुलीमाल ने कहा: जब से तुमने कहा कि जो तूने किया वह सब सपना है, तब से दूसरे भी जो करते हैं, वह भी सब सपना है।

जिसे तुमने जीवन समझा है, जब तुम उसे सपना समझने लगोगे, तभी तुम्हें उसका पता चलेगा जो सत्य है और अभी सपना हो गया है। दृष्टि के बदलने की बात है।

थोड़ा अपने कृत्यों और विचारों से पीछे हटो। नीलमणि बिलकुल पास है। हटने की प्रक्रिया भी सीधी-साफ है। कोई जटिलता नहीं है। साक्षी में रमो। देखने वाले में रमो। जो दिखाई पड़ता है वह पराया है, विजातीय है, बाहर है। तुम द्रष्टा हो। दृश्य में मत उलझो। उसमें ही ठहरो जो देख रहा है, जो द्रष्टा है, साक्षी है।

एक क्षण को भी तुम ठहर जाओ द्रष्टा में, रूपांतरण घटित हो जाता है, क्रांति हो जाती है। और एक ही क्रांति है–दृश्य से द्रष्टा पर लौट जाना। बस, एक ही क्रांति है। और फासला न के बराबर है। एक कदम दृश्य से हटना है और द्रष्टा में ठहर जाना है।

मुझे तुम सुन रहे हो। मुझे तुम देख रहे हो। तुम्हारा ध्यान, मैं जो कह रहा हूं, उस पर लगा है। इस ध्यान को जरा सा लौटाना है और उस पर लगाना है, जो सुन रहा है। तुम मुझे देख रहे हो। तुम्हारा ध्यान मेरी आकृति पर लगा है। इस ध्यान को जरा सा हटाना है और उस पर ले जाना है, जो देख रहा है। रत्ती भर का फासला है। धुएं की पतली लकीर है। झीना सा घूंघट है।

इसलिए तो कबीर कहते हैं: 'घूंघट के पट खोल, तोहे पिया मिलेंगे।' जरा सा घूंघट हटाना है। बस घूंघट की ओट में छिपे हैं पिया।

ये कबीर के वचन बड़े महत्वपूर्ण हैं।

अवधू, गगन मंडल घर कीजै।

इसे समझ लें।

यह आकाश है फैला हुआ। इस आकाश में सब–कुछ है। इसी आकाश में पृथ्वियां बनती हैं और लीन होती हैं। सूरज निर्मित होते हैं और विसर्जित होते हैं। चांद–तारे जन्मते हैं और खो जाते हैं। सारी सृष्टि आकाश में बनती है और मिटती है। लेकिन आकाश न कभी बनता और न कभी मिटता है।

सब दृश्य उठते हैं आकाश में, सब रंग देखता है आकाश लेकिन किसी दृश्य से रंगता नहीं। इंद्रधनुष भी बनते हैं, बादल भी उठते हैं, बिजलियां भी चमकती हैं, लेकिन आकाश अछूता रह जाता है। बिजली के चमक जाने के बाद कोई काली लकीर, जली हुई रेखा नहीं छूट जाती आकाश पर। बादल आते हैं, चले जाते हैं। आकाश जैसा था वैसा ही निर्मल बना रहता है। बादल हों तो, न हों तो।

यह सारी सृष्टि खो जाए, ये सब वृक्ष, पौधे, पशु, पक्षी लीन हो जाएं... होता है, प्रलय में वैसा। सब बीज में समा जाता है। आकाश भर शेष रह जाता है। आकाश सदा शेष रहता है। आकाश में सब घटता है। फिर भी आकाश को कुछ भी नहीं घटता। इसलिए आकाश साक्षी का प्रतीक है। सब कुछ साक्षी के सामने घटता है। लेकिन साक्षी में कुछ नहीं घटता। दृश्य उठते हैं, मिटते हैं। नाटक बनता है, बिखरता है।

तुम जाते हो फिल्म देखने। घड़ी भर को भूल ही जाते हो अपने को। खाली पर्दे पर धूप–छाया का खेल चलता है। लीन हो जाते हो। याद इतनी ही रह जाती है कि क्या पर्दे पर चल रहा है। अपनी याद नहीं रह जाती। दृश्य सब–कुछ हो जाते हैं। यहां तक कि लोग पर्दे को जानते हैं, जब आए थे तो खाली था। क्षण भर बाद भूल जाते हैं। यह भी भलीभांति उन्हें पता

है कि सब धूप छाया की माया है, कुछ है नहीं वहां।

लेकिन किसी की हत्या की जा रही है और तुम्हें रोमांच हो आता है। कोई दीन-सुखी, पीड़ित मर रहा है, और तुम्हारी आंखें अश्रुओं से भर जाती हैं। भूल ही जाते हो। ना-कुछ प्रभाव करने लगता है। नीलमणि बहुत करीब आ गई। दृश्य सच मालूम होने लगते हैं। अगर चित्र में एक खतरनाक पहाड़ी के कगार से कार तेजी से भाग रही हो, और पुलिस के लोग पीछा कर रहे हों, तो तुम भी सम्हल कर बैठ जाते हो, रीढ़ सीधी हो जाती है। खतरनाक स्थिति है। श्वास रुक जाती है। पलकें झपकना बंद कर देती हैं।

फिर पर्दा, पर्दा हो जाता है। खेल बंद हो गया। इति आ गई। उठ कर तुम खड़े हो जाते हो। घर लौट आते हो।

साक्षी पहले था, जब तुम प्रवेश किए थे। साक्षी ही वापस लौटेगा, जब तुम घर की तरफ आओगे। बीच में खेल चला धूप-छाया का। वह जो पर्दे पर हो रहा है फिल्म के, उससे ज्यादा नहीं है संसार। फिल्म बड़ी है, पर्दा बहुत विराट है। तुम ओर-छोर भी न पा सकोगे। दृश्य बहुत हैं, अनगिनत हैं। संख्या का उपाय नहीं है। लेकिन है सब धूप-छाया का ही खेल। उससे भिन्न कुछ भी नहीं हो रहा है।

एक ही चीज सत्य है; वह तुम्हारा देखने वाला तत्व है। वह आकाश है।

अवधू, गगन मंडल घर कीजै।

उस आकाश को ही अपना घर बना लो।

उससे कम में तुम दुखी रहोगे। उससे कम में तुम पीड़ित रहोगे। उससे कम में तुम नरक में ही रहोगे। क्योंकि अपने स्वभाव से कम में कोई कभी आनंदित नहीं हो सकता। स्वभाव आनंद है। तब तुम अपने घर लौट आए।

गगन मंडल घर कीजै।

और कहीं घर मत बनाना। और सब घर सराय सिद्ध होंगे। रात भर का पड़ाव हो सकता है। सुबह उठ कर चल पड़ना पड़ेगा। और किसी संबंध को घर मत बनाना। पत्नी हो, पति हो, बेटे हों, बेटियां हों, मित्र हों—सब क्षण भर का मिलना है। राह पर चलते यात्रियों का अचानक हो गया संयोग है। नदी-नाव-संयोग। फिर छूट जाएगा। अनंत की यात्रा में बहुत बार न मालूम कितने घर तुमने बनाए। उनका हिसाब लगाना मुश्किल है। न मालूम कितने प्रेम के संबंध स्थापित किए। उनकी संख्या नहीं है। कितने रोए, कितने हंसे, लेकिन सब पानी के बबूलों की तरह खो गए। सब खो जाता है। सिर्फ एक ही बचता है। उस एक को ही कबीर कहते हैं—अवधू, उस एक को ही घर बना।

गगन मंडल घर कीजै।

और गगन कैसा है? शून्य है। गगन का अर्थ है: परम-शून्यता। तभी तो सब मिट जाता है। गगन नहीं मिटता। शून्य कैसे मिटेगा? जो मिटा ही हुआ है, जो है ही नहीं, वह कैसे मिटेगा? शून्य को मिटाने का कोई उपाय नहीं है। इसलिए शून्य अस्तित्व का सार है। वह शाश्वत है। शून्य एकमात्र शाश्वतता है। सब बनेगा, सब मिटेगा। नाम रूप आते और जाते हैं। शून्य बना रहता है।

इसलिए ज्ञानियों ने ब्रह्म की परिभाषा शून्य से की है। शून्य है उसका रूप। इसलिए उपनिषद कहते हैं: नेति-नेति। वे कहते हैं: न यह आकार है उसका, न वह आकार है उसका। ज्यादा से ज्यादा हम इतना ही कह सकते हैं कि कोई आकार नहीं है उसका। निराकार। निराकार यानी शून्य।

बुद्ध ने तो 'परमात्मा' शब्द का उपयोग ही नहीं किया। क्योंकि उससे तुम्हें भ्रांति होती है। परमात्मा शब्द का उपयोग करते ही, तुम्हें धनुषबाण लिए राम याद आते हैं, या बांसुरी बजाते कृष्ण याद आते हैं। परमात्मा का नाम लेते ही कहीं तुम्हारे मन में रूप बनने लगता है। आकार घना होने लगता है। लाख कहो कि परमात्मा निराकार है, लेकिन परमात्मा शब्द ही व्यक्तिवाची होने से रूप देने लगता है। इसलिए बुद्ध ने परमात्मा का उपयोग ही नहीं किया। बुद्ध ने तो कहा, सिर्फ शून्य। निर्वाण।

'निर्वाण' शब्द बड़ा मीठा है। निर्वाण शब्द का अर्थ होता है: दीये का बुझ जाना। जब दीया बुझ जाता है तो क्या शेष रह जाता है? कहां जाती है ज्योति? कहां खो जाती है ज्योति? खोज न पाओगे अब। ज्योति शून्य में लीन हो गई। तुम्हारा दीया जिस दिन बुझ जाएगा—तुम्हारे दीये का अर्थ है: भ्रांति का दीया; तुम्हारे दीये का अर्थ है: अहंकार का दीया; तुम्हारे दीये का अर्थ है: अंधकार का दीया—जिस दिन बुझ जाएगा, उस दिन शून्य शेष रह जाता है पीछे। इस शून्यता का ही नाम आकाश है।

अवधू, गगन मंडल घर कीजै।

इसका अर्थ हुआ कि शून्य में बसो। शून्य में रमो। शून्य-रमण एकमात्र ध्यान है। जहां-जहां रूप मिले, वहां से अपने को हटा लो। जहां-जहां आकार मिले, समझो कि बादल बना है, खो जाएगा। मैं तो वह हूं, जो देख रहा है। इतने शब्द भी भीतर मत बनाओ कि मैं तो वह हूं, जो देख रहा है। क्योंकि यह भी आकार है। सिर्फ तुम देखने वाले ही रहो।

धीरे-धीरे कोई शब्द न उठेगा। कोई विचार न बनेगा। घूंघट उठ गया। विचार की ही तो वह पर्त है। उतनी ही तो धुएं की लकीर हैं। उतनी ही तो आड़ है। आंख की किरकिरी आंख

से गिर गई।

घूंघट के पट खोल, तोहे पिया मिलेंगे। लेकिन 'पिया' शब्द से फिर भ्रांति हो सकती है। जैसे कोई बैठा है वहां भीतर तुम्हारी प्रतीक्षा करता। नहीं, वह शून्य ही प्यारा है। क्योंकि शून्य के अतिरिक्त हर चीज से दुख मिलता है। इसलिए उस शून्य को पिया कहा है। वही एकमात्र प्रीतम है, क्योंकि शून्य में ही सुख झरता है। शून्य के अतिरिक्त दुख ही दुख है।

अमृत झरै सदा सुख उपजै, बंकनालि रस पीजै।

एक बार शून्य में घर हो जाए–

अमृत झरै सदा सुख उपजै, बंकनालि रस पीजै।

और फिर तो सुषुम्ना से पीते रहो उसकी अमृत धार को अनंत तक। वह चुकती नहीं। समय की कोई बाधा नहीं है। जब भी तुम शून्य हो जाओगे तभी तुम अचानक पाओगे, कुछ झरने लगा भीतर। कोई निर्झर सक्रिय हो गया। अब तक जैसे स्रोत ढंके थे पत्थरों से। हट गए पत्थर। झरना बहने लगा। चल पड़ी सरिता सागर की तरफ। बूंद का अभियान शुरू हुआ सिंधु में खो जाने के लिए। तत्क्षण अमृत झरने लगेगा।

अभी भी, अनजाने भी कभी-कभी तुम्हें जब सुख की थोड़ी भनक मिलती है, सुख की पायल थोड़ी सी बजती है तुम्हारे भीतर; चाहे तुम्हारे जाने, चाहे तुम्हारे अनजाने; वह तभी बजती है, जब तुम किसी कारण संयोगवशात शून्य हो जाते हो।

सुबह तुम खड़े हो, सूरज उगा, और धक! तुम्हारा हृदय क्षण भर को रुक गया उस सौंदर्य को देख कर। क्षण भर को विचार की शृंखला टूट गई। क्षण भर को विचार ना रहे। जरा सी संधि मिल गई शून्य को। झर गया रस। कहोगे तुम, सूरज को देखने से सुख मिला। वह तुम्हारी भ्रांति है। फिर तुम भूल गए। तुम मूल कारण को न समझ पाए। सूरज के कारण सुख न मिला, सूरज के कारण संयोग बना। सूरज निमित्त हुआ कि क्षण भर को तुम रुक गए। अवाक रह गए। ऐसी घनी सौंदर्य की प्रतीति थी उगते सूरज में, जागते प्रकाश में, भागती रात्रि में, सुबह के पक्षियों की गुनगुनाहट में–क्षण भर को तुम खो गए। तुम्हारा अहंकार लीन हो गया। जरा सा द्वार खुला, जरा सा पर्दा हटा, घूंघट जरा सा हिला, भीतर का शून्य क्षण भर को झलका। उस शून्य के कारण ही सुख मिला। लेकिन तुम कहोगे, सूरज को देखने से सुख मिला।

गए तुम पर्वत पर, पहाड़ों पर। देखे हिमशिखर। ढंके अनंतकाल से बर्फ से। चमकती उन पर सूरज की किरणें। जैसे सारा पर्वत स्वर्ण हो गया। एक क्षण को हो गया सब-कुछ स्तब्ध। ऐसा कभी जाना न था। ऐसा कभी देखा न था। अनदेखा देखा। अनजाने से परिचय हुआ। अपरिचित से मिलन होता है, क्षण भर को सब रुक जाता है। क्योंकि मन सम्हालने में वक्त

लेता है। परिचित को देख कर मन नहीं रुकता। जानता है, कौन है।... अपरिचित को देख कर।

मैं कश्मीर में था। मेरे साथ जो मित्र थे, वे वर्षों से प्रतीक्षा करते थे मेरे साथ कश्मीर जाने की। रुके रहे थे, नहीं गए थे। वे बड़े आह्लादित थे। डल झील पर हम रुके थे। जिस हाउस बोट में थे, उसका मालिक जब थोड़ा परिचित हो गया तो वह कहने लगा–आखिरी दिन जब हम विदा होते थे, उसने मेरे पैर पकड़ लिए और कहा कि एक ही आशा है, बंबई देखनी है। आपकी कृपा हो जाए। मुझे साथ ले चलें। बस, दो-चार दिन में ही तृप्त हो जाऊंगा। लेकिन बिना बंबई देखे नहीं मरना है। डल झील सूनी है।

बंबई के मित्र मेरे साथ थे। वे बंबई से आए थे, डल झील देखने। वह नई थी। वह उन्हें झकझोरती थी। डल झील पर हाउस बोट वर्षों से सम्हालने वाला आदमी–डल झील मुर्दा हो गई थी उसके लिए। परिचित हो गई थी।

जो भी परिचित हो जाता है, वह तुम्हें झकझोरता नहीं। इसलिए तो जिस स्त्री पर तुम पहले दिन मोहित होते हो, उस दिन लगता है स्वर्ग बरसा। उसी को विवाह कर घर ले आते हो, नरक घर आ जाता है। स्वर्ग पता नहीं कहां खो जाता है। अपरिचित में ठिठक है। अवाक हो जाता है आदमी नये को देख कर। तुम्हारा पुराना मन हिसाब नहीं लगा पाता। इसलिए रुक जाता है। उसे कभी जाना नहीं था। पहली दफा जाना है। अगली बार जब जानोगे तो मन के पास हिसाब होगा कि वही है। पहले देखा था। दुबारा डल झील देखोगे, कुछ खास न रह जाएगा। तीसरी बार देखोगे, देखोगे ही नहीं। मन कहेगा, सब देखा हुआ है, परिचित है।

अपरिचित क्षणों में कभी-कभी शून्य झांकता है। इसलिए कोई भी अपरिचित क्षण सुख की वर्षा कर जाता है। लेकिन अनजान में पकड़े जाना चाहिए। कभी संगीत को सुन कर धुन बंध जाती है। धुन ऐसी बंध जाती है कि विचार रुक जाते हैं। क्योंकि विचार अगर रहेंगे तो धुन न बंधेगी।

मैंने सुना है, एक बड़ा संगीतज्ञ हुआ। एक नवाब ने उसे लखनऊ में निमंत्रित किया था। और उस संगीतज्ञ की बड़ी अजीब शर्तें थीं। उसकी एक शर्त तो यह थी कि जब मैं बजाऊं वीणा, गाऊं गीत, तो कोई सिर न हिलाए। अगर किसी ने सिर हिलाया, तो उसका सिर काट दिया जाएगा। उससे मुझे बाधा पड़ती है।

लखनऊ के नवाब! वैसे ही पागल! वह राजी हो गया नवाब। उसने कहा: इसमें क्या फिकर? इसमें क्या अड़चन है? सिर तो हम वैसे ही काटते रहते हैं।

नगर में डुंडी पीट दी कि जो भी आए, सोच कर आए, पीछे पछताना न हो। सिर हिलाना सख्त मना है। जो सिर हिलाएगा, उसका सिर काट दिया जाएगा।

सम्राट ने सिपाही नंगी तलवारें लिए खड़े कर दिए। लाखों लोग सुनने आए होते; नहीं आए। थोड़े से चुने लोग सुनने आए, जो नहीं रोक सके अपने को। जो जीवन को दांव पर लगाने को तैयार थे। हजार-पांच सौ लोग सुनने आए। वे भी सम्हल कर बैठे—बिलकुल योगियों की तरह। सिद्धासन जमा लिया कि कहीं भूल-चूक से ही हिल जाए। संगीत के लिए न हिले, मक्खी आ जाए और सिर हिल जाए; और यह नवाब पागल है। फिर सिद्ध करना मुश्किल होगा कि हमने मक्खी के लिए हिलाया या कोई और कारण से हिल गया। तो सम्हल कर बैठे। श्वास रोक कर बैठे। नंगी तलवारें लिए नवाब ने आदमी चारों तरफ खड़े कर दिए भवन में। नोट कर लिया जाए जिसका भी सिर हिले और बाद में काट दी जाए गर्दन।

सम्राट भी चकित हुआ। संगीत शुरू हुआ, थोड़ी देर में कुछ सिर हिलने लगे। उसने सोचा था, कोई हिलेगा ही नहीं। कोई दस-पंद्रह सिर हिलने लगे। किसी गहरी विवशता में, असहाय। संगीत पूरा हुआ। वे बारह आदमी पकड़ लिए गए। इसके पहले कि नवाब उनकी गर्दन कटवाए संगीतज्ञ ने कहा कि रुको। मैं इन्हीं की तलाश में था। बाकी को विदा कर दो। अब इन्हीं के लिए बजाऊंगा।

सम्राट ने कहा: हम कुछ समझे नहीं। और उन पागलों से पूछा कि तुम क्यों सिर हिलाए? उन्होंने कहा: हमने सिर हिलाया यह कहना उचित न होगा। हम थे ही नहीं। सिर कब हिले, हमें उसका पता नहीं। धुन बन गई। विचार खो गए। और विचार के साथ ही आपकी सूचना भी खो गई कि सिर काट दिए जाएंगे। हम थे ही नहीं। एक क्षण आया, जब हम मिट गए।

और उस संगीतज्ञ ने कहा, इन्हीं के लिए बजाऊंगा अब। क्योंकि जो मिट नहीं सकते, वे संगीत को समझ ही नहीं सकते। क्योंकि संगीत में थोड़े ही असली रहस्य है; मिटने में, शून्य हो जाने में है। संगीत तो निमित्त है।

सारी धर्म की विधियां निमित्त हैं। उनमें धर्म नहीं है। अगर निमित्त काम कर जाए, तो वह तुम्हारे शून्य में छिपा है।

तो कभी आकस्मिक रूप से प्रेम के किसी क्षण में... अचानक वर्षों का खोया मित्र रास्ते में मिल जाए और विचार ठिठक जाएं तो कैसा आह्लाद भर जाता है हृदय में। आपूर! चाहे आकस्मिक, चाहे नियोजन से, लेकिन जब भी तुम्हारे भीतर जरा सा झरोखा खुलता है और शून्य झांकता है, तभी अमृत की धार शुरू हो जाती है।

इसलिए मैं कहता हूं: संभोग के क्षण में भी कभी अमृत की धार शुरू हो जाती है। क्योंकि संभोग एक इलेक्ट्रिक शॉक है। सारे शरीर-संस्थान को एक भयंकर धक्का है। वह धक्का अगर इतना हो कि तुम उस धक्के में क्षण भर को खो जाओ, तो संभोग भी समाधि की झलक ले आता है।

मृत्यु में भी कभी-कभी झलक मिल जाती है शून्य की। जैसे कि तुम पहाड़ से गिर पड़ो। गिरते

ही तुम तो मान ही लिए कि मर गए। जैसे ही तुमने मान लिया कि मर गए, विचार बंद हो जाते हैं। क्योंकि विचार तो जीवन का गोरखधंधा है। जब मर ही गए, तो अब क्या विचार करने का समय रहा? किसके लिए विचार करना है? व्यापार ही टूट जाता है। संबंध ही छूट गया इस संसार से। संसार से संबंध था विचार का। पहाड़ से तुम गिर गए। तुमने मान लिया कि मर गए। क्षण भर की देर है कि नीचे दिखाई पड़ रही हैं चट्टानें। टकराए और गए! उस एक क्षण में अगर तुम बच जाओ।

ऐसा कई बार हुआ है कि कुछ लोग पहाड़ों से गिर गए और बच गए। संयोगवशात! तो उन्होंने कहा कि हमने जीवन का सबसे बड़ा सुख जाना। क्योंकि उस क्षण में एक ही क्षण है छोटा सा। पहाड़ से गिरने में और खाई के आने में देर कितनी? लेकिन उस एक क्षण में विचार बंद हो गए, शून्य का झरोखा खुल गया। अमृत बरसा।

मृत्यु में भी अमृत बरस सकता है, संगीत में भी, संभोग में भी, आकस्मिक सौंदर्य में, आकस्मिक घटना में। लेकिन कभी भी आनंद की अनुभूति हो, कारण कुछ भी हों, दिखाई पड़ते हों, मूल कारण एक ही होता है कि शून्य की प्रतीति होती है।

जो यह समझ जाता है, वह फिर संयोगों की फिकर नहीं करता। वह सीधे शून्य की तलाश करता है। वह क्यों पहाड़ से गिरने जाएगा? वह तो बैठे-बैठे शून्य में डूब सकता है। एक बार यह समझ में आ गया कि शून्य से ही आती है रसधार तो फिर छोटे-छोटे निमित्तों की कौन फिकर करता है? फिर सीधा ही डूब जाता है शून्य में। वही तो योग है।

इसलिए मैं कहता हूं: योग समस्त भोगियों का सार है। यह तुम्हें कठिन लगेगा। लेकिन भोगियों ने जो कण-कण मात्र जाना है, कभी-कभी जिसकी झलक पाई है, वर्षों जिसके लिए तड़फे हैं और कभी छोटी सी रत्ती भर जिसका स्वाद पाया है।

भोगियों के समस्त भोग-अनुभव का सार योग है।

तब योगियों ने जांच परख कर ली और पूरा विज्ञान निर्मित कर लिया कि असली बात शून्य है। और शून्य में तो सीधे जाया जा सकता है। यह वाया मीडिया, ये माध्यम, इनकी कोई भी जरूरत नहीं। इनमें व्यर्थ ही समय जाया करना पड़ता है। इसलिए योगी सीधे शून्य की तलाश करने लगे।

अवधू, गगन मंडल घर कीजै।

अमृत झरै सदा सुख उपजै,...

'सदा!' वही असली सुख की परिभाषा है। जो कभी-कभी, वह सुख नहीं। जो कभी-कभी, वह शांति नहीं। जो कभी-कभी, वह तो रोग है। उसमें एक तरह का ज्वर होगा।

तुम देखो; लोगों को तुम सुख में भी उत्तेजित पाओगे। उत्तेजना ज्वर है। उत्तेजना सुखद

नहीं है। इसलिए अक्सर ऐसा होता है, किसी को लाटरी मिल गई और वह मर गया। इतने उत्तेजित हो गए सुख में। लाटरी के लिए वर्षों से राह देख रहे थे, वह मिल गई। सोचा न था कि कभी मिलेगी। कामना करते थे कि मिल जाए। लेकिन जानते तो थे कि मिलने वाली नहीं। यह अपने भाग्य में नहीं है। लेकिन मिल गई। सम्हाल न सके सुख को। इतनी उत्तेजना हो गई कि हृदय ने धड़कना ही बंद कर दिया। विचार ही बंद होते, तो ठीक था। हृदय भी बंद हो गया! खून की गति बढ़ गई। ब्लडप्रेशर हो गया कि नसें फट गईं।

सुख मार डालता है। तो तुम्हारा सुख बहुत सुख नहीं मालूम होता। वह तो तुम्हें रत्ती-रत्ती मिलता है, इसलिए तुम सम्हाल लेते हो। रत्ती-रत्ती जहर तुम खाते रहो रोज तो मरोगे नहीं। मरोगे भी तो तीस-चालीस साल लग जाएंगे रत्ती-रत्ती।

आदमी सिगरेट पीता है। वैज्ञानिक कहते हैं कि अगर बीस साल में जितनी आदमी सिगरेट पीता है, अगर छह सिगरेट रोज पीए तो बीस साल में जितनी सिगरेट पीएगा, उनका निकोटिन अगर इकट्ठा दे दिया जाए, तो आदमी मर जाएगा। लेकिन छह सिगरेट पीने से मरता नहीं। रत्ती-रत्ती! बल्कि अभ्यासी हो जाता है। अभ्यास से इम्यून हो जाता है। तो शुद्ध आदमी, जिसने कभी सिगरेट न पी हो, उसको निकोटिन दे दो, तो जल्दी मर जाएगा, जो अभ्यासी है—हठयोग है एक तरह का सिगरेट पीना। धुआं भीतर ले जाना, बाहर लाना—प्राणायाम धुएं का। जो अभ्यासी है, वह ऐसे नहीं मरेगा।

तुम्हारा सुख रत्ती-रत्ती जहर है। और तुम्हारे हर सुख के पीछे दुख छिपा है। तुम्हारा हर सुख दुख अपने साथ ही लाता है। देर-अबेर सुख जाएगा, दुख प्रकट होगा। तुम्हारा सुख सदा नहीं है। जो सुख सदा है, उसी को हमने आनंद कहा है। 'सदा सुख उपजै।' दो सुखों के बीच में जब दुख नहीं रह जाता, तब सदा सुख उपजता है। तब तो तुम्हें पता ही नहीं चलता कि सुख कब आया। आना पता चलता है एक बार; फिर जाने का तो पता ही नहीं होता। धीरे-धीरे ऐसी अवस्था हो जाती है सदा सुखी की कि उसे यह भी पता नहीं चलता कि वह सुखी है।

तुम अगर बुद्ध से पूछो कि क्या आप सुखी हैं? तो वे यह नहीं कह सकते कि मैं सुखी हूं। क्योंकि मैं सुखी हूं, यह तो उसी का बोध है जो दुखी भी होता है। जैसे सदा स्वस्थ रहने वाले आदमी को पता ही नहीं चलेगा कि मैं स्वस्थ हूं। यह तो बीमार को पता चलता है। सदा जो स्वस्थ है, उसे स्वास्थ्य का भी पता नहीं चलता। सदा सुखी आदमी को सुख का भी पता नहीं चलता।

इसलिए तो बुद्ध नाचते हुए दिखाई नहीं पड़ते। सुख इतना सदा है कि अब उसके लिए

नाचना क्या? वह तो श्वास जैसा है? बह ही रहा है। वह तो स्वभाव में है। वह तो बरस ही रहा है। उसके लिए नाचना क्या? उसके लिए हंसना क्या? उसके लिए शोरगुल क्या मचाना कि मैं सुखी हूं?

सुख जब सदा होता है, तो शांति में रूपांतरित हो जाता है। आनंद जब परिपूर्ण होता है, तो शून्यवत हो जाता है। पूरा घड़ा जैसे भर जाए और आवाज नहीं करता, ऐसे ही पूरा सुख जब हो जाता है, तो कोई आवाज नहीं करता।

अमृत झरै सदा सुख उपजै, बंकनालि रस पीजै।

और पीते जाओ उसके रस को, जितना पीना हो। रस कभी चुकता नहीं। पीने वाला थक जाए, पिलाने वाला नहीं थकता।

मूल बांधि सर गगन समाना, सुखमनि यों तन लागी।

यह जो महासुख की घटना घटती है, योगी कैसे उसे घटाता है? वह अपने भीतर क्या करता है? वह किस भांति अपने को आकाश में डुबा देता है?

मूल बांधि सर गगन समाना,...

यह उसकी प्रक्रिया है।

जीवन ऊर्जा है। शक्ति है। लेकिन साधारणतः तुम्हारी जीवन ऊर्जा नीचे की तरफ प्रवाहित हो रही है। इसलिए तुम्हारी सब जीवन ऊर्जा अंततः कामवासना बन जाती है। कामवासना तुम्हारा निम्नतम चक्र है। तुम्हारी ऊर्जा नीचे गिर रही है। और सारी ऊर्जा धीरे-धीरे काम-केंद्र पर इकट्ठी हो जाती है। इसलिए तुम्हारी सारी शक्ति कामवासना बन जाती है। जितने तुम शक्तिशाली होओगे, उतनी प्रगाढ़ कामवासना तुममें पैदा होगी।

इसलिए तो साधु डर जाते हैं। तो भोजन कम करते हैं। क्योंकि न भोजन लेंगे, न शक्ति पैदा होगी। न शक्ति पैदा होगी, न कामवासना उठेगी। साधु अपने को सुखाने में लग जाते हैं। साधु धीरे-धीरे ऐसी कोशिश करते हैं कि इतना ही भोजन लें, जितने से रोज दैनिक शरीर का काम चल जाए। ऊर्जा बचे न।

मगर यह कोई साधुता हुई? यह तो नपुंसकता हुई। यह कोई साधना हुई? शक्ति न बचे, तो तुम्हारे ब्रह्मचर्य का क्या अर्थ, क्या मूल्य है? कोई सार्थकता नहीं। निर्बल के ब्रह्मचर्य का क्या अर्थ है?

लाखों लोग निर्बलता को ब्रह्मचर्य समझ लेते हैं। रुग्णता को स्वास्थ्य समझ लेते हैं। शरीर को गला लेते हैं। ऊर्जा पैदा नहीं होती, इसलिए कामकेंद्र सूख जाता है। तो वे सोचते हैं कि हम सिद्धावस्था को उपलब्ध हो गए।

उन्हें ठीक से भोजन दो, एक सप्ताह के भीतर उनकी काम-ऊर्जा फिर प्रवाहित होने

लगेगी। फिर वासना जगने लगेगी। यह कोई छुटकारा न हुआ। यह तो धोखा हुआ। यह आत्म-प्रवंचना है। कबीर जैसे ज्ञानी, ऐसी साधुता को दो कौड़ी का भी नहीं मानते।

साधुता का अर्थ ऊर्जा को समाप्त करना नहीं है, ऊर्जा को रूपांतरित करना है। ऊर्जा को नष्ट करना, सुखाना नहीं है, ऊर्जा की दशा बदलनी है। वह जो नीचे की तरफ बहती है, वह ऊपर की तरफ बहने लगे। अधोगामी शक्ति ऊर्ध्वगमन की तरफ निकल जाए। जो अभी जमीन की तरफ बहती है, वह आकाश की तरफ उठने लगे। जो अभी पानी की तरह है, वह अग्नि की तरह हो जाए। पानी नीचे की तरफ बहता है। अग्नि सदा ऊपर की तरफ जाती है। जिस दिन तुम्हारी ऊर्जा आग्नेय हो जाएगी, उसी दिन, उसी दिन एक अनूठे ब्रह्मचर्य का जन्म होगा, जो निर्बलता से नहीं, वरन परम-वीर्य से पैदा होता है।

'मूल बांधि'—वह जो मूलाधार चक्र है, जहां से ऊर्जा काम-ऊर्जा बनती है, उसे बांध लेना है। उसे सिकोड़ लेना है। इसलिए योग ने, पतंजलि ने, हठयोग ने बहुत सी प्रक्रियाएं खोजी हैं मूल को बांधने की। मूल जब बंध जाए तो ऊर्जा अपने आप ऊपर उठने लगती है। क्योंकि नीचे का द्वार बंद हो जाता है। द्वार अवरुद्ध हो जाता है।

एक छोटा सा प्रयोग जब भी तुम्हारे मन में कामवासना उठे तो करो, तो धीरे-धीरे तुम्हें राह साफ हो जाएगी।

जब भी तुम्हें लगे कि कामवासना मन को पकड़ रही है, तब डरो मत। शांत होकर बैठ जाओ। जोर से श्वास को बाहर फेंको—उच्छ्वास। भीतर मत लो श्वास को। क्योंकि जैसे ही तुम भीतर गहरी श्वास को लोगे, भीतर जाती श्वास काम-ऊर्जा को नीचे की तरफ धकाती है। जब तुम्हें कामवासना पकड़े, तब एक्सहेल करो। बाहर फेंको श्वास को। नाभि को भीतर खींचो, पेट को भीतर लो और श्वास को बाहर फेंको जितनी फेंक सको।

धीरे-धीरे अभ्यास होने पर तुम संपूर्ण रूप से श्वास को बाहर फेंकने में सफल हो जाओगे। जब सारी श्वास बाहर फिंक जाती है, तो तुम्हारा पेट और नाभि वैक्यूम हो जाते हैं। शून्य हो जाते हैं। और जहां कहीं शून्य हो जाता है, वहीं आस-पास की ऊर्जा शून्य की तरफ प्रवाहित होने लगती है। शून्य खींचता है। क्योंकि प्रकृति शून्य को बर्दाश्त नहीं करती। शून्य को भरती है।

तुम नदी से पानी भर लेते हो घड़े में। तुमने घड़ा भर कर उठाया नहीं कि गड्ढा हो जाता है पानी में घड़े से। तुमने पानी भर लिया, उतना गड्ढा हो गया। चारों तरफ से पानी दौड़ कर उस गड्ढे को भर देता है।

तुम्हारी नाभि के पास शून्य हो जाए, तो मूलाधार से ऊर्जा तत्क्षण नाभि की तरफ उठ

जाती है। और तुम्हें बड़ा रस मिलेगा। जब तुम पहली दफा अनुभव करोगे कि एक गहन ऊर्जा बाण की तरह आकर नाभि में उठ गई। तुम पाओगे, सारा तन-मन एक गहन स्वास्थ्य से भर गया। एक ताजगी! यह ताजगी वैसी ही होगी, ठीक वैसा ही अनुभव तुम्हें होगा ताजगी का, जैसा संभोग के बाद उदासी का होता है। जैसे ऊर्जा के स्खलन के बाद एक शिथिलता पकड़ लेती है--एक रुग्ण-दशा, एक विषाद, एक हारापन, एक थकान। तुम सो जाना चाहते हो।

बहुत से लोग संभोग का उपयोग केवल नींद के लिए ही करते हैं। क्योंकि थक जाते हैं। पश्चिम में डॉक्टर तो लोगों को सलाह देते हैं, जिनको नींद नहीं आती कि संभोग उनके लिए उचित है। संभोग कर लोगे, थक जाओगे, टूट जाओगे! नींद अपने आप आ जाएगी। लेकिन वह नींद कोई स्वस्थ नींद नहीं है। वह थकान की नींद है। वह विश्राम नहीं है, थकान है। थकान और विश्राम में बड़ा फर्क है। विश्राम में ऊर्जा पूरी आराम करती है। थकान में ऊर्जा नहीं होती। हारे, थके, टूटे हुए तुम पड़ जाते हो।

संभोग के बाद जैसे विषाद का अनुभव होगा, वैसे ही अगर ऊर्जा नाभि की तरफ उठ जाए, तो तुम्हें हर्ष का अनुभव होगा। एक प्रफुल्लता घेर लेगी। ऊर्जा का रूपांतरण शुरू हुआ। तुम ज्यादा शक्तिशाली, ज्यादा सौमनस्यपूर्ण, ज्यादा उत्फुल्ल, सक्रिय, अनथके, विश्रामपूर्ण मालूम पड़ोगे। जैसे गहरी नींद के बाद उठे हो। ताजगी आ गई है।

इसलिए जो लोग भी मूलाधार से शक्ति को सक्रिय कर लेते हैं, उनकी नींद कम हो जाती है। जरूरत नहीं रह जाती। वे थोड़े घंटे सोकर भी उतने ही ताजे हो जाते हैं, फिर तो दो घंटे भी सोकर उतने ही ताजे हो जाते हैं जितने तुम आठ घंटे सोकर नहीं हो पाते, क्योंकि तुम्हारे शरीर को तो ऊर्जा को पैदा करना पड़ता है, निर्मित करना पड़ता है, भरना पड़ता है। और बड़ा पागलपन है। रोज शरीर भरता है, रोज तुम उसे उलीचते हो। यूं ही उम्र तमाम होती है। रोज भोजन लो, शरीर को ऊर्जा से भरो, फिर उसे उलीचो और फेंक दो।

ऊर्जा का ऊर्ध्वगमन बड़ा अनूठा अनुभव है। और पहला अनुभव होता है, मूलाधार से नाभि की तरफ जब संक्रमण होता है।

यह मूलबंध ही सहजतम प्रक्रिया है। कि तुम श्वास को बाहर फेंक दो, नाभि शून्य हो जाएगी, ऊर्जा उठेगी नाभि की तरफ, मूलबंध का द्वार अपने आप बंद हो जाएगा। वह द्वार खुलता है ऊर्जा के धक्के से। जब ऊर्जा मूलाधार में नहीं रह जाती, धक्का नहीं पड़ता, द्वार बंद हो जाता है।

मूल बांधि सर गगन समाना,...

बस, तुमने अगर एक बात सीख ली कि ऊर्जा कैसे नाभि तक आ जाए, शेष तुम्हें चिंता

नहीं करनी। तुम ऊर्जा को, जब भी कामवासना उठे, नाभि में इकट्ठा करते जाओ। जैसे-जैसे ऊर्जा बढ़ेगी नाभि में, अपने आप ऊपर की तरफ उठने लगेगी। जैसे बर्तन में पानी बढ़ता जाए, तो पानी की सतह ऊपर उठती जाए।

असली बात मूलाधार का बंद हो जाना है। घड़े के नीचे का छेद बंद हो गया, अब ऊर्जा इकट्ठी होती जाएगी। घड़ा अपने आप भरता जाएगा।

एक दिन तुम अचानक पाओगे कि धीरे-धीरे नाभि के ऊपर ऊर्जा आ रही है। तुम्हारा हृदय एक नई संवेदना से आप्लावित हुआ जा रहा है। तुम कहते हो कि तुम प्रेम करते हो। लेकिन तुम कर नहीं सकते क्योंकि तुम्हारे हृदय में ऊर्जा नहीं है। तुम लाख कहो कि तुम प्रेम करते हो। तुम प्रेम कर नहीं सकते। क्योंकि प्रेम तभी घटता है, जब हृदय चक्र में ऊर्जा आती है। उसके पहले घटता नहीं। तो तुम समझाते रहो अपने को कि तुम प्रेम करते हो; लेकिन तुमने किसी को प्रेम नहीं किया। न अपनी पत्नी को, न अपने बेटे को। ज्यादा से ज्यादा तुम अपने को प्रेम करते हो। बाकी तुम किसी को प्रेम नहीं करते। और वह भी बहुत कमजोर है। वह भी कोई बड़ा गहरा नहीं है।

जिस दिन हृदय-चक्र पर आएगी तुम्हारी ऊर्जा, तुम पाओगे भर गए तुम प्रेम से। तुम जहां भी उठोगे, बैठोगे, तुम्हारे चारों तरफ एक हवा बहने लगेगी प्रेम की। दूसरे लोग भी अनुभव करेंगे कि तुममें कुछ बदल गया। तुम अब वही नहीं हो। तुम कोई और ही तरंग लेकर आते हो। तुम्हारे साथ कुछ और ही लहर आती है कि उदास प्रसन्न हो जाता है; कि दुखी थोड़े देर को दुख को भूल जाता है कि अशांत, शांत हो जाता है कि तुम जहां छू देते हो, जिसे छू देते हो, उस पर ही एक छोटी सी वर्षा प्रेम की हो जाती है। लेकिन हृदय में ऊर्जा आएगी, तभी यह होगा।

ऊर्जा जब बढ़ेगी, हृदय से कंठ में आएगी तब तुम्हारी वाणी में एक माधुर्य आ जाएगा। जब तुम्हारी वाणी में एक संगीत, एक सौंदर्य आ जाएगा। तुम साधारण से शब्द बोलोगे और उन शब्दों में काव्य होगा। तुम दो शब्द किसी से कह दोगे और तुम उसे तृप्त कर दोगे। तुम चुप भी रहोगे तो तुम्हारे मौन में भी संदेश छिप जाएंगे। तुम न भी बोलोगे, तो भी तुम्हारा अस्तित्व बोलेगा। ऊर्जा कंठ पर आ गई।

उपनिषद के गीत तभी तो फूटे होंगे, जब ऊर्जा कंठ पर आ गई होगी। बुद्ध के वचन तभी तो निस्सृत हुए होंगे, जब ऊर्जा कंठ पर आ गई होगी। कुरान के वचन साधारण वचन हैं। लेकिन जब मोहम्मद ने उन्हें कहा था तब उन वचनों में कुछ बात ही और थी। तब वे किसी और ही लोक से आते थे।

तुम भी उनको दोहरा सकते हो। लेकिन तुम्हारी ऊर्जा जहां होगी, उन शब्दों में वही

गुणधर्म प्रविष्ट हो जाएगा। अगर कामवासना से भरा हुआ आदमी कुरान को कितने ही तरन्नुम से गाए, तो भी वह कव्वाली ही होगी। वह कुरान हो नहीं सकता। क्योंकि कुरान का संबंध शब्दों से थोड़े ही है! तुम्हारी जीवन ऊर्जा से है। और अगर मोहम्मद कव्वाली भी गाएं, तो वह कुरान हो जाएगा। उन शब्दों में भी नये भाव आविर्भूत हो जाएंगे। नई कोंपलें लग जाएंगी। नये फूल लग जाएंगे।

कृष्ण ने गीता कही। वह कंठ से आई ऊर्जा की अभिव्यक्ति है, अभिव्यंजना है। कितने लोग गीता को कंठस्थ किए हैं। और कितने लोग रोज उसका पाठ करते रहते हैं। कितने हजारों पाठ कर चुके हैं। लेकिन अगर काम-ऊर्जा मूलाधार से गिर रही है, तो गीता तुम गाते रहो, वह गीता तुम्हारी ही होगी; भगवद्गीता नहीं हो सकती। भगवद्गीता होने के लिए तो चेतना का भागवत हो जाना जरूरी है।

ऊर्जा ऊपर उठती जाती है। एक घड़ी आती है कि तुम्हारे तीसरे नेत्र पर ऊर्जा का आविर्भाव होता है। तब तुम्हें पहली दफा दिखाई पड़ना शुरू होता है। तुम अंधे नहीं होते। उसके पहले तुम अंधे हो। क्योंकि उसके पहले तुम्हें सिर्फ आकार दिखाई पड़ते हैं। निराकार दिखाई नहीं पड़ता। और वही असली में है। सब आकारों में छिपा है निराकार। आकार तो मूलाधार में बंधी हुई ऊर्जा के कारण दिखाई पड़ते हैं। अन्यथा कोई आकार नहीं है।

तुम कहां समाप्त होते हो? कहां तुम्हारी सीमा है? कहां तुम शुरू होते हो? न कोई कहीं शुरू होता है, न कोई कहीं समाप्त होता है। सारा जगत संयुक्त है। तुम झाड़ों से जुड़े हो। पहाड़ों से जुड़े हो। चांद तारों से जुड़े हो। छोटा सा मकड़ी का जाला हिलाओ, और अनंत आकाश के तारे भी कंप जाते हैं। क्योंकि सारा अस्तित्व एक है: इसमें दो तो हैं नहीं कहीं; लेकिन तुम्हें अनेक दिखाई पड़ता है। अंधे हो। मूलाधार अंधा चक्र है। इसलिए तो हम कामवासना को अंधी कहते हैं। वह अंधी है। उसके पास आंख बिलकुल नहीं है।

आंख तो खुलती है—तुम्हारी असली आंख, जब तीसरे नेत्र पर ऊर्जा आकर प्रकट होती है। जब लहरें तीसरे नेत्र को छूने लगती हैं। तीसरे नेत्र के किनारे पर जब तुम्हारी ऊर्जा की लहरें आकर टकराने लगती हैं, पहली दफा तुम्हारे भीतर दर्शन की क्षमता जगती है।

इसलिए हमने इस देश में विचार की प्रक्रिया को फिलॉसफी नहीं कहा। हमने विचार की प्रक्रिया को दर्शन कहा। फिलॉसफी पश्चिम में दर्शनशास्त्र का नाम है। हमने वह नाम पसंद न किया। क्योंकि फिलॉसफी तो पैदा हो जाती है, मूलाधार में ऊर्जा हो तब भी। लेकिन दर्शन पैदा नहीं होता। और मूलाधार में भटके हुए अंधे कितना ही सोचें, उनके सोचने का क्या मूल्य

हो सकता है? वे सोच कर भी क्या सोच पाएंगे।

अंधा कितना ही प्रकाश के संबंध में विचार करे, सिर पटके, गणित बिठाए, विश्लेषण करे, मीमांसा में उतरे, क्या हल होगा? अंधा जो भी कहेगा प्रकाश के संबंध में, गलत होगा। अंधे को तो अंधेरा भी दिखाई नहीं पड़ता। प्रकाश तो बहुत दूर की बात है।

तुम शायद सोचते होओगे कि अंधे को अंधेरा दिखाई पड़ता है तो तुम गलती में हो। अंधेरा देखने के लिए भी आंख चाहिए। अंधेरा भी आंख का ही अनुभव है। तुम आंख बंद करते हो, तुम को अंधेरा दिखाई पड़ता है क्योंकि आंख खोल कर तुमको प्रकाश का अनुभव है। अंधे को तो अंधेरा भी दिखाई नहीं पड़ सकता। अंधेरा और प्रकाश तो आंख के अनुभव हैं।

तो अंधे सोच सकते हैं। और बड़े दर्शनशास्त्र खड़े कर सकते हैं। अरिस्टोटल, कांट, हीगल, बर्ट्रेंड रसल–पश्चिम के बड़े से बड़े विचारक भी दार्शनिक नहीं हैं।

दर्शन एक अनूठी प्रक्रिया है। जिसका संबंध विचार से नहीं, ऊर्जा से है। कपिल, कणाद, बुद्ध, महावीर, शंकर, नागार्जुन दार्शनिक हैं, विचारक नहीं हैं। क्योंकि, दार्शनिक होने का अर्थ है: जिसकी ऊर्जा की लहरें तृतीय नेत्र के तट से टकराने लगीं। अब इसको दिखाई पड़ता है। यह कोई सिद्धांत नहीं बनाता। इसे जो दिखाई पड़ता है, उसे सिद्धांत में बांधता है। यह टटोलता नहीं है अंधेरे में। इसे जो दिखाई पड़ता है, उसे शब्दों में उतारता है, ताकि अंधों तक शब्द पहुंचाए जा सकें।

और जब तुम्हारे जीवन में आंख आती है, तब सिवाय परमात्मा के कुछ भी नहीं दिखाई पड़ता। सारा संसार माया हो जाता है। सिर्फ परमात्मा सच होता है। अभी माया सच है। परमात्मा एकमात्र असत्य है। तो तुम लाख कहो कि हम मानते हैं। लेकिन तुम जानते हो कि परमात्मा है नहीं। मानोगे तुम कैसे? जिसे जाना नहीं, उसे मानोगे कैसे? जिसे देखा नहीं, उसे तुम मानोगे कैसे? भीतर तो संदेह बना ही रहता है।

पूज लेते हो मंदिर में जाकर। हाथ जोड़ कर मूर्ति के सामने खड़े हो जाते हो। जरा गौर करना, भीतर तुम संदेह के कीड़े को सरकता हुआ पाओगे। लेकिन झुक जाते हो डर के कारण पता नहीं, हो ही! पीछे पछताना पड़े।

मुल्ला नसरुद्दीन का एक मित्र मर रहा था। मित्र एक मौलवी था, पंडित था बड़ा। लेकिन मरते वक्त उसे भी कठिनाई होने लगी। क्योंकि पांडित्य मृत्यु में तो साथ देता नहीं। वह डरा। अब तक तो कहता रहा कि ईश्वर है, यह है, वह है–सब सिद्धांत। लेकिन अब उसे समझ में न आया कि क्या करे! मौत करीब आ गई। क्षण भर की देरी है, क्या होगा? क्या न होगा?

किसी ने कहा कि तुम मुल्ला नसरुद्दीन को क्यों नहीं बुला लेते? वह बड़ा ज्ञानी है। मरता

क्या न करता। डूबते तिनके का सहारा ले लेते हैं। उसने कहा: हां, चलो बुला लो नसरुद्दीन को। संदेह तो था। भरोसा तो था नहीं। लेकिन कोई हर्जा नहीं। नसरुद्दीन आया और उसने कहा: ठीक। तुम प्रार्थना करो कि हे परमात्मा! हे शैतान! मुझे सम्हाल। उसने कहा: यह किस प्रकार की प्रार्थना है? हे परमात्मा, समझ में आता है, लेकिन...!

नसरुद्दीन ने कहा कि मरते वक्त खतरा लेना उचित नहीं है। पता नहीं, परमात्मा हो या न हो। और पता नहीं, शैतान ही हो। तुम दोनों से ही प्रार्थना कर लो। जो भी होगा, सहायता करेगा। इस घड़ी में किसी को नाराज करना ठीक नहीं।

भय के कारण पूजा चलती है, श्रद्धा के कारण नहीं। परमात्मा पर भरोसा तो तभी आता है जब ऊर्जा तीसरे नेत्र में प्रवेश करती है। तुम देखने में समर्थ हो जाते हो। तब तक परमात्मा एक झूठ है और माया सत्य है। फिर सारी चीज बदल जाती है। परमात्मा सत्य हो जाता है, संसार झूठ हो जाता है।

दर्शन की क्षमता, विचार की क्षमता का नाम नहीं है। दर्शन की क्षमता देखने की क्षमता है। वह साक्षात्कार है। जब बुद्ध कुछ कहते हैं, तो देख कर कहते हैं। वह उनका अपना अनुभव है। अनानुभूत शब्दों का क्या अर्थ है? केवल अनुभूत शब्दों में सार्थकता होती है।

मैंने सुना है, एक छोटे से गांव में मैं ठहरा हुआ था। और शहर से एक डॉक्टर आया था गांव के ग्रामीणों को समझाने के लिए परिवार-नियोजन के संबंध में। तो जिस घर में मैं ठहरा था, उस घर के सामने के ही आंगन में ग्रामीण इकट्ठे हुए थे और डॉक्टर समझा रहा था। मैं भी बैठा सुन रहा था। परिवार-नियोजन के संबंध में सब बातें उसने समझाईं। एक ग्रामीण ने खड़े होकर पूछा कि आप विवाहित हैं? उस डॉक्टर ने कहा कि नहीं। मैं अविवाहित हूं। वह ग्रामीण हंसने लगा और, और भी हंसने लगे दूसरे ग्रामीण। तो उस डॉक्टर ने पूछा: मामला क्या है? तो उस ग्रामीण ने कहा: बंदर क्या जाने अदरक का स्वाद!

लेकिन जीवन में जिन चीजों का तुम्हें कोई स्वाद नहीं मिला है, उनको भी तुमने मान रखा है। और मानते-मानते तुम्हें लगता है कि तुम्हें स्वाद भी मिल गया है। गुड़ कभी चखा नहीं, 'गुड़' शब्द सुना है। परमात्मा कभी चखा नहीं, 'परमात्मा' शब्द सुना है। जल कभी पीया नहीं, 'जल' शब्द सुना है। परमात्मा कभी पीया नहीं, 'परमात्मा' शब्द सुना है।

ऊर्जा जब तीसरी आंख पर प्रवेश करती है, तो अनुभव शुरू होता है। और ऐसे व्यक्ति के वचनों में तर्क का बल नहीं होता, सत्य का बल होता है। ऐसे व्यक्ति के वचनों में एक प्रामाणिकता होती है, जो वचनों के भीतर से आती है, किन्हीं ब्राह्य प्रमाणों के आधार पर नहीं। ऐसे व्यक्ति के वचन को ही हम शास्त्र कहते हैं। ऐसे व्यक्ति के वचन वेद बन जाते हैं। जिसने जाना है, जिसने जीया है, जिसने परमात्मा को चखा है, पीया है, जिसने परमात्मा को

पचाया है, जो परमात्मा के साथ एक हो गया है।

फिर ऊर्जा और ऊपर जाती है। सहस्रार को छूती है।

मूल बांधि सर गगन समाना,...

सर यानी सहस्रार। पहला सबसे नीचा केंद्र, चक्र है, मूल-बंध: मूलाधार। और सबसे अंतिम चक्र है: सहस्रार।

उसे हम सहस्रार कहते हैं आखिरी चक्र को, क्योंकि वह ऐसा है, जैसे सहस्र पंख पुड़ियों वाला कमल हो, बड़ा सुंदर है। और जब खिलता है तो भीतर ऐसी ही प्रतीति होती है जैसे पूरा व्यक्तित्व सहस्र पंखुड़ियों वाला कमल हो गया है। पूरा व्यक्तित्व खिल गया। जब ऊर्जा टकराती है सहस्रार से तो उसकी पंखुड़ियां खिलनी शुरू हो जाती हैं। सहस्रार के खिलते ही व्यक्तित्व से आनंद का झरना बहने लगता है। मीरा उसी क्षण नाचने लगती है। पद घुंघरू बांध मीरा नाची। उसी क्षण चैतन्य महाप्रभु पागलों की तरह उन्मुक्त होकर नाचने लगते हैं।

मूल बांधि सर गगन समाना, सुखमनि यों तन लागी।

बड़ी अनूठी बात है यह—'सुखमनि यों तन लागी।' ऐसा सुख पैदा होता है कि आत्मा तो नाचती ही है, आत्मा तो नाचेगी ही, लेकिन नाच इतना गहन हो जाता है कि शरीर तक उस नाच में नाचने लगता है। शरीर तक आनंदित हो जाता है, जो कि जड़ है।

कबीर यह कह रहे हैं कि उस क्षण में चेतना तो नाचती ही है। उसमें कुछ कहना नहीं, लेकिन जड़ शरीर तक चेतना के साथ चैतन्य जैसा होकर नाचने लगता है। चेतना तो प्रसन्न होती ही है, रोआं-रोआं शरीर का आनंदित हो उठता है। आनंद की लहर ऐसी बहती है कि मुर्दा भी—शरीर तो मुर्दा है—वह भी नाचने लगता है।

तुम अभी शरीर के साथ बंधे-बंधे खुद मुर्दा हो गए हो। तब, तब धारा उलटी बहती है। तुम्हारी चैतन्य की क्षमता के साथ मुर्दा शरीर भी नाचने लगता है। जो तुमने सुना है कि उसकी कृपा से अंधे देखने लगते हैं, लंगड़े चलने लगते हैं, गूंगे बोलने लगते हैं, उसका तुम मतलब न समझे होओगे। उसका यही मतलब है।

उस घड़ी में जो आदमी सदा का गूंगा रहा हो, वह भी बोल उठेगा। इतनी बड़ी घटना घटती है, ऐसा उत्सव घटता है कि जो आदमी सदा का बहरा रहा हो, वह भी सुनने लगेगा। सारा तन जाग उठता है। सारी नींद टूट जाती है। आत्मा की ही नहीं, जड़ शरीर तक में कंपन सुनाई पड़ते हैं। संगीत वहां तक गुंजायमान होता है। प्रतिध्वनि वहां भी सुनाई पड़ने लगती है।

मूल बांधि सर गगन समाना, सुखमनि यों तन लागी।

काम क्रोध दोऊ भया पलीता, तहां जोगणी जागी।।

और ऐसी घड़ी में काम और क्रोध जैसे कि कोई बम लगा देता है, उसमें पलीता लगाता है। पलीते में आग लगती है तो थोड़ी देर में बम फूट जाता है।

काम क्रोध दोऊ भया पलीता, तहां जोगणी जागी।

और उस आनंद की घड़ी में कहां काम, कहां क्रोध! अब तक जिनको शत्रुओं की तरह जाना था, वे मित्र सिद्ध होते हैं। काम, क्रोध दोनों ही उस परम विस्फोट में पलीता बन जाते हैं। उन दोनों का भी उपयोग हो जाता है। उनकी आग भी काम में आ जाती है। और एक विस्फोट घटता है—एक एक्सप्लोजन।

मनवा जाई दरीबै बैठा, मगन भया रसि लागा।

कहै कबीर जिय संसा नाही, सबद अनाहद बागा।।

और अब, अब मन को मंदिर में बिठाने की कोई जरूरत न रही। अब तो बाजार में भी बैठ जाए।

मनवा जाई दरीबै बैठा,...

अब कोई चिंता ही नहीं। हिमालय जाने की जरूरत ही न रही। बाजार, दरीबा में बैठ जाए, तो भी कोई फर्क नहीं पड़ता। अब हर जगह हिमालय है। अब बाजार में भी कैलाश है। अब घर में भी काबा है। अब तो शरीर में ही बैकुंठ है।

मनवा जाई दरीबै बैठा, मगन भया रसि लागा।

और मन भी ऐसा मगन हो गया और रस से ऐसा संबंध जुड़ गया कि अब मन भी संदेह नहीं करता। मन, जिसका स्वभाव संदेह है।

जब ऊर्जा सातवें, आखिरी चक्र को छूती है, तो जो तुम्हारे शत्रु थे कल तक वे भी मित्र हो जाते हैं। काम, क्रोध काम में आ जाते हैं। उनकी ऊर्जा, उनकी अग्नि पलीता बन जाती है परम विस्फोट में। तब तुम्हें पता चलता है कि जीवन में कुछ भी व्यर्थ नहीं है। सब सार्थक है। देर-अबेर हर चीज का उपयोग होना है। कोई पत्थर यहां फेंके जाने योग्य नहीं। सभी पत्थर मंदिर के निर्माण में काम आ जाएंगे। इसलिए जल्दी मत करना फेंकने की। और दुश्मनी मत करना।

परमात्मा ने ऐसा कुछ बनाया ही नहीं, जिसका सदुपयोग न हो। यह हो सकता है, आज तुम्हें कोई उपयोग न सूझे। और आज तुम जिस पत्थर को फेंक दो, कल तुम पछताओ और कल तुम्हें पीछे जाकर पता चले कि वही पत्थर तो मंदिर की मूर्ति बनने को था। या वही पत्थर

मंदिर का शिखर बनने को था।

कुछ भी फेंकना मत। सब सम्हाल कर रखना। रत्ती भर भी तुम में ऐसा नहीं है, जो गलत हो। सभी का उपयोग हो जाएगा। यह हो सकता है कि आज गलत लगता हो। क्योंकि तुम्हारी ऊर्जा बड़ी नीची है। वहां कोई उपयोग न हो। जब ऊर्जा ऊपर जाएगी, दृष्टि का विस्तार होगा, आंखें खुलेंगी, तब हजार उपयोग निकल आएंगे। मन से भी अभी तो यही लगता है कि मन संदेह-संदेह करता रहता है। लेकिन कबीर कहते हैं: फिर तो मन भी ऐसे रस से भर कर डूब जाता है, ऐसे रस में डूब जाता है–'कहै कबीर जिय संसा नाही'–कि अब उसमें संदेह नहीं उठता। संदेह तभी तक उठता था, जब तक तुमने पाया न था।

तब तो इसका यह अर्थ हुआ कि मन का संदेह भी मार्ग पर साथी है, सहयोगी है। क्योंकि वह तुम्हें जगाए रखता है। वह कहता है, अभी घड़ी नहीं आई मानने की। अभी श्रद्धा का समय नहीं आया। अभी अनुभव नहीं हुआ। अभी मंजिल थोड़ी दूर और है। वह तुम्हारे संदेह को जगाए रखता है। और यात्रा को कायम रखता है। लेकिन जब मंजिल आ जाती है, संदेह गिर जाता है। मन कहता है, अब श्रद्धा कर लो। मन भी साथी है। शत्रु तो कोई है ही नहीं।

कहै कबीर जिय संसा नाही, सबद अनाहद बागा।

अब संदेह कैसे करे मन? अब तो अनाहत का शब्द भीतर बांग देने लगा। अब तो सत्य खुद बांग दे रहा है। आधी रात थी, तब मन संशय करता था कि सुबह होगी या न होगी? अब मुर्गे ने बांग दे दी।

...सबद अनाहद बागा।

कबीर कहते हैं: अब भीतर तो सत्य का शब्द ही बांग देने लगा। खुद सत्य बांग देने लगा। खुद परमात्मा बांग देने लगा। अब मन की क्या औकात! अब मन की क्या शंका की सामर्थ्य!

जगती है श्रद्धा। तो दो तरह की श्रद्धाएं हैं। एक: साधक की श्रद्धा, जिसे वह सम्हाल-सम्हाल कर बिठाता है, ताकि यात्रा हो सके। संदेह बना ही रहता है, लेकिन फिर भी वह यात्रा करता है। क्योंकि संदेह अगर अतिशय हो जाए तो यात्रा बंद हो जाए। संदेह अगर इतना हो जाए कि रोक ही दे यात्रा, तो संदेह तो रहेगा ही। श्रद्धा साधक की कि वह कहता है, ठीक है, तू भी रह, लेकिन यात्रा मैं करूंगा। श्रद्धा मैं बनाऊंगा। चेष्टा करूंगा। आधी रहेगी, अधूरी रहेगी। लेकिन जितनी है, उतनी ही भली।

एक तो साधक की श्रद्धा है, और एक सिद्ध की श्रद्धा है। सिद्ध की श्रद्धा बड़ी और। सिद्ध की श्रद्धा का अर्थ है, संदेह जा चुका।

...मगन भया मन रसि लागा।

कहै कबीर जिय संसा नाही, सबद अनाहद बागा।।

बांग देने लगा परमात्मा भीतर। सुबह आ गई।

यह सुबह बहुत दूर नहीं है। रात तुम्हारी कितनी ही अंधेरी हो, सुबह दूर नहीं है। सच तो यह है, रात जितनी अंधेरी हो, सुबह उतनी ही करीब है। परदा बड़ा झीना है। घूंघट उठाने भर की बात है। जगाओ भरोसे को। खड़े हो जाओ अपने पैरों पर। और समय मत गंवाओ। ऐसे भी बहुत समय गंवाया जा चुका है। और मंजिल बिलकुल करीब है। एक कदम—और मंजिल करीब है। और तुम अकारण ही दुख में परेशान हो।

तुम्हारी दशा ऐसी है, जैसे कोई आदमी दुख स्वप्न में दबा हो। खुद के ही हाथ छाती पर रखे है और सपना लगता है कि पहाड़ के नीचे दबा है। खुद का ही तकिया ऊपर रख लिया है और लगता है कि कोई पहलवान छाती पर, कोई दारासिंह बैठा हुआ है। चिल्लाता है, चीखता है। जितना घबड़ाता है उतनी ही भीतर बेचैनी बढ़ती है। और बेचैनी में आंख नहीं खुलती, हाथ नहीं हिलते। लगता है। मरे! मारे गए!

फिर दुखस्वप्न टूट जाता है। आदमी आंख खोलता है। फिर अपने पर ही हंसता है कि तकिया अपना ही रखे हैं, दारासिंह को नाहक दोष दे रहे हैं। हाथ अपने ही छाती पर बंधे हैं, सोचते थे, पहाड़ के नीचे दबे हैं।

कोई डरा न रहा था। कोई था ही नहीं। अकेले ही थे। अपना ही सपना अपने को ही खाए जा रहा था। बस, तुम्हारा ही सपना तुम्हारी माया है। जागो! दृश्य से द्रष्टा में, साक्षी में।

अवधू, गगन मंडल घर कीजै।

आज इतना ही।

6

जोगी जग थैं न्यारा

अवधू जोगी जग थैं न्यारा।
मुद्रा निरति सुरति करि सींगी, नाद न षंडै धारा।।
बसै गगन मैं दुनि न देखै, चेतनि चौकी बैठा।
चढ़ि आकास आसण नहिं छाड़ै, पीवै महारस मीठा।।
परगट कंथा माहै जोगी, दिल मैं दरपन जोवै।
सहंस इकीस छह सै धागा, निश्चला नाकै पोवै।।
ब्रह्म अगनि में काया जारै, त्रिकुटी संगम जागै।
कहै कबीर सोई जोगेस्वर, सहज सुंनि लौ लागै।।

जीवन मिट्टी का एक दीया है; लेकिन ज्योति उसमें मृण्मय की नहीं, चिन्मय की है। दीया पृथ्वी का, ज्योति आकाश की; दीया पदार्थ का, ज्योति परमात्मा की। दीया एक अपूर्व संगम है।

इसे ठीक से समझ लेना, क्योंकि तुम भी मिट्टी के एक दीये हो। लेकिन वही तुम्हारी परिसमाप्ति नहीं। और अगर तुमने ऐसा जाना कि तुम बस मिट्टी के ही दीये हो, तो तुम जीवन की सार्थकता और सत्य से वंचित रह जाओगे।

दीया जरूरी है, लेकिन ज्योति के होने के लिए जरूरी है; ज्योति के बिना दीये का क्या अर्थ? ज्योति खो जाए, दीये का क्या मूल्य है? ज्योति न हो तो दीये का क्या करोगे?

ज्योति की स्मृति बनी रहे, ज्योति निरंतर आकाश की तरफ उठती रहे, तो दीया सीढ़ी है, और तब तुम दीये को धन्यवाद दे सकोगे। जिन्होंने भी आत्मा को जाना, वे शरीर को धन्यवाद देने में समर्थ हो सके। जिन्होंने आत्मा को नहीं जाना, वे या तो शरीर की मान कर चलते रहे, ज्योति दीये का अनुसरण करती रही और निरंतर गहन से गहन अचेतना और मूर्च्छा में गिरते गए। या, जिन्होंने आत्मा को नहीं जाना, उन्होंने व्यर्थ ही शरीर से, दीये से संघर्ष मोल ले लिया। जो साथी हो सकता था, उसे शत्रु बना लिया।

जिन्हें तुम संसारी कहते हो, वे पहले तरह के लोग हैं–जिनके भीतर का परमात्मा जिनके बाहर की खोल का अनुसरण कर रहा है; जिन्होंने गाड़ी के पीछे बैल जोत दिए हैं, और बैल, गाड़ी के साथ घिसट रहे हैं। जिन्होंने क्षुद्र को आगे कर लिया है और विराट को पीछे, उनके जीवन में अगर दुख ही दुख हो तो आश्चर्य नहीं।

ये संसारी लोग हैं जिन्हें तुम भोगी कहते हो। फिर इनके ठीक विपरीत खड़े तथाकथित योगी हैं, धार्मिक लोग हैं। स्मरण रखें, उन्हें मैं तथाकथित कहता हूं, क्योंकि वे नाममात्र के ही योगी हैं। उन्होंने गाड़ी और बैल के बीच संघर्ष कर रखा है, उन्होंने दीये और ज्योति के बीच शत्रुता बांध रखी है; उन्होंने आत्मा और शरीर के बीच एक कलह निर्मित कर रखी है, एक संघर्ष रच रखा है।

भोगी तो भ्रांत है ही; तुम्हारा तथाकथित योगी भी भोगी से भिन्न नहीं। वास्तविक योगी

कौन है?

वास्तविक योगी वही है जिसने दीये के सहयोग का उपयोग कर लिया ज्योति को प्रज्वलित करने में; जिसने दीये से शत्रुता न बांधी और न ही दीये का अनुसरण किया; न ही बैल गाड़ी के पीछे बांधे और न ही गाड़ी और बैल के बीच किसी तरह की कलह पैदा की; वरन सामंजस्य साधा, एक सहयोग निर्मित किया।

निश्चित ही सहयोग अति कठिन है क्योंकि ज्योति जाती है आकाश की तरफ। वह आकाश की है, आकाश की तरफ जाती है। दीया मिट्टी का है, मिट्टी में ही पड़ा रह जाता है। दोनों के आयाम बड़े भिन्न हैं, यात्रा बड़ी अलग है। फिर भी दीये और ज्योति में एक संगम है। वैसा ही संगम साध लेना योग है; शरीर और स्वयं में, मृण्मय और चिन्मय में।

कीचड़ से कमल पैदा होता है। तुम्हारे शरीर की कीचड़ से तुम्हारी आत्मा का कमल पैदा होगा। कीचड़ की दुश्मनी मत करना, अन्यथा कमल पैदा ही न होगा। कीचड़ और कमल में कितना ही विरोध दिखाई पड़े; भीतर गहरा सहयोग है। कीचड़ कितनी ही कीचड़ लगे; कहां संबंध भी तो नहीं मालूम पड़ता! कमल–सुंदर, अपूर्व सुंदर, अद्वितीय, रेशम सा कोमल! कहां कीचड़ गंदी दुर्गंध भरी! कहां कमल की सुवास! दोनों में कोई तो नाता दिखाई नहीं पड़ता।

और अगर तुम जानते न होओ और कोई कीचड़ का ढेर लगा दे और कमल के फूलों का ढेर, और तुमसे कहे कि इन दोनों में कोई संबंध दिखाई पड़ता है? तो तुम भी कहोगे कि इन दोनों में कैसा संबंध? कहां कीचड़, कहां कमल! लेकिन तुम जानते हो, कीचड़ से कमल पैदा होता है। मृण्मय में चिन्मय का जागरण होता है।

कीचड़ से कमल पैदा होता है, इसका अर्थ ही यह हुआ कि कीचड़ के गहरे में कमल छिपा है, अन्यथा पैदा कैसे होगा? इसका अर्थ यही हुआ कि कीचड़ ऊपर-ऊपर से गंदी दिखाई पड़ती है, भीतर तो कमल जैसी ही होगी। इसका अर्थ हुआ कि दुर्गंध ऊपर का परिचय है; सुगंध भीतर का परिचय है।

शरीर को ही तुमने अगर देखा तो तुम कीचड़ पर रुक गए और कमल से अपरिचित रह गए। अगर तुमने शरीर से शत्रुता की और शरीर को दबाने और गलाने में लग गए, तो भी तुम वंचित रह जाओगे, क्योंकि उस संघर्ष से कमल पैदा न होगा। कमल तो पैदा होता है कीचड़ के सहयोग से।

इस सहयोग का नाम ही योग की कला है। योग अस्तित्व की दुई के बीच एक को खोज लेने की कला है। जहां दो दिखाई पड़ें–अत्यंत, विपरीत, वहां भी एक के ही सेतु को देख

लेना, एक के ही जोड़ को देख लेना, वही योग की परम दृष्टि है।

इसलिए मैं निरंतर कहता हूं, तुम्हारे भीतर छिपा हुआ काम ही तुम्हारे भीतर का राम बन जाएगा। तुम्हारे भीतर संभोग की वासना ही तुम्हारे आत्यंतिक खिलावट के क्षण में तुम्हारी समाधि बन जाएगी। तुम्हारी कीचड़ तुम्हारा कमल होने को है।

लड़ो मत; सम्हालो। अन्यथा तुम काटने-पीटने में लग जाओगे। काटना-पीटना एक तरह की हिंसा है। और काटना-पीटना एक तरह का गहन अज्ञान है। क्योंकि अस्तित्व व्यर्थ को पैदा ही नहीं करता। कितना ही तुम्हें व्यर्थ मालूम पड़ती हो कोई चीज; अस्तित्व ने व्यर्थ को पैदा करना जाना ही नहीं है। इसलिए तो हम अस्तित्व को परमात्मा कहते हैं। क्योंकि अस्तित्व कोई अंधा संयोग नहीं; एक सुनियोजित यात्रा है। अस्तित्व कोई अंधी दौड़ नहीं; एक नियति है। एक परम रित, एक परम नियम काम कर रहा है। यहां कुछ भी व्यर्थ नहीं है।

तुम्हारा काम, तुम्हारी कामवासना व्यर्थ नहीं है। जिन्होंने तुमसे कहा है, वे नासमझ हैं। तुम्हारी कामवासना ही तुम्हारा परम जीवन भी नहीं है; उस पर ही रुके तो भी मर जाओगे; उससे लड़े तो भी मिट जाओगे। उससे ऊपर जाना है; और उसको ही सीढ़ी बना कर जाना है। उससे ऊपर जाना है। उसका ही सहयोग लेना है। उसके ही कंधे पर हाथ रखना है! निश्चित ऊपर जाना है, पार जाना है, अतिक्रमण करना है; लेकिन संघर्ष से नहीं, अत्यंत प्रेमपूर्ण, अत्यंत कलात्मक विधियों से।

लेकिन तुम्हारी समझ में बहुत बार तुम्हें ऐसा लगेगा: क्रोध का क्या उपयोग है? काट डालो!

अगर तुम शरीर-शास्त्रियों से पूछो तो वे भी कहते हैं कि शरीर में बहुत सी चीजें हैं जिनका कोई उपयोग नहीं है। उन्हें भी पता नहीं है। डॉक्टर कितनी सरलता से अपेंडिक्स का ऑपरेशन करता है! टांसिल तो यूं निकाल देता है जैसे कि उनकी कोई जरूरत ही नहीं है और चिकित्साशास्त्र अभी तक भी खोज नहीं पाया कि इनकी जरूरत क्या है। लेकिन वे हैं तो उनकी जरूरत तो होनी ही चाहिए, अन्यथा अस्तित्व एक दुर्घटना मात्र हो जाएगी। और डॉक्टर काटते रहते हैं टांसिल, जिसके टांसिल काट दिए, उसके बेटे को फिर टांसिल परमात्मा पैदा कर देता है। डॉक्टर काटते रहते हैं अपेंडिक्स, लेकिन फिर उसके बेटे में अपेंडिक्स आ जाती है।

इतनी व्यर्थ चीज पुनरुक्त हो नहीं सकती थी। जरूर कोई रहस्य होगा जो हमें दिखाई नहीं पड़ रहा है। जहां तक हमारी समझ है वहां तक व्यर्थ ही मालूम पड़ता है। डॉक्टर के पास जाओ, वह पहले यही देखता है कि अपेंडिक्स निकाल दें, कि टांसिल निकाल दें, कि दांत

निकाल दें—कुछ न कुछ निकालने पर लगा है।

जो डॉक्टर की मनोदशा है, वही तुम्हारे धर्मगुरु की मनोदशा है। तुम जाओ उसके पास, वह फौरन बताने को तैयार है कि क्रोध अलग करो, कामवासना का त्याग करो, लोभ छोड़ो, हिंसा छोड़ो—वह भी काटने को लगा है। सर्जरी शरीर पर भी चल रही है और आत्मा पर भी चल रही है। लेकिन जिन्होने गहरे जाना है, वे इसके विरोध में हैं। इस्लाम शरीर के किसी भी अंग को काटने के विरोध में है, क्योंकि इस्लाम में एक बड़ी महत्वपूर्ण धारणा है—वह योग की भी धारणा है, शायद इस्लाम तक योग से ही पहुंची होगी, क्योंकि इस्लाम तो नया है; योग अति प्राचीन है।

इस्लाम की धारणा है कि परमात्मा के पास जब तुम जाओगे तो वह तुमसे पूछेगा कि तुम पूरे वापस लौटे हो? अगर तुम अधूरे वापस लौटे तो तुम दंडित किए जाओगे। परमात्मा ने जितना तुम्हें दिया था, कम से कम उतने तो वापस लौटना; ज्यादा न कर सको तो क्षमा मांग सकते हो, लेकिन कम होकर तो मत लौटना।

इसके अनेक आयाम हैं, इस बात के। निश्चित ही परमात्मा ने जितना तुम्हें दिया है, उतना तो कम से कम लौटा ले जाना। उसको काट मत लेना। उसे बढ़ा सको तो ठीक। बीज दिया था, अगर फूल हो सके तो ठीक; लेकिन कम से कम बीज तो लौटा देना।

जीसस की बड़ी प्राचीन कथा है। जीसस निरंतर उसे दोहराते थे कि एक बाप अपने तीन बेटों में संपत्ति बांटना चाहता था, लेकिन निश्चय न कर पाता था कि कौन योग्य और कौन सुपात्र है। तीनों ही जुड़वां पैदा हुए थे, इसलिए उम्र से तय न किया जा सकता था। तीनों एक से बुद्धिमान थे। तो उसने एक फकीर से सलाह ली। फकीर ने उसे एक गुर बताया।

उसने कहा बेटों से कि मैं तीर्थयात्रा पर जा रहा हूं। और बेटों को उसने कुछ बीज दिए—फूलों के बीज—और कहा कि सम्हाल कर रखना; जब मैं लौट कर आऊं तब मैं तुमसे वापस मांगूंगा।

पहले बेटे ने सोचा कि इन बीजों को कोई बच्चे उठा लिए, कोई जानवर चर गया—तिजोड़ी में बंद कर दें। तिजोड़ी में बंद करके रख दिए। निश्िंचत हो गया। लोहे की तिजोड़ी! चोरों का भी क्या डर! और कौन चोर लोहे की तिजोड़ी तोड़ कर बीज चुराने आएगा! वह निश्िंचत रहा। बाप आएगा, लौटा देंगे।

दूसरे ने सोचा कि तिजोड़ी में रखूं, बीज सड़ सकते हैं; और बाप ने ताजा जीवित बीज दिए और मैं सड़े लौटाऊं—यह तो लौटाना न हुआ। क्या करूं? बीज जीवित कैसे रहें? उसने सोचा बाजार में बेच दूं, तिजोड़ी में रुपये रख दूं। बाप जब वापस आएगा, बाजार से बीज

खरीद कर लौटा देंगे।

तीसरे ने सोचा कि बीज का अर्थ ही होता है, होने की संभावना। बीज का अर्थ ही होता है जो होने को तत्पर है, जिसके भीतर कुछ होने को मचल रहा है। तो बाप ने बीज दिए हैं, मतलब साफ है कि इन्हें इतना ही जिसने रखा, वह नासमझ है। ये तो बढ़ने को राजी थे, ये तो फूल बनने को राजी थे, और एक बीज से करोड़ बीज पैदा होने को राजी थे। पता नहीं, बाप कब लौटे, तीर्थ लंबा है, यात्रा वर्षों लेगी—उसने बीज बो दिए।

तीन बरस बाद वापस लौटा पिता। पहले बेटे को उसने कहा, उसने तिजोड़ी की चाबी दे दी, खोली गई तिजोड़ी, करीब-करीब सभी बीज सड़ चुके थे। न हवा लगी, न सूरज की रोशनी लगी और किसी ने उन पर ध्यान ही न दिया तीन वर्ष तक तिजोड़ी में लोहे की।

बीज कोई लोहे की तिजोड़ियों में बंद करने को थोड़े ही हैं! उन्हें खुला आकाश चाहिए, हवा की पुलक चाहिए, रोशनी चाहिए, तो वे जिंदा रह सकते हैं। वे सब सड़ गए थे। और जिन बीजों से फूलों की अपूर्व सुवास पैदा हो सकती थी, उनकी जगह उस तिजोड़ी से सिर्फ दुर्गंध निकली—सड़े हुए बीजों की दुर्गंध!

बाप ने कहा: तुमने सम्हाला तो, लेकिन सम्हाल न पाए। तुम मेरी संपत्ति के अधिकारी न हो सकोगे। तुम नासमझ हो। जितना मैं तुम्हें दे गया था, उतने भी तुम वापस न कर पाए। ये बीज तो समाप्त हो गए। इनमें अब एक भी जीवित नहीं है। अब इनको बोओगे तो कुछ भी पैदा न होगा। ये तो राख हैं और मैं तुम्हें बीज दे गया था। बीज थे जीवंत, उनमें संभावना थी बहुत होने की। इनकी सारी संभावना खो गई है, ये सिर्फ राख हैं, इनसे कुछ भी नहीं हो सकता। ये कब्रें हैं!

दूसरे बेटे से कहा। दूसरा बेटा भागा बाजार रुपये लेकर, बीज खरीद कर ले आया—ठीक उतने ही बीज जितने बाप दे गया था। बाप ने कहा कि तुम थोड़े कुशल हो, लेकिन तुम भी काफी नहीं; क्योंकि जितना दिया था उतना ही लौटाना भी कोई लौटाना है! यह तो जड़ बुद्धि भी कर लेता। इसमें तुमने कुछ बुद्धिमत्ता न दिखाई और बीज का तुम राज न समझे। बीज का मतलब ही यह है कि जो ज्यादा हो सकता था। उसे तुमने रोका और ज्यादा न होने दिया। तुम पहले से योग्य हो, लेकिन पर्याप्त नहीं।

तीसरे बेटे से पूछा कि बीज कहां हैं? तीसरा बेटा बाप को भवन के पीछे ले गया जहां सारा बगीचा फूलों और बीजों से भरा था। उसके बेटे ने कहा; ये रहे बीज! आप दे गए थे; मैंने कहा इन्हें बचा कर रखने में मौत हो सकती है। इन्हें बाजार में बेचना उचित न मालूम पड़ा, क्योंकि आप सुरक्षित रखने को कह गए थे। और फिर आपने चाहा था कि यही बीज वापस

लौटाए जाएं। बाजार से तो दूसरे बीज वापस लौटेंगे, वे वही न होंगे। फिर वे उतने ही होंगे जितने आप दे गए थे। तो मैंने तो बीज बो दिए थे। अब ये वृक्ष हो गए हैं। इनमें बहुत बीज लग गए हैं, बहुत फूल लग गए हैं। हजार गुने करके आपको वापस लौटाता हूं।

स्वभावतः तीसरा बेटा बाप की संपत्ति का मालिक हो गया।

इस्लाम कहता है: परमात्मा ने तुम्हें जितना दिया है कम से कम उतना तो लौटाना। अगर बढ़ा न सको... बढ़ा सको तब तो बहुत...! और इस आधार पर इस्लाम सर्जरी पसंद नहीं करता।

एक बड़ी अनूठी कहानी मैंने सुनी है; सच न भी हो, फिर भी बड़ी गहराई से सचाई को छूती है। ब्रिटिश राज्य के जमाने में लाहौर में एक बहुत बड़ा सर्जन था–अंग्रेज। और पठान तो ऑपरेशन के बिलकुल खिलाफ है। अंगुली भी कट जाए तो वे सम्हाल कर रखते हैं उसे। जब आदमी मर जाता है। तो उसकी अंगुली को उसकी अंगुली में जोड़ कर लाश में रखते हैं, क्योंकि परमात्मा कहेगा: पूरा! अंगुली कटी है, अंगुली कहां गई? जितना दिया था उतना वापस नहीं लाए। अपंग, अधूरे, खंडित–तुम किस मुंह से आए हो? अखंड आओ तो ही परमात्मा के द्वार पर स्वीकृति होगी!

पठान तो सीधे-सादे गैर-पढ़े लिखे लोग हैं। उन्होंने इसका बिलकुल स्थूल अर्थ पकड़ा है। तो वे अंगुली भी कट जाए, उसको भी सम्हाल कर रखते हैं।

एक पठान का पैर सड़ गया किसी भयंकर बीमारी में और अगर पैर न काटा जाए तो वह पठान पूरा सड़ जाएगा। सर्जन ने बहुत समझाया, लेकिन पठान ने कहा कि नहीं; मैं मरूंगा फिर अधूरा जाऊंगा, लंगड़ा, तो परमात्मा क्या कहेगा? और बड़ी हंसी होगी। और भी पठान वहां मौजूद होंगे कयामत के दिन और वे सब कहेंगे, अरे! पठान होकर और आधा पैर कहां।

सर्जन ने समझाने को क्योंकि यह पठान तो नासमझ है, इसकी कुछ अक्ल में नहीं है; यह मरेगा पूरा–उसने कहा कि तुम ऐसा करो, घबड़ाओ मत, मैं तुम्हारे पैर को सम्हाल कर रखूंगा। उसने जाकर अपनी प्रयोगशाला में बताया, कई अंग उसने सम्हाल कर रखे थे। पठान को भरोसा आ गया। और पठान ने कहा कि जब मैं मरूं तो कृपा करके यह मेरा पैर वापस लौटा दिया जाए। मेरे घर के लोग आएंगे, यह पैर उन्हें दे दिया जाए, क्योंकि मैं अधूरा न जाना चाहूंगा।

सीधे-सादे पठान! बड़े महत्वपूर्ण विचार को भी उन्होंने अपनी सादगी के ढंग से पकड़ा है। खैर, ऑपरेशन हो गया। पठान हर वर्ष आता रहा देखने कि पैर सम्हाल कर रखा गया है

या नहीं। पैर सम्हाल कर रखा गया था। और धीरे-धीरे उसकी सरलता पर उस चिकित्सक को भी बड़ा प्रेम और करुणा आ गई थी। पहले तो उसने ऐसे ही कहा था बात-बात में, लेकिन फिर उसने सम्हाल कर ही रखा था।

लेकिन संयोग की बात, उसकी प्रयोगशाला में आग लग गई और सब जल गया। उसने बहुत कोशिश की कम से कम पठान का पैर बच जाए, क्योंकि वह नासमझ किसी भी दिन खड़ा हो जाएगा तो मुसीबत खड़ी होगी। लेकिन वह नहीं बच सका। पैर भी नहीं बच सका, पूरी प्रयोगशाला जल गई।

उसकी रिटायरमेंट का वक्त आ गया, वह रिटायर भी हो गया और लंदन वापस चला गया। पठान की बात आई गई हो गई, भूल गया। लेकिन, अगर कभी किसी पठान को रास्ते पर देख लेता तो उसे याद आ जाती। न केवल याद आती, बल्कि उसके मन में एक पीड़ा भी होती कि पता नहीं, पठान ही सही हो और परमात्मा पूरे आदमी को मांगता हो तो मैं कसूरवार हो गया।

वैज्ञानिक आदमी था; इस पर कुछ भरोसा नहीं था। लेकिन फिर भी अंतःकरण, कितने ही तुम वैज्ञानिक हो जाओ अंतःकरण तो मनुष्य का ही होता है। कितना ही तर्क का जाल फैल जाए, भीतर हृदय तो वैसा ही अनुभव करता रहता है जैसा छोटे बच्चों का। उसे चिंता पकड़ती थी। कभी-कभी किसी पठान को देख कर उसे लगता था कि मैंने एक अच्छा काम किया या बुरा काम किया, संदिग्ध है।

एक रात वह सोया था, कोई दो बजे रात अचानक किसी ने उसे हिला कर जगाया। उसने आंख खोली, वह पठान खड़ा है। घबड़ा गया। दरवाजा बंद है! ताले पड़े हैं! यह पठान कहां से अंदर घुस आया! और पठान बहुत नाराज है और उसने इशारा किया कि मेरा पैर! और अपना कटा हुआ पैर बताया।

चिकित्सक को कुछ सूझा नहीं। तभी उसे याद आया कि एक पैर उसकी प्रयोगशाला में जो उसने अभी नई बनाई है, कुछ आठ-दस दिन पहले ही किसी का कटा है, वह वहां है, उससे काम चल जाएगा। उसने पठान का हाथ पकड़ा, वह अपनी प्रयोगशाला में ले गया। उसने जाकर उसको पैर के पास खड़ा कर दिया। पठान का चेहरा प्रसन्न हो गया, वह मुस्कुराया। पैर के पास गया। लेकिन भूल हो गई। उसका दांया पैर कटा था और यह बांया था। जिस कांच के बर्तन में सम्हाल कर रखा था, उसने उठा कर कांच का बर्तन नीचे पटक दिया और नाराजगी से वह घर के बाहर हो गया।

यह डॉक्टर तो इतना घबड़ा गया। सुबह इसकी नींद खुली तो इसने सोचा सपना होगा।

यह कहीं हो सकता है! लेकिन जब प्रयोगशाला में जाकर देखा और टूटा हुआ जार देखा और नीचे पड़ा हुआ पैर देखा, तब तो यह मुश्किल हो गया तय करना कि यह सपना हो सकता है।

यह संभव है कि सपने में उसी ने जार पटका हो। यह संभव है। इसलिए मैं कहता हूं कि पक्का नहीं कि कहानी कहां तक सच होगी, कहां तक झूठ होगी। सपने में खुद ही ने जार पटका हो, यह भी हो सकता है। और यह दुनिया बड़ी अनूठी है, यह भी को सकता है कि पठान आया हो।

फिर उसने खोज-बीन करवाई तो पता चला कि जिस रात उसने पठान को देखा, उसी रात पठान की मृत्यु हुई। तो इस बात की पूरी संभावना है कि पठान की चेतना इतनी विवल रही हो अपने पैर को पाने के लिए कि वह मौजूद हो गई हो, उसने जाकर जगा दिया हो चिकित्सक को।

एक बात साफ है कि परमात्मा ने तुम्हारे भीतर कुछ भी अकारण पैदा नहीं किया है। जैसे मेरे अनुभव में कुछ बातें हैं जो मैं तुम्हें कहूं। वे शायद कभी चिकित्सकों के काम पड़ जाएं। क्योंकि, कभी न कभी चिकित्साशास्त्र, सर्जरी, मनुष्य के अंतर्तमों का भी स्पर्श करेगी।

जहां तक बोलने का और साधारण आदमी की चेतना का संबंध है, टांसिल्स का कोई उपयोग नहीं मालूम होता। लेकिन जहां तक मौन का संबंध है, टांसिल्स का उपयोग है। और जिस व्यक्ति के टांसिल्स निकल गए हैं, उसे मौन होना मुश्किल हो जाता है, यह मेरा अनुभव है। वह चुप नहीं हो सकता। शायद बोल ज्यादा अच्छी तरह से सकता हो, क्योंकि टांसिल्स के अवरोध बोलने में बाधा बनते हैं। सर्दी-जुकाम पकड़ता है, टांसिल करीब आ जाते हैं, एक-दूसरे से रगड़ खाते हैं, सूजन हो जाती है, बोलने में कष्ट होता है।

लेकिन ठीक इसके विपरीत जब कोई व्यक्ति मौन में उतरता है तो जिसके टांसिल नहीं हैं उसको मैंने मौन में उतरते नहीं देखा। जरूर कहीं कुछ गहरे संबंध हैं कि टांसिल मौन में सहायता देते हैं। और जो व्यक्ति वर्षों तक मौन रहते हैं, उनके टांसिल बिलकुल करीब आ जाते हैं। इतने करीब आ जाते हैं कि अगर वे बोलते होते तो बोलना मुश्किल हो जाता-जैसे मेहरबाबा।

कोई व्यक्ति तीन वर्ष तक अगर मौन रह जाए, बिलकुल मौन, तो टांसिल्स बिलकुल करीब आ जाते हैं। और जो बोलने की ऊर्जा है, जो विचार का प्रवाह है, फिर ऊपर की तरफ नहीं जाता, वही बोलने की ऊर्जा हृदय की तरफ गिरने लगती है और टांसिल उसके गिरने में सहयोगी होते हैं। किसी दिन शायद सर्जरी जान सके।

जिन लोगों की अपेंडिक्स निकल गई है... और डॉक्टर तो बड़े तत्पर रहते हैं निकालने में।

मैंने सुना है कि एक सर्जन की, बड़े प्रख्यात सर्जन की पत्नी ने एक दिन सुबह उठ कर देखा कि उसकी अंग्रेजी की किताब के पन्ने किसी ने फाड़ लिए हैं। तो उसने अपने पति को पूछा कि यहां कोई आया भी नहीं, किसने ये पन्ने फाड़े? उसने कहा: अरे, मुझे क्षमा करना! मैंने देखा, उन पर लिखा है अपेंडिक्स। मैंने जल्दी से बाहर निकाल लिए। खयाल ही न रहा।

डॉक्टर तो एकदम तत्पर हैं!

जो लोग, जिनकी अपेंडिक्स निकाल ली गई है, कुछ बातों में उनको कठिनाई शुरू होती है। एक: उनकी आत्मा को शरीर के बाहर ले जाना बड़ा कठिन हो जाता है, जिसको आध्यात्मिक लोग एस्ट्रल-प्रोजेक्शन कहते हैं–शरीर के बाहर निकल कर यात्रा करना। वह अपेंडिक्स जिसकी निकल गई, उसको मुश्किल हो जाता है। वह शरीर के बाहर नहीं निकल पाता। जिसकी अपेंडिक्स स्वस्थ है, वह शरीर के बाहर सुविधा से निकल पाता है। जैसे अपेंडिक्स सूक्ष्म शरीर को बाहर-भीतर ले जाने में सहयोगी होती है।

ये सिर्फ संकेत दे रहा हूं, क्योंकि इस संबंध में कुछ बहुत खोज-बीन कभी की नहीं गई है। लेकिन मेरे अनुभव में जिनकी अपेंडिक्स निकल गई है, हजारों लोगों ने मेरे करीब ध्यान किया है, उनमें से अनेक लोगों को शरीर के बाहर जाने का अनुभव होता है। जब भी किसी को शरीर के बाहर जाने का अनुभव होता है तब मैं निश्चित पूछता हूं कि उसकी अपेंडिक्स की क्या हालत है? तो मैंने सदा पाया, जिनकी निकल गई, उनको बाहर जाने का अनुभव कभी नहीं होता; जिनकी नहीं निकली है और स्वस्थ है, उनको ही बाहर जाने का अनुभव होता है।

और यह एक बड़ा मूल्यवान अनुभव है। शरीर के बाहर जाकर जो अपने शरीर को पड़ा हुआ देख लेता है, उसकी शरीर-मूर्च्छा सदा के लिए टूट जाती है। ऐसा प्रतीत होता है कि अपेंडिक्स सेतु है, जोड़ है, और उस जोड़ के गिर जाने पर सूक्ष्म शरीर का बाहर निकलना, भीतर आना कठिन हो जाता है। इसलिए योग भी शरीर के किसी अंग को काटने के पक्ष में नहीं है।

और जो बात सच है शरीर के संबंध में, उससे भी ज्यादा सच वही बात है मन के संबंध में।

तुमने कभी सुना है कि कोई नपुंसक आदमी ब्रह्मज्ञान को उपलब्ध हुआ हो? मनुष्य-जाति का इतिहास लंबा है। कम से कम पांच हजार साल का तो बिलकुल सुनिश्चित ज्ञात है। इन पांच हजार सालों में एक भी इंपोटेंट, नपुंसक आदमी परमात्मा को उपलब्ध नहीं हुआ। इसका क्या अर्थ है, इसका अर्थ है कि काम और वीर्य ऊर्जा परमात्मा की उपलब्धि में अनिवार्य है। उसके बिना नहीं हो सकेगा?

इसलिए नपुंसक से ज्यादा दीन कोई आदमी नहीं है। उसकी दीनता इतनी ही नहीं है

कि वह संभोग न कर सकेगा, उसकी गहरी दीनता यह है कि वो समाधि को उपलब्ध न हो सकेगा। लेकिन सौभाग्य की बात है कि नपुंसक साधारणतया होते ही नहीं। अगर हजार आदमियों को खयाल हो कि वे नपुंसक हैं तो उनमें से सिर्फ एक नपुंसक होता है, बाकी को सिर्फ खयाल होता है, वहम होता है।

मगर फिर भी नपुंसक होते हैं और वे उपलब्ध नहीं हो सकते हैं। ऊर्जा ही नहीं है जिसके सहारे यात्रा हो सके। कीचड़ ही नहीं है, कमल कैसे पैदा हो? दीया ही नहीं है, ज्योति कहां टिके, कहां ठहरे, कहां आवास करे, कहां घर बनाए?

और मैं तुमसे कहता हूं कि जिन लोगों ने ब्रह्मचर्य को एक तरह की नपुंसकता मान लिया है, वे भी परमात्मा को उपलब्ध नहीं होते। ऊर्जा का गहन प्रवाह चाहिए, उद्दाम वेग चाहिए, नदी जैसे बाढ़ में हो ऐसे वीर्य की संपदा चाहिए—तभी तुम ऊपर उठ सकोगे। जो नीचे तक नहीं जा सकता, वह ऊपर कैसे जाएगा, थोड़ा सोचो।

नीचे जाने में बहुत शक्ति की जरूरत नहीं है। जैसे पहाड़ से पत्थर को छोड़ दो वह अपने आप गिरता चला आता है जमीन की तरफ। कोई नीचे आने के लिए शक्ति लगाने की जरूरत नहीं पड़ती है। जो नीचे तक जाने में समर्थ नहीं है, नपुंसक है, वह ऊपर कैसे जा सकेगा? नीचे तक जाने में उसे कठिनाई मालूम पड़ती है, उतनी ऊर्जा भी नहीं है तो प्रगाढ़ और उद्दाम वेग, उत्तुंग लहरें कामवासना की, जिन पर सवार होकर ऊपर जाना है, वह कैसे जा सकेगा?

इसलिए अगर तुम मेरी बात समझ सको, तो ब्रह्मचर्य बड़ी विपरीत बात है नपुंसकता से। परम वीर्य की उपलब्धि से ब्रह्मचर्य फलित होता है। काटने-दबाने से, शरीर को मिटाने से कोई कहीं नहीं पहुंचता। शरीर को जितना तुम स्वस्थ, सम्यक, संतुलित, शांत, ओजपूर्ण, ऊर्जा से भरा हुआ, परिपूर्ण बना सको, उतनी ही सुगमता होगी। उतने ही तुम ऊपर जा सकोगे।

जैसा मैंने कल तुमसे कहा कि जब भी कामवासना उठे, तब जोर से श्वास को बाहर फेंकना, पेट को भीतर जाने देना—मूलबंध लग जाएगा, मूलाधार सिकुड़ जाएगा। मूलाधार के ऊपर शून्य होने से ऊर्जा शून्य में उठ जाएगी। इसे अगर तुम निरंतर करते रहे, अगर इसे तुमने एक सतत साधना बना ली—और इसका कोई पता किसी को नहीं चलता; तुम इसे बाजार में खड़े हुए कर सकते हो, किसी को पता भी नहीं चलेगा; तुम दुकान पर बैठे हुए कर सकते हो, किसी को पता भी न चलेगा।

अगर एक व्यक्ति दिन में कम से कम तीन सौ बार, क्षण भर को भी मूलबंध लगा ले, कुछ ही महीनों के बाद पाएगा, कामवासना तिरोहित हो गई। काम-ऊर्जा रह गई, वासना तिरोहित हो गई। और तीन सौ बार करना बहुत कठिन नहीं है। यह मैं सुगमतम मार्ग कह रहा

हूं, जो ब्रह्मचर्य की उपलब्धि का हो सकता है।

फिर और कठिन मार्ग हैं जिनके लिए सारा जीवन छोड़ कर जाना पड़ेगा। पर कोई जरूरत नहीं है। यह किसी को पता भी नहीं चलेगा कि कब तुमने श्वास बाहर फेंक दी–अपने बाजार में अपनी दुकान पर, कुर्सी पर दफ्तर में बैठे हुए, कब तुमने चुपचाप अपने पेट को भीतर खींच लिया। एक क्षण में ऊर्जा ऊपर की तरफ स्फुरण कर जाती है। और तुम पाओगे कि उसके बाद घड़ी, आधा घड़ी के लिए तुम एकदम शांत हो गए, हलके हो गए, एक नई ताजगी आ गई।

योग कोई आत्महत्या नहीं है; योग एक बड़ी गहन प्रक्रिया है, एक कला है और कदम-कदम अगर तुम चलते रहो तो तुम्हारे भीतर सब छिपा है। तुम सब लेकर ही आए हो; प्रकट करने की बात है। तुम अप्रकट परमात्मा हो; बस जरा प्रकट करने की बात है। सब साज मौजूद है; सिर्फ अंगुलियां थोड़ी साधनी हैं और वीणा से स्वर उठने शुरू हो जाएंगे। जैसे-जैसे अंगुलियां सधेंगी वैसे-वैसे गहनतम संगीत पैदा होगा।

और एक ऐसी घड़ी आती है कि जब वीणा की जरूरत भी नहीं रह जाती; अंगुलियों की भी जरूरत नहीं रह जाती–तब परम संगीत सुनाई पड़ने लगता है जो चारों तरफ मौजूद है। सिर्फ तुम्हारे पास सुनने की क्षमता नहीं है। पूरा अस्तित्व उसकी गूंज से भरा है। उस गूंज को ही हमने 'ओंकार' कहा है।

'ओम' अस्तित्व की गूंज है। वह कोई शब्द नहीं है, न कोई ध्वनि है; वह अनाहत नाद है। उसे कोई पैदा नहीं कर रहा है; वह अस्तित्व के होने का ढंग है। जैसे पहाड़ से नदी बहती है तो कलकल का नाद होता है; जैसे पक्षी गीत गा रहे हैं; हवाएं निकलती हैं वृक्षों से, सरसराहट पैदा होती है–ऐसा अस्तित्व के होने का ढंग ओंकार है। उसको कोई पैदा नहीं कर रहा है। उसके पैदा होने के लिए दो चीजों के आघात की जरूरत नहीं है, इसलिए अनाहत! वह आहत नाद नहीं है। ताली बजाओ–आहत नाद है। दो चीजें टकराती हैं–ध्वनि पैदा हो जाती है। ओंकार कोई टकराहट से पैदा नहीं हो रहा है। इसलिए ओंकार अद्वैत है। जो टकराहट से पैदा होगा उसमें तो दो की जरूरत है; एक हाथ से ताली नहीं बजती। ओंकार एक हाथ की ताली है।

झेन फकीर जापान में अपने शिष्यों को कहते हैं कि जाओ और खोजो कि एक हाथ की ताली कैसे बजती है? वे ओंकार की खोज के लिए कह रहे हैं। कि जाओ, ओंकार का नाद खोजो। उनके कहने का ढंग है, एक हाथ की ताली कैसे बजती है। ताली तो सदा दो हाथ से बजती है।

बड़ी मीठी कथा है झेन में, एक छोटा बच्चा एक सदगुरु की सेवा में आया करता था।

और भी बड़े साधक आते थे। वह बैठ कर चुपचाप सुनता था।

यहां भी तुमने देखा होगा, एक छोटा सा सिद्धार्थ है, वह ऐसा ही साधक रहा होगा। वह भी छोटा सिद्धार्थ नियुक्तियां मांगता है। आकर ठीक व्यवस्था से मुझे नमस्कार करता है, अपनी चटाई बिछा कर बैठ जाता है। जब तक उसका बल रहता है, जागा रहता है फिर सो जाता है; लेकिन आता है दर्शन करने।

छोटे बच्चों को पिछले कैंप में बाहर कर दिया गया था, तो उसने बड़ा विरोध किया। आखिर उसने विरोध मेरे पास भेजा कि यह हमारा घर है और यहां से हमें अलग कोई भी नहीं कर सकता। मजबूरी! उसको भीतर आने की आज्ञा देनी पड़ी। स्वभावतः उसके पीछे और बच्चे भी फिर प्रवेश किए।

वैसा, सिद्धार्थ जैसा वह साधक छोटा सा बच्चा गुरु के पास आता था। वह बैठता था अपनी चटाई बिछा कर, सुनता था गुरु की बातें—दूसरों से जो गुरु कहता था।

एक दिन वह आया, उसने चटाई बिछाई, गुरु के चरणों में सिर झुका कर कहा कि मुझे भी ध्यान की विधि दें। गुरु थोड़ा हंसा होगा। उस जगत में बड़े-बड़े छोटे बच्चों जैसे हैं। छोटा बच्चा! लेकिन जब इतनी सरलता से पूछा गया है तो इनकार नहीं किया जा सकता। गुरु ने कहा कि तो तू ऐसा कर, एक हाथ की ताली को सुनने की कोशिश कर।

उसने झुक कर नमस्कार किया विधिवत। वह गया, वह बड़ी चिंता में पड़ गया। वह बैठा। उसने सब तरफ से सुनने की कोशिश की। सांझ का सन्नाटा था, कौए वापस लौटे थे दिन भर की यात्रा और थकान से और कांव-कांव कर रहे थे। उसने कहा कि हो न हो, यही एक हाथ की आवाज है।

वह भागा, दूसरे दिन सुबह गुरु के पास आया। उसने कहा पा ली! कौओं की आवाज?

गुरु ने कहा कि नहीं, यह भी नहीं है। और खोजो।

वह गया रात के सन्नाटे में मौन बैठा रहा, झींगुर बोलते थे, उसने कहा, हो न हो सन्नाटे की आवाज—यही वह आवाज है। दूसरे दिन सुबह वह मौजूद हुआ। उसने कहा: झींगुर की आवाज? गुरु ने कहा कि नहीं, और खोजो। तुम करीब आ रहे हो। मगर थोड़ा और खोजो।

कुछ दिन तक वह नहीं लौटा। बड़ी खोज की, तब एक दिन उसे पता चला, प्राचीन आश्रम के वृक्षों से निकलती हुई हवा, एक जरा सी सरसराहट कि पकड़ में न आए, पहचान में न आए। उसने कहा: हो न हो यही है। वह आया। उसने कहा कि वृक्षों से निकलती हुई हवा की आवाज, सरसराहट? गुरु ने कहा कि नहीं। करीब तुम आ रहे हो, लेकिन अभी भी

बहुत दूर हो। खोजो।

फिर कुछ महीने तक बच्चा न आया। गुरु चिंतित हुआ, क्या हुआ? गुरु उसकी तलाश में गया। वह एक वटवृक्ष के नीचे ध्यानमग्न बैठा था। उसके चेहरे पर ही साफ था कि उसने आवाज सुन ली। सारा तनाव जा चुका था। वह बुद्धवत था। जैसे हो ही न।

तो गुरु ने उसे उठाया और कहा: क्या हुआ? उस आवाज का?

उस छोटे से बच्चे ने कहा: जब सुन ही ली तो कहना मुश्किल हो गया, बताना मुश्किल हो गया। अब मैं यह सोच रहा हूं, बहुत दिन से कि कैसे बताऊं, कैसे कहूं!

गुरु ने कहा: अब कोई जरूरत नहीं!

वह छोटा बच्चा भी बुद्धत्व को उपलब्ध हो गया।

ओंकार है वह आवाज। जब तुम बिलकुल शांत हो जाते हो, जब तुम होते ही नहीं, मिट जाते हो, जब तुम्हारा आवास शून्य गगन मंडल में हो जाता है, तब सुनाई पड़ती है वह आवाज, तब ओंकार का नाद सब तरफ हो रहा है। वही मूल अस्तित्व है। सभी कुछ उसी मूल से निर्मित हुआ है।

ओंकार की ही पर्त-पर्त जम कर चट्टान बनती है। ओंकार की ही पर्त-पर्त जम कर वृक्ष बनते हैं। ओंकार की ही पर्त-पर्त पक्षियों के कंठ में गीत गाती है। ओंकार की ही पर्त-पर्त तुम हो, वह मूल है! वह मूल धातु है।

जैसे वैज्ञानिक कहते हैं कि विद्युत ऊर्जा से सारा जगत बना, वैसा हम पूरब में कहते हैं कि विद्युत-ऊर्जा सिर्फ ओंकार की ही एक शैली है। वह भी ओंकार का ही एक आघात है।

अस्तित्व विद्युत से नहीं बना है, अनाहत नाद से बना है। विद्युत भी अनाहत नाद का एक ढंग, एक शैली है, एक रूप है। और इस बात की बहुत संभावना है कि वैज्ञानिक आज नहीं कल योगियों से राजी हों। उन्हें होना पड़ेगा, क्योंकि उनकी खोज बाहर-बाहर है, योगी की खोज भीतर है। वे परिधि पर खोजते हैं, योगी केंद्र पर खोजता है। उन्हें राजी होना ही पड़ेगा। आज नहीं कल विज्ञान योग के सामने नतमस्तक होगा। कोई दूसरा उपाय नहीं है।

ये कबीर के वचन समझने की कोशिश करें।

अवधू जोगी जग थैं न्यारा।

योगी जग से बड़ा न्यारा है।

जग में दो तरह के लोग हैं: भोगी, त्यागी।

जोगी जग थैं न्यारा।

वह भोगी से अलग है, क्योंकि वह शरीर को सब-कुछ नहीं मानता; वह त्यागी से अलग है, क्योंकि वह शरीर को इतना मूल्य का भी नहीं मानता कि उसका त्याग करना भी सार्थक हो सके। जिसका मूल्य ही न हो, उसका तुम कभी त्याग करते हो? क्या तुम रोज कहते हो, घर के बाहर जोर से चिल्ला कर कि आज फिर घर के कचरे का त्याग कर दिया। देखो, कैसा महादानी हूं! घर के कचरे का त्याग करते वक्त कोई भी तो घोषणा नहीं करता। तुम घोषणा करोगे तो लोग पागल समझेंगे।

लेकिन जब कोई त्यागी घोषणा करता है कि मैंने लाखों पर लात मार दी तो वह भोगी ही है। अभी भी लाखों का मूल्य है। अभी भी समझता है इसका कुछ सार है। पहले भोग के लिए पकड़ा था, अब छोड़ा है; लेकिन मूल्य की पकड़ तो नहीं छूटी। लाखों को लात मार दी, जब कोई आदमी कहता है लाखों को लात मार दी तो समझ लेना कि लात ठीक से लग नहीं पाई, चूक गई। लग ही जाती तो लाखों का हिसाब रखता?

न तो योगी भोगी है और न त्यागी—'अवधू जोगी जग थैं न्यारा'—वह इन दोनों से अलग है। वह एक अनूठा ही व्यक्तित्व है। वह कुछ-कुछ भोगी जैसा है, कुछ-कुछ त्यागी जैसा है। उसने भोग और त्याग के बीच सामंजस्य खोज लिया। उसने भोग और त्याग के बीच संगीत खोज लिया। क्योंकि परमात्मा भोग में भी है और त्याग में भी! परमात्मा भोगी में भी छिपा है और त्यागी में भी। उसने यह राज खोज लिया; उसने देख लिया कि भोग एक किनारा है और त्याग दूसरा किनारा है, और परमात्मा तो बीच में बहती हुई नदी की धारा है।

अवधू जोगी जग थैं न्यारा।

वह दोनों किनारों से अलग है; वह बीच की धार है; वह मध्य में खड़ा है; उसने संतुलन पा लिया। संतुलन यानी संयम।

भोगी असंयमी है। और मैं तुमसे कहता हूं कि त्यागी भी असंयमी है। असंयम का मतलब है: जो अति पर चला गया; उसके जीवन का संतुलन खो जाता है। संयम का अर्थ है: जो मध्य में खड़ा है; जो बीच की धार है, जो दोनों तरफ देखता है; लेकिन जिसने शुद्ध मध्य-बिंदु खोज लिया। न यहां झुकता है, न वहां झुकता है; न तो शरीर की मान कर चलता है और न शरीर की हत्या करने में लग जाता है: न तो स्वाद के लिए जीता है और न शरीर के ऊपर अस्वाद को थोपता है; वरन स्वाद में ब्रह्म को खोज लेता है और तब स्वाद और अस्वाद एक ही चीज के दो नाम हो जाते हैं।

योगी जानता है किनारों का कैसे उपयोग करना है। भोगी एक किनारे को पकड़ता है, त्यागी दूसरे किनारे को पकड़ता है। दोनों की नदी धार अवरुद्ध होती है। कहीं एक किनारे से

धारा चली? परमात्मा भी एक के किनारे से नहीं चल सकता; उसको भी द्वैत की धारा के बीच चलना पड़ा है। तो तुम कैसे चल सकोगे? परमात्मा को भी द्वैत पैदा करना पड़ा है; उन्हीं के बीच अद्वैत की धारा बह रही है।

योगी भी गलती करता है, त्यागी भी गलती करता है। दोनों की चेष्टा यह है कि हम एक किनारे से जी लेंगे। यह अहंकार है।

अवधू जोगी जग थैं न्यारा।

मुद्रा निरति सुरति करि सींगी, नाद न षंडै धारा।

वह क्या करता है योगी? क्या है उसकी कला? कबीर यहां सार कह देते हैं: 'मुद्रा निरति।' निरति का अर्थ है: जो अति पर नहीं जाता। 'मुद्रा निरति।' निर अति–जो मध्य में खड़ा है, जिसको बुद्ध ने मज्झिम-निकाय कहा है, जिसको कनफ्यूशियस ने दि गोल्डन-मीन–स्वर्ण-मध्य कहा है, जो ठीक बीच में खड़ा है–निरति!

'मुद्रा निरति'–मध्य में खड़ा होना ही उसकी मुद्रा है। और सब मुद्राएं तो बच्चों के खेल हैं। और किन्हीं मुद्राओं का बड़ा मूल्य नहीं है। निरति गहरी से गहरी मुद्रा है। वह चुनता नहीं, जिसको कृष्णमूर्ति च्वाइसलेसनेस कहते हैं–निरति! वह चुनाव नहीं करता। वह न तो कहता है इस तरफ, न कहता है उस तरफ। वह कहता है मध्य में–नेति-नेति। वह कहता है, न यह, न वह। या तो दोनों, या दोनों नहीं, मैं मध्य में। यही उसका न्यारापन है।

'मुद्रा निरति'–वह कभी भी अति पर नहीं जाता। न तो वह ज्यादा भोजन करता है और न कम भोजन; वह सम्यक भोजन करता है।

भोगी ज्यादा करता है। जितनी शरीर को जरूरत है उससे ज्यादा खा जाता है। फिर बिमारियां पैदा होती हैं, फिर बीमारियों का इलाज करवाता है। भोगी सम्यक आहार नहीं करता। त्यागी भी सम्यक आहार नहीं करता। वह कम खाने के पीछे पड़ जाता है। वह कहता है, एक ही बार भोजन करेंगे। अब एक ही बार भोजन करना शरीर की प्रकृति के अनुकूल नहीं है। और अगर एक ही बार भोजन करना हो तो बड़ी जटिलताएं हैं, वे समझनी चाहिए।

एक ही बार भोजन करने वाले पशु मांसाहारी हैं; जैसे शेर, सिंह, वे एक ही बार भोजन करते हैं चौबीस घंटे में–वे मांसाहारी हैं। अगर बंदर एक ही बार भोजन करे, मरे! बंदर शुद्ध शाकाहारी है!

शाकाहार का मतलब है कि तुम्हें थोड़े से शाकाहार से काम न चलेगा, क्योंकि उससे उतनी ऊर्जा ही न मिलेगी शरीर को।

इसलिए बंदर दिन भर चबाता ही रहता है। तुम भी जब पान चबाते हो तो तुम डार्विन के सिद्धांत को सिद्ध कर रहे हो कि आदमी बंदर से पैदा हुआ है। तंबाकू चबा रहे हो! कुछ न हो

तो बातचीत ही कर रहे हो। वह भी बंदर की आदत है।

लेकिन आदमी शाकाहारी है; जैसा बंदर शाकाहारी है। और डार्विन की बात में सचाई है। अब तो शरीरशास्त्री भी राजी होते हैं कि मनुष्य कभी भी मांसाहारी नहीं रहा, क्योंकि उसकी जो अंतड़ियां हैं, वे मांसाहारी पशुओं जैसी नहीं हैं। मांसाहारी पशु की बड़ी छोटी अंतड़ी होती हैं। इसलिए तो तुम सिंह का पेट देखते हो कितना छोटा सा! मांसाहारी है, खाता डट कर है, लेकिन पेट छोटा सा! उसकी अंतड़ियां बहुत छोटी हैं।

पहलवान कोशिश करते हैं सिंह जैसा पेट बनाने की। तो वे जबर्दस्ती छाती को फुलाए जाते हैं और पेट को भीतर खींचे जाते हैं। वह एक तरह की हिंसा है, क्योंकि शाकाहारी उतने छोटे पेट का हो ही नहीं सकता। अंतड़ियां बहुत बड़ी हैं शाकाहारी की। होनी चाहिए, क्योंकि उसे बहुत आहार करना पड़ेगा। उतना आहार सम्हाल सकें, इतनी लंबी अंतड़ियां चाहिए। कई फीट लंबी अंतड़ियां हैं भीतर, गुत्थी हुई पड़ी हैं।

इसलिए बंदर धीरे-धीरे खाता रहता है। गाय शाकाहारी है, चरती रहती है। भैंस परम शा-काहारी है! वह जुगाली करती रहती है। जो चबा लिया उसको भी निकाल कर फिर चबाती रहती है!

अगर आदमी शाकाहारी है तो एक बार भोजन अति है। आदमी अगर शाकाहारी है तो उसे दो-तीन बार, थोड़ा-थोड़ा भोजन करना चाहिए, ज्यादा नहीं।

इसलिए तुम बड़ी हैरानी की बात देखोगे, जैन दिगंबर मुनि हैं, वे एक बार भोजन करते हैं। उनके पेट तुम हमेशा बड़े देखोगे। अब यह बड़ी हैरानी की बात है, जब भी मैं उनकी तस्वीरें देखता हूं, मैं बहुत हैरान होता हूं कि एक बार भोजन करने वाले आदमी का पेट इतना बड़ा क्यों है? वह ज्यादा खा रहा है, जरूरत से ज्यादा खा रहा है। क्योंकि उसे चौबीस घंटे के भोजन की पूरी चेष्टा एक ही बार में कर लेनी है। तो वह अतिशय बोझ डाल रहा है अंतड़ियों पर। अंतड़ियां बाहर आ गई हैं।

जैन दिगंबर मुनि सुंदर नहीं मालूम पड़ते, बेहूदे मालूम पड़ते हैं; जैसे पेट के किसी रोग से ग्रसित हों, या गर्भवती स्त्रियां हों। शरीर में अनुपात नहीं मालूम पड़ता; एक अति कर रहे हैं।

नियम तो यह है शाकाहारी के लिए कि दो या तीन बार या अगर और थोड़ा-थोड़ा भोजन ले सके तो चार या पांच बार। थोड़ा-थोड़ा! जरा सा ले लिया, एक फल खा लिया, बात खत्म! तब तक उतना पच जाए, फिर दो घंटे बाद एक फल ले लिया। पेट पर बोझ न पड़े और पेट पर अति न हो, तो सम्यक आहार होगा।

एक बार भोजन तो स्वभावतः तुम इतना खा लोगे जो चौबीस घंटे काम दे सके। मांसाहार तो ठीक है, क्योंकि थोड़े मांस में काम चल जाता है। मांस का मतलब है पका हुआ, तैयार

भोजन, पचा हुआ भोजन। दूसरे जानवर ने तुम्हारे लिए पचा कर तैयार कर दिया।

तुम फल खाओगे, फिर फल को पचाओगे, तब उस पचे हुए फल में से मांस बनेगा। किसी जानवर ने फल खाकर पचा लिया, मांस तैयार कर दिया, तुमने मांस खा लिया। मांस का मतलब है पचा हुआ भोजन। तुम्हें अब ज्यादा करने की जरूरत नहीं। इसलिए छोटी अंतड़ी काफी है। काम दूसरे कर चुके तुम्हारे लिए, इसलिए मांसाहार शोषण है। क्योंकि दूसरों से काम लेने का क्या हक? जहां तक बने अपना काम खुद कर लेना चाहिए। पचाने का काम भी दूसरे से लेना शोषण है! इसलिए मांसाहार उचित नहीं है। तुम खुद ही कर सकते हो।

मांसाहार भी अति है, क्योंकि तुम्हारी अंतड़ियां बनी नहीं हैं मांसाहार के लिए और तुम्हारा शरीर बना नहीं मांसाहार के लिए और अगर तुम मांसाहार करोगे तो तुम मिट्टी से बंधे रह जाओगे, क्योंकि मांसाहार इतनी बोझिलता देगा कि तुम आकाश में उड़ने की क्षमता खो दोगे। इसलिए समस्त ज्ञानी मांसाहार के विपरीत हो गए, किसी और कारण से नहीं। कोई ऐसा नहीं है कि तुमने मांसाहार कर लिया तो कोई बहुत महापाप हो गया। आत्मा तो मरती नहीं; तुमने किसी का शरीर ही छीन लिया, वो तो जरा-जीर्ण वस्त्र थे, इससे कोई बड़ा भारी महापातक नहीं हो गया। लेकिन विरोध का कारण दूसरा है।

कारण यह है कि तुम न उड़ पाओगे आकाश में; फिर तुम्हें 'अवधू गगन मंडल घर कीजै' संभव न होगा, फिर अवधू चारों खाने चित जमीन पर पड़े रहेंगे। इतने वजनी हो जाएंगे अवधू कि उड़ न सकेंगे, पंख न लग सकेंगे। शाकाहार पंख देता है। वह किसी दूसरे पर कृपा नहीं है, अपने पर ही कृपा है।

मैं भी पक्ष में हूं कि तुम शाकाहारी होना, लेकिन तुम्हारे कारण! इसलिए नहीं कि पशुओं को बचाना है, कि पक्षियों को बचाना है। तुम कौन हो बचाने वाले? जो बनाता है वह बचाएगा; जो बनाता है वह मिटाएगा। तुम कौन हो अकारण का अहंकार बीच में खड़ा करने वाले? नहीं, उस वजह से नहीं।

मैं भी शाकाहार के पक्ष में हूं, तुम्हारी वजह से! नहीं तो तुम कभी आकाश में न उड़ सकोगे। तुम्हारे उड़ने की क्षमता टूट जाएगी। शाकाहार तुम्हें हलका करेगा। सम्यक आहार तुम्हें बिलकुल हलका कर देगा, शरीर का बोझ ही न लगेगा। जैसे अभी पंख मिल जाएं तो तुम अभी उड़ जाओ। जमीन तुम्हें खींचेंगी नहीं, आकाश तुम्हें उठाएगा।

'मुद्रा निरति'-इसलिए कबीर कहते हैं: मुद्रा तो एक है और वह है निरति। अन-अतिशय, अन-अति, निरति, मध्य में खड़े हो जाना।

न तो ज्यादा भोजन करना, क्योंकि वह भी झुकाएगा एक तरफ; न कम भोजन करना, क्योंकि भूख सताएगी दूसरी तरफ। भोजन भी मारता है, भूख भी मारती है; ठीक मध्य में तृप्ति

है। उस तृप्ति पर तुम रुक जाना।

और अपनी तृप्तियों को जो पहचानने लगता है, वही आदमी होश में है; नहीं तो तुम भोजन कर रहे हो, तुम्हें समझ में भी नहीं आता कि कहां रुकें। तुमने होश ही खो दिया; यही पता नहीं चलता, कहां रुकें। जानवर रुक जाते हैं; तुम नहीं रुक पाते। जानवर का पेट भर गया, फिर तुम कितना ही भोजन रख दो, तुम लाख बैंड-बाजे बजाओ, इश्तहार चिपकाओ, कितना ही प्रलोभित करो कि वह भोजन बड़ा पुष्टिदायी है, फिल्म अभिनेत्रियों को लिवा लाओ और उनसे प्रचार करवाओ, भैंस न सुनेंगी। बात खत्म हो गई। भैंस भी ज्यादा तुमसे होशपूर्ण मालूम पड़ती है।

तुमने देखा, भैंस को अगर छोड़ दो तो वह सभी घास न खाएगी। उसकी अपनी घास है, वही खाएगी, बाकी घास छोड़ती जाएगी। जो उसका भोजन नहीं है, वह नहीं करेगी। सिर्फ मनुष्य ऐसा है जो सभी चीजें खाता है। कोई पशु सभी चीजें नहीं खाता, क्योंकि पशुओं के सब शरीरों के अपने आयोजन हैं, कौन सी चीज ठीक बैठती है। सिर्फ आदमी सब खाता है, सब।

ऐसी कोई चीज मैंने नहीं देखी, मैं इसकी खोज-बीन करता रहा हूं कि क्या कोई ऐसी चीज है दुनिया में जिसको आदमी नहीं खाता? नहीं; सब चीजें, चींटी खाने वाले लोग हैं, चींटा खाने वाले लोग हैं, सांप-बिच्छू खाने वाले लोग हैं, कुत्ता खाने वाले लोग हैं। मैं अभी तक पा ही नहीं सका ऐसी कोई चीज, जिसको कहीं न कहीं, कोई न कोई मनुष्य-जाति का अंग न खाता हो; हालांकि दूसरे उस पर हंसते हैं।

चीनी सांप खाते हैं। और चीन में स्वादिष्ट से स्वादिष्ट भोजनों में सांप एक है। अफ्रीका में दीमक, चींटी; चींटे लोग इकट्ठे करके रखते हैं, बोरे भर-भर कर, फिर उसको तलते हैं और खाते हैं। बिच्छू खाने वाले लोग हैं; छछूंदर को भी नहीं छोड़ते। कोई ऐसा प्राणी नहीं है जिसको आदमी न खाता हो। कोई ऐसा फल नहीं है जिसको आदमी न खाता हो। कोई ऐसा जहर नहीं है जिसका सेवन आदमी न करता हो। सांपों को पाल कर रखते रहे हैं लोग। उसको जीभ पर कटाते हैं, घड़ी दो घड़ी को मस्ती आ जाती है।

आदमी खतरनाक जानवर है। उससे ज्यादा खतरनाक कोई भी नहीं है। और असंयमी है; उसने सारा संतुलन खो दिया है। उसे कुछ पता ही नहीं कि क्या भोज्य है, क्या खाद्य है, क्या अखाद्य है। छोटे-छोटे जानवर भी अपनी चीज खाते हैं; आदमी सब खाता है। ऐसा लगता है कि हमें कुछ प्राकृतिक जांच-परख नहीं है। लेकिन वैज्ञानिक इसकी खोज करते रहे हैं कि ऐसा क्यों हुआ; क्योंकि किसी जानवर में ऐसा नहीं हुआ, आदमी में क्यों हुआ? और उन्होंने बड़ी गहरी बात खोजी है, और वह यह है कि हम छोटे बच्चों के साथ जबर्दस्ती

करते हैं। उनको कुछ भी खिलाने के लिए मजबूर करते हैं, इसलिए यह उपद्रव पैदा हुआ है।

अमरीका में एक युनिवर्सिटी में, हार्वर्ड में, उन्होंने प्रयोग किया छोटे बच्चों पर कि सब भोजन रख दिया और छोटे बच्चों को छोड़ दिया–बिलकुल छोटे बच्चे! कि वे खाएं जो उनको खाना है। यह प्रयोग कोई छह महीने तक चलता था। वे बड़े चकित हुए। बच्चे वही खाते हैं जो खाने योग्य है। तुम हैरान होओगे, क्योंकि कोई स्त्री राजी न होगी कि यह बात सच है, क्योंकि बच्चे आइस्क्रीम मांगते हैं जो खाने योग्य नहीं है; मिठाई मांगते हैं जो खाने योग्य नहीं है। लेकिन यह बच्चे तुम्हारे इनकार करने की वजह से मांगते हैं। यह बच्चे नहीं मांगते।

हार्वर्ड में जो प्रयोग हुआ वह बड़ा क्रांतिकारी है। छह महीने का अनुभव यह हुआ कि बच्चे वही खाते हैं जो जरूरी है, जो शरीर के लिए उपयोगी है। और यह भी बड़ी अनूठी बात पता चली कि अगर बच्चा बीमार है तो वह खाता नहीं। मां-बाप जबर्दस्ती करते हैं कि खाओ।

कोई जानवर बीमारी में नहीं खाता, क्योंकि बीमारी में उपवास उपयोगी है। शरीर वैसे ही रुग्ण है, उस पर और भोजन का बोझ डालना और पचाने की प्रक्रिया को थोपना अनुचित है, अन्यायपूर्ण है। वह बीमार आदमी के सिर पर और पत्थर रख कर, उसको ढोने के लिए कहना है।

बीमार आदमी स्वभावतः भोजन न लेगा। अगर बच्चों की सुनी जाए तो बच्चे भोजन न करेंगे। बच्चे को सर्दी-जुकाम है, वह खाना नहीं चाहता; मां-बाप कहते हैं कि खाना पड़ेगा नहीं तो कमजोर हो जाओगे। एक दो दिन नहीं खाने से कोई दुनिया में कमजोर नहीं हुआ। आदमी तीन महीने बिना खाए जी सकता है, मरता नहीं। तीन महीने के बाद मौत की संभावना है। तीन महीने लायक सुरक्षित भोजन शरीर में रहता है। कोई जल्दी नहीं है। दो-चार दिन बच्चा भोजन न करे, कोई हर्जा नहीं है। उसके स्वभाव से चलने दो।

तो एक तो उन्होंने यह अनुभव किया कि बच्चे बीमारी में भोजन नहीं करेंगे। दूसरी और भी गहरी बात उन्होंने खोजी, जिसका किसी को कभी सपने में भी अनुमान न था, और वह यह थी कि बच्चे को अगर सर्दी-जुकाम है तो वह वही भोजन करेगा जिससे सर्दी-जुकाम मिटता है। या बच्चे को अगर मलेरिया है तो मलेरिया में वही भोजन करेगा जिससे मलेरिया का विरोध है।

अब यह बच्चा कैसे जानता है? क्योंकि न तो बच्चे को पता है मलेरिया का, न पता है उसे भोजन-शास्त्र का; सिर्फ उसकी शुद्ध प्रकृति, जो ठीक है, सम्यक है, उसकी तरफ ले जाती है।

बच्चे शक्कर की तरफ उत्सुक होते हैं, क्योंकि उनके शरीर को शक्कर की जरूरत है, बहुत

जरूरत है। उनकी हड्डियां अभी बन रही हैं। और बच्चे दिन में इतनी दौड़-धूप करते हैं, इतना श्रम उठाते हैं कि कोई आदमी कभी नहीं उठाएगा जिंदगी में फिर, उतनी शक्कर वे पचा डालते हैं। इसलिए तुम्हें समझ में नहीं आता कि इतनी शक्कर बच्चे क्यों मांग रहे हैं।

तुमने कभी खयाल किया, हिंदुस्तान के जैसे तुम एक छोटे गांव में जाओगे उतनी मीठी मिठाई मिलेगी। बंबई में मिठाई में कम से कम शक्कर होगी, कलकत्ते में कम से कम होगी; फिर छोटे गांव की तरफ बढ़ो, मिठाई में शक्कर की मात्रा बढ़ने लगेगी। ठेठ देहात में शक्कर ही रह जाती है, बाकी तो दूसरी चीज बहाना है। यह क्यों होता है? ग्रामीण के लिए ज्यादा शक्कर की जरूरत है। उतना श्रम कर रहा है, उतनी शक्कर पचा लेता है। तुम उतनी शक्कर खाओगे तो डाइबीटीज होगी। ग्रामीण उतनी खाता है तो सिर्फ स्वस्थ रहता है, कोई डायबीटीज नहीं होती। किसी जानवर को डायबीटीज नहीं होती; हो नहीं सकती, क्योंकि वह जितना खाता है उतनी पचा डालता है।

छोटे बच्चे शक्कर खाएंगे; उनको जरूरत है। तुम उनको रोकोगे; तुम रोकोगे, उससे उनका आकर्षण बढ़ेगा। बच्चों को बड़ा क्रोध आता है कि भगवान कुछ उलटी खोपड़ी का मालूम पड़ता है; सब अच्छी चीजें खतरनाक हैं—आइस्क्रीम, रसगुल्ला—सब अच्छी चीजें जो बच्चे को जंचती हैं; डॉक्टर को नहीं जंचती, बाप को नहीं जंचती, मां को नहीं जंचती उनमें कुछ खराबी है। और सब बुरी चीजें—साग-भाजी—अच्छी हैं, उनमें विटामिन हैं। भगवान रसगुल्ले में भी विटामिन रख सकता था, मगर उलटी खोपड़ी! आइस्क्रीम में विटामिन रखने में क्या हर्जा था?

बच्चों की समझ में नहीं आता; लेकिन बूढ़े जब बच्चों को नियोजित करते हैं, तो बूढ़े अपने ढंग से नियोजित करते हैं। जिससे उनको खतरा है, वे समझते हैं, उससे बच्चे को खतरा है। यह बात गलत है।

हार्वर्ड के प्रयोग ने एक बात सिद्ध कर दी अगर बच्चों को उनकी नियति पर, प्रकृति पर छोड़ दिया जाए, तो मनुष्य-जाति पुनः स्वस्थ आहार करने लगेगी। हम उनको डगमगा देते हैं। जो वे खाना चाहते हैं, खाने नहीं देते। जो वे नहीं खाना चाहते, जबर्दस्ती मां डंडा लिए बैठी है कि खाओ। क्योंकि मां ने किताब पढ़ी है पाकशास्त्र, जिसमें लिखा है कि किस सब्जी में कितने विटामिन हैं; वह उस हिसाब से चल रही है! आदमी भोजन भी पाकशास्त्र के हिसाब से कर रहा है। आदमी प्रेम भी कामशास्त्र के हिसाब से कर रहा है। आदमी की अपनी बुद्धि खो गई है। किताब ही उसकी जैसे बुद्धि है। उसके भीतर की क्षमता देखने की, समझने की, सब मंदी और धुंधली हो गई है।

'मुद्रा निरति।' इसलिए योगी की मुद्रा, कबीर कहते हैं, अति से मुक्त हो जाना है। वह न कम भोजन करता, न ज्यादा। वह सम्यक आहार करता है। वह न तो कम सोता, न ज्यादा; वह सम्यक निद्रा लेता है। वह न तो कम बोलता है न ज्यादा; वह सम्यक बोलता है। वह न तो कम श्रम करता है, न ज्यादा, वह सम्यक श्रम करता है।

बुद्ध ने आठ नियम कहे हैं, जिनसे सम्यक जीवन पैदा होता है। वे सारे आठ नियम 'सम्यक' शब्द से शुरू होते हैं। सम्यक का अर्थ है: निरति। बुद्ध कहते हैं: सम्यक व्यायाम, सम्यक आहार, सम्यक ध्यान; ध्यान पर भी सम्यक लगाते हैं। क्योंकि कुछ पगले ऐसे हैं कि वे ध्यान ही ध्यान करने लगे हैं, तो पागल हो जाएंगे। तुम कितना सह सकते हो?

अभी चार-छह दिन पहले ही एक सज्जन आए कि ध्यान करते हैं, तो पैर सुन्न हो जाते हैं।

कितनी देर ध्यान करते हो?

सात-आठ घंटे।

पैर सुन्न नहीं होंगे तो क्या होगा? सात-आठ घंटे तुम एक ही मुद्रा में बैठोगे तो पैरों का कसूर है? पैर सात-आठ घंटे एक ही मुद्रा में बैठने को बने नहीं। तो अवधू तो नहीं पहुंच पाते सुन्न गगन में, पैर पहुंच जाते हैं।

'सम्यक' शब्द को मंत्र बना लो। जो भी करो, हमेशा ध्यान रखो कि वह अति पर न चला जाए। मन कहेगा, अति पर ले जाओ, क्योंकि मन अति में जीता है। मन अति है। इसलिए मन तुम्हें हमेशा धकाएगा कि अब क्या बैठे हो घंटे भर, अब दो घंटे बैठो।

मैंने सुना है, मुल्ला नसरुद्दीन ने एक गधा खरीदा। जिससे खरीदा, उससे पूछा कि भाई इसको कितना खाना-पीना देना है? उसने बताया; लेकिन मुल्ला को जरा ज्यादा लगा। उसने कहा कि इतना खाना-पीना गधे के लिए? इतना तो हम अपने लिए भी नहीं...। यह तो बहुत महंगा है। यह आदमी थोड़ा ज्यादा बता रहा है, बढ़-चढ़ कर बता रहा है, गप्प हांक रहा है। गधे को और इतना खाना-पीना? इतना तो मैं अपनी पत्नी को भी नहीं देता।

तो उसने कहा कि पहले इसे अपन थोड़ा प्रयोग करके जांच कर लें कि गधा कितने में जी सकता है। तो उसने आधा, जितना बताया था, आधा दिया। गधा जी गया। उसने कहा कि यह आदमी धोखा दे रहा था। और आधा कर दिया, आधे में से आधा कर दिया। गधा फिर भी जी गया। उसने कहा कि हद हो गई! वह आदमी बिलकुल बेईमान था! अब उसने आधे में से आधे में से आधा कर दिया, यानी अब दो ही आने बचा। उसमें भी गधा जी गया। उसने कहा: हद हो गई। यह तो आदमी मेरा दिवाला निकलवा देता। उसने और आधा कर दिया—एक ही आना! गधा फिर भी जी गया। उसने दूसरे दिन दो पैसा कर दिया। फिर एक पैसा कर दिया। जिस दिन उसने एक पैसा किया, गधा अचानक मर गया। नसरुद्दीन ने कहा:

हद हो गई। इतनी जल्दी भी क्या थी? अगर एक दिन और जी जाता तो बिना भोजन के रहने की कला सीख जाता!

बस एक दिन की कमी रह गई थी कि एक महान घटना घट जाती, नसरुद्दीन ने कहा कि गधा बिना भोजन के जी जाता। वह पहले ही मर गया, प्रयोग पूरा न हो पाया।

नसरुद्दीन जो गधे के साथ कर रहा है, बहुत से लोग अपने साथ कर रहे हैं। लोग न मालूम क्या-क्या उलटा-सीधा करते रहते हैं।

प्रकृति की सुनो, शरीर की सुनो; शरीर फौरन खबर देता है। शरीर बहुत बुद्धिमान है, तुम्हारे मन से ज्यादा। क्योंकि तुम्हारा मन क्या जानता है? शरीर न मालूम कितने-कितने रूपों में रहा है; उसने बड़ी प्रज्ञा इकट्ठी कर ली है, उसके रोएं-रोएं में प्रज्ञा छिपी है। तुम शरीर की सुनो।

जब भी शरीर और मन में द्वंद्व हो, तुम शरीर की सुनना। क्योंकि मन तो समाज के द्वारा आरोपित है; शरीर प्रकृति से आया है। तुमने मन की सुनी, तुम अति पर चले जाओगे। तुमने शरीर की सुनी... शरीर फौरन कहता है। भोजन तुम कर रहे हो, शरीर फौरन कहता है कि बस, रुको। आवाज कितनी ही धीमी हो, पर बराबर आती है कि बस रुको। लेकिन जीभ कहती है, मन कहता है, थोड़ा स्वादपूर्ण है भोजन, आज थोड़ा ज्यादा कर लिया, क्या हर्ज है?

तुम मन की सुनते हो। मन की सुनोगे, गड्ढे में पड़ोगे। और जब मन तुम्हें ज्यादा खिला-खिला कर ज्यादा भर देगा, स्थूल कर देगा, चर्बी बढ़ जाएगी, चल न सकोगे, उठ न सकोगे, तब मन कहेगा, अब उपवास कर लो, उरली कांचन चले जाओ; प्राकृतिक चिकित्सा की जरूरत है। प्राकृतिक बुद्धि की जरूरत है, प्राकृतिक चिकित्सा की नहीं। जिन के पास बुद्धि नहीं उनको फिर प्राकृतिक चिकित्सा की जरूरत पड़ती है।

लेकिन कोई चिकित्सक तुम्हें बुद्धि नहीं दे सकता। तुम्हें वापस ला सकता है—उपवास करवा देगा, वाष्प-स्नान करवा देगा, शरीर से पसीना बहा देगा, भूखा मारेगा, कुछ दिन सताएगा, थोड़ा-बहुत रास्ते पर ला देगा। घर पहुंचोगे, चार छह दिन में फिर वापस! क्योंकि बुद्धि कोई प्राकृतिक चिकित्सा तुम्हें नहीं दे सकती। फिर तुम वही हो जाओगे।

प्राकृतिक बुद्धि चाहिए! प्राकृतिक बुद्धि का अर्थ है: शरीर की सुनने की क्षमता चाहिए। जब शरीर कहे रुक जाओ, तब लाख मन कहे कि स्वादिष्ट भोजन है, थोड़ा और कर लो, मत सुनना। अन्यथा यही मन किसी दिन तुम्हें जैन मुनि बनवा कर रहेगा। फिर कहेगा, अब उपवास करो। पहले भी तुमने इसकी मान कर भूल की, तब तुम भोगी बन गए, अब तुम फिर इसकी मान कर भूल करोगे, त्यागी बन जाओगे।

अवधू जोगी जग थैं न्यारा।

मुद्रा निरति सुरति करि सींगी,...

दो सूत्र कबीर कह रहे हैं: मध्य में ठहर जाना तुम्हारी मुद्रा हो, और सुरति तुम्हारा वाद्य।

सुरति यानी स्मृति। सुरति यानी होश, जागरण, अमूर्च्छा, अवेयरनेस। मध्य में ठहर जाना तुम्हारी मुद्रा और होश सम्हाले रखना तुम्हारा वाद्य। फिर जो नाद पैदा होता है, वह जो एक हाथ की ताली बजती है–'नाद न षंडै धारा'–फिर उसमें खंड नहीं पड़ते; फिर नाद अखंड बहता है! फिर वह धारा अजस्र बहती है। फिर उसमें खाली जगह नहीं आती! फिर संगीत टूटता नहीं! फिर लय बिखरती नहीं! फिर छंद बंधा ही रहता है! फिर तारी लग जाती है! फिर तुम परम आनंद में सदा-सदा को प्रविष्ट हो जाते हो–जहां से कोई लौटना नहीं है।

मुद्रा निरति सुरति करि सींगी, नाद न षंडै धारा।

बसै गगन मैं दुनि न देखै, चेतनि चौकी बैठा।

और तब तुम चेतन, चैतन्य में विराजमान हो जाते हो। 'चेतनि चौकी बैठा, बसै गगन मैं'–और तब तुम शून्य में प्रविष्ट हो जाते हो, आकाश में! 'दुनि न देखै'–फिर कोई दुई नहीं दिखाई पड़ती। फिर तो दोनों किनारे भी नदी के ही अंग हो जाते हैं। फिर तो अतियां भी मध्य में ही समा जाती हैं। फिर तो विपरीत भी एक के ही दो रूप हो जाते हैं।

मुद्रा निरति सुरति करि सींगी, नाद न षंडै धारा।

बसै गगन मैं दुनि न देखै, चेतनि चौकी बैठा।

चढ़ि आकास आसण नहिं छाड़ै, पीवै महारस मीठा।।

और भीतर चेतना आकाश में चढ़ती जाती है और शरीर आसन में जमा रहता है। दीया पृथ्वी पर और चेतना आकाश में। दीया जैसे जमा रहता है पृथ्वी पर ऐसा ही शरीर का आसन पृथ्वी पर–सब अर्थों में। शरीर जमा रहता है पृथ्वी पर–सम्यक भोजन करता है, सम्यक निद्रा लेता है, सम्यक श्रम करता है, जम जाता है पृथ्वी पर आसन। चेतना होश से भरती है, और चैतन्य होती जाती है, ज्योति ऊपर उठने लगती है। तुम एक दीया बन जाते हो। पृथ्वी तुम्हारा आधार, आकाश तुम्हारी आत्मा हो जाती है।

चढ़ि आकास आसण नहिं छाड़ै, पीवै महारस मीठा।

परगट कंथा माहै जोगी, दिल मैं दरपन जोवै।

सहंस इकीस छह सै धागा, निश्चला नाकै पोवै।।

और फिर ऊपर से चाहे गुदड़ी हो, भीतर हीरा होता है; ऊपर से चाहे फिर कुछ भी न हो–'परगट कंथा माहै जोगी'–फिर चाहे योगी बाहर से गुदड़ी में लिपटा हुआ जीए; 'दिल मैं दरपन जोवै'–लेकिन भीतर हृदय का दर्पण स्वच्छ हो जाता है; उसमें परमात्मा की झांई

पड़ने लगती है।

सहंस इकीस छह सै धागा,...

इक्कीस हजार छह सौ नाड़ियां हैं शरीर में। कैसे योगियों ने जाना, यह एक अनूठा रहस्य है। क्योंकि अब विज्ञान कहता है, हां इतनी ही नाड़ियां हैं। और योगियों के पास विज्ञान की कोई भी सुविधा न थी, कोई प्रयोगशाला न थी, जांचने के लिए कोई एक्सरे की मशीन न थी। सिर्फ भीतर की दृष्टि थी, पर वह एक्सरे से गहरी जाती मालूम पड़ती है। उन्होंने बाहर से किसी की लाश को रख कर नहीं काटा था, कोई डिस्सेक्शन, कोई विच्छेद करके नहीं पहचाना था कि कितनी नाड़ियां हैं। उन्होंने भीतर अपनी ही आंख बंद करके, ऊर्जा जब उनके तृतीय नेत्र में पहुंच गई थी और जब भीतर परम प्रकाश प्रकट हुआ था, उस प्रकाश में ही उन्होंने गिनती की थी। उस प्रकाश में ही उन्होंने भीतर से देखा था।

वैज्ञानिक घर के बाहर से जांच रहा है। उसकी पहचान अजनबी की है, बहुत गहरी नहीं है। योगी ने घर के मालिक की तरह देखा था, भीतर से देखा था। फर्क है। तुम कमरे के बाहर घूम सकते हो, दीवाल की जांच कर सकते हो; लेकिन जो कमरे के भीतर रहता है, वह भीतर की दीवालों को देखता है। योगी ने भीतर के प्रकाश में, भीतर जब ज्योति जली, तो भीतर की नाड़ी-नाड़ी को गिन लिया था।

इक्कीस हजार छह सौ नाड़ियां हैं। अभी सब अलग-अलग हैं। अभी तुम ऐसे हो जैसे मनकों का ढेर। अभी तुम्हारे मनके माला नहीं बने, किसी ने धागा नहीं पिरोया है; अभी तुम मनकों का ढेर हो। धागा भी रखा है, मनके भी रखे हैं; माला नहीं हैं। इसलिए तो तुम भीड़ हो! तुम एक नहीं हो, अनेक हो। तुम्हारे भीतर पूरा बाजार है; हजारों तरह के लोग तुम्हारे भीतर बैठे हैं। कोई कुछ कहता, कोई कुछ कहता।

एक कहता है चलो मंदिर की तरफ, दूसरा वेश्यालय ले जाता है। जब तुम वेश्या के घर बैठे हो तब भी मन के भीतर कोई राम-राम जपता है। मंदिर के भीतर बैठे हो, राम-राम जप रहे हो; भीतर वेश्या की मूरत बनती रहती है। ऐसे तुम खंड-खंड हो, टुकड़े-टुकड़े हो। हजार तरफ तुम बह रहे हो। तुम एक धारा नहीं हो जो सीधी सागर की तरफ जा रही हो। तुम मरुस्थल में बिखरे हुए हो, छितरे हुए हो।

तुम्हारी इक्कीस हजार छह सौ नाड़ियां अभी माला के धागे नहीं बनीं, अभी माला नहीं बनीं, क्योंकि किसी ने धागा नहीं पिरोया है। वह धागा क्या है? उस धागे का नाम ही 'सुरति' है। जिस दिन तुम सारी नाड़ियों को बोधपूर्वक देख लोगे...

सहंस इकीस छह सै धागा, निश्चला नाकै पोवै।

और जिसकी मुद्रा हो गई निरति की और जिसका वाद्य बज गया सुरति का, वह धागे से पिरो देता है सारी नाड़ियों को; वह अखंड, एक हो जाता है; उसके भीतर एक का जन्म होता है।

ब्रह्म अगनि में काया जारै, त्रिकुटी संगम जागै।

तब उसकी काया, तब उसकी देह ब्रह्म की अग्नि में जल कर भस्मभूत हो जाती है। प्रकृति की अग्नि में तो तुम बहुत बार जल कर भस्मीभूत हुए हो, अनेक बार मरे हो, और देह को चिता पर चढ़ाया गया है। योगी भी एक चिता पर चढ़ता है, लेकिन वह चिता साधारण अग्नि की नहीं, वह ब्रह्म-अग्नि की है!

ब्रह्म अगनि में काया जारै,...

और ब्रह्म की अग्नि में सब काया, काया की सारी संभावना, बीज, सब जल जाते हैं।

...त्रिकुटी संगम जागै।

यहां काया खोती जाती है, पृथ्वी से संबंध छूटता जाता है, ज्योति उठ जाती है, दीये को छोड़ देती है और भीतर—यह तो बाहर की घटना है; भीतर—'त्रिकुटी संगम जागै।'

'त्रिकुटी' योगियों का बड़ा महत्वपूर्ण शब्द है। त्रिकुटी का अर्थ होता है: द्रष्टा, दृश्य और दर्शन—इन तीन धाराओं का मिल जाना। इन्हीं तीन के आधार पर प्रयाग को हमने संगम कहा है, उसको तीर्थ बनाया है। उसको तीर्थ बनाने का कुल कारण इतना है कि वह ठीक इन तीन की तरह की सूचना देता है। सरस्वती दिखाई नहीं पड़ती; गंगा यमुना दिखाई पड़ती हैं। सरस्वती अदृश्य है! ऐसे ही दृश्य और द्रष्टा दिखाई पड़ते हैं; दर्शन अदृश्य है, वह दिखाई नहीं पड़ता, वह दोनों के बीच में बह रहा है। मैं तुम्हें देखता हूं, तुम भी दिखाई पड़ रहे हो, मैं भी दिखाई पड़ रहा हूं, लेकिन हम दोनों के बीच जो दर्शन की घटना घट रही है, वह नहीं दिखाई पड़ती—वह सरस्वती है। वह अदृश्य धारा है।

और जब इन तीन का मिलन होता है—'त्रिकुटी संगम जागै।' जब दृश्य, दर्शन और द्रष्टा तीनों एक हो जाते हैं, तब महाजागरण होता है, वही महापरिनिर्वाण है। फिर कोई लौटना नहीं। काया जल जाती है ब्रह्म-अग्नि में। उसका उपयोग पूरा हो गया। अब कोई नया घर न बनाना पड़ेगा, अब कोई नई देह लेनी न पड़ेगी, अब कोई नये गर्भ में गिरना न पड़ेगा, अब पृथ्वी की तरफ गिरना बंद हुआ, अब ज्योति मुक्त हो गई दीये से; अब कमल कीचड़ में रहने को राजी नहीं है, अब कमल को कीचड़ में रहने की जरूरत भी नहीं है, अब कमल उठ गया। अब कमल यात्रा पर निकल गया, उसको पंख लग गए!

ब्रह्म अगनि में काया जारै, त्रिकुटी संगम जागै।

कहै कबीर सोई जोगेस्वर, सहज सुंनि लौ लागै।।

अब तो सिर्फ सहज शून्य में ही लौ लग जाती है, अब तो शून्य में ही विलीन होता जाता है!

कहै कबीर सोई जोगेस्वर,...

वही योगी है!

अवधू जोगी जग थैं न्यारा।

योग महानतम कला है—जीवन की भी और मरण की भी। योग पहले सिखाता है, कैसे जीओ, फिर योग सिखाता है, कैसे मरो।

ब्रह्म अगनि में काया जारै,...

पहले योग सिखाता है कैसे शरीर का सहारा लो, फिर योग सिखाता है, कैसे शरीर से मुक्त हो जाओ। पहले योग सिखाता है, कैसे जमीन पर आसन को जमाओ, ताकि ज्योति निश्चल उठने लगे, फिर योग सिखाता है, कैसे जमीन को छोड़ दो शून्य गगन में, महाशून्य में कैसे खो जाओ!

वह खो जाना ही पा लेना है। वह मिट जाना ही हो जाना है। इधर तुम मिटे उधर परमात्मा हुआ। इधर तुम न रहे, उधर उसके मंदिर का द्वार खुला। तुम ही बाधा हो, झीनी सी बाधा, पतला सा घूंघट!

घूंघट के पट खोल, तोहे पिया मिलेंगे।

आज इतना ही।

7

बूझै बिरला कोई

अंबर बरसै धरती भीजै, यहु जाने सब कोई।
धरती बरसै अंबर भीजै, बूझै बिरला कोई।।
गावन हारा कदे न गावै, अनबोल्या नित गावै।
नटवर पेखि पेखना पेखै, अनहद बेन बजावै।।
कहनी रहनी निज तत जानै, यहु सब अकथ कहानी।
धरती उलटि आकासहि ग्रासै, यहु पुरिसा की बाणी।।
बाज पियालै अमृत सौख्या, नदी नीर भरि राख्या।
कहै कबीर ते बिरला जोगी, धरणि महारस चाख्या।।

जीवन के प्रति एक तो दार्शनिक की दृष्टि है और एक धार्मिक की। दार्शनिक की दृष्टि परिधि को छू पाती है, केंद्र तक उसका प्रवेश नहीं। वह बाहर-बाहर से देखता है। कितना ही सोचे, कितना ही विचारे, सोच-विचार कभी केंद्र तक जाता नहीं। केंद्र तक तो केवल महाशून्य की अवस्था ही जाती है; जहां न कोई विचार है, न विचार की कोई तरंग है। विचार नहीं, केंद्र तक तो केवल ध्यान जाता है। विचार नहीं, केंद्र तक तो केवल समाधि की पहुंच है।

दार्शनिक बहुत सोचता है, सिद्धांत निर्मित करता है, शास्त्र बनाता है, लेकिन उसके सभी शास्त्र अधूरे होंगे। और सभी शास्त्र—उनके शब्द कितने ही गहरे मालूम पड़ें—उथले होंगे।

धार्मिक व्यक्ति विचारता नहीं, विचार को छोड़ता है। तर्क नहीं करता, चिंतन-मनन नहीं करता, उन सभी तरंगों को शांत करता है। धार्मिक व्यक्ति केंद्र पर थिर होने की चेष्टा करता है। उस थिरता में ही जीवन के परिपूर्ण रहस्य का द्वार खुल जाता है। समाधि द्वार है।

और धार्मिक जो जान पाता है, वह बड़ा अनूठा है। वह उलटबांसी जैसा लगता है, क्योंकि हम सब दार्शनिक से प्रभावित हैं। इसे तुम ठीक से समझ लो।

हमारे मन पर दार्शनिक की बड़ी छाप है। विचारशील लोगों ने हमें खूब आक्रांत कर रखा है। स्वभावतः उनके तर्क बड़े प्रभावशाली मालूम पड़ते हैं और उनके तर्क के आधार पर उनके सिद्धांत, हमारे मन पर गहरी लकीरें छोड़ जाते हैं। इसलिए कबीर जैसे व्यक्तियों की वाणी उलटबांसी लगती है कि क्या उलटी बातें कह रहे हैं?

वे उलटी लगती हैं, क्योंकि तुम उलटे खड़े हो। जैसे कोई आदमी शीर्षासन कर रहा हो, उसे सारी दुनिया उलटी चलती मालूम पड़ती है। वह हैरान होता है कि सारी दुनिया उलटी क्यों चल रही है? दुनिया उलटी नहीं है। वह स्वयं ही उलटा खड़ा है। अस्तित्व तो सदा से सीधा-साफ है, तुम तिरछे हो। अस्तित्व तो कहीं भी तिरछा नहीं है। उसकी कहानी तो बड़ी साफ है, सुस्पष्ट है, उसका रहस्य तो बिलकुल खुला रहस्य है। द्वार-दरवाजे बंद भी नहीं हैं। अगर तुम प्रवेश नहीं कर पा रहे, तो तुम्हारी आंखें ही किन्हीं शब्दों के द्वारा बंद हैं। किन्हीं विचारों, शास्त्रों में दबी हैं।

और विशेषकर इस देश में तो बड़ा दुर्भाग्य घटित हो गया है। हजारों साल का पांडित्य है। उसमें तुम्हें स्पष्ट लकीरें दे दी हैं। उन लकीरों से भिन्न को तुम मानने को भी राजी नहीं हो

सकते। इसलिए पंडितों की नगरी काशी में कबीर उलटे मालूम पड़ने लगे। और लोग कहने लगे, कबीर की बात कर रहे हो? सिर फिर गया है? ये तो उलटबासियां हैं। ये तो पहेलियां हैं, जो सुलझाई नहीं जा सकतीं।

क्या है पहेली कबीर में? क्योंकि कबीर पूरे को देखते हैं। तुम अधूरे को देखते हो। तुम आधे को देखते हो। आधे के आधार पर तुम पूरे की कल्पना करते हो। तुम लकीर के फकीर हो। फिर लकीर का फकीर एक दफा आदमी हो जाए, तो उस विस्तार का कोई अंत नहीं है।

मैंने सुना है, एक मजाक मैंने सुनी है। सच न भी हो फिर भी सच मालूम होती है। कि चूहों की बढ़ती के कारण सरकार बहुत बेचैन और व्यथित हो गई। क्योंकि पांच चूहे उतना भोजन कर जाते हैं, जितना एक आदमी। और आदमी से कई गुने ज्यादा चूहे हैं। कम से कम पच्चीस गुने ज्यादा चूहे हैं भारत में। तो घबड़ाहट तो स्वाभाविक है। लेकिन चूहे जैसे महत्वपूर्ण विषय पर चर्चा उठानी भी खतरनाक है। क्योंकि इस मुल्क की बुद्धि का कोई हिसाब लगाना मुश्किल है।

तो मैंने सुना है कि इंदिरा गांधी ने मुल्क के सारे विचारशील नेताओं को इकट्ठा किया कि पहले हम सोच लें फिर कुछ कदम उठाएं। और इंदिरा ने कहा कि इन चूहों को अब मार डालना एकदम जरूरी है। एक महाअभियान चाहिए कि सब चूहे समाप्त कर दिए जाएं।

तत्क्षण कोलाहल और उपद्रव शुरू हो गया, जैसा कि भारत की सभी संसदों में, विधान-सभाओं में मचता है, वहां भी मच गया। घड़ी दो घड़ी तो पता ही न रहा कि क्या हो रहा है?

बामुश्किल समझ में आया कि श्री अटल बिहारी वाजपेयी कह रहे हैं कि यह कभी नहीं हो सकता। क्योंकि चूहा गणेश जी का वाहन है। क्या तुम गणेश जी को वाहन से च्युत करना चाहते हो? बिना वाहन के गणेश जी कैसे चलेंगे? और यह तो सरासर अधार्मिक है। यह तो हिंदू धर्म की हत्या है। तो यह कभी बर्दाश्त नहीं किया जा सकता कि चूहे की हत्या की जाए।

कोई सुझाव मांगा गया कि फिर कुछ उपाय? तो उन्होंने कहा कि जैसा आदमियों के लिए हम कर रहे हैं, परिवार-नियोजन का प्रचार किया जाए। हर चूहे के बिल पर लिखा जाए—हम दो, हमारे दो। समझाने-बुझाने की जरूरत है। हत्या नहीं हो सकती।

लेकिन तभी जयप्रकाश ने खड़े होकर कहा कि यह कभी नहीं होगा। गांधी-विनोबा के देश में परिवार-नियोजन? यह तो अनीति का मार्ग है। इससे तो लोग भ्रष्ट होंगे, भ्रष्टाचार फैलेगा। और डर यह है कि तुम चूहों के लिए तो प्रचार करोगे, लेकिन गणेश जी तक भ्रष्ट हो सकते हैं सुनते-सुनते परिवार-नियोजन! क्योंकि परिवार-नियोजन का अर्थ है कि स्त्री को बच्चा पैदा होने का भय तो रह नहीं जाता। उसी भय पर तो तुम्हारी सारी सभ्यता खड़ी है।

उसी भय पर तो तुम्हारे नीति-नियम खड़े हैं। स्त्री पकड़ी जा सकती है, अगर वह किसी दूसरे व्यक्ति से संबंध बनाए। एक बार स्त्री मुक्त हो जाए, भय न रहे तो फिर कौन नियम रोकेगा? चूहे तो बिगड़ेंगे ही, डर यह है कि गणेश जी तक बिगड़ जाएं।

तो जयप्रकाश ने कहा कि सर्वोदयी इसको कभी बरदाश्त नहीं करेंगे। पूछा गया, क्या किया जाए? तो उन्होंने कहा: बजाय परिवार-नियोजन के अभियान के, ब्रह्मचर्य की शिक्षा दी जाए। ब्रह्मचर्य की शिक्षा—गांधी-विनोबा दोनों यही कहते हैं। बजाय तख्तियां लगाने के परिवार-नियोजन के, ब्रह्मचर्य के वचन लिखे जाएं, कि ब्रह्मचर्य ही जीवन है।

किसी ने डरते-डरते कहा कि लेकिन चूहे अशिक्षित हैं।

तो जयप्रकाश ने कहा कि विस्तार में जाने का मेरा प्रयोजन नहीं। हम केवल लोकनायक हैं, लोकनेता नहीं। हम मार्ग-दर्शन देते हैं पूर्ण क्रांति को। विस्तार की बातें आप लोग सोचें। यह सरकार का फर्ज है कि वह पहले उनको शिक्षित करे—चूहों को, फिर उनको ब्रह्मचर्य समझाए। सिद्धांत की बात हमने कह दी। बाकी विस्तार में जाना सरकार का कर्तव्य है। अन्यथा सरकार किसलिए है?

वह सभा जैसी खत्म हो गई होगी, वैसे ही सब सभाएं इस मुल्क में खत्म होती हैं। लकीरें हैं! एक दफा लकीर को छू दो कि फिर होश लोग खो देते हैं। इतना कहना काफी है कि चूहा गणेश जी का वाहन है; फिर कोई होश की बात नहीं हो सकती। इतना कहना काफी है कि गांधी-विनोबा क्या कहते हैं, कि यह देश गांधी-विनोबा का है। जैसे यह देश उन्हीं का है, किसी और का नहीं है।

लकीर से बंध कर जीने वाला व्यक्ति सब भांति अंधा हो जाता है। और सभी लोग विचार की लकीरों से बंधे हैं।

इस देश की सबसे गहरी विचार की लकीर है कि संसार माया है। यह सच है। यह परम अनुभव है कि संसार माया है। लेकिन यह कोई सिद्धांत नहीं है। यह तो सिद्धावस्था की प्रतीति है। अगर तुमने इसे सिद्धांत की तरह समझा कि संसार माया है तो तुम अड़चन में पड़ोगे। तब तुम लड़ना शुरू कर दोगे। और जिससे तुम लड़ रहे हो, वह स्वयं परमात्मा है। तब तुम्हारा पूरा जीवन उलझ जाएगा।

इस देश के सारे शास्त्र कहते हैं कि द्वंद्व के ऊपर उठना है। दो के पार जाना है। एक को पाना है। अद्वैत को पाना है। वही परम सत्य है। यह तुम्हारे मन में लकीर की तरह बैठ गई है बात। इसलिए किसी भी चीज की तुम्हें निंदा करनी हो, तो तुम कह दो कि यह तो द्वंद्व के भीतर है। बात निंदित हो गई।

इसीलिए कबीर ने जब ये वचन कहे, तो बड़ी कठिनाई खड़ी होगी।

कहै कबीर ते बिरला जोगी, धरणि महारस चाख्या।

जिसने पृथ्वी के महारस को चखा, वह महायोगी।

लेकिन तुम्हारे योगी तो कह रहे हैं कि धरती, धरती का रस, पदार्थ, पदार्थ का रस, शरीर, शरीर का रस, सब त्याज्य है। इनको तो छोड़ना है। ये तो माया हैं। और कबीर कहते हैं: जिसने धरणी का महारस चख लिया, वह कोई बिरला जोगी! वह कोई अद्वितीय जोगी है।

तुमने सदा सुना है कि पदार्थ को छोड़ना है और कबीर कह रहे हैं कि पदार्थ में महारस छिपा है। पदार्थ में परमात्मा छिपा है। पदार्थ को छोड़ना नहीं है, जानना है। पदार्थ से भागना नहीं है, जीना है। शरीर में अशरीरी छिपा है। शरीर को काटना और गलाना नहीं है, शरीर को मिटाना नहीं है, शरीर तो मंदिर है। वहीं परमात्मा की प्रतिमा विराजमान है। वह तो सिंहासन है। उस पर ही प्रभु बैठा है। शरीर को पहचानना है, जानना है, जीना है। शरीर के भीतर गहन में प्रवेश करना है। शरीर की परिधि नहीं, उसका केंद्र भी उपलब्ध हो जाए। जिस दिन तुम शरीर के केंद्र को जान लोगे कि वह परमात्मा है, उस दिन तुम पाओगे कि शरीर में भी बड़े रस छिपे हैं। छोड़ने योग्य कुछ भी नहीं है।

स्वाद को छोड़ना नहीं है और अस्वाद को साधना नहीं है। स्वाद को इस परिपूर्णता से जीना है कि स्वाद में ही छिपा अस्वाद मिल जाए। तब वह अस्वाद जैसा नहीं होता, परम स्वाद जैसा होता है।

गांधी के आश्रम में ग्यारह नियमों में एक नियम था, अस्वाद। इस तरह भोजन करो कि उसमें स्वाद न आए। तो भोजन को खराब करके करो—नमक मत डालो। और अगर ज्यादा ही योग सिर पर चढ़ गया हो, तो थोड़ी सी नीम की चटनी मिला लो, ताकि भोजन भ्रष्ट हो जाए, ताकि स्वाद न आए। गांधी जी नीम की चटनी के बिना भोजन ही नहीं करते थे। वह भोजन को खराब करने की व्यवस्था थी। सोचते थे, यह अस्वाद है।

यह अस्वाद नहीं है, यह केवल जीभ को मारना है। अस्वाद तो उन्हें उपलब्ध हुआ, उन ऋषियों को, जिन्होंने कहा है उपनिषदों में 'अन्नम् ब्रह्म।' जिन्होंने जाना है कि अन्न में ब्रह्म छिपा है; उन्हें अस्वाद उपलब्ध हुआ। जिन्होंने अन्न को इस परिपूर्णता से, इस समाधिपूर्वक ग्रहण किया कि अन्न में छिपे हुए ब्रह्म की जिन्हें झलक मिलने लगी—'धरणि महारस चाख्या'—वे परमयोगी हैं। उन्होंने पृथ्वी को छोड़ा नहीं, पृथ्वी के महारस को चख लिया।

क्योंकि जिसने बनाई है सृष्टि, वह बनाने वाले से भिन्न नहीं हो सकती। और शत्रु तो हो ही नहीं सकती। विरोध में तो हो ही नहीं सकती। सीढ़ी ही बनने को बनाई गई है। सृष्टि में छिपा है स्रष्टा। कृति में छिपा है कर्ता। काव्य में छिपा है कवि। नृत्य में छिपा है नर्तक। वह भिन्न नहीं है। परमात्मा यहां पत्ते-पत्ते पर छिपा है। तुमने जिसे बुरा कहा है, तुमने जिसकी निंदा की है, वह भी परमात्मा है। और परमात्मा की निंदा करके तुम परमात्मा को न पा सकोगे। हां, तुमने एक अपना परमात्मा बना लिया है सिद्धांतों का, जिसकी तुम मंदिर में पूजा करते

हो। असली, जीवंत परमात्मा की तुम निंदा करते हो। झूठे आदमी द्वारा निर्मित परमात्मा की तुम पूजा करते हो।

तुम कभी किसी हरे वृक्ष के सामने हाथ जोड़ कर झुके हो? कि जब कोई वृक्ष फूलों से भरा हो, हवाओं में नाचता हो, तब तुमने घुटने टेक कर वहां प्रार्थना की है? कि जब आकाश में तारे भरे हों, तब तुम पृथ्वी पर लेट कर उस अनिर्वचनीय के भजन से भरे हो? तुमने तारों में उसकी आंखों को झलकते देखा है? कि फूलों में उसकी सुवास उठते देखी?

नहीं, तुम बिलकुल अंधे हो। तुम भागे जा रहे हो मंदिर-मस्जिद की तरफ। तुम कहते हो, वहां परमात्मा की पूजा करनी है। और यहां कौन है? चारों तरफ कौन है? पक्षियों के कंठों में कौन गा रहा है? वृक्षों में कौन फूल बना है? झरनों में किसका कलकल नाद है? ये उसी एक ओंकार की अनेक-अनेक अभिव्यक्तियां हैं। ये उसी एक के अनेक-अनेक रूप हैं। तुम कहां भागे चले जाते हो? तुम किस की पूजा करने जा रहे हो? तुम जहां हो, वहीं वह मौजूद है। तुम्हारे चारों तरफ उसी ने तुम्हें घेर रखा है।

उपनिषद कहते हैं: वह परमात्मा दूर से भी दूर और पास से भी पास है। दूर से दूर–अगर मंदिरों में खोजा; पास से पास–अगर आंख खोलीं और चारों तरफ देखा। वह परमात्मा निकट से भी निकट है। क्योंकि तुम भी वही हो। श्वास भी वही ले रहा है तुम्हारे भीतर। मोहम्मद ने कहा है कि श्वास की नली से भी वह पास है। एक बार तुम बिना श्वास के भी जी लो, उसके बिना तुम न जी सकोगे। उसके बिना कोई जीवन ही नहीं है। वह जीवन का सारभूत है।

तब जीवन की निंदा से कोई उस तक न पहुंच पाएगा। और सभी धर्मों ने जीवन की निंदा की है। सिर्फ ज्ञानी पुरुषों ने जीवन की निंदा नहीं की है। उन्होंने तो जीवन का गौरव गाया है। असल में उनके जीवन के गौरव का जो गीत है, वही तो उनकी परमात्मा की स्तुति है।

इसलिए अन्न ब्रह्म है। स्वाद भी उसी का है। शरीर भी उसी का है । काम भी उसी का है। राम भी वही है। और जिस दिन तुम द्वंद्व खड़ा न करोगे, और तुम्हें दोनों में वही दिखाई पड़ने लगेगा, उसी दिन अद्वैत उपलब्ध होगा। अद्वैत कोई सिद्धांत नहीं है कि तुमने शंकराचार्य के ग्रंथ पढ़ लिए और तुम्हें अद्वैत की समझ आ गई।

अद्वैत तो जीवन को जीने की एक शैली है। इस भांति जीना है कि दो के बीच विरोध खड़ा न हो। दो के बीच दो-पन न आए। दो के बीच भी एक ही दिखाई पड़ता रहे। इसलिए कबीर के वचन उलटबांसी मालूम पड़ते हैं। वही सीधी बांसुरी है।

अंबर बरसै धरती भीजै, यहु जाने सब कोई।

यह तो हमें पता ही है कि आकाश बरसता है, मेघ घिरते हैं आषाढ़ में, धरती भीगती है, तृप्त होती है। लेकिन यह बात तो अंधे को भी पता है, मूढ़ को भी पता है। इससे जानने से तुम कोई बहुत समझदार न हो जाओगे। जाननेवाला तो यह कहता है–

धरती बरसै अंबर भीजै, बूझै बिरला कोई।

धरती भी बरसती है। क्योंकि जीवन एक गहन एकात्म है। यहां तुम लेते ही लेते नहीं चले जा सकते। यहां लेने और देने में एक संतुलन है।

आकाश से तुमने मेघों को बरसते देखा। लेकिन तुमने धरती के मेघ आकाश पर बरसते देखे हैं? ये हरे हो गए वृक्ष! इनसे धरती वापस लौटा रही है जल को। ये मेघ हैं, जो आकाश में वापस बरस रहे हैं। प्रति पल पत्ते-पत्ते से भाप उठ रही है। अन्यथा आकाश मेघ कहां से लाएगा बरसाने को? नदी-नदी से, झरने-झरने से भाप उठ रही है। सूरज की किरणों पर चढ़-चढ़ कर जगह-जगह से भाप इकट्ठी हो रही है आकाश में। धरती वापस लौटा रही है।

इन फूलों की गंध में कौन वापस जा रहा है? इन पक्षियों के कंठ से कौन आकाश पर बरस रहा है? सब तरफ से पृथ्वी लौटा रही है। और जितना लौटाती है, उतना ही गहन होकर वापस आता है। एक वर्तुलाकार प्रक्रिया है। आकाश धरती को देता है, धरती आकाश को देती है। धरती छोटी नहीं है, लेन-देन सदा बराबर है।

संतुलन ही तो जीवन का नियम है। अन्यथा संतुलन टूटता जाएगा। एक लेता जाए, एक देता जाए, दोनों ही दीन हो जाएंगे अंततः। एक कृपण होकर मरेगा, एक दरिद्र होकर मरेगा। जीवन लेन-देन है। जीवन प्रतिपल संतुलन को बनाए रखता है। जितना आकाश से धरती को मिलता है, उतना ही लौट जाता है।

और यह तो छोटा सा प्रतिदान है, जो फूलों में, वृक्षों में, पहाड़ों में, नदी-झरनों में, दिखाई पड़ता है। पक्षियों के कंठों में, हवा के झोंकों में जिसकी सरसराहट सुनाई पड़ती है। लेकिन जब धरती का कोई बेटा, कोई बुद्ध, कोई कबीर खिलता है, हजार कमलों का कमल खिलता है जब उसके सहस्रार में, और जब उसकी पूरी प्राण-ऊर्जा आकाश की तरफ प्रवाहित होती है, तब महादान घटित होता है। तब आकाश पर मेघ घिर जाते हैं बुद्धों के। बुद्ध ने तो जो शब्द प्रयोग किया है उस परम अवस्था को, उसका नाम ही मेघ समाधि। एक बादल की तरह आकाश पर बरस जाती है पृथ्वी।

कबीर कहते हैं: 'धरती बरसै अंबर भीजै।' कबीर कहते हैं: हमने उलटा भी देखा है। धरती को बरसते और अंबर को भीजते भी देखा है। स्रष्टा ने तो सृष्टि को बहुत कुछ दिया ही है। वह कोई बड़ी बात नहीं है। लेकिन हमने सृष्टि को भी स्रष्टा को लौटाते देखा है। परमात्मा ने तो सबको बनाया ही है; उसने तो सबको आपूर दिया ही है, लेकिन हमने एक और बात भी देखी है। कि हमने परमात्मा की तरफ सृष्टि से जाते हुए मेघ भी देखे हैं। और हमने पृथ्वी को ही नाचते नहीं देखा है मेघों में घिरे, हमने परमात्मा को भी नाचते देखा है।

जब बुद्ध का मेघ लौटता है परमात्मा की तरफ, तब परमात्मा भी नाचता है। वह नटराज

है। उसकी प्रसन्नता का क्या कहना उन क्षणों में!

इसलिए बुद्ध के जीवन में कथा है कि जब बुद्ध ज्ञान को उपलब्ध हुए, तो असमय ही वृक्षों पर फूल खिल गए। इतनी महान घटना घटी हो, तो परमात्मा भी नाचता है। अगर प्रकृति नाची हो उस क्षण में, तो कुछ अनूठा नहीं है। सूखे वृक्ष हरे हो गए, नई कोंपलें फूट गईं। फूल आने को न थे, यह मौसम न था और फूल खिल गए आधी रात। अभी सूरज भी नहीं हुआ था, जब बुद्ध उस परम अवस्था की तरफ धीरे-धीरे बह रहे थे। भोर का आखिरी तारा डूबा और बुद्ध परम मेघ-समाधि को उपलब्ध हुए। उस क्षण पृथ्वी ने जो दान दिया है, वह परमात्मा भी सदियों तक याद रखेगा—रखना ही पड़ेगा।

और अगर गौर से देखो, तो सृष्टि का दान बड़ा मालूम होगा स्रष्टा के दान से। क्योंकि स्रष्टा ने तो एक साधारण बच्चा ही पैदा किया था। पृथ्वी ने बुद्धत्व देकर वापस लौटाया।

अंबर बरसै धरती भीजै, यहु जाने सब कोई।

धरती बरसै अंबर भीजै, बूझै बिरला कोई।।

परमात्मा का ऋण चुकाना है। तुमने पितृ-ऋण सुना है। तुमने गुरु-ऋण सुना है। लेकिन तुमने कभी सोचा कि परमात्मा का भी ऋण है—जिसने तुम्हें बनाया है? जिसने सारी प्रकृति बनाई है, जो इस सारे खेल के पीछे छिपा हुआ स्रष्टा है, उसका ऋण भी चुकाना है। कोई बुद्ध उसका ऋण चुकाता है। कोई कबीर उसका ऋण चुकाता है।

उस घड़ी में, जब महिमा से भरी हुई कोई चेतना वापस लौटती है परमात्मा की तरफ—'धरती बरसै अंबर भीजै।' उस दिन आकाश भीग जाता है। आकाश का भीगना बहुत मुश्किल मालूम पड़ता है। क्योंकि आकाश तो शून्य है। लेकिन कबीर कहते हैं, शून्य भी भीग जाता है, आर्द्र हो जाता है। शून्य भी उस क्षण में कठोर नहीं रह जाता, तटस्थ नहीं रह जाता। शून्य भी उस क्षण में कांप जाता है, आप्लावित हो जाता है।

धरती भीगती है, यह तो समझ में आता है। क्योंकि गहन धूप में, सूरज के ताप में धरती फट जाती है, प्यासी हो जाती है। इसलिए जब वर्षा होती है, तो पृथ्वी के रोएं-रोएं, प्राण-प्राण में एक तृप्ति समा जाती है। एक सोंधी गंध उठती है तृप्ति की, चारों तरफ फैल जाती है। यह समझ में आता है लेकिन आकाश तो कोई पृथ्वी नहीं है। आकाश में तो कोई दरारें नहीं पड़ सकतीं। आकाश तो महाशून्य है। आकाश तो सिर्फ अवकाश है, रिक्तता है। उसमें कैसी दरारें!

लेकिन कबीर ठीक ही कहते हैं। मैं भी सहमत हूं। आकाश में भी दरारें पड़ जाती हैं। बुद्धत्व की वहां भी प्रतीक्षा होती है। पृथ्वी खिले और बरसे आकाश पर। तभी तो यह खेल चल पाता है। यह खेल एक-तरफा नहीं है। यह द्वंद्व पृथ्वी और आकाश का, शरीर और

आत्मा का, पदार्थ और परमात्मा का, सृष्टि और स्रष्टा का। यह द्वंद्व दो के बीच विरोध नहीं है, यह दो के बीच एक गहन सामंजस्य है।

इसलिए तो हम इसे लीला कहते हैं। एक खेल है। शत्रुता नहीं है। अगर पृथ्वी और आकाश दूर भी जाते हैं, तो करीब आने को। अगर पदार्थ और परमात्मा में भेद भी पड़ता है, तो वह भेद केवल पास आने की प्रतीक्षा है। पास आने की तैयारी है।

तुमने कभी अनुभव किया हो, अगर तुमने प्रेम किया है। इसलिए कहता हूं कि अगर तुमने प्रेम किया है, क्योंकि बहुत कम लोग प्रेम को उपलब्ध हो पाते हैं। प्रार्थना तो बहुत दूर, जीवन प्रेम से भी वंचित रह जाता है। अगर तुमने कभी प्रेम किया है, तो तुम एक लय अनुभव करोगे प्रेमियों में। कि प्रेमी दूर होते हैं, करीब आते हैं–एक छंद है। क्योंकि अगर तुम सदा ही करीब-करीब रहो, तो भी रस खो जाता है। अगर तुम सदा ही दूर-दूर रहो, तो भी प्रेम टूट जाता है। एक लयबद्धता है। कि प्रेमी दूर हटते हैं, ताकि पास आ सकें। पास आते हैं, फिर दूर हट जाने को।

अगर तुमने कभी प्रेम किया है, तो तुमने पाया होगा कि प्रतिपल यह यात्रा चलती रहती है, दूर होने की, पास होने की। कभी झगड़ते हैं, दूरी बनाने को। कभी क्रोधित हो जाते हैं, ताकि मुख एक-दूसरे से फिर जाए। एक-दूसरे की तरफ पीठ हो जाए। लेकिन वह क्रोध उन्हें और भी पास ले आता है। जब क्रोध का तूफान जा चुका होता है, तो पीछे के सन्नाटे का क्या कहना! तब वहां प्रेम की मधुरिमा खिलती है। जब दो प्रेमी लड़ चुकते हैं, झगड़ चुकते हैं, उस झगड़े के बाद प्रेम फिर से अभिनव हो जाता है। हर झगड़े के बाद नई सुहागरात है। और हर सुहागरात के बाद फिर नया झगड़ा है। प्रेमी झगड़ते हैं। झगड़े में राज है।

अगर प्रेमी झगड़ते न हों, तो समझना कि प्रेम समाप्त हो चुका है। अब दूर जाने की कोई जरूरत न रही, क्योंकि पास आने की कोई आकांक्षा न रही। अब प्रेमी एक-दूसरे को सहते हैं, झगड़ते नहीं। समझना, प्रेम चुक गया है। जो पति-पत्नी कभी नहीं झगड़ते, समझना कि वहां प्रेम रहा ही नहीं।

हां, जो सतत झगड़ते हैं, वहां भी प्रेम नहीं है। जो चौबीस घंटे झगड़े पर ही उतारू हैं, जिन्होंने उसे कोई युद्ध का मैदान बना लिया है, जो उसे धर्मक्षेत्रे-कुरुक्षेत्रे...! जो उसे समझ रहे हैं कि यही जीवन है, उनका भी प्रेम नहीं है। प्रेम कीमियां है, रसायन है। झगड़ते हैं, थोड़ा सा फासला हो जाए। फासले में रस पैदा होता है।

गरमी के उत्तप्त दिनों में जब सूरज आग की तरह बरसता है, पृथ्वी तैयारी कर रही है वर्षा में तृप्त होने की। फिर वर्षा में डूब जाएगी आकंठ। नदियों में पूर आएंगे। झरने बड़े होकर बहेंगे। बाढ़ फैलेगी। रोआं-रोआं सिक्त हो जाएगा जल से। पृथ्वी फिर तैयार हो रही है धूप के लिए।

सूखना होगा, गीले होने के लिए। गीला होना होगा, सूखने के लिए।

जिसने जीवन के इस संगीत को समझा, उसके लिए पृथ्वी और परमात्मा का द्वंद्व नहीं है। खेल है। उसे आत्मा, शरीर के बीच कोई संघर्ष नहीं है। सतत पास आना और सतत दूर जाने की छंदबद्धता है। योग, परम संगीत की कला है। वह कोई दुश्मनी नहीं है । इसलिए शरीर से लड़ना मत। पृथ्वी को त्याज्य मत समझना। पदार्थ को असार मत कहना। बाजार को व्यर्थ मत कहना। क्योंकि बाजार और हिमालय के बीच एक छंद चल रहा है। एक गहरा छंद है।

इसलिए मैं निरंतर कहता हूं कि उन संन्यासियों को कुछ भी उपलब्ध न होगा जो सदा के लिए हिमालय भाग गए। उन गृहस्थों को भी कुछ उपलब्ध न होगा जो बाजार में ही खो गए। वहां भी एक छंद चाहिए कि कभी तुम बाजार में बैठे हो, दूर हो गए मंदिर से बहुत। और कभी तुम मंदिर में बैठे हो, पास हो गए मंदिर के बहुत। दूर हो गए बाजार से बहुत। अगर तुम इस छंदबद्धता को सम्हाल लो, तो तुम मेरे संन्यास का अर्थ समझ पाओगे। अन्यथा मेरा संन्यास कबीर की उलटबांसी है।

मेरे पास लोग आते हैं कि यह कैसा संन्यास? पत्नी है, बच्चे हैं, लोग दुकान पर बैठे हैं, दफ्तर जा रहे हैं, यह कैसा संन्यास? क्योंकि संन्यास वे जानते हैं, जो सदा के लिए भाग गया, उसको वे संन्यासी कहते हैं। जो सदा के लिए बाजार में रह गया, उसको वे गृहस्थ कहते हैं। मेरा संन्यासी गृहस्थ और पुराने संन्यास के बीच एक छंद है। कभी वह सब छोड़ कर हट जाता है। ध्यान में लीन हो जाता है। कभी वह फिर बाजार में वापस लौट आता है। बाजार और मंदिर में विरोध नहीं है।

जैसे तुम्हारी श्वास जाती है बाहर फिर भीतर आती है। फिर बाहर जाती है। तुम्हारी श्वास में विरोध नहीं है। तुमने कभी श्वास को सम्हाल लिया होता अगर शास्त्रों के अनुसार, तो तुम कभी के मर गए होते। श्वास को अगर भीतर ही रोक लोगे, तो भी मर जाओगे। श्वास को अगर बाहर ही रोक दोगे, तो भी मर जाओगे। श्वास को भीतर भी आने दो, बाहर भी जाने दो। श्वास कोई प्रतिबंध नहीं मानती। वह दोनों किनारों पर आती जाती है।

बाहर जाती श्वास संसार है, भीतर आती श्वास संन्यास है—पुरानी परिभाषा में। भीतर ही साध लो तो संन्यास, बाहर ही साध लो तो गृहस्थ। लेकिन मैं मानता हूं वे दोनों मर जाते हैं। पुराना गृहस्थी भी मर चुका है। सड़ रहा है बाजारों में, दुकानों में। उसके जीवन में विपरीत की गंध न रही। वह मर रहा है क्योंकि उसके जीवन में केवल उत्ताप है, ग्रीष्म है। वह केवल पतझड़ जानता है। और पुराना संन्यासी भी सड़ गया है। उसे तुम मंदिरों में, आश्रमों में सड़ता हुआ पाओगे। अगर तुम्हारे पास थोड़ी भी सुगंध लेने की क्षमता हो, तो तुम उसकी दुर्गंध को समझ पाओगे। वह सड़ रहा है। क्योंकि उसने भी श्वास को रोक लिया है। उसने भी एक किनारे से अपने को बांध लिया है।

वास्तविक संन्यास दोनों के मध्य में है–निरति और सुरति। अतियों पर नहीं है, मध्य में है और होश में है। भागने में नहीं है। परिस्थिति को बदलने में नहीं है, अपने होश को बदलने में है। और बड़ा प्यारा संगीत है, जो हिमालय और बाजार के बीच सध जाए, मंदिर और दुकान के बीज सध जाए। बड़ा प्यारा संगीत है।

दूर होओ, ताकि पास आ सको। पास आओ, ताकि दूर जा सको। तभी तुम इस विराट की लीला के सजीव अंग हो सकोगे। तभी तुम इस वीणा के कंपते हुए तार हो सकोगे। अन्यथा तुम निर्जीव हो जाओगे।

अंबर बरसै धरती भीजै, यहु जाने सब कोई।

इसलिए कबीर ने कभी बाजार नहीं छोड़ा। कबीर कपड़ा बुनते ही रहे। जुलाहे थे, जुलाहे बने ही रहे। शिष्यों ने बहुत समझाया कि अब यह शोभा नहीं देता।

तो कहते हैं, कबीर ने कहा, जो परमात्मा को शोभा देता है, वह मुझे शोभा क्यों न देगा? वह बाजार को नहीं मिटा रहा। कभी का मिटा देता, चाहता तो। संसार को नहीं मिटा रहा। रोज संसार को बनाए ही चला जाता है। रोज नये बच्चे निर्मित होते चले जाते हैं। नई दुकान खुलती है। नया बाजार बनता है। नया गांव बसता है। मुर्दों को हटाता है। जो सड़ गए उन्हें हटा लेता है। नयों को भेजता है। ताजों को भेजता है। जो फिर से वासना में पड़ेंगे। फिर से महत्वाकांक्षा जगेगी जिनकी। जो फिर से धन इकट्ठा करेंगे। लोभ करेंगे, क्रोध करेंगे, प्रेम करेंगे। सारी लीला खड़ी होगी।

और उस लोभ, क्रोध, काम की समझ से ध्यान की तरफ जागेंगे। जीवन का विषाद उन्हें समाधि के आनंद की तरफ ले जाएगा। फिर से संगीत सधेगा। पुरानों को हटा लेता है। समझदारों को हटा लेता है। परमात्मा समझदारों के विरोध में मालूम पड़ता है। नासमझों को भेजता है। समझदारों को हटाता है। क्योंकि समझदार थोड़े ज्यादा समझदार हो जाते हैं। और जीवन का संगीत खोने लगता है। उनकी समझदारी जड़ता हो जाती है। वे किसी एक से चिपट जाते हैं। या तो गृहस्थ को पकड़ लेते हैं, जोर से, या संन्यस्त भाव को पकड़ लेते हैं जोर से। छोटे बच्चों की तरह सरल नहीं रह जाते।

छोटे बच्चे की सरलता का तुमने रहस्य जाना, क्या है? कभी तुमने छोटे बच्चे को देखा गौर से? अभी देखो, नाराज है। खिलौना टूट गया, चिल्ला रहा है। क्रोध से भर गया है, उत्तप्त है। तब तुम सोच भी नहीं सकते कि यह बच्चा कभी शांत होगा। घड़ी भर बाद भूल गया खिलौना। शांत है, कोने में बैठा है। आंख बंद हो गई। झपकी लग गई। तुम सोच भी नहीं सकते कि यह बच्चा कभी क्रोधित रहा होगा। इतनी सरलता से डोलता है क्रोध से अक्रोध में, अशांति से शांति में। अभी प्रेम कर रहा है, कह रहा है, तुम्हारे बिना न रह सकेगा एक क्षण। अभी नाराज हो गया। अब कहता है, तुम मर ही

जाओ। तुम्हारी कोई भी जरूरत नहीं है। क्षण भर बाद क्रोध जा चुका। घृणा जा चुकी। फिर तुम्हारे गले मिल रहा है।

छोटे बच्चे की सरलता क्या है? क्यों जीसस मोहित हैं छोटे बच्चे पर? क्यों वे कहते हैं मेरे परमात्मा के राज्य में वे ही प्रवेश कर सकेंगे, जो छोटे बच्चों की भांति हैं।

जो द्वंद्व के बीच सरलता से गतिमान हो जाए, वही सरल है। तुम्हारे संन्यासी भी जटिल हैं। तुम्हारे गृहस्थ भी जटिल हैं। अकड़ गए हैं। एक ने भीतर ही श्वास बांध रखी है। एक ने बाहर ही रोक रखी है। दोनों मर रहे हैं। श्वास को भीतर-बाहर आने दो।

यह श्वास बड़ा गहरा प्रतीक है। जिस तरह श्वास भीतर-बाहर आती है, इसी तरह तुम्हारी चेतना भी बाहर-भीतर आए। तब तुम्हारी चेतना भी जीवित होगी। इसलिए जो लोग आंख बंद कर लेते हैं संसार की तरफ और कठोर होकर हठयोग को साध कर, भीतर ही रहने की कोशिश करने लगते हैं, उनका जीवन भी दीन और दरिद्र हो जाता है। तुम उनके जीवन में गरिमा न पाओगे। तुम उनके जीवन में सृजन की क्षमता न पाओगे।

तुमने कभी सुना है कि इन आंख बंद करने वाले अंतर्मुखी लोगों ने, इंट्रोवर्टस ने दुनिया को कोई सुंदर गीत दिया हो? कि दुनिया को कोई सुंदर चित्र दिया हो, कि कोई सुंदर मूर्ति बनाई हो, कि किसी बीमारी का नया इलाज दिया हो? इन्होंने दुनिया को कुछ दिया है? इनकी सृजनात्मकता क्या है? इनकी क्रिएटिविटी क्या है? ये तो मुर्दा हैं। ये हों या न हों, बराबर है। ये भीतर बंद होकर बैठ गए हैं। इनका जीवन सड़ जाएगा। ये पोखरे की तरह हो गए। नदी न रही, जो बहती है। बंद हो गए। इनसे दुर्गंध उठेगी।

भारत की अधिकतम दुर्गंध, भारत के जड़ हो गए संन्यासियों के कारण है। और उनकी संख्या बड़ी है; लाखों में है। वे लाखों लोग इस मुल्क की छाती पर बैठे हैं जड़ होकर। और उनका प्रभाव भारी है क्योंकि वे पूज्य हैं। सदियों से तुमने उन्हें पूजा है। उनके पैर छुए हैं। तुम उनको अब भी पूजे चले जा रहे हो। लाश की पूजा चल रही है। वे तुम्हें भी लाश में रूपांतरित कर देंगे।

पश्चिम का दुर्भाग्य कि वहां लोग बाहर ही बाहर जी रहे हैं, तो उनके जीवन में धन-धान्य बहुत है लेकिन भीतर की शांति नहीं है। वे गीत तो बहुत निर्मित कर लेते हैं, लेकिन गीत में भीतर का स्वर नहीं आता। वे मूर्तियां बहुत निर्मित कर लेते हैं, लेकिन उनकी मूर्तियां ऐसी गलती हैं जैसे पागलों ने बनाई हों।

पिकासो के चित्र देखो तो ऐसा लगता है, कोई विक्षिप्त आदमी चित्र बना रहा है। कितने ही कलात्मक हों, तो भी सुंदर नहीं हैं। कितना ही श्रम उनमें लगाया गया हो, तो भी उनके भीतर से कुछ अहोभाव नहीं उठता। कोई आशीर्वाद नहीं बरसता। वे ऐसे हैं, जैसे जीवन की दुखांत कहानी कहते हैं। विषाद भरी! विक्षिप्तता से भरी! पागल आदमी का चित्र प्रकट करते हैं। किसी बुद्धत्व की मूर्ति उनसे प्रकट नहीं होती।

पश्चिम में सृजन बहुत है। चीजें बढ़ती जाती हैं। मकान सुंदर होते जाते हैं। रास्ते अच्छे होते जाते हैं। कपड़े बेहतर होते जाते हैं। मशीनें बनती जाती हैं। लेकिन भीतर बड़ा कोलाहल है। भीतर की कोई शांति नहीं है। पूरब में भीतर की शांति है लेकिन मुर्दा है।

ये दोनों ही अधूरी बातें हैं। और दोनों परमात्मा का विरोध हैं। परमात्मा चाहता है, तुम श्वास भी लो, तुम श्वास छोड़ो भी। तुम आकाश को भी चाहो और तुम पृथ्वी को भी चाहो। और तुम्हारी दोनों चाहों में कोई विरोध न हो। तुम्हारी दोनों चाहें किसी महाचाह का अंग हो जाएं। एक विराट संगीत के दो स्वर हो जाएं। अन्यथा तुम इकअंगे हो जाओगे और संतुलन खो जाएगा।

अंबर बरसै धरती भीजै, यहु जाने सब कोई।

धरती बरसै अंबर भीजै, बूझै बिरला कोई।।

गावन हारा कदे न गावै, अनबोल्या नित गावै।

नटवर पेखि पेखना पेखै, अनहद बेन बजावै।।

गावन हारा कदे न गावै,...

वह जो असली गीत गाने वाला है वह कभी गाता नहीं।

जटिल है बात। इसलिए तो लोग कहते हैं, कबीर की बातें उलटबांसी हैं। जो असली गाने वाला है, वह कभी गाता नहीं। उससे गीत पैदा होता है, वह गाता नहीं। और जब तक तुम गाते हो, तब तक गीत ऊपर-ऊपर होगा। तुम्हारी आत्मा से पैदा न होगा। चीन में एक बड़ी पुरानी उक्ति है कि जब संगीतज्ञ परिपूर्ण हो जाता है, तो वीणा को तोड़ देता है। क्योंकि वीणा भी सिक्खड़ की खबर देती है। और जब धनुर्धारी परिपूर्ण हो जाता है, तो धनुष को छोड़ देता है।

बड़ी पुरानी ताओ कथा है कि एक आदमी बहुत बड़ा धनुर्विद हो गया। सम्राट ने घोषणा की राज्य में कि इससे बड़ा कोई धनुर्विद नहीं है। अगर कोई प्रतियोगी सोचता हो कि इससे बड़ा धनुर्विद है तो आकर प्रतियोगिता कर ले। अन्यथा यह आदमी राज्य का सर्वोत्तम धनुर्विद घोषित कर दिया जाएगा। तीन महीने का समय दिया।

दूसरे ही दिन एक बूढ़ा आदमी आया। और उस धनुर्विद से बोला: इस पागलपन में मत पड़ो। क्योंकि मैं एक ऐसे आदमी को जानता हूं, जो तुमसे बड़ा धनुर्विद है। तो उस धनुर्विद ने कहा: तो वह आ जाए और प्रतियोगिता कर ले।

तो वह बूढ़ा हंसने लगा। उसने कहा: जो जितना बड़ा हो जाता है, उतना प्रतियोगिता के पार हो जाता है। यह तो बच्चों का काम है—प्रतियोगिता, काम्पिटिशन। वह नहीं आएगा। अगर तुम्हें सीखना हो तो तुम्हें मैं ले चल सकता हूं।

धनुर्विद हैरान हुआ। क्योंकि उसने सोचा भी न था कि यह बात भी हो सकती है कि बड़ा धनुर्विद हो, लेकिन बड़े होने के कारण प्रतियोगिता में न उतरे। छोटे उतरते हैं प्रतियोगिता में—स्वभावतः। क्योंकि छोटे ही बड़ा होना सिद्ध करना चाहते हैं, इसलिए प्रतियोगिता में उतरते हैं, ताकि सिद्ध हो सके, हम बड़े हैं। जो बड़ा है, बड़ा है। वह बिना किसी प्रमाण के बड़ा है। उसे कोई प्रतियोगिता और किसी सम्राट का सर्टिफिकेट नहीं चाहिए।

मनस्विद कहते हैं, सिर्फ हीन ग्रंथि से पीड़ित लोग प्रतियोगिता में उतरते हैं; जिनके मन में इनफिरिआरिटी कांप्लेक्स है, जो डरे हैं। जो भीतर तो जानते हैं कि हम योग्य नहीं हैं, लेकिन किसी तरह सिद्ध करना है, तो कैसे सिद्ध करें? जिसकी गरिमा स्वयंसिद्ध है, स्वतः प्रमाण है, वो प्रतियोगिता में तो उतरता नहीं।

बात तो जंची। धनुर्विद ने कहा: मैं आता हूं। वह पीछे उस बूढ़े के गया। वह धनुर्विद को ले गया पास के जंगलों में। और वहां एक व्यक्ति था। वह लकड़ी काट रहा था। तो धनुर्विद ने पूछा: यह आदमी धनुर्विद है? उसने कहा: यही आदमी धनुर्विद है। इसका धनुष कहां है? वह धनुष को चौबीस घंटे टांगे हुए नहीं घूमता। पर धनुर्विद ने कहा: अगर ऐसा मौका आ जाए और संघर्ष हो जाए? उसने कहा: धनुर्विद है। वह तो हाथ से भी तीर चला सकता है। तीर की भी जरूरत नहीं है।

तो उस धनुर्विद ने दूर से खड़े होकर एक आड़ से और तीर मारा। वह जो लकड़ी काटने वाला लकड़हारा था, उसने लकड़ी का एक छोटा सा टुकड़ा लेकर तीर पर चोट की, जो तीर आ रहा था। वह तीर वापस लौट गया। जाकर धनुर्विद की छाती में चुभ गया।

धनुर्विद आया, पैर पर गिर पड़ा। उसने कहा: मुझे क्षमा करें। मैं तो सोचता था, धनुष के बिना कहीं धनुर्विद्या आई है? मगर तुम तो अनूठे हो। यह कला मैं कैसे सीख सकूंगा? उसने कहा, मेरे पास रहो, सीख जाओगे।

तीन वर्ष लगे। वह यह कला सीख गया। लौटने लगा सम्राट के महल, तो उस धनुर्विद ने कहा, लेकिन रुको। मैं कुछ भी नहीं हूं। मेरा गुरु अभी जीवित है। मैं तो ऐसे ही लकड़हारा हूं। ऐसा थोड़ा उच्छिष्ट गुरु से पा लिया, वही हूं। क्योंकि जो वास्तविक धनुर्विद है, वह लकड़ी भी क्यों फेंकेगा? उसकी आंख का इशारा काफी है। आंख का इशारा भी क्यों? उसके मन की धारणा काफी है। अभी जाओ मत।

यह यात्रा तो लंबी मालूम पड़ी। तीन साल तो इस आदमी के साथ बीत गए। सोचा था कि अब पारंगत हो गया। अब कोई उपद्रव न रहा। इसका गुरु भी है। लेकिन अब लौटने का भी कोई उपाय न था। रस उसे भी लग गया था।

चला इस लकड़हारे के साथ पहाड़ की बड़ी ऊंची चोटियों पर। एक अत्यंत बूढ़े आदमी

को देखा, जिसकी कमर झुकी हुई थी। जो कम से कम सौ के पार कर चुका था उम्र। उस लकड़हारे ने कहा: यही मेरे गुरु हैं। उसे थोड़ी हंसी आने लगी धनुर्विद को, इसकी तो कमर झुकी है, यह तो निशाना भी नहीं लगा सकता। लेकिन अब हिम्मत खो चुकी थी पुराने अहंकार की। उसने कहा, पता नहीं...! उस बूढ़े से कहा कि हमें भी सीखना है। तुम्हारे चरणों में आए हैं। उसने कहा: पहले परीक्षा से गुजरना पड़ेगा। आओ मेरे पीछे।

वह पहाड़ की कगार पर गया। एक भयंकर चट्टान, जो खड्ड के ऊपर दूर तक चली गई थी और जिसके नीचे हजारों फीट गहरा खड्ड था; जिस पर जरा से चूक गए कि मृत्यु सुनिश्चित थी। वह बूढ़ा जाकर उस चट्टान की कगार पर खड़ा हो गया। आधा पैर खड्ड में झांकता हुआ, कमर झुकी हुई, सिर्फ ऐड़ी के बल खड़ा। उसने कहा, आओ मेरे पास।

उसके हाथ-पैर कंपने लगे। वह उससे दूर ही, चार फीट दूर ही गिर पड़ा घबड़ा कर। जो उसने खड्ड नीचे देखा, ज्वरग्रस्त हो गया शरीर।

उस बूढ़े ने कहा: तुम कैसे धनुर्विद हो सकोगे? जिसके मन में भय है, उसका तीर निशाने पर कैसे लगेगा? भय तो कंपता ही रहता है। उसका हाथ कंपता रहेगा। अंधों को न दिखाई पड़े, लेकिन जिसके पास आंख है, वह तो देख ही लेगा कि तेरा हाथ कंप रहा है। जहां भय है, वहां कंपन है। अभय ही निष्कंप होता है। तू तो यहां इतना कंप रहा है कि इस गड्ढे के पास नहीं जा सकता। तो तू निशाना क्या लगाएगा? भाग जा यहां से।

उस धनुर्विद ने कहा जाते समय, मैं घबड़ा गया हूं। मेरी हिम्मत नहीं है इस शिक्षा में आगे उतरने की। मैं पहली परीक्षा में ही असफल हो गया। मैं यह खयाल ही छोड़ देता हूं अब धनुर्विद होने का। आप ठीक कहते हैं, मेरे भीतर कंपन है, डर है, घबड़ाहट है।

और निश्चित ही जब भीतर भय हो, तो हाथ भी कंपेगा। दिखाई पड़े न दिखाई पड़े। और जब हाथ कंपेगा, तो चाहे दुनिया को दिखाई पड़े कि निशाना लग गया है, लेकिन उस बूढ़े धनुर्विद ने कहा, हम तो जानते हैं, निशाना चूक गया। निशाना लगने से थोड़े ही लगता है। निशाना वहां थोड़े ही है। निशाना तो भीतर है। अकंप हृदय चाहिए। बस फिर सब हो जाता है।

ऊपर पक्षियों की एक कतार उड़ रही थी। उस बूढ़े आदमी ने ऐसे हाथ का इशारा किया और हाथ को नीचे गिराया। पच्चीस पक्षी नीचे गिर गए। सिर्फ इशारे से!

भाव काफी है। अगर अकंप हृदय हो तो जो भाव हो, वह तत्क्षण यथार्थ हो जाता है। अगर अकंप हृदय हो तो विचार वस्तुएं हो जाते हैं। शब्द घटनाएं हो जाती हैं।

इसलिए तो ऋषियों के आशीर्वाद का इतना मूल्य है। लोग उनके पास सिद्धांत समझने थोड़े ही जाते थे; उनकी अनुकंपा लेने। वे आशीर्वाद दे दें। बस, उतना काफी है। इसलिए तो ऋषि से अगर अभिशाप निकल जाए, तो उससे बचना मुश्किल है। इसलिए तो सारी हिंदू कथाएं हैं कि

ऋषि ने अगर अभिशाप दे दिया तो जन्मों-जन्मों तक पीछा करेगा। हालांकि ऋषि अभिशाप देते नहीं। जो दें, उनके ऋषि होने में थोड़ा संदेह है। दुर्वासा को ऋषि कहना उचित नहीं है।

अभिशाप ऋषि से निकल कैसे सकता है? वे तो कथाएं हैं। वे तो कथाएं सिर्फ इस बात की सूचक हैं कि यदि ऋषि दुर्वासा जैसा हो और अभिशाप दे दे, तो जन्मों-जन्मों तक उससे छुटकारा नहीं। क्योंकि उसके शब्द सत्य होकर रहेंगे। ऋषि तो आशीर्वाद ही देता है।

इसलिए दुर्वासा कभी हुए नहीं। वह तो समझाने के लिए है। वह तो समझाने के लिए है कि विपरीत भी सच है। होता नहीं, लेकिन अगर हो, तो जन्मों-जन्मों तक उससे छुटकारा नहीं है। ऋषि तो वही है, जिसका प्राण प्रतिपल आशीर्वाद दिए जाता है। वस्तुतः ऋषि से आशीर्वाद मांगना भी नहीं पड़ता। तुम सिर्फ अपने भिक्षापात्र को लेकर मौजूद हो जाओ, हृदय को लेकर मौजूद हो जाओ, उसके आशीर्वाद गिर ही रहे हैं। वह जो कहता है, वह होकर रहेगा। वह जो सोचता है, वह होकर रहेगा।

इसलिए जो लोग ध्यान में उतरते हैं, उनके लिए बुद्ध ने एक नियम बनाया है कि ध्यान के पूर्व उन्हें अपने विचारों पर परिपूर्ण नियंत्रण कर लेना चाहिए। क्योंकि कभी-कभी ऐसा हो सकता है कि तुम्हें थोड़े से ध्यान की क्षमता आ जाए और कभी क्षण भर को तुम मौन होने लगो, और विचारों पर पूरा नियंत्रण न हो और कोई गलत विचार उस समय तुम्हारे मन के आकाश से गुजर जाए, तो वह पूरा हो जाए।

और गलत विचार तुम्हारे मन से चौबीस घंटे गुजर रहे हैं। जरा किसी ने गाली दे दी और तुम कहते हो, मर जाओ। अभी कहते हो, कोई हर्जा नहीं। क्योंकि कोई मरता नहीं। तुम्हारे कहने से क्या होता है? लेकिन अगर ध्यान का क्षण हो, मन थोड़ा शांत हो, और यह विचार की तरंग दौड़ जाए, वह आदमी मर जाएगा। तत्क्षण मर जाएगा।

इसलिए समस्त ध्यानियों ने, पतंजलि ने, बुद्ध ने, समस्त ज्ञानियों ने ध्यान के पहले शील को रखा है। उसका कारण यह नहीं है कि चरित्रहीन ध्यान को नहीं पा सकता है। चरित्रहीन ध्यान को पा सकता है। लेकिन चरित्रहीन का ध्यान खतरनाक हो जाएगा। इसलिए शील प्राथमिक है।

इसलिए पतंजलि के आठ नियम हैं। बुद्ध का अष्टांग मार्ग है। महावीर के पंच महाव्रत हैं। उनका ध्यान से कोई सीधा संबंध नहीं है। ध्यान उनके बिना हो सकता है। लेकिन तब ध्यान से अभिशाप पैदा हो सकता है। तब दुर्वासा पैदा हो सकता है। अगर दुर्वासा कभी भी हुआ हो, तो शील के नियम छोड़ कर उसने ध्यान किया होगा। तब दुर्घटना घट सकती है।

कबीर कहते हैं:

गावन हारा कदे न गावै,...

कबीर कहते हैं: जो असली गायक है, वह गाता थोड़े ही है। उससे गीत पैदा होता है। असली गायक स्वयं ही गीत है। वह गाता नहीं है। क्योंकि गाना तो कृत्य है। असली गायक की तो आत्मा ही गीत है। उसका होना गीतपूर्ण है। तुम उसके पास जाकर संगीत सुनोगे। वह चुप बैठा हो, तो भी उसके चारों तरफ मधुर संगीत गूंजता हुआ तुम पाओगे। एक गुनगुनाहट हवा में होगी। एक गीत उसके होने से पैदा होता रहेगा। एक सन्नाटा, लेकिन संगीतपूर्ण। तुम्हें छुएगा, स्पर्श करेगा, तुम्हें भर देगा।

गावन हारा कदे न गावै,...

इसलिए तो परमात्मा का गीत तुम्हें सुनाई नहीं पड़ता, क्योंकि वह गा नहीं रहा, वह स्वयं गीत है। जब तक तुम परिपूर्ण शून्य न हो जाओ तुम उस गीत को न सुन पाओगे–'अवधू, शून्य गगन घर कीजै।' जैसे ही तुम शून्य-घर में प्रविष्ट हो जाओगे, वैसे ही वह गीत सुनाई पड़ने लगेगा, जो परमात्मा है।

गावन हारा कदे न गावै, अनबोल्या नित गावै।

बोलता नहीं, फिर भी नित उसका गीत चलता रहता है।

नटवर पेखि पेखना पेखै, अनहद बेन बजावै।

और जिसने उसको देख लिया, नाचने वाले को, उस गाने वाले को, उस नटवर को, उस नटराज को, उसने सब देख लिया। क्योंकि उसका नृत्य ही तो सारा दृश्य जगत है। ये जो तुम्हें फूल-पत्ते, वृक्ष, आकाश, बादल दिखाई पड़ रहे हैं, ये सब उसके नृत्य की भाव-भंगिमाएं हैं। पूरा अस्तित्व नाच रहा है। इसलिए हिंदुओं ने परमात्मा की जो गहनतम प्रतिमा गढ़ी है, वह नटराज है। और सारी प्रतिमाएं फीकी हैं। नटराज बेजोड़ है। नाचने वालों का राजा! वह दिखाई नहीं पड़ता।

तिब्बत में एक कथा है कि एक व्यक्ति नाचते-नाचते-नाचते ऐसी दशा में पहुंच गया कि जब वह नाचता था, तो नाच ही रह जाता था और नाचने वाला खो जाता था। सभी नर्तक इस दशा में पहुंच जाते हैं। तब उनके जीवन में अनूठी घटनाएं घटती हैं। वह नर्तक इस अवस्था में पहुंच गया वर्षों के नृत्य के बाद कि जब वह नाचता था, तो शुरू में तो लोगों को दिखाई पड़ता था। थोड़ी देर में धुंधला हो जाता। और थोड़ी देर में धुएं की रेखा रह जाती और थोड़ी देर में नाचने वाला खो जाता। कुछ दिखाई न पड़ता। लेकिन जो शांत हो सकते थे, वे उसके नृत्य को सुनते। जो शांत हो सकते थे, वे उसके नृत्य को पूरे शरीर पर स्पर्श होते अनुभव करते; क्योंकि उसके गहन नृत्य से सारी हवा तरंगायित होती।

नटराज का अर्थ है, ऐसा नर्तक, जिसके भीतर नर्तक और नृत्य में भेद नहीं है। जो स्वयं अपना नृत्य है। जो नर्तक भी है और नृत्य भी है। यह सारा अस्तित्व उसका नर्तन है। और इस नर्तन को तुम समझ लो तो नर्तक मिल जाए। नर्तक मिल जाए, तो तुम नर्तन को समझ

लो। प्रकृति को तुम ठीक से पहचान लो, तो परमात्मा की प्रतिमा उभर आए। या परमात्मा से तुम्हारा मिलन हो जाए, तो प्रकृति तुम्हें उसकी भाव-भंगिमा मालूम होने लगे।

आकाश में घिरते बादल उसके चेहरे पर ही घिरते हैं। झीलों में चमकती शांति उसकी आंखों में ही चमकी है, उसकी आंखों की ही गहराई है। सब वही है। परमात्मा कोई व्यक्ति नहीं है, सबका सारभूत! इसलिए तुम उसे खोजने जाओ, तो कहीं मिलेगा नहीं। तुम इस भ्रांति में मत रहना कि कहीं किसी दिन पहुंच जाओगे, परमात्मा आमने-सामने खड़ा है और जयरामजी कर रहे हो। कभी तुम्हें परमात्मा आमने-सामने न मिलेगा। वह सब है।

गावन हारा कदे न गावै, अनबोल्या नित गावै।

नटवर पेखि पेखना पेखै,...

और जिसने उसे देख लिया, उसने उसके सारे नृत्य के विस्तार को देख लिया। उसने सारा दृश्य समझ लिया, जिसने द्रष्टा को समझ लिया।

...अनहद बेन बजावै।

उसकी वीणा तो अनहद बज रही है। तुम्हीं को अपने कान सम्हालने हैं। उसकी वीणा तो कभी रुकती नहीं है। तुम्हें ही अपने को सम्हाल लेना है, ताकि तुम वीणा को सुन सको।

कहनी रहनी निज तत जानै, यहु सब अकथ कहानी।

धरती उलटि आकासहि ग्रासै, यहु पुरिसा की बाणी।।

कहनी रहनी निज तत जानै,...

तीन तरह के लोग हैं। एक, जिसको हम असाधु कहते हैं। उसकी कहनी और रहनी विपरीत होती है। कहता कुछ है, करता कुछ है। कहता कुछ है, होता कुछ है। बोलता कुछ, कहता पश्चिम जाता, जाता पूरब। उसके कहने में और उसके होने में एक भयंकर अंतराल है। एक विपरीतता है। वह बंटा हुआ है, खंड-खंड है। यही द्वैत का अर्थ है। असाधु सोचता कुछ, बोलता कुछ, करता कुछ। तुम उस पर भरोसा नहीं कर सकते।

दूसरा व्यक्ति है, जिसे हम साधु कहते हैं। वह जैसा बोलता है, वैसे ही रहने की चेष्टा करता है। कहनी और रहनी में एक तारतम्य बिठाता है। जैसा सोचता है, वैसा ही जीने का उपाय करता है। लेकिन कोई उपाय कभी पूरा नहीं हो पाता।

असाधु से बेहतर। कम से कम उपाय करता है। लेकिन कहनी और रहनी एक हो नहीं पाती। बड़े से बड़े साधु की भी कहनी और रहनी एक नहीं हो पाती। इसलिए तो साधु को तुम दुखी देखते हो।

असाधु को तुम दुखी देखते हो, क्योंकि उसके जीवन में इतना विरोध है कि उस विरोध के कारण सुख पैदा नहीं हो सकता। तुम उसे कारागृह में देखते हो। अपराध से भरा हुआ देखते

हो। अपराध से घिरा हुआ देखते हो। हजार तरह का समाज उसे दंड देता है और हजार तरह के दंड वह खुद अपने को देता है। उसका जीवन एक व्यथा है, पीड़ा है। छूटना भी चाहता है उससे, तो छूट नहीं सकता। उस पर भरोसा नहीं किया जा सकता। वह खुद अपने पर भरोसा नहीं कर सकता। उसका धोखा गहरा है, इसलिए वह दुखी है।

साधु भी सुखी नहीं दिखाई पड़ता है। यह बड़ी चमत्कार की बात है। असाधु दुखी है, समझ में आता है। साधु क्यों सुखी नहीं है? मैं ऐसे साधुओं को जानता हूं जो साठ-साठ वर्ष से साधु रहे हैं। उनकी उम्र अस्सी हो गई। जवान थे, बीस वर्ष के थे, तब सब छोड़ दिया था। अब भी दुख वहीं के वहीं है। बल्कि और घना हो गया, क्योंकि जैसे-जैसे मौत करीब आती है, वैसे-वैसे विफलता दिखाई पड़ती है। सब असार हो गया। उनके भीतर भी गहन पीड़ा है। भले लोग! इनका क्या दुख है?

इनका दुख यह है कि ये लाख उपाय करते हैं कहनी और रहनी को बिठाने के, वह बैठ नहीं पाती। उसमें भेद बना ही रहता है। अहिंसा सोचते हैं, हिंसा पूरी तरह खो नहीं पाती। करुणा सोचते हैं, चेष्टा भी करते हैं, चेहरा भी करुणा का बनाते हैं, आचरण भी सम्हालते हैं, लेकिन क्रोध जाता नहीं। ब्रह्मचर्य साधने की सोचते हैं, निष्ठापूर्वक, आग्रहपूर्वक आयोजन करते हैं, लेकिन कामवासना जाती नहीं। बल्कि कई बार बढ़ती मालूम पड़ती है।

कहनी और रहनी में चेष्टापूर्वक जो भी सामंजस्य बिठाएगा, वह भी दुखी रहेगा। चेष्टा-पूर्वक सामंजस्य बैठ ही नहीं सकता।

फिर तीसरा व्यक्ति है, जिसको हम संत कहते हैं, जिसको हम परम साधु कहते हैं, ऋषि कहते हैं—कोई भी नाम दें। इस तीसरे व्यक्ति की रहनी और कहनी में एकता होती है। लेकिन यह एकता बाहर से बिठाई नहीं होती। वह निज-तत्व को जान लेता है, इसलिए होती है। वह स्वयं को पहचान लेता है, इसलिए उसके बाएं और दाएं हाथ के भीतर एक एकता आ जाती है। क्योंकि दोनों उसके ही हाथ हैं।

इस भेद को ठीक से समझ लेना। वह स्वयं को जानता है, पहचान लेता है। उस पहचान के साथ ही उसका कहना, उसका सोचना, उसका आचरण, सब एक हो जाता है। क्योंकि सबके पीछे वह एक को खोज लेता है। यह जो एक की खोज है, यह विरोध में सामंजस्य बिठाने से कभी नहीं आती। यह सीधा एक को खोजने से ही फलित होती है।

कहनी रहनी निज तत जानै,...

जिसने निज-तत्व को जान लिया, उसकी कहनी और रहनी एक हो जाती है।

...यहु सब अकथ कहानी।

यह कहानी है, जिसे कहना बहुत मुश्किल है। क्यों कहना मुश्किल है? संतों ने

सदा कही है। फिर भी तुम सुन नहीं पाए, इसलिए कहना मुश्किल है। इसलिए अकथ कहानी है।

संत सदा से कहते रहे हैं कि तुम स्वयं को जान लो तो तुम्हारे आचरण और विचार में एकता आ जाएगी। आत्मा को पहचान लो, तो एकता आ जाएगी। तुम एकता करने की कोशिश करते हो और सोचते हो एकता आने से शायद आत्मा को जानना हो जाएगा। तुम गाड़ी के पीछे बैल जोतते हो।

और तुम्हारा भी कारण है कि ऐसा तुम क्यों करते हो। वह कारण समझ लेना चाहिए। तुम्हारी भ्रांति के पीछे जरूर कोई बहुत बुनियादी आधार है। वह आधार यह है कि संतों को जब भी तुमने देखा है, तो उनकी आत्मा तो तुम्हें दिखाई नहीं पड़ती, उनका आचरण दिखाई पड़ता है। आचरण दिखाई पड़ता है, आत्मा तो दिखाई नहीं पड़ती। इसलिए जो दिखाई पड़ता है वह तुम्हें बहुत मूल्यवान मालूम पड़ता है। और जो नहीं दिखाई पड़ता, उसका तो तुम मूल्यवान कैसे समझोगे?

इसको समझो। महावीर को आत्म-ज्ञान हुआ। आचरण में अहिंसा आ गई। उनका आत्म-ज्ञान तो तुम्हें दिखाई नहीं पड़ेगा। उसे तो तुम कैसे देखोगे? तुमने आचरण में आई अहिंसा को देखा। वह तुम्हें दिखाई पड़ी। वह महत्वपूर्ण हो गई। तुमने समझा कि महावीर अहिंसक हो गए हैं। शायद इसीलिए आत्म-ज्ञान को उपलब्ध हुए हैं। बात बिलकुल उलटी थी। महावीर आत्म-ज्ञान को उपलब्ध हुए थे, इसलिए अहिंसा को उपलब्ध हुए थे। तुमने जाना, अहिंसा को उपलब्ध हुए, इसलिए आत्म-ज्ञान मिला है। आत्म-ज्ञान तो तुम्हें दिखाई नहीं पड़ता।

स्वभावतः दृश्य को तुम आधार बनाते हो, अदृश्य को उसका परिणाम। तुम्हारी आंख जो दिखाई पड़ता है उसको पकड़ती है। जो नहीं दिखाई पड़ता, उसको कैसे पकड़ेगी? तो तुम सोचते हो, मैं भी अहिंसा को उपलब्ध हो जाऊं, तो मुझे भी आत्म-ज्ञान उपलब्ध होगा। बस, गणित गलत हो गया। यात्रा गलत शुरू हो गई।

अब तुम लाख उपाय करोगे अहिंसक होने के, थोड़े बहुत होते हुए मालूम भी पड़ोगे, लेकिन जितनी ही चेष्टा करोगे, उतना ही तुम पाओगे कि असंभव है यह होना। हो नहीं पाता। बिठा पाते हो साज, बिखर जाता है। किसी तरह सम्हाल पाते हो, जरा सी घटना मिटा देती है। वर्षों सम्हालते हो, क्षण भर में टूट जाता है। ताश के पत्तों का घर मालूम होता है। जरा सा झोंका हवा का आया कि गया। अहंकार को मिटाने की कोशिश करते हो, मिटता नहीं। क्रोध को हटाने की कोशिश करते हो, हटता नहीं।

कबीर कहते हैं: 'यहु सब अकथ कहानी।' इसे कहना मुश्किल। क्योंकि कहते से ही यह गलत समझी जाती है। उलटी समझ लेते हैं लोग। हम कुछ कहते हैं, लोग कुछ समझ लेते

हैं। इसलिए अकथ कहानी। इसलिए नहीं कि यह कही नहीं जा सकती। इसलिए कि कितना ही कहो, समझी नहीं जाती।

धरती उलटि आकासहि ग्रासै, यहु पुरिसा की बाणी।

और यही परम पुरुषों की वाणी है; आप्त पुरुषों की—'धरती उलटि आकासहि ग्रासै'--कि तुम जिस जीवन को अब तक समझते रहे हो, उससे ठीक उलटा नियम है। जैसे धरती उलट कर आकाश को ग्रस जाए, या जैसे बूंद में सागर गिर जाए। तुम जो समझते हो, उससे उलटा नियम है। तुम्हारी समझ का नियम काम नहीं आएगा। तुम्हारी समझ के नियम के अनुसार तुम चलते रहे हो। वही तुम्हें भटकाया है।

इससे ठीक उलटा नियम है। उलटा नियम क्या है? कि तुम स्वयं को जान लो, सब सध जाएगा। और तुम सब साधते रहो, तुम स्वयं को न जान पाओगे। उपनिषदों ने कहा है एक को साधने से सब सध जाता है। महावीर ने भी कहा है: एक को जानने से सब जान लिया जाता है। 'इक साधे सब सधे, सब साधे सब जाय।' तुम बहुत साध रहे हो। बहुत को साधने की जरूरत नहीं है।

समझो, क्रोध को आदमी साधता है, तो क्रोध को किसी तरह अगर दबा ले, तो उसमें कामवासना बढ़ जाएगी। क्योंकि जितनी ऊर्जा क्रोध में जाती थी, उतनी ऊर्जा अब दूसरी तरफ से बहने लगेगी। एक आदमी कामवासना को साधता है। वह किसी तरह ब्रह्मचर्य को बिठा लेता है, जबर्दस्ती। कामवासना तो कम हो जाती है, लेकिन जो ऊर्जा कामवासना से निकलती थी, वह क्रोध में निकलने लगती है। इसलिए ब्रह्मचारियों को तुम सदा ही क्रोधी पाओगे। भयंकर क्रोधी। उनके आंख पर ही क्रोध रखा है। यह अकारण नहीं है, वैज्ञानिक है। अगर तुम लोभ को दबाओगे, तो कुछ और बढ़ जाएगा।

लेकिन तुम्हारे जीवन की दशा वही रहेगी। चुकता हिसाब उतना ही रहेगा। उसमें फर्क न पड़ेगा। 'एक साधे सब सधे।' अगर बिमारियों को साधने गए, तो कितनी बिमारियां हैं। अनंत बिमारियां हैं। साधते-साधते जन्म-जन्म बीत जाएंगे। तुम कभी न साध पाओगे। एक तरफ से सम्हालोगे, पाओगे दूसरी तरह से उपद्रव शुरू हो गया है। दूसरी तरफ सम्हालने जाओगे, पाओगे पुरानी तरफ से फिर यात्रा ऊर्जा की शुरू हो गई। तुम पगला जाओगे। तुम विक्षिप्त हो जाओगे। तुम थक जाओगे। तुम हार जाओगे। तुम्हारा आत्मविश्वास खो जाएगा। नहीं, बहुत को साधने में मत पड़ना। कुंजी एक है। उससे सब ताले खुल जाते हैं।

कहनी रहनी निज तत जानै,...

वही सूत्र है: स्वयं को जान लेना। इसलिए ध्यान पर इतना जोर है मेरा।

लोग मेरे पास आते हैं। वे कहते हैं, क्रोधी हैं, क्या करें? उनसे मैं कहता हूं: तुम अलग से मत सोचो। ध्यान करो। उनकी समझ में नहीं आता। वे कहते हैं, क्या ध्यान से क्रोध चला जाएगा?

ध्यान से समझ आएगी; क्रोध नहीं जाएगा। लेकिन समझ आ जाए, तो क्रोध पैदा नहीं होता। ध्यान से बोध बढ़ेगा, क्रोध नहीं जाएगा। लेकिन क्रोध तो उन्हीं को आता है, जो अबोध में हैं।

कामी आता है, कहता है कि बस! पागल हुआ जा रहा हूं। उससे भी मैं कहता हूं, ध्यान करो। वह कहता है, क्या ध्यान से कामवासना चली जाएगी? इसका कोई संबंध नहीं दिखाई पड़ता।

नहीं, ध्यान से कामवासना कैसे जाएगी? लेकिन ध्यान से भीतर तुम सुखी होने लगोगे। जो भीतर सुखी है, वह दूसरे से सुख की मांग नहीं करता। जो स्वयं सुखी है, वह किसी के द्वार पर सुख मांगने नहीं जाता। काम भिक्षा है दूसरे से सुख मांगने की। जो भीतर आनंदित है, वह संभोग में आनंद नहीं पाता। जिसको बड़ा आनंद मिल गया, वह छोटे आनंद की क्यों मांग करेगा? जहां रुपये बरस रहे हों, वहां वह कौड़ियां क्यों बीनता फिरेगा? और जहां हीरे-जवाहरात हाथ में आ जाएं, तो वहां कोई समुद्र के किनारे रंगीन पत्थर, सीप, मोती इकट्ठे करता फिरता है? बात गई!

लोग मुझसे कहते हैं कि आप तो--हम अलग-अलग बिमारियां लेकर आते हैं, इलाज एक ही बता देते हैं। मैं भी क्या कर सकता हूं? इलाज एक ही है। लोग चाहते हैं, उनकी मैं बिमारियों की चर्चा करूं। उनकी बीमारी पर ध्यान दूं। विशिष्टता है, वे अलग बीमारी लाए हैं। बीमारी का कोई मूल्य नहीं है। औषधि तो एक है। औषधि रामबाण है। कोई अलग-अलग इलाज की जरूरत नहीं है।

तुम सबकी बीमारी एक है; वह आत्म-अज्ञान है। बाकी सब बिमारियां उस बीमारी की छायाएं हैं। छायाओं से कौन लड़ेगा? लड़ कर कौन कब जीता है? तुम मूल बीमारी पर चोट कर दो। इसलिए समस्त ज्ञानी कहते हैं, आत्म-ज्ञान एकमात्र मार्ग है और आत्म-ज्ञान के लिए ध्यान एकमात्र कुंजी है।

और तब ऐसी घटना घटती है:

धरती उलटि आकासहि ग्रासै,...

कि तुम, जो बहुत छोटे मालूम पड़ते हो, छोटे हो नहीं। तुमने वामन का अवतार लिया होगा, मगर वामन में भी परमात्मा का ही अवतार छिपा है। तुम कितने ही छोटे हो, तुम छोटे हो नहीं।

मुल्ला नसरुद्दीन के गांव में एक सर्कस आई थी और उसने सर्कस में दरख्वास्त दी। कोई और काम मिल नहीं रहा था, सोचा चलो सर्कस में ही भरती हो जाएं। दरख्वास्त में उसने लिखा कि मैं दुनिया का सबसे बड़ा ठिगना आदमी हूं। मैनेजर भी थोड़ा चकित हुआ कि यह किस तरह का आदमी है? सबसे बड़ा ठिगना आदमी? बुलाने योग्य है। क्योंकि सर्कस तो ऐसे करिश्मों में उत्सुक रहते हैं। नसरुद्दीन को बुलाया। जब नसरुद्दीन वहां जाकर खड़े हुए तो मैनेजर भी थोड़ा हैरान हुआ। होंगे कम से कम छह फीट चार इंच। उसने कहा कि तुम अपने को ठिगना आदमी कहते हो? उसने कहा: मैंने पहले ही लिखा है, सबसे बड़ा ठिगना आदमी। मुझसे बड़ा कोई ठिगना आदमी नहीं।

तुम कितने ही ठिगने होओ, तुम कितने ही वामन होओ, कितना ही छोटा रूप रखा हो तुमने, पर पूरा परमात्मा तुममें मौजूद है। रत्ती भर कम नहीं। बूंद में सागर मौजूद है। बूंद में सागर का सारा सार मौजूद है। एक बूंद को समझ लो, सारा सागर समझ आ गया। अब बचा क्या सागर में समझने को? एक बूंद का सूत्र पकड़ में आ जाए एच. टू. ओ, पूरा सागर पकड़ में आ गया। एक बूंद को तोड़ कर जान लिया कि उदजन और ऑक्सीजन का मेल है, पूरा सागर का रहस्य खुल गया। अब कोई अलग-अलग हरेक बूंद को थोड़े ही जानना पड़ेगा।

इसलिए कबीर का वचन है:

हेरत-हेरत हे सखि, रह्या कबीर हिराइ।

बुंद समानी समुंद में, सो कत हेरी जाइ।।

यह पहला वचन है। इसके वर्षों बाद उन्होंने दूसरा वचन भी लिखा। पहले वचन में वे कहते हैं:

बुंद समानी समुंद में, सो कत हेरी जाइ।

बूंद समुद्र में खो गई, अब उसे वापस कैसे निकालूं?

कुछ वर्षों बाद उन्होंने पद को फिर से लिखा, और लिखा:

हेरत-हेरत हे सखि, रह्या कबीर हिराइ।

समुंद समाना बुंद में, सो कत हेरी जाइ।।

समुद्र बूंद में समा गया। अब उसको कैसे निकालें? बूंद समुद्र में गिरी थी, तो कोई रास्ता भी था निकालने का। छोटी चीज, बड़ी चीज में गिरी थी। खोज लेते। अब तो बड़ी मुश्किल हो गई। समुद्र बूंद में गिर गया। अब कहां खोजूं?

दूसरा पद समाधि का है। पहला पद ध्यान का है। पहले पद में कबीर को ध्यान की पहली झलक मिली होगी। जिसको जापान में सतोरी कहते हैं—पहली झलक। पहली झलक में ऐसे ही लगता है कि बूंद गिर गई समुद्र में। लेकिन जब ध्यान परिपूर्ण होता है, जब ध्यान समाधि

बनता है, जब ध्यान से वापस लौटना बंद हो जाता है, जब ध्यान सतत रहता है, अहिर्निश बहती है धारा, अखंड होता है, तब दूसरा पद कबीर ने लिखा है: 'समुंद समाना बुंद में, सो कत हेरी जाइ।' अब और मुसीबत हो गई। बूंद तो खोज भी लेते। किसी तरह निकाल लेते। अब यहां समुद्र बूंद में गिर गया है। अब खोजने का कोई उपाय न रहा।

और यह सच है। ध्यान के बाद तो लौटना संभव है। समाधि के बाद लौटना संभव नहीं है। ध्यानी तो वापस लौट सकता है, गिर सकता है। ध्यानी चढ़ता है शिखर पर। किसी क्षण में ध्यान की प्रगाढ़ता होती है। फिर खो जाता है। फिर वापस उतर आता है। फिर अंधेरी गलियों में भटकने लगता है। फिर घाटियों का अंधेरा आ जाता है। पहाड़ का सूरज खो जाता है। शिखर की चमक खो जाती है। फिर चढ़ता है, फिर खोता है। ध्यानी तो बहुत बार लौटता है। इसलिए सतोरी समाधि नहीं है।

समाधि तो ऐसी अवस्था है, जिससे फिर लौटना नहीं होता। बुद्ध ने दो शब्द उपयोग किए हैं। ध्यानी को वे कहते हैं, 'स्रोतापन्न;' जो नदी की धार में उतरा, लेकिन चाहे तो वापस लौट सकता है। किनारा अभी मौजूद है। 'स्रोतापन्न—स्रोत में उतरा।' बस, उतरा ही है अभी। चाहे, तो छलांग लगा कर वापस किनारे पर आ जाए।

समाधिस्थ को बुद्ध कहते हैं, 'अनागामी;' जो फिर नहीं लौट सकता। जैसे नदी सागर में गिर जाए। फिर किनारा बचता ही नहीं। कबीर का पहला सूत्र तो स्रोतापन्न का है और दूसरा सूत्र अनागामी का। वह फिर कभी नहीं लौटता। पॉइंट ऑफ नो रिटर्न। 'अनागामी—फिर नहीं आता।' फिर कोई उपाय नहीं। फिर वह समाधि में ही भोजन करता, समाधि में ही सोता, समाधि में ही चलता, समाधि में ही बोलता। उसका होना समाधिस्थ हो गया। सागर बूंद में खो गया।

धरती उलटि आकासहि ग्रासै, यहु पुरिसा की बाणी।

यह परम पुरुषों की वाणी है। आप्त पुरुषों की वाणी है। जिन्होंने जाना है, उनकी वाणी है। ऐसी घड़ी आती है कि बूंद ग्रस लेती है सागर को। ऐसी घड़ी आती है, अंश ग्रस लेता है अंशी को। ऐसी घड़ी आती है, आत्मा में परमात्मा लीन हो जाता है। ऐसी घड़ी आती है कि अणु में विराट छिप जाता है।

बाज पियालै अमृत सौख्या,...

उस घड़ी में पीना नहीं पड़ता और अमृत पीया जाता है। प्याली की जरूरत नहीं होती। पीने की जरूरत नहीं होती।

बाज पियालै अमृत सौख्या,...

अमृत पीया जाता है। न प्याली की जरूरत होती, न पीने की जरूरत होती।

...नदी नीर भरि राख्या।

फिर नदी सागर में नहीं गिरती। अब तो सागर ही नदी में गिर गया। फिर तो नदी में ही सागर समा जाता है।

...नदी नीर भरि राख्या।

इसलिए समाधिस्थ व्यक्ति भरा है अनंत सागर से। तुम कितना ही उससे ले लो, चुकेगा न। तुम जितना चाहो, उतना ले लो। तुम लेने में संकोच मत करना।

...नदी नीर भरि राख्या।

अब तो नदी नहीं है यह कि तुम चुका दो। कि गर्मी के दिन आएं और सूख जाए, और रेत रह जाए और कहीं-कहीं डबरों में थोड़ा पानी रह जाए। अब यह कोई नदी नहीं है, जिसे सूरज सुखा दे।

...नदी नीर भरि राख्या।

अब तो नदी सागर को भर ली है अपने में। अब यह सूखेगी न। अब कोई सूरज इसे सुखा न सकेगा। अब कोई ग्रीष्म न आएगी। अब यह सदा भरपूर रहेगी। समाधि सदा हरी अवस्था है। सदा यौवन है।

कहै कबीर ते बिरला जोगी, धरणि महारस चाख्या।

उस जोगी को कबीर कहते हैं वह बिरला है।

तीन तरह के लोग मैंने तुमसे कहे। एक असाधु, जो धरती का रस चखने की कोशिश करते हैं। लेकिन जानते नहीं, कैसे चखें! जानते नहीं, कहां से चखें! असाधु सुख के पाने की कोशिश करता है। लेकिन जानता नहीं सुख कैसे पाया जाए।

पाने की कोशिश तो असाधु भी सुख की ही करता है, पाता दुख है। आकांक्षा तो सुख की है, मिलता दुख है। क्योंकि आकांक्षा पर्याप्त नहीं है। जरूरी है, काफी नहीं है। फिर मार्ग भी चाहिए, फिर विधि भी चाहिए। फिर ठीक-ठीक खोज भी चाहिए। ठीक खोज के लिए चेतना चाहिए, होश चाहिए। असाधु सुख खोजता है, लेकिन जहां खोजता है, वहां दुख पाता है।

साधु भी सुख खोजता है। उसके पास थोड़े सूत्र भी हैं, लेकिन उलटे हैं। जैसे चाबी को कोई उलटा ताले में लगाता हो, तो ताला नहीं खुलता। सिर मारता है साधु। चाबी हाथ में है। उलटी पकड़ी है। ताला बिलकुल करीब है। जरा चाबी को ठीक कर लेने की जरूरत है। लेकिन उलटी चाबी को ताले में डालने की कोशिश करता है। उससे कभी-कभी ऐसा भी हो जाता है कि ताला भी खराब हो जाता है। फिर शायद सीधी भी कर लो चाबी, तो भी मुश्किल होती है खोलने में।

फिर संतपुरुष हैं, जो चाबी को सीधा पकड़ते हैं। जो एक को खोजते हैं। एक को साधते हैं। निज-तत्व को जानते हैं। फिर उनकी करनी, रहनी एक हो जाती है। ताला खुल जाता है।

तुमने ताले देखे हैं, ऐसे ताले, जो पहेली की तरह होते हैं? जिनमें चाबी नहीं लगानी पड़ती, जिनमें कुछ नंबर लगे होते हैं। बहुत बड़े धनी लोग उस तरह के तालों का उपयोग करते हैं। नंबरों को एक खास ढंग में बिठाना पड़ता है तो ताला खुल जाता है। वह तो कोई जानता है, जो जानता है, वही नंबरों को खास ढंग में बिठा सकता है। चोर उसकी चाबी नहीं बना सकते। क्योंकि वह तो बड़ा गणित का सवाल है। वर्षों मेहनत करके भी कोई उसको ठीक नहीं जमा सकता। जानता है, तो ही ठीक जमा सकता है। क्योंकि अगर तुम ऐसा भूल-चूक के सिद्धांत से जमाने की कोशिश करो, तो लाखों बार जमाओगे तब कहीं शायद एकाध बार जम जाए। वह भी पक्का नहीं है।

यह करनी, कहनी और रहनी अंक हैं उस ताले पर। जब ये दोनों बिलकुल ठीक जम जाते हैं, जब तुम वही कहते हो, जो तुम हो। जब तुम वही हो, जो तुम कहते हो। जब तुम्हारे होने में कोई द्वंद्व नहीं रह जाता, एक ही संगीत छा जाता है, तब ताला खुल जाता है। संतपुरुष ताले को खोल लेते हैं एक को जान कर। वे दो को जमा लेते हैं। जमाना पड़ता नहीं, वे अपने आप जम जाते हैं। एक के जानने में दो जम जाते हैं। अद्वैत के जानने में द्वैत जम जाता है।

कहै कबीर ते बिरला जोगी, धरणि महारस चाख्या।

और ऐसा व्यक्ति परमात्मा का ही आनंद नहीं लेता, ऐसा व्यक्ति धरणी के भी महारस को चखता है। ऐसा व्यक्ति परम तत्व को तो चखता ही है, उस परमात्मा को तो पीता ही है, लेकिन इस प्रकृति को भी पीता है। वह फूलों को देख कर भी आनंदित होता है। और तुम उतने आनंदित न हो सकोगे फूलों को देख कर।

सोचो थोड़ा बुद्ध को फूलों के पास से गुजरते! बुद्ध को जैसा आनंद मिलेगा फूल में, तुम्हें न मिलेगा। क्योंकि असली सवाल फूल नहीं है। असली सवाल तुम हो। बुद्ध अपने आनंद भरे हृदय से फूल की तरफ देखते हैं। फूल अनंत रहस्य से भर जाता है। फूल में तुम वही देखते हो, जो तुम हो। फूल तो दर्पण है। फूल के दर्पण में बुद्ध अपने को ही देखते हैं। इसलिए फूल जो सुवास बुद्ध को देगा, वह तुम्हें न देगा।

जिसने अपने हृदय की कुंजी पा ली, जिसने भीतर का हृदय खोल लिया, उसके हाथ में मास्टर-की आ गई। उसके हाथ में मूल कुंजी आ गई। वह फूल को भी खोल लेगा। वह झरने को भी खोल लेगा। वह भोजन को भी खोल लेगा। वह प्रेम को भी खोल लेगा। और सब तरफ से उस पर वर्षा हो जाएगी। उसकी संवेदनशीलता अनंत हो जाती है।

ध्यान रखना, महायोगी संवेदनशून्य नहीं होता, महासंवेदनशील होता है। महायोगी अस्वाद में नहीं जीता, परम स्वाद में जीता है। इसलिए परम स्वाद को बनाना अपना व्रत।

और महायोगी संसार के विपरीत नहीं होता। संसार से भी परमात्मा के ही रस को पाता है।

एक बार खुद का दीया जल जाए कि सभी तरफ से आनंद की धाराएं बहनी शुरू हो जाती हैं। इसलिए कबीर उसको महायोगी कहते हैं। विरला योगी कहते हैं।

...धरणि महारस चाख्या।

योगी हैं, जो परमात्मा का रस चखते हैं, वे महायोगी नहीं। उनका परमात्मा अभी आधा है। वे अधूरे हैं, योगी हैं, जो आंख बंद करके परमात्मा का रस तो चख लेते हैं, आंख खोल कर प्रकृति का रस चखने में डरते हैं। इनका योग पूरा नहीं है, ये भयभीत हैं। इनका परमात्मा काफी नहीं है। इनका परमात्मा इतना काफी नहीं है कि ये डरें न।

वास्तविक योगी भीतर आंख बंद करके परमात्मा को चखता है, आंख खोल कर जगत को चखता है। भीतर चैतन्य को चखता है, बाहर संवेदनाओं को चखता है। बाहर और भीतर खो ही जाता है। बाहर और भीतर एक हो जाते हैं। जो बाहर है, वही भीतर है। जो भीतर है, वही बाहर है। जब तब बाहर भीतर का भेद है, तब तक तुम महायोग को उपलब्ध नहीं हुए। जिस दिन एक ही रह जाता है, क्या बाहर, क्या भीतर? तुम्हारे घर के बाहर जो आकाश है, वही तुम्हारे घर के भीतर भी है। जो तुम्हारे आंगन में समाया है, वही तो परम आकाश में भी फैला हुआ है।

आंगन और आकाश में भेद कहां है? एक ही है। एक ही की लहरें डोल रही हैं, बाहर और भीतर। बाहर-भीतर दो किनारे हैं। चैतन्य का सागर बीच से बह रहा है।

कहै कबीर ते बिरला जोगी, धरणि महारस चाख्या।

इसलिए मैं तुमसे कहता हूं: रस के विरोध में मत जाना, महारस को चखना है। जीभ को जला मत लेना, आंख को फोड़ मत लेना, कान को बधिर मत कर लेना, नाक को मार मत डालना–जगाना। उनको संवेदनशील बनाना। घबड़ाना मत।

मैं इस कहानी में भरोसा नहीं करता कि सूरदास ने आंखें फोड़ लीं–इस डर से कि आंखों से देखते हैं, तो सुंदर स्त्रियां दिखाई पड़ती हैं। अगर उन्होंने ऐसा किया हो तो सूरदास दो कौड़ी के हैं। मैं नहीं मानता कि ऐसा किया होगा। क्योंकि सूरदास के वचनों में ऐसा रस है। इसलिए मैं कहता हूं कि नहीं किया होगा। जिसके वचनों में ऐसा रस है, वह कैसे आंख फोड़ लेगा? यह कहानी नासमझों की गढ़ी होगी। जिसके वचनों में इतना प्रेम है, वह कैसे आंख फोड़ लेगा? जिसके वचनों में कृष्ण के रूप का ऐसा वर्णन है, वह कैसे आंख फोड़ लेगा?

नहीं, सूरदास अगर रहे होंगे, तो सुंदर स्त्री में भी उनको कृष्ण ही दिखाई पड़े होंगे। सूरदास अगर रहे होंगे, तो सुंदर स्त्री की पायल में उनको कृष्ण की ही झंकार सुनाई पड़ी होगी। सूरदास अगर रहे होंगे, तो सुंदर स्त्री के रूप में भी उन्होंने उस एक का ही रूप देखा होगा।

मैं तुमसे नहीं कहता। रस को मारना मत, अन्यथा तुम कभी भी पूरे परमात्मा को जानने में समर्थ न हो पाओगे। और अधूरा परमात्मा भी कोई परमात्मा है? अधूरा परमात्मा तो ऐसे ही है, जैसे कोई कहे आधा वृत्त। आधा कहीं वृत्त होता है! वृत्त तो पूरा होता है, तभी होता है। आधार परमात्मा कहीं परमात्मा होता है? वह तो तुम्हारी मन की धारणा होगी, सिद्धांत होगा, शास्त्र होगा।

परमात्मा तो पूर्ण है। प्रकृति उसका अंग है। शरीर उसका घर है। तुम महारस को उपलब्ध हो सको, इसका ध्यान रखना। रूप में अरूप दिखने लगे, आकार में निराकार दिखने लगे; क्षुद्र में विराट की प्रतिध्वनि सुनाई पड़ने लगे, तब तुम इस अवस्था को उपलब्ध हो जाओगे, जिसको कबीर कहते हैं:

कहै कबीर ते बिरला जोगी, धरणि महारस चाख्या।

आज इतना ही।

8

प्रीति लागी तुम नाम की

प्रीति लागी तुम नाम की, पल बिसरे नाही।
नजर करो अब मिहर की, मोहि मिलो गुसाई।।
बिरह सतावै मोहि को, जिव तड़फे मेरा।
तुम देखन की चाव है, प्रभु मिला सबेरा।।
नैना तरसै दरस को, पल पलक न लागे।
दर्दबंद दीदार का, निसि बासर जागे।।
जो अब कै प्रीतम मिलें, करूं निमिख न न्यारा।
अब कबीर गुरु पाइया, मिला प्राण पियारा।।

प्रेम जीवन की परम समाधि है। प्रेम ही शिखर है जीवन-ऊर्जा का। वही गौरीशंकर है। जिसने प्रेम को जाना, उसने सब जान लिया। जो प्रेम से वंचित रह गया, वह सभी कुछ से वंचित रह गया।

प्रेम की भाषा को ठीक से समझ लेना जरूरी है। प्रेम के शास्त्र को ठीक से समझ लेना जरूरी है। क्योंकि प्रेम ही तीर्थयात्रा है। उससे ही पहुंचने वाले पहुंचे हैं। और जो नहीं पहुंचे, वे इसलिए नहीं पहुंचे कि उन्होंने जीवन को कोई और रंग दे दिया, जो प्रेम का नहीं था।

प्रेम का अर्थ है: समर्पण की दशा, जहां दो मिटते हैं और एक बचता है। जहां प्रेमी और प्रेम-पात्र अपनी सीमाएं खो देते हैं। जहां उनकी दूरी समग्ररूपेण शून्य हो जाती है। यह भी कहना उचित नहीं कि प्रेमी और प्रेम-पात्र करीब आ जाते हैं; क्योंकि करीब होना भी दूरी है। पास नहीं आते, एक-दूसरे में खो जाते हैं। निकटता में भी तो फासला है। प्रेम उतना फासला भी बर्दाश्त नहीं करता। प्रेम दो को एक बना देता है। प्रेम अद्वैत है।

इस प्रेम को हम थोड़ा समझें।

तुमने भी प्रेम किया है। ऐसा तो व्यक्ति ही खोजना कठिन है, जिसने प्रेम न किया हो। गलत ढंग से किया हो, गलत प्रेम-पात्र से किया हो, लेकिन प्रेम किए बिना तो कोई बच नहीं सकता। क्योंकि वह तो जीवन की सहज अभिव्यक्ति है।

तो तीन तरह के प्रेम हैं, वे हम समझ लें।

पहला, जिसमें सौ में से निन्यानबे लोग उलझ जाते हैं। वह वस्तुओं का प्रेम है—धन का, संपदा का, मकान का, तिजोड़ियों का। वस्तुओं का प्रेम, प्रेम के लिए सबसे बड़ा धोखा है।

लेकिन उसमें कुछ खूबी है; इसलिए सौ में से निन्यानबे लोग उसमें पड़ जाते हैं। और वह खूबी यह है कि वस्तुओं के प्रति तुम्हें समर्पण नहीं करना पड़ता। वस्तुओं को तुम अपने प्रति समर्पित कर लेते हो। तुम्हारी कार, तुम्हारी कार है। तुम्हारा मकान, तुम्हारा मकान है। तुम समर्पित होने से बच जाते हो। और तुम्हें यह अहसास होता है कि वस्तुएं तुम्हारे प्रति समर्पित हैं। एक तरह का अद्वैत सध जाता है।

तुम हाथ में रुपया रखे हो। रुपये की सीमा और तुम्हारी सीमा मिट गई। रुपया बाधा नहीं डालता सीमा के मिटने में। और तुम्हें समर्पण करने के लिए मजबूर नहीं करता। रुपया समर्पित है। तुम जो चाहो करो, रुपया ना-नुच नहीं करेगा। तुम चाहे नदी में फेंक दो, तुम चाहे भिखारी

को दे दो, तुम चाहे कुछ सामान खरीद लो, तुम चाहे तिजोड़ी में सम्हाल कर रखो, रुपये की अपनी कोई मनोदशा नहीं है। रुपया पूरा समर्पित है।

तुमने समर्पित कर लिया वस्तुओं को, इससे तुम्हें अहसास होता है कि अद्वैत सध गया। यह अहसास झूठा है। क्योंकि वस्तुओं के समर्पण का कोई अर्थ ही नहीं होता। वस्तुएं तो चेतन नहीं हैं। उनका समर्पण, न समर्पण सब बराबर है। तुम भ्रांति में हो।

रुपया जितना तुम्हारे लिए समर्पित है, उतना ही जिस भिखारी को तुम दे दोगे, उसके लिए भी समर्पित है। नदी में फेंक दोगे, नदी के लिए भी समर्पित है। तिजोड़ी में रख दोगे, तिजोड़ी के लिए समर्पित है।

रुपया तो वेश्या है। उसका कोई समर्पण नहीं है। वह तो जिसके पास है उसी के लिए समर्पित है। उसकी कोई आत्मा थोड़े ही है। लेकिन समर्पित कर लिया किसी को, इससे भीतर एक भ्रांति पैदा होती है कि अद्वैत सध गया।

सौ में से निन्यानबे लोग इसी प्रेम में जीते और समाप्त हो जाते हैं—वस्तुओं का प्रेम, यह सुविधापूर्ण भी है। क्योंकि रुपया, धन-संपदा, किसी तरह की कलह की स्थिति पैदा नहीं करते। तुम्हें उनसे लड़ना नहीं पड़ता। कोई संघर्ष नहीं है। बड़ी शांति है। तिजोड़ी चुप बैठी रहती है। तुम जब आज्ञा दो, सक्रिय हो जाती है। आज्ञा न दो, शांत तुम्हारी प्रतीक्षा करती है। धन परिपूर्ण सेवक है। इसलिए सौ में से निन्यानबे लोग धन पाने को ही प्रेम समझ लेते हैं।

फिर धन में सुरक्षा है। किसी मित्र से प्रेम करो, पक्का नहीं है कि कल भी प्रेम करेगा। कल का कौन जानता है? क्षण भर में हवा बदल जाती है। मौसम बदल जाता है। क्षण भर पहले जो प्रेमपूर्ण था, क्षण भर बाद क्रोध से भर जाता है, अभी जो मित्र था, अभी शत्रु हो सकता है।

इसलिए मित्र पर भरोसा नहीं किया जा सकता। पत्नी का क्या भरोसा है? पति का क्या भरोसा है? आज हैं, कल न हों। प्रेम का भी भरोसा हो, मौत का क्या भरोसा है? धन कभी नहीं मरता। धन अमृत है। व्यक्ति तो मरते हैं।

कल ही एक युवती मुझसे पूछती थी कि उसका प्रेम किसी व्यक्ति से है। लेकिन दोनों की उम्र में बड़ा फासला है। उसकी उम्र होगी कोई तीस वर्ष। और उस व्यक्ति की उम्र है कोई पचास वर्ष। प्रेम दोनों में गहन है, लेकिन वह भयभीत है। डर है उसे कि कहीं वह व्यक्ति मर न जाए जल्दी, अन्यथा जीवन का अंत वैधव्य होगा। और जीवन का अंत दुख से भर जाएगा। पीड़ा से भर जाएगा। इसलिए अपने को सम्हाले है, रोके है।

मौत का डर तो है। व्यक्ति मरते हैं, वस्तुएं कहां मरती हैं? और जब व्यक्ति मरते हैं, तो उनको रिप्लेस नहीं किया जा सकता। कोई दूसरा व्यक्ति उनकी जगह नहीं भर सकता। क्योंकि हर व्यक्ति अनूठा है। एक फियेट कार मर जाए, दूसरी फियेट कार उसकी जगह आ सकती है। कोई अंतर नहीं है। एक तरह की लाखों कारें हैं।

लेकिन एक व्यक्ति मर जाए, तो उस जैसा व्यक्ति फिर इस संसार में कहीं भी नहीं है। उसे खो देने पर सदा के लिए ही खो देना होता है। कोई दूसरा उसकी जगह को भर नहीं सकता। जगह सदा रिक्त रह जाती है। और हृदय में रिक्त जगह खलती है, चोट करती है, घाव बन जाती है। खतरा है व्यक्तियों के प्रेम में पड़ना। पचास साल के व्यक्ति के प्रेम में तो खतरा है ही, तीस साल के व्यक्ति के प्रेम में भी खतरा है; क्योंकि तीस साल के व्यक्ति भी मर जाते हैं।

मौत तो सदा मौजूद है। सुरक्षा नहीं है व्यक्तियों के साथ। एक तो व्यक्ति बदल सकते हैं; न बदलें, तो भी मर सकते हैं।

और भी बड़ा खतरा है कि जिन व्यक्तियों के तुम आज प्रेम में हो, हो सकता है वे कल भी तुम्हारे प्रेम में हों, लेकिन तुम उनके प्रेम में न रह जाओ। तब वे बोझ हो जाएंगे। तब उन्हें उतारना मुश्किल हो जाएगा। तब उनकी जंजीरों को तोड़ना असंभव हो जाएगा। तब कहां भागोगे? कैसे भागोगे? और अपने ही दिए गए वचन पैर में मजबूत बेड़ियों की तरह पड़ जाएंगे। अपने ही प्रेम की हवा में कहे गए शब्द गर्दन को जकड़ लेंगे। कहां जाओगे? खतरा भारी है।

वस्तुओं के प्रेम में कोई भी खतरा नहीं है। बड़ी सुरक्षा है। न तो वस्तुएं मरती हैं। मिट भी जाएं, तो बदली जा सकती हैं। और अगर तुम्हारा प्रेम खो जाए, तो वस्तुएं जंजीर नहीं बनती। एक कार को तुमने बहुत चाहा था। आज तुम्हारा मन उठ गया। बाजार में बेच आते हो। कार रोती-धोती नहीं। शोरगुल नहीं मचाती, दया की भिक्षा नहीं मांगती। चुपचाप मौन विदा हो जाती है। इसलिए निन्यानबे प्रतिशत लोग...।

समर्पण सुविधापूर्ण है वस्तुओं का। खुद समर्पण नहीं करना पड़ता, अहंकार बचा रहता है और वस्तुएं अहंकार को बढ़ाती चली जाती हैं।

प्रेम में तो अहंकार खोएगा। वस्तुओं के प्रेम में बचता है, बढ़ता है। जितनी तुम्हारी संपदा होती है, उतना अहंकार ऊपर उठने लगता है। वस्तुओं का प्रेम वस्तुतः प्रेम नहीं है, प्रेम का धोखा है। लेकिन वही पहला प्रेम है; जिसमें निन्यानबे प्रतिशत लोग पड़े हैं। इसलिए बुद्ध तृष्णा के विरोध में हैं। क्योंकि तृष्णा वस्तुओं के प्रेम का नाम है। महावीर परिग्रह के विरोध में हैं, क्योंकि परिग्रह वस्तुओं के प्रेम का नाम है। समस्त ज्ञानी संग्रह के विरोध में हैं। क्योंकि संग्रह का अर्थ है, तुम्हारा प्रेम गलत यात्रा कर रहा है।

ऐसा जो व्यक्ति है, जो वस्तुओं के प्रेम में पागल है। तुमने कृपण को देखा? उसके चेहरे का कभी अध्ययन किया? अगर तुम खुद कृपण हो, तो कभी आईने में तुमने अपनी कृपणता की छवि देखी? कृपण आदमी से ज्यादा कुरूप आदमी नहीं होता।

इसलिए कोई तुम्हें कंजूस कह दे तो बड़ी चोट लगती है। भला तुम कंजूस होओ, लेकिन कंजूस कोई कह दे, तो बड़ा आघात लगता है, कंजूस को भी लगता है। इससे बड़ी गाली नहीं मालूम होती कि कोई तुम्हें कृपण कह दे। क्यों?

क्योंकि कृपण का अर्थ है, तुम वस्तुओं के प्रेम में पड़े हो। वस्तुएं तुमसे नीची हैं। तुम आत्मवान हो। तुम अपने से नीचे के प्रेम में पड़े हो। और यह बात कोई स्वीकार करने को राजी नहीं होता कि मैं वस्तुओं के प्रेम में पड़ा हूं। वस्तुओं के प्रेम का अर्थ है कि तुम्हारी आत्मा नीचे झुक रही है। वस्तुओं के प्रेम का अर्थ है कि तुम अपनी आत्मा खो रहे हो। क्योंकि जहां तुम्हारा प्रेम होगा, वहीं तुम्हारी आत्मा होगी। जहां तुम्हारा प्रेम होगा, वहीं तुम्हारा हृदय धड़केगा।

जो व्यक्ति वस्तुओं को प्रेम करता है, वह धीरे-धीरे वस्तुओं जैसा हो जाता है। क्योंकि प्रेम बड़ा रूपांतरण करने वाला तत्व है। तुम जिसे प्रेम करते हो, उसी जैसे हो जाते हो।

तुमने कभी खयाल किया कि अगर दो व्यक्ति एक-दूसरे को प्रेम करते हैं तो धीरे-धीरे उनमें एक-दूसरे की छवि दिखाई पड़ने लगती है। अगर एक स्त्री ने किसी पुरुष को एकांत भाव से प्रेम किया हो तो तुम धीरे-धीरे पाओगे, उसके चलने में, उसकी आंखों में, उसके चेहरे पर उस पुरुष की छाप आने लगती है।

अगर किसी पुरुष ने किसी स्त्री को एकांतरूपेण प्रेम किया हो, तुम पाओगे, उसकी वाणी में उस स्त्री का माधुर्य समा जाता है। उनके हाव-भाव में, भंगिमाओं में एक-दूसरे प्रविष्ट हो जाते हैं। अगर उन्होंने ठीक से प्रेम किया हो, तो तुम भीड़ में भी उनको खोज सकते हो कि दोनों एक-दूसरे के प्रेमी मालूम पड़ते हैं। क्योंकि एक-दूसरे की छवि उनमें धीरे-धीरे प्रविष्ट हो जाती है। प्रेमी धीरे-धीरे एक जैसे हो जाते हैं।

शरीर-शास्त्री बहुत चिंतन करते रहे हैं कि यह कैसे घटित होता है? बच्चा पैदा होता है, तो कभी तो बच्चे में छवि स्त्री की झलकती है, कभी पुरुष की झलकती है। कभी दोनों की नहीं झलकती, कभी दोनों की सम्मिलित झलकती है। कभी बिलकुल ही किसी तीसरे व्यक्ति की छवि झलकती है, जिसका कोई लेना-देना नहीं है।

शरीर-शास्त्री चिंतित रहे हैं कि यह कैसे घटित होता है? अगर स्त्री-पुरुष के ही ऊर्जा से निर्माण हुआ है, तो सदा घटना एक सी ही घटनी चाहिए, लेकिन ऐसा नहीं होता। मनोवैज्ञानिक एक अनूठी बात पर पहुंचे हैं और वह यह है कि अगर स्त्री पुरुष को ठीक से प्रेम करती हो, पूरा प्रेम करती हो, तो ही उसके बच्चों में पति की छवि झलकेगी। क्योंकि वह छवि उसमें लीन हो जाती है। वह उसके रोएं-रोएं में समा जाती है।

अगर स्त्री अपने को ही प्रेम करती हो और पति को प्रेम न करती हो, और पति एक नौकर-चाकर हो, तो स्त्री की स्वयं की छवि ही उसमें प्रवेश होगी। और यह भी हो सकता है कि स्त्री, पत्नी तो किसी और की हो, बच्चा किसी और से ही पैदा हुआ हो, लेकिन भाव किसी और पुरुष का मन में हो, तो उस पुरुष की छवि भी बच्चे में प्रवेश कर जाएगी।

क्योंकि छवि तो मन में झलकती है, मन में झलकती है। मन के दर्पण पर बनी हुई छाया है। अगर एक स्त्री किसी व्यक्ति को प्रेम करती है और बच्चा किसी और से पैदा होता है, तो भी जिसको वह प्रेम करती है, वही उस बच्चे में झलक आएगा। तो छवि शरीर से निर्मित नहीं होती, छवि मन से निर्मित होती है।

दो व्यक्ति जब एक-दूसरे को प्रेम करते हैं, तो धीरे-धीरे एक जैसे होते जाते हैं। उनके ढंग, उनकी आदतें, उनका व्यवहार। आखिरी क्षणों में जीवन के तुम उन्हें पाओगे कि वे एक ही हो गए। उनकी दुई खो गई।

वस्तुओं को जो व्यक्ति प्रेम करता है, वह वस्तुओं जैसा हो जाता है। इसलिए कृपण से ज्यादा कुरूप आदमी संसार में दूसरा नहीं। क्योंकि विराट आत्मा थी और क्षुद्र के प्रेम में छोटी हो गई। इसलिए कृपण को तुम हमेशा छोटा पाओगे। हमेशा ओछा पाओगे। वह मनुष्यता की कसौटी पर भी पूरा नहीं उतरता। परमात्मा की कसौटी की तो बात ही अलग है। तुम पाओगे कि वह पूरा मनुष्य भी नहीं है। उसकी मनुष्यता में भी कुछ कमी मालूम पड़ती है। वस्तुएं ज्यादा हैं उसके ऊपर; चेतना कम है। होश कम है, बोझ ज्यादा है। कृपण आदमी के चेहरे पर तुम्हें धन में जो छिपी हिंसा है, वह दिखाई पड़ेगी।

धन बड़ी गहरी हिंसा से पैदा होता है। वह गहन शोषण है। धन पर रक्त के चिन्ह तो हैं ही। उससे धन मुक्त हो नहीं सकता। वह किसी से छीना गया है। किसी के साथ जबर्दस्ती की गई है। किसी को मिटाया गया है। चाहे मिटाने के ढंग कितने ही परिष्कृत क्यों न हों। मिटने वाले को भी पता न चलता हो, मिटाने वाले को भी पता न चलता न हो, इससे कोई फर्क नहीं पड़ता। लेकिन धन पर खून के धब्बे हैं।

इसलिए कृपण के चेहरे पर भी धब्बे आ जाएंगे। और कृपण के चेहरे से तुम लार टपकती हुई देखोगे। वह हमेशा वस्तुओं के लिए दीवाना है, पागल है। उसे वस्तुएं ही दिखाई पड़ती हैं। और कुछ दिखाई नहीं पड़ता। संसार उसके लिए व्यक्तियों का महोत्सव नहीं है, केवल वस्तुओं का बाजार है। खरीदना है, इकट्ठा करना है, मर जाना है। जीना नहीं है।

कृपण जीता नहीं, केवल जीने की तैयारी करता है। तैयारी कभी पूरी नहीं होती। जीने का कभी मौका नहीं आता। वह सिर्फ समायोजन करता है कि कभी जीएंगे। जीने को स्थगित करता है, पोस्टपोन करता है। आज कैसे जी सकता है, जब तक महल न हो? आज जीना संभव ही कैसे है, जब तक तिजोड़ी भरपूर न हो? जब तक सारे कलों के लिए इंतजाम न कर लिया हो और भविष्य पूरा सुरक्षित न हो गया हो, तब तक जी कैसे सकता है? मूढ़ जी सकते हैं, कृपण कहता है, समझदार कैसे जी सकता है? कल की चिंता निश्चिंतता में बदल जाए, तिजोड़ी हो, बैंक-बैलेंस हो, सब सुख सुविधा हो, फिर मैं जीऊंगा।

ऐसी घड़ी कभी नहीं आती। सिकंदर को नहीं आती, तुम्हें कैसे आ सकती है? किसी को नहीं आती। ऐसी घड़ी आती ही नहीं, जब समायोजन पूरा हो जाए।

जिन्हें जीना है, उन्हें हमेशा आधे समायोजन में ही जीना होता है। जिन्हें जीना है, उन्हें हमेशा आधी तैयारी में ही जीना होता है। उन्हें आज ही जीना होता है। जिन्हें हंसना है, नाचना है, वे इस की बहुत चिंता नहीं करते कि आंगन टेढ़ा है। कहावत है: 'नाच न आवे आंगन टेढ़ा।' जीने की कला नहीं आती और लोग कहते हैं आंगन टेढ़ा है, पहले सीधा कर लें। वह कभी सीधा हुआ मालूम होता नहीं। वे मर जाते हैं, आंगन टेढ़ा ही रहता है।

वस्तुओं को इकट्ठा करने वाले के चेहरे पर तुम्हें रुपये का घिसा-पिटापन दिखाई पड़ेगा। जैसे रुपया सरकता है हाथों हाथ। बासा होता जाता है। हर हाथ की गंदगी उसमें लगती जाती है। हर प्राण की तृष्णा उसमें भरती जाती है। रुपया सरकता जाता है, एक हाथ से दूसरे हाथ, हजारों हाथ।

रुपये से ज्यादा जूठा इस संसार में और कुछ नहीं हो सकता। उच्छिष्ठ! कितने हाथों में चलता है। कितनी गंदगियों से गुजरता है। कितनी यात्रा करता है। घिस-पिट जाता है। वैसी ही घिसन और घिसा-पिटापन तुम्हें कृपण की आंखों में और चेहरे पर दिखाई पड़ेगा। वहां तुम्हें ताजगी न दिखेगी, सुबह की ओस की। वहां तुम्हें फूलों की गंध न दिखेगी नये-नये खिले। वहां तुम्हें रुपये का घिसा-पिटापन दिखाई पड़ेगा।

कृपण कभी मौलिक नहीं होता। हमेशा उधार होता है। उसके जीवन में कभी कोई ऊर्जा सुबह जैसी नहीं होती। हमेशा थकान होती है। वह हमेशा ऊबा हुआ होता है।

स्वाभाविक है कि धन के साथ किसी के जीवन में नृत्य न कभी आया है, न आ सकता है। ऊब आती है। इसलिए धनी आदमी को तुम बोअर्ड पाओगे, ऊबा हुआ पाओगे। तुम उसके चेहरे पर गौर करोगे तो तुम पाओगे, वह थका है। उसे विश्राम चाहिए। वह विश्राम कर नहीं सकता; क्योंकि वस्तुएं अभी बहुत बाकी हैं, जो इकट्ठी करनी हैं।

धीरे-धीरे कृपण व्यक्ति वस्तुओं जैसा हो जाता है। उसमें और उसकी वस्तुओं में बहुत फर्क नहीं रह जाता। उसके और उसके मकान में बहुत फर्क नहीं रह जाता। क्योंकि प्रेमी एक जैसे हो जाते हैं। इसलिए कभी क्षुद्र से प्रेम मत करना। अन्यथा तुम क्षुद्र हो जाओगे। तुम वही हो जाओगे, जिसको तुम प्रेम करोगे।

धन और वस्तुओं का प्रेमी मनुष्यों को घृणा करता है। क्योंकि हर मनुष्य उसके धन के लिए खतरा है। हर मनुष्य और मनुष्य का संबंध उसे भयभीत करता है। क्योंकि मनुष्य के साथ संबंध बनाने का अर्थ होता है, अपने धन में भागीदार खोजना। कृपण, मनुष्यों से बचना चाहता है। मनुष्यों से दूर रहना चाहता है। मनुष्यों से एक फासला रखता है कि कहीं कोई जेब तक न पहुंच जाए। उसकी तिजोड़ी तक न आ जाए।

कृपण, वस्तुओं को प्रेम करने वाला व्यक्ति मनुष्यों के प्रति घृणा से भरा होता है, और परमात्मा के प्रति उपेक्षा से। इसलिए वास्तविक नास्तिक कृपण है; वस्तुओं का प्रेमी है। वह चाहे मंदिर में पूजा करता हो, उसकी पूजा के पीछे भी धन की ही मांग छिपी होती है। वह परमात्मा को नहीं मांगता, वह और धन को मांगता है।

परमात्मा अगर मौजूद भी हो जाए, और उससे कहे कि तू एक वरदान मांग ले, तो वह परमात्मा को छोड़ कर सब चीजों की सोचेगा। कि एक रॉल्स रॉयस मांग लूं कि राष्ट्रपति का पद मांग लूं कि सारी दुनिया की संपदा मांग लूं। एक बात उसे याद न आएगी कि परमात्मा को मांग लूं। उस भर को वह सोच भी न सकेगा। वह उसकी सीमा के बाहर है।

वस्तुओं से जो घिरा है, वह मनुष्यों से घृणा करेगा, और परमात्मा की उपेक्षा। और बड़े मजे की बात यह है कि ये ही लोग तुम्हें मंदिरों-मस्जिदों में बैठे मिलेंगे। इन्हीं से मंदिर-मस्जिद भरे हैं। इन्हीं के कारण धर्म मर गया है। ये वस्तुएं मांगने ही वहां जाते हैं। इनकी तिजोड़ी और कैसे बड़ी हो जाए! इनका राज्य और कैसे फैले, उसकी ही मांग करने परमात्मा के पास जाते हैं।

और ध्यान रखना, परमात्मा के पास जो परमात्मा के अतिरिक्त कुछ भी मांगने गया, वह उसके पास पहुंच ही नहीं पाता। जानने वाले तो कहते हैं कि उसके पास वे ही पहुंच पाते हैं, जो उसको भी नहीं मांगते। जो मांगते ही नहीं। जिनकी मांग ही खो जाती है। जो बिना मांगे उसके द्वार पर खड़े हो जाते हैं। 'बिन मांगे मोती मिलें।' वह बरस उठता है उनके ऊपर।

लेकिन वह बहुत दूर की बात है। कोई बुद्ध कभी उस द्वार पर बिना मांगे खड़ा होता है। लेकिन तुम जिस जगत में जी रहे हो—भिखारियों के—वहां कम से कम इतना तो कर ही सकते हो कि परमात्मा को मांगो।

इतना ही फर्क है, भक्त और ज्ञानी में। भक्त परमात्मा को मांगता है, ज्ञानी उतना भी नहीं मांगता। इसलिए ज्ञान से ऊंची भक्ति नहीं है। इसलिए भक्ति द्वार तक पहुंचा देती है। लेकिन आखिरी क्षण में भक्ति को भी खो जाना पड़ता है। क्योंकि तभी मिलन पूरा होता है। जब परमात्मा की मांग भी छूट जाती है। क्योंकि उतनी मांग भी तो परमात्मा और तुम्हारे बीच में बनी रहेगी। उतनी मांग भी नहीं चाहिए।

नास्तिक वही है, जो वस्तुओं से घिरा है। इसलिए पश्चिम नास्तिक है। इसलिए नहीं कि वहां लोग परमात्मा को नहीं मानते। तुमसे ज्यादा लोग चर्च जाते हैं। हिंदुओं के पास तो मंदिर जाने की कोई व्यवस्था ही नहीं है। जाओ, न जाओ। जब मौज हो, जाओ। लेकिन ईसाइयों में तो व्यवस्था है कि रविवार जाना ही है।

अगर तुम्हारे मंदिरों की कोई जांच करे मंगल ग्रह से आकर, तो सदा उनको खाली पाएगा। या कभी इक्के-दुक्के आदमी आते हुए जाते हुए मालूम पड़ेंगे। किसी की पत्नी बीमार है, आना पड़ा। किसी का दिवाला निकलने के करीब है, आना पड़ा।

लेकिन चर्चों में भरे हुए लोग पाए जाएंगे। क्योंकि रविवार नियम से जाना है। वह एक सामाजिक औपचारिकता है। लेकिन पश्चिम की दौड़ वस्तुओं के लिए है। इसलिए पश्चिम आस्तिक हो नहीं सकता।

इससे तुम यह मत सोच लेना कि तुम आस्तिक हो। अक्सर ऐसा होता है कि जब भी कोई कहता है कि पश्चिम आस्तिक नहीं है, तब तुम बड़े प्रसन्न होते हो। तुम सोचते हो, हम आस्तिक हैं। तुम भी आस्तिक नहीं हो।

आस्तिक होना बड़ी क्रांतिकारी घटना है। उसका पूरब-पश्चिम से कुछ लेना देना नहीं। वह कोई भूगोल की बात नहीं है। आस्तिक होना तो परम क्रांति है। कभी कोई व्यक्ति आस्तिक होता है। समाज तो अब तक कोई आस्तिक नहीं हुआ। न हिंदू समाज, न जैन समाज, न भारतीय समाज, न चीनी समाज। कोई समाज, कोई राष्ट्र अब तक धार्मिक नहीं हुआ। क्योंकि समूह तो निन्यानबे प्रतिशत लोगों से बना है—वे जो वस्तुओं के प्रेमी हैं।

दूसरा प्रेम है, व्यक्तियों का प्रेम। व्यक्तियों का प्रेम वस्तुओं से ऊपर है। कम से कम तुम समानधर्मा, समान जातीय व्यक्ति से प्रेम करते हो। कम से कम तुम किसी चैतन्य से प्रेम करते हो। माना, वह भी तुम जैसा ही अधंकार से भरा है। फिर भी उसकी जागने की संभावना है; जैसी तुम्हारी है। व्यक्तियों का प्रेम, वस्तुओं के प्रेम के ऊपर है। जो व्यक्तियों को प्रेम करता है, उसके जीवन में वस्तुओं के प्रति उपेक्षा होती है। और परमात्मा के प्रति तटस्थता होती है।

इन शब्दों को ठीक से समझ लेना। क्योंकि भाषा-कोष में उपेक्षा और तटस्थता का एक ही अर्थ लिखा है। वह गलत है। जो व्यक्ति, व्यक्तियों को प्रेम करता है, वह वस्तुओं के प्रति उपेक्षा से भर जाता है। वह वस्तुओं को दे सकता है, सहजता से दान कर सकता है। उसकी पकड़ नहीं रह जाती।

क्योंकि जिसने व्यक्ति को प्रेम कर लिया, जिसने ऊंचे प्रेम के रस को चख लिया, उसे तत्क्षण दिखाई पड़ जाता है कि वस्तुओं से तो कभी कुछ मिलने वाला नहीं है। व्यक्तियों से मिलने वाला है। इसलिए व्यक्तियों को वस्तुएं देने में उसे अड़चन नहीं आती। वह बांट सकता है। वह दानी हो सकता है। वह कृपण नहीं रह जाता। कृपणता उसकी खो जाती है। वह जानता है कि व्यक्तियों के प्रेम में सुरक्षा नहीं है। लेकिन व्यक्तियों का प्रेम जीवंत है।

वस्तुओं का प्रेम मुर्दा है, सुरक्षा है। वैसे ही जैसे प्लास्टिक के फूल में सुरक्षा होती है। मिटने का डर नहीं होता। असली गुलाब का फूल तो सुबह खिलेगा, सांझ मिट जाएगा। डर मिटने का है, लेकिन क्या इसी कारण तुम प्लास्टिक का फूल लिए घूमते रहोगे? जीवन में खतरा है। प्लास्टिक के लिए कोई खतरा नहीं है। वर्षों तक वैसा ही बना रहेगा। जब चाहो तब धूल झाड़ देना, वह फिर ताजा मालूम पड़ेगा।

असली फूल तो खिलते हैं और मिटते हैं। असली फूलों का मजा ही यही है कि क्षण भर को जीवन और मृत्यु के बीच ऊपर उठते हैं। असली फूलों की असलियत यही है कि क्षण भर को मृत्यु के ऊपर अतिक्रमण कर जाते हैं। क्षण भर को, चारों तरफ घिरी मृत्यु के बीच भी वे कमल की तरह ऊपर उठ आते हैं। क्षण भर को जीवन का उदघोष होता है।

प्लास्टिक के फूल में यह उदघोष कभी भी नहीं होता। वस्तुओं का प्रेम, प्लास्टिक के फ ूलों से प्रेम है। और जिसको असली फूल मिल गए, वह प्लास्टिक के फूलों को फेंक आता है कचरे घर में। उसे वस्तुओं को छोड़ना नहीं पड़ता, व्यक्तियों का प्रेम मिल जाए, वस्तुएं छूटना शुरू हो जाती हैं।

वस्तुओं का प्रेम तो व्यक्तियों के प्रेम का सब्स्टीट्यूट था, परिपूरक था।

व्यक्तियों को प्रेम करने वाला व्यक्ति कृपण नहीं रह जाता। उसके जीवन में ऊब नहीं होती, पुलक होती है। एक उत्साह होता है। पैरों में एक लगन होती है। कंठ में एक छोटा सा गीत उठने लगता है।

ये पक्षियों को तुम गाते देखते हो, ये प्रेम के गीत हैं। आदमी के कंठ को क्या हो गया? आदमी क्यों कोकल जैसी धुन नहीं उठा पाता? आदमी क्यों पपीहा जैसा पुकार नहीं पाता? आदमी क्यों...? छोटे-छोटे पक्षी गा लेते हैं बिना कहीं सीखे, बिना किसी संगीत महाविद्यालय में प्रविष्ट हुए, बिना किसी गुरु के चरणों में वर्षों सेवा किए। पक्षी गा लेते हैं, आदमी के गीत को क्या हो गया है?

आदमियों का गीत वस्तुओं में दब कर मर गया है। आदमियों के कंठ में वस्तुएं भरी हैं। गीत निकल नहीं पाता। व्यक्तियों से प्रेम होता है, कंठ के अवरोध टूट जाते हैं। एक पुलक आती है, एक लगन पैदा होती है। जीवन अर्थपूर्ण मालूम होता है। जीवन से ऊब हटती है और लगता है, जीवन में एक रस है।

लेकिन व्यक्तियों का प्रेम भी कभी पूर्ण प्रेम नहीं हो पाता—हो नहीं सकता। क्योंकि दो अहंकार कैसे मिट सकते हैं? दोनों की चेष्टा होती है कि दूसरा मिट जाए। प्रेमी चाहता है कि प्रेयसी का अहंकार टूट जाए और वह मेरे प्रति समर्पित हो जाए।

सभी प्रेमी वही कह रहे हैं, जो कृष्ण ने अर्जुन से कहा था: 'मामेकं शरणं व्रज।' सब छोड़ कर, तू मेरी शरण आ जा।

कृष्ण ने कहा था, वह तो सार्थक है। क्योंकि वहां एक निरअहंकारी था। वहां एक शून्यवत—महाशून्य था। तो कृष्ण ने कहा, सब छोड़ कर मेरी शरण आ जा। इसमें अड़चन नहीं है क्योंकि कृष्ण महाशून्य हैं। अर्जुन डूब सकता है।

लेकिन दो प्रेमी भी यही कह रहे हैं—मामेकं शरणं व्रज। पति पत्नी से कह रहा है, आ, मेरी शरण। पत्नी कह रही है, तुम्हीं आ जाओ। लाख चेष्टाएं चलती हैं। छुपी, प्रकट, अप्रकट,

जाने में, अनजाने में कि दूसरा झुक जाए और मिट जाए। इसलिए प्रेम एक संघर्ष हो जाता है। व्यक्तियों से प्रेम एक संघर्ष हो जाता है।

इसलिए तुम कृपण आदमी के जीवन में थोड़ी शांति पाओगे। लेकिन प्रेमी आदमी के जीवन में तुम्हें शांति न मिलेगी। पुलक तो मिलेगी, पर पुलक के पीछे अशांति छिपी होगी। और एक संघर्ष दिखाई पड़ेगा सतत। कौन मिटे? कोई मिटना नहीं चाहता। कोई मिटने की तैयारी में नहीं है। और समर्पण के बिना प्रेम न होगा पूरा। बिना मिटे वह परम अनुभूति न होगी।

और मिटे कोई कैसे? पति पत्नी के लिए मिटे कि पत्नी पति के लिए मिटे? बहुत चेष्टाएं समाज ने कर ली हैं। लाख समझाया है स्त्रियों को कि पति परमात्मा है। पतियों ने ही समझाया है। पुरुषों ने ही समझाया है कि तुम दासी हो। वे लिखती भी हैं पत्र में कि तुम्हारी दासी; लेकिन पत्र में यह भाव कहीं नहीं होता। नीचे दस्तखत में होता है सिर्फ। पति को वे कहती भी हैं कि तुम स्वामी हो। लेकिन उनके व्यवहार से कहीं दिखाई नहीं पड़ता। औपचारिकता दिखाई पड़ती है।

पुरुष की चेष्टा रही कि स्त्री झुक जाए, स्त्री की चेष्टा रही कि पुरुष झुक जाए। पुरुष ने आक्रमण के उपाय किए हैं। स्त्री ने ज्यादा सूक्ष्म उपाय किए हैं। वे आक्रमण के नहीं हैं। वे ज्यादा गहन हैं। पुरुष सीधा ही सिर पकड़ कर झुकाना चाहता है। स्त्री पैर पकड़ कर झुकाना चाहती है। लेकिन झुकाना चाहती है।

और दोनों में से तब तक आश्वस्त कोई भी नहीं होता, जब तक उसे पक्का भरोसा न आ जाए कि दूसरे को झुका लिया गया है। खतरा यह है कि अगर दूसरा सच में ही झुक जाए, तो दूसरा वस्तु जैसा हो जाता है। उसमें से व्यक्ति खो जाता है।

इसलिए अगर पत्नी तुममें बिलकुल समर्पण कर दे, तो उसमें तुम्हारा रस चला जाएगा। इसलिए तो पत्नियों में रस चला जाता है। अगर पत्नी बिलकुल ही झुक जाए, सच में ही झुक जाए, जैसा तुम चाहते थे, तो वह वस्तु बन जाती है।

इसलिए हिंदुओं ने कहा कि पत्नी संपत्ति है। झुका लिया होगा उन्होंने। जिन्होंने यह लिखा है, उनका अनुभव होगा कि पत्नी अगर झुक जाए, तो संपत्ति हो जाती है। तब वह गाय-बैल की तरह है, बांधो, हटाओ, जो करना है, करो। आज्ञा दो, वह मानती है। और जब मर जाए, तो तुम दूसरी पत्नी ले आओ। परिपूरण हो सकता है, उसका स्थान भरा जा सकता है। वह कार हो गई, मकान हो गई, लेकिन स्त्री न रही। उसका व्यक्तित्व चला गया।

अब यह बड़ी दुविधा है। अगर न झुके, तो कलह है। लेकिन जब तक नहीं झुकती, तब तक आकर्षण है। क्योंकि वह व्यक्ति है, आत्मा है, आत्मवान है, अपना बल है। उसका

अपना निजी व्यक्तित्व है। जैसे ही झुकती है, वैसे ही शांति तो हो जाती है, लेकिन मन में दूसरी स्त्रियों का आकर्षण उठने लगता है। और जो स्त्री जितनी कठिनाई पैदा करती है झुकने में, उतनी ही चुनौती मालूम पड़ती है।

ऐसा ही पुरुष के संबंध में सच है। अगर पुरुष बिलकुल झुक जाए, स्त्री को वह पुरुष ही नहीं मालूम पड़ता। उसकी कोई स्थिति न रही। अगर न झुके तो झुकाने का संघर्ष चलता है। क्योंकि जब तक झुक न जाए तब तक उसे भरोसा नहीं आता कि मैं जीत गई। तो एक विजय का संघर्ष है व्यक्तियों के साथ। झुकने से पूरा नहीं होता क्योंकि झुकने से व्यक्ति वस्तु हो जाता है। बात ही खतम हो गई। और झुकना न हो तो संघर्ष चलता है, समर्पण नहीं हो पाता।

लेकिन जो व्यक्ति, व्यक्तियों को प्रेम करता है उसकी वस्तुओं के प्रति उपेक्षा हो जाती है। यह बहुत बड़ी घटना है। वह परिग्रही नहीं होता। और परमात्मा के प्रति उसकी तटस्थता हो जाती है।

तटस्थता का अर्थ है: वह परमात्मा के प्रति खुला होता है। निर्णय नहीं लिया उसने अभी कि परमात्मा है या नहीं, लेकिन खुला है। जिसको पश्चिम में एग्नास्टिक कहते हैं—अज्ञेयादी, अनिर्णीत। उसका निर्णय मुक्त है। वह खड़ा है। वह कहता है, हो भी सकता है, न भी हो। खोज से पता चलेगा। जाऊंगा, पहचानूंगा जब समय होगा।

यह जरा बारीक बिंदु है, इसे ठीक से समझना।

व्यक्तियों के साथ प्रेम में दो स्थितियां बन रही हैं। एक स्थिति है कि अगर व्यक्ति न झुके, तो संघर्ष। अगर व्यक्ति झुक जाए, तो वस्तु हो जाता है। दोनों ही विकल्प चुनने योग्य नहीं हैं। दो घटनाएं होंगी इसलिए, व्यक्तियों को प्रेम करने वाले लोगों के जीवन में दो घटनाएं घटेंगी।

जवान व्यक्ति व्यक्तियों को प्रेम करेगा। बूढ़े होते-होते उसमें दो घटनाओं में से एक घट गई होगी। या तो उसने व्यक्तियों से हार कर वस्तुओं से प्रेम शुरू कर दिया होगा। और या व्यक्तियों में जो थोड़ा सा रस पाया, उसकी समझ के आधार पर, उसने परमात्मा की खोज शुरू कर दी होगी। या तो वह व्यक्तियों के ऊपर उठ कर महा व्यक्ति को, समष्टि को प्रेम करने लगेगा। और या नीचे गिर कर वस्तुओं को प्रेम करने लगेगा।

ये दो घटनाएं इसलिए घटती हैं कि व्यक्तियों के प्रेम में दो विकल्प सदा मौजूद हैं। व्यक्तियों के प्रेम में रस भी मिलता है। और व्यक्तियों के प्रेम में संघर्ष भी मिलता है। दुख भी मिलता है और सुख भी मिलता है। व्यक्तियों का प्रेम दोहरा है। प्रेमी सुख भी देते हैं, दुख भी देते हैं। तुम सभी जानते हो। अगर कभी किसी को प्रेम किया है, तो उससे दोनों चीजें मिलती हैं।

अब यह तुम पर निर्भर है कि तुम व्यक्तियों के द्वारा पाए गए अगर दुख पर तुमने बहुत ध्यान दिया, तो धीरे-धीरे तुम वस्तुओं के प्रेम में गिर जाओगे। और अगर व्यक्तियों के द्वारा

मिले गए सुख पर ध्यान दिया, तो तुम धीरे-धीरे महा व्यक्ति की तलाश में निकल जाओगे। यहीं गुरु की जरूरत शुरू होती है।

कृपण के लिए तो गुरु किसी काम का नहीं है। कृपण तो गुरु से डरता है। क्योंकि गुरु के प्रति समर्पित करना होगा, और यही तो कृपण का भय है। वह समर्पण कर नहीं सकता। इसलिए कृपण अगर गुरु के पास भी आता है। तो खुद को समर्पित नहीं करता, एक आम ले आता है। एक-दो केले ले आता है। यह तरकीब है बचने की। वह कह रहा है, लो महाराज, मुझे छोड़ो। इतना काफी है।

गुरु के पास केला लेकर आ रहे हो कि आम लेकर चले आ रहे हो! कुछ तो सोचो। लाते हो तो अपने को लाओ। अन्यथा मत आओ। उससे कम में न चलेगा। उससे कम में जो गुरु राजी हैं, वे तुम्हारे जैसे ही हैं। वे गुरु नहीं हैं। वे भी तीसरे ही दर्जे के लोग हैं, जो वस्तुओं के प्रेम में पड़े हैं।

गुरु तुम्हें चाहता है। उससे कम में काम नहीं चलेगा। अपना सिर ही लेकर आओ। कबीर ने कहा है जिसकी हिम्मत हो, आ जाए; सिर रखे और ले जाए सब। लेकिन वह सिर रखना शर्त है।

गुरु एक मृत्यु है क्योंकि गुरु एक पुनर्जीवन भी है। मृत्यु के बाद ही पुनर्जीवन होगा। गुरु एक मृत्यु है क्योंकि गुरु एक जन्म भी है। अब केले का क्या कसूर है? केले ने तुम्हारा क्या बिगाड़ा? इसको तुम काहे को चढ़ा रहे हो? आदमी सदा से चढ़ाता आया है दूसरी चीजें। कभी पशु चढ़ाता रहा, कभी फल चढ़ाता रहा, कभी फूल चढ़ाता रहा। यह सिर्फ अपने को चढ़ाने से बचने की व्यवस्था है।

फिर आदमी ने कई तरकीबें निकाल लीं। नारियल चढ़ाता है। क्योंकि वह आदमी के सिर जैसा लगता है। वह सब्स्टीट्यूट है, परिपूरक है। उसमें आंखें भी हैं, दाढ़ी भी है, मूंछ भी है, सब है। इसलिए तो हिंदी में उसको खोपड़ा कहते हैं—खोपड़ी! उसको आदमी चढ़ाता है जाकर मंदिर में।

अपनी खोपड़ी ले जाओ।

आदमी सिंदूर लगाता है। वह खून का प्रतीक है। अपना खून दो, सिंदूर लगाने से क्या होगा?

आदमी प्रतीक खोजता है, अपने को बचाता है।

जो इन प्रतीकों का सम्मान कर रहा है, वह भी तुम्हारे ही जगत का हिस्सा है। वह तीसरे दर्जे का प्रेमी है। गुरु और चेला एक ही नाव में सवार हैं। और तुम दोनों डूबोगे: आप डूबते पांडे ले डूबे जजमान। वे डूब ही रहे थे गुरुजी, तुम और चढ़ गए नाव पर!

दूसरे कोटि का व्यक्ति, जो प्रेम करता है व्यक्तियों से, उसके जीवन में गुरु की संभावना शुरू होती है। काश, उसे गुरु मिल जाए! अन्यथा डर है कि वह तीसरे प्रेम में नीचे गिर जाएगा।

अभी मौका था कि वह पहले प्रेम की तरफ ऊपर उठ जाए। गुरु उसे सिखाएगा कि यह जो कलह थी, यह कलह प्रेम के कारण न थी। यह कलह अहंकार के कारण थी। प्रेम में जो तुम्हें दुख मिला प्रेयसी से, प्रेमी से जो तुम्हें पीड़ा मिली, वह पीड़ा प्रेम के कारण नहीं मिली, वह तुम्हारे अहंकार के कारण मिली।

प्रेम से तो सुख ही मिला। इतने अहंकार के होते भी थोड़ा सा सुख मिला, यह चमत्कार है। लेकिन प्रेम के कारण कभी दुनिया में कोई दुख किसी को मिला नहीं है। अगर तुमने समझा, प्रेम के कारण दुख मिला, तो तुम वस्तुओं के प्रेम में लग जाओगे। क्योंकि वहां फिर कोई दुख नहीं है।

लेकिन अगर तुम्हें यह समझ में आ गया है कि दुख मिला अहंकार के कारण। और अहंकार कैसे समर्पित करोगे दूसरे अहंकार को? दूसरा अहंकार बाधा देता है समर्पण में। क्योंकि दूसरा अहंकार मांग करता है, समर्पित करो। सिर्फ परमात्मा मांग नहीं करता समर्पण की।

जहां मांग नहीं है, वहां समर्पण आसान है।

प्रेम से थोड़ा सा सुख मिला; अगर तुम पूरा समर्पण कर सको तो अनंत सुख की वर्षा हो जाए। सुख के मेघ अभी घिर आएं—घिरे ही हैं। तुम्हारा हृदय थोड़ा खाली हो अहंकार से कि वर्षा हो जाए।

परमात्मा की तरफ वही व्यक्ति जाता है, जिसने प्रेम में सुख को पहचाना। और यह भी पहचाना कि बाधा थी मेरे कारण, अहंकार के कारण। अब मैं वह तलाश करूंगा, उस बिंदु की, जहां मैं अपने अहंकार को छोड़ दूं। व्यक्तियों के साथ कैसे छोड़ा जा सकता है? वे तुम्हारे जैसे ही हैं। वे उसी तल पर खड़े हैं, जहां तुम खड़े हो।

कोई चाहिए विराट, कोई चाहिए इतना विराट कि उसके पैरों तक तुम्हारा सिर पहुंचे। उतना भी पहुंच जाए तो बड़ी यात्रा। कोई चाहिए शून्य की भांति, जो मांग न करे, ताकि तुम्हें चुपचाप समर्पण करने की सुविधा मिल जाए। जो कहे ना कि झुको। क्योंकि जब भी कोई कहता है, झुको, तभी तुम्हारा अहंकार बाधा डालने लगता है। वह कहता है, मत झुको।

जब कोई कहता है झुको, तो अहंकार में अकड़ आती है। वह कहता है, क्यों झुकें? क्यों झुकें, यह झुकाने वाला कौन है? मैं क्यों किसी के सामने झुकूं? अहंकार की मजबूती बढ़ती है। प्रतिशोध बढ़ता है। परमात्मा तुमसे नहीं कहता कि झुको। वह महाशून्य है, वह आकाश है। तुम झुक जाओ, तुम्हारी मर्जी। और अहंकार को झुकने में सुविधा होती है, वहां, जहां कोई झुकाने वाला नहीं होता।

तीसरे तरह का प्रेम है, परमात्मा की तरफ प्रेम। वह प्रेम, पूर्ण प्रेम है। क्योंकि वहां तुम झुक जाते हो। कोई झुकाने वाला पहले से ही नहीं है। परमात्मा है थोड़े ही! होता, तो आदमी

कभी भी न झुक पाता। परमात्मा नहीं होने का नाम है। परमात्मा की कोई मौजूदगी थोड़े ही है। अगर मौजूदगी होती, तो अड़चन पड़ती। परमात्मा एक गैर-मौजूदगी है। परमात्मा उपस्थिति नहीं है, परमात्मा परम-अनुपस्थिति है—एब्सोल्यूट एब्सेंस।

इसलिए तो तुम उसे खोज नहीं पाते। लाख भागो, दौड़ो, हिमालय पर जाओ, कैलाश चढ़ो, मानसरोवर में खोजो, कहीं नहीं मिलता। परमात्मा एक महान गैर-मौजूदगी है, अनुपस्थिति है।

वह ऐसे है, जैसे न हो। उसका होना, न होने जैसा है। उसका होना शून्यवत है। वह आकाश जैसा है।

इसीलिए कबीर 'आकाश' शब्द का प्रयोग बार-बार करते हैं। वह परमात्मा का स्वभाव है। शून्य उसका स्वभाव है। वह तुम्हें झुकाता नहीं। तुम झुक रहे होओगे, तो वहां कोई मुस्कुराता नहीं। क्योंकि उतनी मुस्कुराहट भी तुम्हें रोक देगी। तुम झुक रहे होओगे तो कोई तुम्हारी पीठ थपथपाता नहीं। क्योंकि उतने में भी अकड़ वापस लौट आएगी कि अरे! यहां भी कोई मौजूद है। तुम्हारी अकड़ वापस आ जाएगी। संघर्ष शुरू हो जाएगा।

परमात्मा से लड़ने का उपाय नहीं है। क्योंकि वह इतना छिपा हुआ है कि तुम कैसे लड़ोगे? परमात्मा को पाने का भी उपाय नहीं है। सिर्फ अपने को खोने का उपाय है। जो खो देते हैं, वे पा लेते हैं। जो पाने निकलते हैं, वे कभी नहीं खोज पाते।

मेरे पास लोग आते हैं। वे कहते हैं, हमें ईश्वर खोजना है। मैं उनसे कहता हूं कि तुम खोजो। बाकी तुम्हें मिलेगा नहीं। वे कहते हैं, क्यों? हमारी क्या गलती?

सवाल गलती का है ही नहीं। खोजने वाले को कभी मिलता ही नहीं। जो खोने को तैयार है, उसको मिलता है। खोना ही उसे पाने का ढंग है। क्योंकि वह खुद खोया हुआ है। तुम भी वैसे ही हो जाओ, तत्क्षण मेल हो जाता है। तुम अनुपस्थित हो जाओ। तुम्हारा अहंकार चला जाए। तुम न रहो। तुम ऐसे हो जाओ, जैसे हो नहीं, तत्क्षण मेल हो गया। भीतर का आकाश बाहर के आकाश से मिल गया।

और तब प्रेम का परम प्रकाश प्रकट होता है। तब प्रेम का गौरीशंकर उठता है। प्रेम मोक्ष है। क्योंकि प्रेम तुम्हारी तुमसे ही मुक्ति है। प्रेम परम प्रकाश है। क्योंकि तुम्हारे अहंकार के अतिरिक्त और कोई अंधकार नहीं है। सब तरफ सूरज उगा है। एक तुम आंख बंद किए बैठे हो। आंख खुली, प्रकाश ही प्रकाश है।

ऐसी जिसे प्रतीति होने लगे—ऐसी प्रतीति कब होती है? जब तुमने व्यक्तियों का प्रेम जाना हो और उस प्रेम की विफलता भी। जब तुमने व्यक्तियों के प्रेम का सुख जाना हो और उसकी पीड़ा भी। इसलिए मैं निरंतर कहता हूं, प्रेम करो। क्योंकि उस प्रेम के

बिना परमात्मा की तरफ तुम जाओगे कैसे? वही प्रेम तुम्हें रस लगाएगा परमात्मा की तरफ जाने का। और वही प्रेम तुम्हें व्यक्तियों से मुक्त होने की सुविधा भी देगा। प्रेम बड़ी अनूठी कला है।

लेकिन वस्तुओं से प्रेम मत करना, अन्यथा तुम अटके रह जाओगे। व्यक्तियों से प्रेम करना। क्योंकि व्यक्तियों का प्रेम तुम्हें तृप्ति भी देगा और तृप्ति होने भी न देगा। यही खूबी है। व्यक्तियों का प्रेम तुम्हारे कंठ को भिगाएगा भी और प्यास को बुझाएगा भी नहीं। बल्कि प्यास और प्रज्वलित होकर जलने लगेगी।

व्यक्तियों का प्रेम तुम्हें एक ऐसी दुविधा देगा, ऐसे दोराहे पर खड़ा कर देगा, जहां से एक रास्ता तो वस्तुओं के प्रेम में जाता है, जहां परिग्रही गिरता है और भटकता है; वही नरक है। और जहां से दूसरा रास्ता स्वर्ग में जाता है, परमात्मा की तरफ जाता है।

मैं निरंतर अपने साधकों को कहता हूं कि एक बात ध्यान रखना, प्रार्थना शुरू नहीं होगी, जब तक तुम्हारा प्रेम पक न जाए; जब तक तुम प्रेम को न जान लो, और प्रेम को जानने का अर्थ है, प्रेम का नरक भी जानना और प्रेम का स्वर्ग भी। प्रेम का नरक तुम्हें व्यक्तियों के प्रेम से ऊपर उठाएगा और प्रेम का स्वर्ग तुम्हें परमात्मा के प्रेम में ले जाएगा।

अब हम कबीर के इन सूत्रों को समझने की कोशिश करें।

प्रीति लागी तुम नाम की, पल बिसरे नाही।

जब व्यक्तियों के प्रेम के ऊपर कोई उठता है और परमात्मा का प्रेम जगता है, तब 'प्रीति लागी तुम नाम की।' नाम का ही पता है; अभी उसका तो कुछ पता नहीं। अभी उस प्रेमी को देखा भी नहीं है। अभी वह प्रेमी मिल जाए तो पहचान भी न सकेंगे। प्रतिभिज्ञा भी न होगी। अभी तो उस प्रेमी की खबर मिली है। एक हवा का झोंका आया है।

प्रीति लागी तुम नाम की,...

अभी तो नाम सुना है। एक भनक पड़ी है।

यह कैसे लगती है नाम की प्रीति? क्योंकि जिसे देखा नहीं, जिसे जाना नहीं, जिसे पहचाना नहीं, जिसे कभी आलिंगन नहीं किया, जिसका कभी स्पर्श नहीं हुआ, उसकी प्रीति कैसे लगती है?

व्यक्तियों के जगत में, नंबर दो के प्रेम में तो जिस स्त्री को तुमने देखा हो, पहचाना हो, स्पर्श किया हो, उसकी ही प्रीति जगती है। कोई अपरिचित स्त्री, जो कहीं तिब्बत में हो, जिसका कुछ पता ही नहीं, न जिसकी तस्वीर देखी हो, न कभी जिसे फिल्म में देखा हो, उससे तुम्हारा प्रेम होता है? कैसे होगा? नाम भी कोई बता दे, तो भी क्या नाम सुन कर प्रेम हो जाएगा?

फिर परमात्मा का प्रेम कैसे लगता है?

प्रीति लागी तुम नाम की,...

यह घटना कैसे घटती है? यह अनघट घटना कैसे घटती है? इसका राज है। यह गुरु के कारण घटती है।

कबीर के गुरु थे रामानंद। कबीर उनको नाचते देखते। तंबूरा बजता है, रामानंद नाचते हैं। कबीर उनके पास बैठते हैं। उनसे बहते आनंद के झरने का स्पर्श होता है। उनकी मस्ती, उनकी समाधिस्थ आनंद की दशा, सोते-जागते रामानंद को सब रूपों में देखते हैं। उस रूप में धीरे-धीरे अरूप की भनक पड़ने लगती है। रामानंद के पास होते-होते राम के पास होने लगते हैं। क्योंकि रामानंद यानी राम को पाकर मिला आनंद।

यह नाम बड़ा प्यारा है कबीर के गुरु का–'रामानंद।' जिसको राम मिल गया और जो उसके आनंद से भरा है। राम का तो पता नहीं कबीर को, लेकिन रामानंद में घटे आनंद का पता है। वह घट रहा है। वह प्रतिपल बरस रहा है। वहां मेघ गरज ही रहे हैं। चहुं दिस दमके दामिनी। वहां तो बिजली चमक रही है। वह रामानंद के पास रोग लगता है। रामानंद संक्रामक बीमारी हो जाते हैं।

जैसे बिमारियां पकड़ती हैं, वैसे स्वास्थ्य भी पकड़ता है। और जैसे बिमारियां पकड़ती हैं और बिमारियों के कीटाणु होते हैं, वैसे ही स्वास्थ्य के भी कीटाणु होते हैं, और वैसे ही परमात्मा की धुन भी पकड़ती है, क्योंकि वह परम स्वास्थ्य है।

रामानंद के पास एक नई पुलक उठने लगी। एक नई पुकार! कोई दूर से बुलाता है। पहचाना नहीं है, जाना नहीं है, लेकिन हृदय आंदोलित होता है।

प्रीति लागी तुम नाम की,...

अभी तुम्हारा कुछ पता नहीं है। अभी सिर्फ नाम सुना है। वह भी रामानंद से सुना है। लेकिन रामानंद में ऐसा घट रहा है कि भरोसा आ रहा है कि वह नाम जरूर किसी का होगा। उसकी खोज करनी पड़ेगी।

बुद्ध से कोई पूछता कि क्या आपको सुन कर ज्ञान हो जाएगा? क्या आपको समझ कर ज्ञान हो जाएगा? बुद्ध कहते नहीं। बुद्धों को सुन कर तो केवल प्यास जगती है। ज्ञान तो परमात्मा के मिलने से होगा; सत्य के मिलने से होगा। बुद्धों के पास तो पीड़ा जगती है, विरह उठता है। हृदय रुदन से भर जाता है। आंखों में आंसू झलक आते हैं। कोई अनजानी पुकार, कोई आवाहन, जिसकी दिशा भी पहचानी नहीं, जहां कभी पैर नहीं चले, ऐसा कोई रास्ता, ऐसा कोई मार्ग बुलाने लगता है। और ऐसी उठती है पुकार–'पल बिसरे नाही'–कि एक क्षण भी भूलती नहीं।

प्रीति लागी तुम नाम की, पल बिसरे नाही।

नजर करो अब मिहर की, मोहे मिलो गुसाई।।

अब बहुत हो चुका। अब थोड़ी कृपा इस तरफ भी हो जाए। नजर करो मेहर की। अनुकंपा मुझ पर भी हो जाए। अब मिलो गुसाईं। अब बहुत विरह हो गया।

जिस दिन पहली दफा विरह का भाव उठता है। विरह के भाव का अर्थ है, लगता है कि परमात्मा को पाए बिना कुछ भी सार्थक नहीं है। लगता है सब कुछ दांव पर लगा देने जैसा है, लेकिन परमात्मा को पाना है। लगता है अपने को खोने को तैयार हूं, लेकिन तुम्हें अब और खोए रहने को तैयार नहीं। सब चुकाने को राजी हूं, लेकिन तुमसे मिलन होना ही चाहिए, जिस दिन सारा जीवन-मरण दांव पर लगता है, जिस दिन हम जीते हैं तो उसके लिए, और मरते हैं तो उसके लिए, उस दिन फिर पल भर भी उसकी याद नहीं भूलती।

सोते-जागते भी प्रेमी प्रेयसी की ही याद करता है। गालिब का कोई पद है कि रात आंख नहीं झपकाता; क्योंकि पता नहीं उसी क्षण तुम्हारा आना हो जाए। पता नहीं मैं सोया रहूं, तुम द्वार पर दस्तक दो और लौट जाओ।

बड़ी बेचैनी की दशा हो जाती है प्रेमी की। पत्ते खड़खड़ाते हैं, लगता है, प्रेयसी आई कि प्रेमी आया। हवा का झोंका गुजरता है वृक्षों से, प्रेमी द्वार खोल कर देखता है, शायद आना हो गया। राहगीर गुजरते हैं, पदचाप सुनाई पड़ती है, प्रेमी भागा द्वार के बाहर आ जाता है कि शायद आ गए।

प्रीति लागी तुम नाम की, पल बिसरे नाही।

एक क्षण को भी भूलती नहीं याद। और तभी याद, याद है। जो भूल-भूल जाए, जिसे सम्हाल-सम्हाल कर लाना पड़े, वह भी कोई याद है?

कबीर कहते हैं: जैसे पनघट से कोई पानी भर कर चलती है नारी, गपशप करती, गीत गुनगुनाती, सखियों से बात करती, हंसी-ठिठोली होती, लेकिन उसकी याद तो सिर पर रखे घड़े में लगी रहती है। यह सब चलता है बाहर-बाहर। वह हाथ से भी नहीं सम्हालती घड़े को। घड़ा सम्हला रहता है। याद सम्हाले रहती है। बात चलती, चर्चा होती, हंसती, गीत गाती, हजार गपशप होती, लेकिन यह सब बाहर-बाहर का व्यापार होता है। केंद्र पर एक सुरत बनी रहती है, एक स्मृति बनी रहती है घड़े को सम्हालने की।

जब विरह की अग्नि पहली दफा उठती है, तो गुरु से उठती है। गुरु के बिना नहीं उठ सकती। जब तक तुमने ऐसा आदमी ना देखा हो, जिसके जीवन से मिलने की सुवास उठ रही हो, जिसके भीतर तुम्हें अहसास होने लगे कि गुसाईं का आना हो गया; जिसके पदचापों में तुम्हें किसी तरह उस अज्ञात परमात्मा की धुन सुनाई पड़े जिसके पद-चिह्नों में उसके ही

पद-चिह्न न हों, परमात्मा के भी पद-चिह्न मालूम पड़ने लगें। इसलिए तो हमने बुद्धों के पैर बचा के रखे हैं, पद-चिह्न बचा के रखे हैं। क्योंकि वे सिर्फ गौतम सिद्धार्थ नाम के आदमी के पद-चिह्न नहीं हैं। अन्यथा कौन फिकर करता है? कितने लोग इस पृथ्वी पर चलते हैं और जाते हैं। उन पैरों में, जो लोग निकट थे, उन्होंने किसी और पैर को भी देखा है। उस बुद्ध की मूर्ति में सिर्फ शुद्धोधन के बेटे गौतम सिद्धार्थ की प्रतिमा को हमने निर्मित नहीं किया है; उस प्रतिमा में कुछ अप्रतिम है जो किसी प्रतिमा में बांधा नहीं जा सकता; कोई मूर्ति जिसे सम्हाल नहीं सकती, वह अमूर्त झलका है। उस बूंद में हमने सागर को देखा है। उस पत्ते में हमें पूरे वृक्ष की खबर मिली है। उस मुट्ठी में हमने सारे आकाश को देखा है। हम किसी को कह भी नहीं सकते, समझा भी नहीं सकते।

इसलिए शिष्य की बड़ी दुविधा है। शिष्य अपने गुरु के संबंध में किसी को कुछ नहीं समझा सकता। क्योंकि जो उसने देखा है, वह उसने देखा है। समझाने का कोई उपाय नहीं है। प्रमाण देने का कोई मार्ग नहीं है।

कौन प्रेमी अपनी प्रेयसी के संबंध में समझा पाता है? तुम लाख कहो कि तुम्हारी प्रेयसी विश्व सुंदरी होने के योग्य है, कोई सुनता नहीं। विश्व सुंदरियों के चित्र छपते हैं, तुम देखते हो, तुम ऐसा फेंक देते हो कि कुछ नहीं; मेरी पत्नी के मुकाबले क्या? या मेरी प्रेयसी के मुकाबले क्या? और पड़ोसी विचार में पड़ते हैं कि तुम इस स्त्री के पीछे दीवाने क्यों हो? क्या देख लिया तुमने? दिमाग खराब हो गया है? माथा बिगड़ गया है? सम्मोहित हो? इस स्त्री ने कुछ खिला-पिला दिया? कोई ताबीज बांध दिया? मामला क्या है? इसमें हमको तो कुछ दिखाई नहीं पड़ता।

शिष्य भी गुरु के संबंध में कुछ नहीं समझा पाता। कोई प्रमाण नहीं दे सकता। कुछ अप्रमाण उसे घटा है। कुछ बिना प्रमाण के घटा है। कुछ देखा है, बस देखा है। उस देखने में वह मोहित हुआ है। परमात्मा के तरफ विरह जगता है, जब तुम गुरु के पास आते हो।

जैसे-जैसे गुरु के प्रति प्रेम बढ़ता है, वैसे-वैसे परमात्मा की तरफ विरह बढ़ता है—यह सूत्र है।

यह सार समझ लेना। जैसे-जैसे गुरु के प्रति प्रेम बढ़ता है, वैसे-वैसे परमात्मा के प्रति विरह की अग्नि जलती है। धीरे-धीरे गुरु तुम्हें तड़फा देता है। गुरु तुमसे सब छीन लेता है, जो कल तक तुम्हारा सुख था। सब छीन लेता है, जो कल तक तुम्हारा प्रेम था। सब छीन लेता है। तुम्हारी नींद छीन लेता है, तुम्हारा चैन छीन लेता है। जैसे-जैसे गुरु के प्रति प्रेम बढ़ता है, वैसे-वैसे परमात्मा की विरह जगती है। एक अनूठी प्यास कंठ को पकड़ लेती है। प्राण जकड़ जाते हैं।

अब तुम तड़फते हो, जैसे मछली तड़फती है। पानी से निकाल ली किसी ने मछली और डाल दी रेत पर; और तड़फती है। ऐसा गुरु तुम्हें पहली दफा तुम्हारे गलत प्रेमों से

निकाल कर ठीक प्रेम की रेत पर डाल देता है। तुम तड़फते हो। पहली दफा विरह की अग्नि पैदा होती है।

प्रीति लागी तुम नाम की, पल बिसरे नाही।
नजर करो अब मिहर की, मोहि मिलो गुसाई।।
बिरह सतावै मोहि को, जिव तड़फे मेरा।
तुम देखन की चाव है, प्रभु मिला सबेरा।।
बिरह सतावै मोहि को, जिव तड़फे मेरा।

प्राण तड़फते हैं तुम्हारे लिए। श्वास चलती है तुम्हारे लिए। पल भर को भी विश्राम नहीं है। याद चुभती है काटें की तरह; जैसे हृदय में कांटा लगा हो। एक मीठी पीड़ा जो घेर लेती है; जिससे बाहर होने का कोई उपाय नहीं सूझता। क्या करे विरह का मारा हुआ? रोता है, गाता है। उसके रोने में तुम गीत पाओगे, उसके गीत में तुम रोना पाओगे। हंसता है, उसके हंसने में तुम आंसू पाओगे। आंसू टपकते हैं। उसके आंसू में तुम मुस्कुराहट पाओगे।

क्योंकि एक तरह से तो वह बड़ा प्रसन्न है कि विरह पैदा हो गया। क्योंकि आधा मिलन हो गया। विरह यानी आधा मिलन। सौभाग्य है कि विरह जग गया। कम से कम यात्रा शुरू तो हो गई। राह पर तो आ गए। मंदिर कितनी ही दूर हो, लेकिन शिखर दिखाई पड़ने लगा। अभी मंदिर की प्रतिमा नहीं दिखी, लेकिन आकाश में चमकता हुआ स्वर्ण-शिखर दिखाई देने लगा। आशा बंधती है, भरोसा आता है। भक्त दौड़ने लगता है।

बिरह सतावै मोहि को, जिव तड़फे मेरा।
तुम देखन की चाव है,...

बस, एक ही चाह बची—सब चाहें एक ही चाह में गिर गईं, जैसे सभी नदियां एक ही सागर में गिर जाएं, वह है—'तुम देखन की चाव।'

...प्रभु मिला सबेरा।

सुबह हो गई। अब अंधेरा नहीं है। सब दिखाई पड़ता है। बस अब एक ही चाह है कि इस रोशनी में तुम भी दिखाई पड़ जाओ।

यह ध्यान की अवस्था है। जब रोशनी तो हो जाती है, लेकिन समाधि नहीं फलती। जब प्रकाश तो हो जाता है, सुबह तो हो गई, लेकिन अभी सूरज नहीं निकला है। रात जा चुकी, अंधेरा अब नहीं है, सुबह हो गई—सबेरा; लेकिन सूरज अभी नहीं निकला है। अभी सूरज के दर्शन नहीं हुए।

वह जो मध्यकाल है, रात्रि के जाने और सूरज के आने के बीच में जो संध्या-काल है, उसको ही हिंदुओं ने अपनी प्रार्थना का समय बनाया है। क्योंकि वही ध्यान है। वही ध्यान का

प्रतीक है। इसलिए हिंदू प्रार्थना को संध्या कहते हैं। संध्या का अर्थ है, सुबह। रात गई, दिन अभी आया नहीं। वह जो मध्यकाल है, संध्या, या–सांझ। सूरज जा चुका, रात अभी आई नहीं, वह भी संध्या है। ध्यान, संध्या की अवस्था है। इसलिए हिंदुओं ने ध्यान का नाम ही संध्या रख लिया। ठीक किया। वह प्रतीक बिलकुल सही है। ध्यान की अवस्था में प्रकाश तो हो जाता है, लेकिन प्रभु का दर्शन नहीं होता। सूरज अभी निकला नहीं है।

कबीर कहते हैं:

बिरह सतावै मोहि को, जिव तड़फे मेरा।

तुम देखन की चाव है, प्रभु मिला सबेरा।।

सुबह हो गई। अब तो दिखाई पड़ जाओ।

नैना तरसै दरस को, पल पलक न लागे।

दर्दबंद दीदार का, निसि बासर जागे।।

अब आंखों में बस एक ही तड़फ, एक ही तरस है--

नैना तरसै दरस को,...

तुम्हारा दर्शन हो जाए। तुम दिखाई पड़ जाओ। जन्मों-जन्मों से भूखी आंखें तृप्त हो जाएं। ये जन्मों-जन्मों से तड़फीं आंखें तुम से भर जाएं। तुम्हें समा लें अपने भीतर।

...पल पलक न लागे।

इस डर से पलक नहीं झपकाता कि पता नहीं, इधर पलक झपके, उधर तुम आओ। अवसर चूक जाए। पलक झपकाने से भी डर लगता है। एक क्षण... कौन जाने वही क्षण मिलने का क्षण हो।

दर्दबंद दीदार का,...

वह जो देखने के लिए दीवाना है, वह जो देखने के लिए पीड़ा से भरा है--

...निसि बासर जागे।

वह सोता ही नहीं। सोने की सुविधा उसे नहीं। वह जागता है–दिन भी और रात भी। कौन जाने कब उसका आगमन हो! कब उसका रथ रुक जाए आकर द्वार पर! कहीं ऐसा न हो कि वह मुझे सोया हुआ पाए।

ध्यान की अवस्था सतत जागरण की अवस्था है। सतत चेष्टा है कि जागा रहूं।

जो अब कै प्रीतम मिलें, करूं निमिख न न्यारा।

अब कबीर गुरु पाइया, मिला प्राण पियारा।।

जो अब कै प्रीतम मिलें,...

ये शब्द बड़े अनूठे हैं। इनका अर्थ...

कबीर कहते हैं कि–'जो अब कै प्रीतम मिलें।' वे कहते हैं कि मिले तो तुम पहले भी होओगे। मेरे अनजाने मिले। मिलते तो तुम पहले भी रहे होओगे, क्योंकि तुम्हारे बिना जीवन कहां? बहे तो तुम पहले भी मेरी श्वासों में होओगे, लेकिन मैं सोया था। आए तो तुम बहुत बार मेरे द्वार पर होओगे, क्योंकि कैसे तुम मुझे भूल सकते हो? मैं तुम्हारा ही हूं। कितना ही दूर भटक गया होऊं, तुमने छाया की तरह मेरा पीछा किया होगा। लेकिन मुझे तुम्हारी पहचान न थी। न मालूम कितने रूपों में तुम आए होओगे। मैंने रूप तो देखे, लेकिन तुम्हें न देख पाया। फूल में तुम हंसे होओगे। मुझे दिखाई न पड़ा, मैं अंधा था। वृक्षों में तुम खिले होओगे, मैं गाफिल था। मनुष्यों की आंखों से तुमने झांका होगा मेरी तरफ, लेकिन मैंने सिर्फ समझा कि मनुष्यों की आंखें हैं। इसलिए कबीर कहते हैं: 'जो अब कै प्रीतम मिलें।'

वे यह नहीं कहते कि यह मिलन कोई पहली दफा होने वाला है। वे यह नहीं कहते कि यह मिलन नया है। हम हो ही नहीं सकते बिना परमात्मा के। हमारा होना वही है। जैसे मछली नहीं हो सकती बिना सागर के, पैदा होती सागर में, जीती सागर में, मिटती सागर में, ऐसे हम परमात्मा के सागर में हैं। चेतना की मछली, परमात्मा का सागर। चेतना हो नहीं सकती परमात्मा के बिना। हम चेतन हैं।

तो यह तो नहीं कहते कबीर कि यह पहली दफा मिलना हो रहा है। वे कहते हैं कि मिलना तो बहुत बार हुआ होगा, लेकिन मैं बेहोश, मैं सोया, मैं गाफिल, मैं नशे में धुत पड़ा रहा। तुम आए होओगे। क्षमा करो उन भूलों को।

जो अब कै प्रीतम मिलें,...

लेकिन अब एक बात पक्की है कि इस बार अगर मिलना हुआ, अगर अब तुम्हें पहचान पाया, कहीं भी, किसी भी चांद तारे के पास तुम्हारी छाया दिख गई, तो पकड़ लूंगा। अब छोड़ूंगा न।

...करूं निमिख न न्यारा।

अब एक क्षण को भी तुमसे अलग न हो सकूंगा। अब तुम्हें अलग न करूंगा। अब मैं तुम्हारी छाया बन जाऊंगा।

अब कबीर गुरु पाइया,...

और अब भरोसा है क्योंकि गुरु मिल गया। अब डर नहीं है। अब तुम ज्यादा दिन न बच सकोगे। अब तुम कितने ही छिपो, छिपा न पाओगे। कितने ही अवगुंठन धरो, कितने ही घूंघट पहनो–'अब कबीर गुरु पाइया।' अब मैं अकेला नहीं हूं। अब कोई है, जो तुम्हें पहचानता है और साथ है। और कोई है, जिसकी भलीभांति पहचान है और जिसे तुम धोखा नहीं दे

सकते, और जिससे तुम छिप नहीं सकते। अब वह साथ है, अब मेरा हाथ किसी के हाथ है।

अब कबीर गुरु पाइया, मिला प्राण पियारा।

अब तुम कितनी देर बचोगे? गुरु के मिलने में ही तुम मिल ही गए। करीब-करीब मिल गए। यात्रा पूरी होने के करीब है।

अब कबीर गुरु पाइया, मिला प्राण पियारा।

अब प्राण-प्यारा मिल ही गया। समझो कि मिल ही गया।

गुरु मिल गया कि परमात्मा का द्वार मिल गया। गुरु मिल गया कि गुरुद्वारा मिल गया। गुरु मिल गया कि सहारा मिल गया। अब हाथ किसी ने सम्हाल लिया। अब तुम अंधेरे में नहीं भटक रहे हो। अब तुम यूं ही अंधेरे में नहीं टटोल रहे हो। कोई है जिसकी आंख खुली है और जो परिपूर्ण रोशनी में जी रहा है।

जो अब कै प्रीतम मिलें, करूं निमिख न न्यारा।

अब कबीर गुरु पाइया, मिला प्राण पियारा।।

गुरु को पा लिया, सार में परमात्मा को पा लिया। इसलिए तो गुरु की इतनी चर्चा इस देश में चलती रही है। जैसे गुरु के बिना कुछ भी न हो सकेगा। जैसे गुरु के बिना कोई उपाय नहीं है।

गुरु इतना महत्वपूर्ण क्यों हो गया है इस देश में? जिन्होंने भी पाया, सदा गुरु के द्वार से पाया। गुरु की आंखों से झांक कर पाया। गुरु के हाथों से छू कर पाया। गुरु के हृदय में धड़क कर पाया।

जो अब कै प्रीतम मिलें, करूं निमिख न न्यारा।

अब कबीर गुरु पाइया, मिला प्राण पियारा।।

आज इतना ही।

9

अंधे हरि बिन को तेरा

अंधे हरि बिन को तेरा, कबन्सु कहत मेरी मेरा।
तजि कुलाक्रम अभिमाना, झूठे भरमि कहा भुलाना।।
झूठे तन की कहा बड़ाई, जे निमिख माहि जर जाई।
जब लग मनहि विकारा, तब लग नहिं छूटे संसारा।।
जब मन निर्मल करि जाना, तब निर्मल माहि समाना।
ब्रह्म अगनि ब्रह्म सोई, अब हरि बिन और न कोई।।
जब पाप पुण्य भ्रम जारि, तब भयो प्रकाश मुरारी।
कहै कबीर हरि ऐसा, जहां जैसा तहां तैसा।
भूले भरम मरे जिन कोई, राजा राम करे सो होई।

मैं यदि पूछूं तुमसे कि संसार कहां है? तो तुम दसों दिशाओं को बताओगे। लेकिन संसार वहां है नहीं। वहां तो परमात्मा है। तो शायद तुम भीतर बताओ। ग्यारहवीं दिशा में बताओ। वहां भी संसार नहीं है। वहां भी परमात्मा है। बाहर भी वही है, भीतर भी वही है।

फिर संसार कहां है? बाहर और भीतर के मध्य। जिसे हम मन कहते हैं, सारा संसार वहीं है। मन न तो बाहर है, और मन न भीतर है। मन बाहर और भीतर के मध्य खड़ी दीवाल है। और सारा संसार मन का विस्तार है।

जो तुम्हें दिखाई पड़ता है, वह वही नहीं है जो है; तुम्हें वही दिखाई पड़ता है, जो तुम्हारी कामना, तुम्हारी वासना चाहती है। तुम्हारी चाह में सब रंग जाता है। तुम्हारे राग में सब रंग जाता है। और तुम वही देख पाते हो, जो तुम्हारी भीतर की कामना तुम्हें दिखाती है। तुम्हारा देखना शुद्ध नहीं है। दृष्टि निर्मल नहीं है। विकार से भरी है।

विकार का इतना ही अर्थ कि तुम दर्पण की तरह खाली नहीं हो कि वही दिख जाए, जो है। तुम्हें वही दिखाई पड़ता है जो तुम प्रक्षेप करते हो। कहीं तुम्हें सौंदर्य दिखाई पड़ता है, कहीं तुम्हें कुरूपता दिखाई पड़ती है। कहीं तुम्हें लाभ दिखाई पड़ता है। कहीं तुम्हें हानि दिखाई पड़ती है, ये सब तुम्हारी धारणाएं हैं। ये तुम्हारी वासनाएं हैं।

शुद्ध सत्य सब तरफ मौजूद है—बाहर और भीतर। पर मन सबको रंग डालता है।

मैंने सुना है कि मुल्ला नसरुद्दीन एक दफ्तर में नौकर था। बूढ़ा आदमी, सत्तर साल उम्र! लेकिन पुराना नौकर, इसलिए दफ्तर ने उसे जारी रखा। बहुत लोग थे दफ्तर में काम करने वाले। पुरुष थे, स्त्रियां थीं। और स्त्रियों के संबंध में पुरुषों में अक्सर मजाक चलता रहता है।

एक सुंदरतम स्त्री थी दफ्तर में। सावन का महीना आया, तो उसने मुल्ला नसरुद्दीन को कहा कि मुल्ला साहब! यहां और तो कोई दिखाई नहीं पड़ता, जिसे मैं राखी बांधूं। और मेरा कोई भाई नहीं। बस, आप ही एक सरल मूर्ति दिखाई पड़ते हैं। तो परसों राखी का त्यौहार आता है। मैं आपको राखी बांधूंगी। लेकिन ध्यान रहे, इक्कीस रुपये और एक साड़ी आपको देनी पड़ेगी।

नसरुद्दीन थोड़ा चिंतित हुआ। माथे पर चिंता की रेखा आई। तो शायद उस स्त्री ने सोचा कि इक्कीस रुपया और साड़ी महंगी मालूम पड़ती है। तो उसने कहा कि नहीं-नहीं, उसकी

फिकर मत करिए। वह तो मैं मजाक कर रही थी। नसरुद्दीन ने कहा: वह सवाल नहीं है, आप गलत समझीं। इक्कीस की जगह बयालीस रुपये ले लेना। एक साड़ी की जगह दो साड़ी ले लेना, लेकिन कम से कम रिश्ता तो मत बिगाड़ो!

भीतर मन है। उसके अपने राग हैं, अपने रंग हैं। दूसरे को तो दिखाई नहीं पड़ते, तुम्हीं को दिखाई पड़ते हैं। तुम्हारा मन दूसरे को दिखाई भी कैसे पड़ सकता है? तुम किस दुनिया में रहते हो वह किसी को भी पता नहीं चलता। तुम थोड़े होश से भरो, तो तुम्हीं को पता चलना शुरू होगा।

और तुम्हारा मन सारी चीजों को रंग डालता है। किसी को तुम कहते हो मेरा, अपना। किसी को कहते हो पराया। किसी को मित्र, किसी को शत्रु। कौन है मित्र? कौन है शत्रु? जो तुम्हारी वासनाओं के अनुकूल पड़ जाए, वह मित्र। जो तुम्हारी वासनाओं के प्रतिकूल पड़ जाए, वह शत्रु। कोई अच्छा लगता है, कोई बुरा लगता है। किसी के तुम पास होना चाहते हो। किसी से तुम दूर होना चाहते हो। यह सब तुम्हारे मन का ही खेल है।

चेखोव रूस का एक बहुत बड़ा लेखक हुआ। उसने अपने संस्मरणों के आधार पर एक कहानी लिखी। उसके मित्र का लड़का कोई दस साल पहले घर से भाग गया। मित्र धनी था। लेकिन जैसे अक्सर धनी होते हैं, महा कृपण था और लड़के को बाप के साथ रास न पड़ी। तो लड़का घर छोड़ कर भाग गया। एक ही लड़का था। जब भागा था तब तो बाप में अकड़ थी, लेकिन धीरे-धीरे अकड़ कम हुई। मौत करीब आने लगी। दस साल बीत गए। लड़के के लौटने के कोई आसार न मालूम पड़े।

खोजने वाले भेजे। थोड़ा झुका बाप। क्योंकि वही तो मालिक है सारी संपदा का। और मौत कभी भी घट सकती है। कोई पता न चलता था, लेकिन एक दिन एक पत्र आया कि लड़का बहुत मुसीबत में है और पास के ही शहर में है। पिता को बुलाया है। और कहा है कि अगर आप आ जाएं तो मैं घर लौट आऊं। अपने से मेरी आने की हिम्मत नहीं होती। शर्मिंदा मालूम पड़ता हूं। अपराधी लगता हूं।

तो बाप गया शहर। एक शानदार होटल में ठहरा। लेकिन रात उसने पाया कि होटल के कमरे के बाहर कोई खांसता-खंखारता... तो दरवाजा खोल कर उस आदमी से कहा कि हट जाओ यहां से। सोने दोगे या नहीं? लेकिन रात सर्द है। और बर्फ पड़ रही है। और वह आदमी जाने को राजी नहीं है। तो उसने धक्के देकर उसे बरामदे के बाहर कर दिया। फिर जाकर आराम से सो गया।

सुबह होटल के बाहर के मैदान में भीड़ लगी पाई। कोई मर गया है। तो वह भी गया देखने। कपड़े तो वही मालूम पड़ते हैं, जिस आदमी को रात उसने बरामदे से निकाल दिया

था। भीड़ में जाकर जब पास से देखा, तो चेहरा पहचाना हुआ मालूम पड़ा। यह तो उसका लड़का है!

अपने ही लड़के को रात उसने बाहर निकाल दिया। मन को पता न हो कि अपना है, तो अपना नहीं है। मन को पता हो कि अपना है, तो अपना है। सारा खेल मन का है। क्षण भर पहले कोई मतलब न था। यह आदमी मरा पड़ा था। भीड़ लगी थी। लेकिन क्षण भर बाद अब बाप छाती पीट कर रो रहा है कि मेरा लड़का मर गया है। और अब यह पीड़ा जीवन भर रहेगी, क्योंकि मैंने ही मारा।

खेल सारा मन का है। अगर अभी सिद्ध हो जाए, कोई दूसरा आदमी आ जाए और कहे कि यह लड़का मेरा है, तुम्हारा नहीं। तुम भूल में पड़ गए। आंसू सूख जाएंगे। प्रफुल्लता वापस लौट आएगी। क्षण भर में सब बदल जाता है। मन का भाव बदला कि सब बदला।

चेखोव ने एक और कहानी लिखी है कि दो पुलिसवाले एक राह से गुजर रहे हैं और एक कुत्ते ने एक आवारा आदमी को काट लिया है। कुत्ता भी आवारा है। और उस आदमी ने उसकी टांग पकड़ ली है। और होटल के पास भीड़ लगी है। और लोग कह रहे हैं इसको मार ही डालो। यह दूसरों को भी सता चुका है। पता नहीं, पागल हो। यह कुत्ता एक उपद्रव हो गया है इस इलाके में।

पुलिसवाले भी दोनों भीड़ में खड़े हो गए। उनमें से एक बोला कि खत्म ही करो, क्योंकि रात हमको भी रास्ते पर चलने नहीं देता। कुत्ते कुछ सदा से खिलाफ हैं संन्यासियों, पुलिसवालों, पोस्टमैन... जो भी किसी तरह का यूनिफार्म पहनते हैं, उनके वे खिलाफ हैं। वे एकदम नाराज हो जाते हैं। हमको भी रात चलने नहीं देता। भौंकता है, उपद्रव मचाता है। मार ही डालो।

तभी दूसरे पुलिसवाले ने गौर से कुत्ते को देख कर पहले से कहा कि सोच कर करना। यह तो पुलिस के इंस्पेक्टर जनरल का कुत्ता मालूम पड़ता है। आवारा नहीं है। मैं भलीभांति पहचानता हूं।

सब रंग बदल गया। वह पुलिसवाला जो कह रहा था मार ही डालो, झपटा उस आवारा आदमी पर और कहा कि तुमने उपद्रव मचा रखा है। ट्रैफिक को रोक रखा है? छोड़ो इस कुत्ते को। जानते हो यह कुत्ता किसका है? कितना मूल्यवान है? कुत्ते को उठा कर उसने कंधे पर रख लिया। और उस आवारा आदमी का हाथ पकड़ कर कहा कि चलो पुलिसथाने।

तभी दूसरे पुलिसवाले ने फिर कहा कि नहीं-नहीं, भूल हो गई। यह कुत्ता इंस्पेक्टर जनरल का नहीं है, सिर्फ मालूम होता है। क्योंकि उसके तो माथे पर काला चिह्न है, इसके माथे पर काला चिह्न नहीं है।

कुत्ता फेंका उस पुलिसवाले ने नीचे और कहा कि कहां का आवारा कुत्ता और मैंने इसे उठा लिया! और उस आदमी से कहा कि पकड़ इसको। खत्म कर इसको। उस आदमी ने फिर उस कुत्ते को उठा लिया। उसकी टांग पकड़ ली और उसको पछाड़ने ही जा रहा है जमीन पर कि दूसरे पुलिसवाले ने फिर कहा कि नहीं; संदेह होता है कि हो न हो, कुत्ता तो वही है, क्योंकि बिलकुल वैसा ही मालूम हो रहा है। फिर बात बदल गई। फिर दोनों झपट पड़े उस आदमी पर कि तुझे लाख दफे कहा है कि यहां उपद्रव मत कर। छोड़ इस कुत्ते को। फिर कुत्ता कंधे पर है।

ऐसी वह कहानी चलती है और कई दफा बदलती है।

और सारी जिंदगी ऐसी कहानी है। मेरा—तो सब बदल जाता है। तेरा—सब बदल जाता है। और जगत वही का वही है। न आकाश तुम्हारा है, न तारे तुम्हारे हैं, न नदी-पहाड़ तुम्हारे हैं, न व्यक्ति तुम्हारे हैं। भला तुमसे पैदा हुए हों, तो भी तुम्हारे नहीं हैं। न कोई अपना है, न कोई पराया है। अगर सब हैं तो परमात्मा के हैं। अगर सब में कोई है, तो परमात्मा है। मेरा और तेरे का सारा खेल मन का है। और मन संसार बनाता है।

फिर ध्यान रखना, तुम सोचते हो शायद एक ही संसार है, जिसमें हम सब रहते हैं; तो तुम गलती में हो। यहां जितने मन हैं, उतने ही संसार हैं। यहां जितने लोग हैं, उतने ही संसार हैं।

और एक-एक आदमी के भीतर भी एक ही मन होता तो भी आसानी थी। एक-एक आदमी के भीतर अनेक मन हैं। सुबह तुम्हारा मन कुछ और है, दोपहर कुछ और है। सुबह तुम अपनी पत्नी के लिए मरने के लिए तत्पर थे कि तेरे बिना क्षण भर न जी सकूंगा। दोपहर कहते हो कि तेरे साथ न जी सकूंगा। सांझ फिर हवा बदल जाएगी। मौसम बदल जाएगा। सांझ फिर तुम बड़े प्रेम से पत्नी के पास बैठे हो। जैसे पुलिसवाला तुम्हारे कान में बार-बार दोहराए जा रहा है कि यह अपनी है। फिर कहता है नहीं, अपनी नहीं है, दुश्मन है।

इससे तो उपद्रव खड़ा हो गया है। पूरे वक्त तुम्हारा मन कुछ-कुछ कहे जा रहा है। और मन भी एक नहीं है तुम्हारे भीतर, अनेक हैं। महावीर ने कहा है, मनुष्य बहुचित्तवान है, पॉली साइकिक है। एक ही मन होता तो भी हल कर लेते। हजार मन हैं। इसलिए तुम्हें कुछ भी भरोसा नहीं है कि तुम किसकी मान कर चलो। तुम्हारे भीतर कोई एक आवाज नहीं है, हजार आवाजें हैं। सभी का मिश्रित कोलाहल है। एक बाजार हो तुम, एक भीड़ हो।

तो एक-एक आदमी के भी बहुत से संसार हैं। और फिर इतने लोग हैं जमीन पर, इन सबके संसार हैं।

सत्य दिखाई पड़ेगा, तो एक होगा। असत्य व्यक्तिगत होते हैं। सत्य सार्वजनिक होता है। सत्य यूनिवर्सल है, सार्वभौम है। तुम्हारा सत्य और मेरा सत्य अलग नहीं हो सकता। तुम्हारा

असत्य तुम्हारा, मेरा असत्य मेरा। असत्य निजी होते हैं—प्राइवेट। सत्य तो निजी नहीं होता। सत्य तो सार्वभौम होता है। इसलिए जहां भी तुम पाओ कि तुम्हारे सत्य में किसी तरह का निजीपन है, वहीं संदिग्ध हो जाना। सत्य कहीं निजी हुआ है? सत्य तो सबका है। सत्य में सब हैं।

इसलिए अगर तुम कहो कि मेरा धर्म हिंदू है तो संदिग्ध हो जाना। तुम्हारा धर्म तुम्हारे मन का खेल होगा। क्योंकि वह मुसलमान के विपरीत है। तुम्हारा धर्म अगर जैन है, तो वह हिंदू के विपरीत है। तुम्हारा धर्म अगर सिक्ख है, तो वह जैन के विपरीत है। और धर्म तो सत्य का होगा, तुम्हारा और पराए का नहीं, मेरा और तेरा नहीं। जिस दिन व्यक्ति धार्मिक होता है, उस दिन उसके धर्म में सब लीन हो जाता है—सब कुरान, सब बाइबिल, सब वेद। उस दिन उसके पास सार्वभौम सत्य होता है।

लेकिन यह तभी हो पाता है, जब मन खो जाता है। मन तो सार्वभौम में उठने न देगा। मन संसार है। अमन संसार के पार हो जाना है। मन से मुक्त होना, संसार से मुक्त होना है। और तब तुम्हारा सत्य तुम्हारा न होगा, सभी का होगा। आदमियों का ही नहीं, वृक्षों का भी होगा, पत्थरों का भी होगा, चांद-तारों का भी होगा। क्योंकि सत्य तो एक है। सत्य तो अस्तित्व का प्राण है। वह कोई मन की धारणा नहीं है। वह तो जीवन की धारा है।

इसलिए शुद्ध धर्म सिर्फ धर्म होगा, न हिंदू, न मुसलमान, न ईसाई। हिंदू, मुसलमान, ईसाई मन के खेल हैं। चर्च, मंदिर, मस्जिद, गुरुद्वारा मन की बनावटें हैं। वह मन का ही जाल है।

तुमने धर्म तक को मन से देखा है। इसलिए धर्म भी बंट गया। मन से तुम जो चीज भी देखोगे, वह तत्क्षण बंट जाएगी। मन बांटने की प्रक्रिया है। मन तोड़ने का ढंग है। तुमने कभी कांच का टुकड़ा देखा हो, प्रिज्म कहते हैं। उसमें से सूरज की किरण निकालो, वह सात रंगों में टूट जाती है। इंद्रधनुष बन जाता है। टुकड़े के पहले, कांच के टुकड़े से गुजरने के पहले तो किरण एक थी, शुभ्र थी, श्वेत थी। टुकड़े से गुजरते ही सात हिस्सों में टूट जाती है। सतरंगा जाल फैल जाता है। इंद्रधनुष बन जाते हैं।

मन कांच का टुकड़ा है, प्रिज्म है। जीवन-चेतना की किरण कांच के इस टुकड़े से निकल कर सात रंगों में टूट जाती है। उसका श्वेतपन खो जाता है। उसकी निर्दोषता, सरलता, कुंआरापन खो जाता है। फिर सात रंग हो जाते हैं। संसार यानी सात रंग। संसार यानी मन के द्वारा देखा गया सत्य। संसार यानी धारणाओं, वासनाओं, कामनाओं के पर्दे के पीछे से झांका गया परमात्मा।

मन भ्रांति है। और मन की भ्रांति से संसार की विराट भ्रांति पैदा होती है।

मन न तो भीतर है, क्योंकि भीतर तो परमात्मा है; और मन न बाहर है, क्योंकि बाहर भी परमात्मा है। तो मन दोनों के बीच में है।

मन को हम क्या कहें? हिंदुओं ने माया कहा है। 'माया' शब्द समझने जैसा है। माया का मतलब झूठ नहीं होता, माया का मतलब भ्रम नहीं होता, माया का मतलब होता है, सच और झूठ के बीच। भ्रम और यथार्थ के बीच।

मन को बिलकुल झूठ भी तो नहीं कह सकते क्योंकि है। और कितने जन्मों से तुम्हें भटका रहा है। झूठ कैसे भटका सकता है? अगर होता ही नहीं, बिलकुल न होता, तो इतना विराट संसार जो तुम चारों तरफ निर्मित कर लेते हो कैसे निर्मित करते? मन है तो। नहीं है, ऐसा कहना तो उचित न होगा। लेकिन परमात्मा जैसा है, ऐसा कहना भी उचित न होगा, क्योंकि शाश्वत नहीं है, क्षणभंगुर है। बनता है, मिटता है। फिर बनता है, फिर मिटता है।

सागर की तरह नहीं है, बुलबुले की तरह है। बुलबुला उठता है, फूटता है। बनता है, मिटता है। और बुलबुले से अगर तुमने संसार को देखा, तो तुम न तो बाहर जीते हो, न भीतर जीते हो। वह तो एक ही चीज है बाहर और भीतर। तुम मध्य में जीने लगते हो।

यह जो मध्य की दशा है, सपने जैसी है। सपना होता तो है, अन्यथा तुम देखते कैसे रात? किसी रात सुबह उठ कर तुम कहते हो, आज कोई सपना नहीं देखा और किसी रात कहते हो आज सपने देखे। सपना था तो! देखा है, याद भी करते हो। बता भी सकते हो, थोड़ी याददाश्त कि ऐसा-ऐसा हुआ सपने में। है तो, लेकिन सुबह जाग कर यह भी पता चलता है कि नहीं भी है।

सपना बड़ी बेबूझ पहेली है। 'है' कहो, तो गलत। 'नहीं है' कहो, तो गलत। कुछ ऐसा है कि 'है' जैसा भी; और कुछ ऐसा है कि 'नहीं है' जैसा भी। मध्य में है। आधा-आधा है। आधा सच है, आधा झूठ है। थोड़े से गुण उसमें सच्चाई के हैं, क्योंकि देखा गया। और थोड़े से गुण उसमें असत्य के हैं, क्योंकि पाया नहीं गया।

देखा गया और पाया नहीं गया—यह सपना है।

देखी गई और पाई नहीं गइ—यह माया है।

देखा गया और कभी उपलब्ध न हुआ—यह संसार है।

हमेशा लगा कि है; और जब भी पास गए, तो पाया कि नहीं है। दूर से मालूम पड़ा। पास आकर खो गया। इंद्रधनुष दिखाई पड़ता है। तुम जरा पास जाने की कोशिश करो। जैसे-जैसे तुम पास जाओगे, इंद्रधनुष खोने लगेगा। अगर तुम ठीक वहीं पहुंच जाओ जहां इंद्रधनुष था, इंद्रधनुष खो जाएगा। दूर से ही दिखाई पड़ता है। दूरी चाहिए। पास आने से मिट जाता है।

सपना तुम मूर्च्छित रहो, तो दिखाई पड़ता है। होश आ जाए, तो टूट जाता है। इतना भी होश आ जाए कि मैं सपना देख रहा हूं, सपना टूट जाता है।

गुरजिएफ अपने शिष्यों को कहता था कि जब तक तुम सपना न तोड़ पाओगे, तब तक तुम माया भी न तोड़ पाओगे। और वह ठीक कहता था। और उसने बड़ी अनूठी प्रक्रिया खोजी थी। वह कहता था कि तुम संसार को न तोड़ पाओगे, न संसार से मुक्त हो पाओगे। अभी तुम सपने से मुक्त नहीं हो सके। संसार से मुक्त होना तो बड़ी दूर की बात है। संसार तो बहुत विराट सपना है, जिसे तुमने जन्मों-जन्मों से देखा है। इतनी बार देखा है कि तुम्हारे देखने-देखने से ही वह सत्य हो गया है। इतनी परतें जम गई हैं तुम्हारे अनुभव की संसार के साथ कि आज बिलकुल असंभव है मानना कि नहीं है। पहले तुम सपना तोड़ो।

तो गुरजिएफ कहता था, अपने साधकों को, वह मैं तुमसे भी कहता हूं, बड़ा कीमती प्रयोग है। करो तो बड़े परिणाम हो सकते हैं।

सोते वक्त रोज पांच-सात मिनट, जैसे ही तुम्हें लगे कि अब नींद आने के करीब है, पांच-सात मिनट में नींद आ जाएगी, तुम एक बात भीतर स्मरण रखने की कोशिश करो कि जो भी मैं देखूंगा, जानूंगा कि यह सपना है। जो भी मैं देखूंगा, जानूंगा कि यह सपना है।

तीन महीने तक तो कोई परिणाम नहीं होंगे। तीन महीने तक तुम दोहराओगे, लेकिन रात सपने में भूल जाओगे। सुबह उठ कर याद आएगी कि सोचा था कि जो भी देखूंगा, स्मरण रखूंगा कि सपना है; लेकिन स्मरण न रहा। सपने ने पकड़ लिया।

लेकिन तीन महीने के बाद धीरे-धीरे, थोड़ी-थोड़ी भान की अवस्था आनी शुरू होगी। थोड़ा सा शक पैदा होना शुरू होगा। थोड़ा सा संदेह सरकेगा। सपना भी चलेगा और थोड़ी सी भीतर बेचैनी मालूम होगी कि कुछ गड़बड़ है। अभी साफ नहीं होगा कि सपना है। लेकिन एक बेचैनी, कुछ है जो ठीक नहीं मालूम हो रहा, कुछ गड़बड़ है। कुछ उलझ रहा हूं जाल में। ऐसा एक धीमा-धीमा बोध उठना शुरू होगा।

अगर तुमने सतत प्रयास जारी रखा तो तुम धीरे-धीरे पाओगे, छह महीने पूरे होते-होते किसी दिन अचानक ठीक बीच सपने में, नींद न टूटेगी और तुम जाग जाओगे। क्योंकि नींद टूट जाए, फिर तो कोई मतलब नहीं।

नींद टूट जाए, तब तो किसी को भी पता चल जाता है कि सपना था, लेकिन वह पता चलता है सपने के संबंध में जो जा चुका है। उसका कोई मूल्य नहीं है। मूल्य तो वर्तमान का है। अभी, इस क्षण का है। एक दिन तुम पाओगे, तीन और छह महीने के बीच किसी दिन अचानक तुम पाओगे कि नींद तो लगी है, तुम भीतर जाग गए। तुम देख रहे हो कि यह सपना है। जैसे ही तुमने देखा कि यह सपना है, सपना तिरोहित हो जाता है। खाली जगह छूट जाती

है। और जहां से सपना तिरोहित होता है और वह जो खाली जगह छोड़ जाता है, वही अ-मन है। वह पहली झलक है नो-माइंड की। मन के न होने की पहली झलक है।

फिर इसको तुम बढ़ाए चले जाओ। धीरे-धीरे यह रोज का क्रम हो जाएगा। जैसे ही सपना पकड़ेगा, क्षण भी न बीतेगा कि तुम जाग जाओगे। सपना टूट जाएगा, नींद जारी रहेगी। और तुम पाओगे कि अगर नींद में सपना टूट जाता है, तो जागने में विचार टूटने लगते हैं। जैसे ही तुम जागने में विचार करोगे, अचानक भीतर कुछ होश से भर जाएगा और कहेगा कि ये विचार हैं, यह भी सपना है। विचार भी रुक जाएगा।

अगर नींद में सपना टूट जाए, जागने में विचार टूट जाए, तो तुम्हारा संसार छूट गया।

संसार छोड़ने के लिए हिमालय जाने से कुछ भी नहीं होता; घर छोड़ कर विरागी हो जाने से कुछ भी नहीं होता। क्योंकि घर थोड़े ही संसार है! पत्नी, बच्चे, पति थोड़े ही संसार हैं! संसार तो तुम्हारे भीतर देखने के ढंग में छिपा है। मूर्च्छा में छिपा है। तो तुम जहां जाओगे, क्या फर्क पड़ता है? तुम हिमालय चले जाओगे। तुम एक वृक्ष के नीचे कुटी बना लोगे, वह कुटी तुम्हारी हो जाएगी, जैसे महल तुम्हारा था। अब अगर कोई आकर उस कुटी पर अड्डा करने लगेगा, झगड़ा खड़ा हो जाएगा। मार-पीट हो जाएगी। वहीं फौजदारी हो जाएगी। कोई अदालत की थोड़े ही जरूरत है फौजदारी के लिए; कि शहर की जरूरत है, कि कानून की जरूरत है। तुम लड़ पड़ोगे कि यह झाड़ मेरा है। मैं पहले से ही यहां हूं। हटो यहां से। 'मेरा' वहीं पकड़ लेगा। कोई तुम्हारे पैर दबाने लगेगा, वह तुम्हारा अपना हो जाएगा । वह बीमार होगा तो तुम दुखी होने लगोगे। वह मरेगा तो तुम रोओगे। घर बस गया। गृहस्थी पैदा हो गई।

एक संन्यासी मरणशय्या पर पड़ा था। और उसके शिष्यों ने पूछा कि हमारे लिए कोई आखिरी संदेश? तो उसने कहा कि जो मेरे गुरु ने मुझसे कहा था और मैंने नहीं माना, वही मैं तुमसे कहता हूं। तुम कोशिश करना मानने की। मैं असफल रहा।

सब जाग कर बैठ गए कि कोई बहुत महत्वपूर्ण बात, जो गुरु ने उसको भी कही थी और वह नहीं मान पाया। और वह हमसे कह रहा है। उसने कहा कि तुम बिल्ली कभी मत पालना। शिष्य थोड़े हैरान हुए कि यह कौन सा ब्रह्मज्ञान? वेद में भी इसका उल्लेख नहीं, कुरान में भी नहीं, बाइबिल में भी नहीं, यह कौन सा धर्म? क्या मरते वक्त तुम्हारा दिमाग गड़बड़ हो गया? सन्निपात में हो? हम पूछ रहे हैं कि कोई कुंजी दे जाओ-सूत्र, और आप बता रहे हैं कि बिल्ली मत पालना। सठिया गए हो?

उसने कहा कि नहीं; यही मेरे गुरु ने कहा था और मैं मान न पाया । मैं तुम्हें अपनी कहानी कहे देता हूं। तुम याद रखना।

गुरु ने मरते वक्त—यही मैंने उनसे कहा था कि क्या करूं? कोई संदेश, सार-सूत्र? उन्होंने कहा कि बिल्ली मत पालना। मैंने भी समझा कि सठिया गए। दिमाग खराब हो गया मरते वक्त। उम्र भी ज्यादा हो गई थी। कोई नब्बे वर्ष थी उम्र। अब दिमाग ठीक काम नहीं कर रहा है। बिल्ली पालने से क्या संबंध? लेकिन वहीं भूल हो गई। मैंने समझा कि दिमाग खराब है, वहीं चूक गया।

फिर बरसों बीत गए। मैं सब छोड़ कर जंगल में रहने लगा। साधना करता था। शास्त्र पढ़ता था। मनन, ध्यान में लगा था। कुछ पास न था, बस दो लंगोटियां थीं। लेकिन चूहे झोपड़ी में थे और लंगोटी काट जाते। तो मैंने गांव के लोगों से कहा--जो कभी-कभी आते थे भोजन लेकर, फल लेकर—कि क्या करूं? उन्होंने कहा कि एक बिल्ली पाल लो।

और मुझे याद भी न आई कि मरते वक्त गुरु कह गया बिल्ली मत पालना। बात कुछ कठिनाई की भी न लगी। सीधी-साफ थी, निर्दोष थी। बिल्ली के पालने में झंझट भी क्या? बिल्ली कोई गृहस्थी है? कोई ज्ञानी नहीं कह गया कि बिल्ली में गृहस्थी है। ज्ञानियों ने कहा कि पत्नी मत पालना, पति मत पालना। बिल्ली मत पालना, किसी ने कहा है? और बिल्ली से अपना क्या लेना-देना? चूहों का और बिल्ली का निपटारा हो जाएगा।

बात जंच गई। बिल्ली पाल ली। लेकिन बड़ी कठिनाई हो गई। बिल्ली को कभी चूहे मिलते, कभी ना भी मिलते। बिल्ली भूखी रहती, तो उसको भी पीड़ा होती। उसने गांव के लोगों से कहा क्या करूं? उन्होंने कहा ऐसा करो, एक गाय ठीक रहेगी। आपके भी काम आ जाएगा दूध। बिल्ली के भी काम आ जाएगा। स्वभावतः गाय पाल ली गई।

अब गाय के लिए घास चाहिए थी। कभी गांव के लोग लाते, कभी न भी लाते। तो उसने कहा कि अब यह बड़ी मुसीबत हो गई। अब गाय की चिंता करनी पड़ती है; घास चाहिए, भोजन चाहिए, पानी चाहिए। उन्होंने ने कहा कि आप ऐसा करो कि बैठे-बैठे कुछ काम भी तो नहीं है। थोड़ा घास के बीज बो दो, थोड़े गेहूं भी डाल दो। आपके भी काम आ जाएंगे, बिल्ली के भी काम पड़ेंगे, गाय के भी काम पड़ेंगे।

रास्ता खुल गया बिल्ली से। गाय आई। खेत लग गया। लेकिन कभी संन्यासी को, तबीयत ठीक न होती तो भी मजबूरी में खेत पर काम करना पड़ता। पानी देना है, या बीज बोने का वक्त आ गया। धीरे-धीरे खेती महत्वपूर्ण हो गई। ध्यान-धारणा कोने में पड़ गए। समय ही न मिलता। कभी वर्षा नहीं होती तो पानी सींचना पड़ता। लोगों से पूछा कि अब क्या करना? मैं बूढ़ा भी हुआ जाता हूं। लोगों ने कहा कि ऐसा करें, गांव में एक लड़की है, उम्र भी ज्यादा होगी। विवाह होता नहीं। उसको आपकी सेवा में छोड़ देते हैं।

कोई खतरा दिखाई नहीं पड़ा। लड़की सेवा में आ गई। लड़की खेत भी सम्हालने लगी।

बिल्ली की भी देखभाल करती। गाय की भी देखभाल करती। संन्यासी की भी देखभाल करती। सेवा वही करती। थक जाता तो पैर भी दबाती, दवा भी देती। धीरे-धीरे मोह जगा। प्रेम बना। बिल्ली सब ले आई। पूरा संसार ले आई।

आखिर एक दिन गांव वाले खुद ही आ गए। उन्होंने कहा कि अब यह ठीक नहीं है। क्योंकि आपका राग बन गया और यह जरा अनैतिक है। तो आप शादी ही कर लो, जब राग ही बन गया।

संन्यासी ने कहा कि बात भी ठीक है। शादी हो गई। बच्चे हो गए। मरते वक्त उसे याद आया कि गुरु ने कहा था, बिल्ली मत पालना।

उसने कहा कि मैं तुमसे भी कहता हूं कि बिल्ली मत पालना और ध्यान रखना कि मैंने भी यही भूल की थी। समझा था कि गुरु सठिया गया है। डर है कि तुम भी यही सोचोगे और बिल्ली पाल लोगे।

असल में गुरु ने जरा गलत बात बताई। अगर मैं होता तो उससे कहता कि लंगोटी मत रखना। क्योंकि बिल्ली तो जरा दूर का मामला है। जब लंगोटी है तो चूहे आएंगे। चूहे हों तो बिल्ली आएगी। वह लंगोटी से असली में झंझट शुरू हुई। इसलिए तुम अगर किसी को समझाओ, तो लंगोटी का बताना। बिल्ली का मत बताना। वह सूत्र काम नहीं पड़ा।

असल में कोई भी एक चीज सब ले जाएगी। क्योंकि संसार का सवाल नहीं है, मन का सवाल है। तुम कहां भाग कर जाओगे? तुम जहां भी जाओगे, कम से कम तुम तो रहोगे। तुम्हीं लंगोटी हो। और अगर तुम हो तो सब है। तुम हो तो लंगोटी आ जाएगी। लंगोटी चूहे ले आएगी, चूहे बिल्लियां, बिल्लियां गाय, और फिर संसार बढ़ता जाता है।

तुम्हें पता भी नहीं चलता, एक-एक कदम बढ़ता है। इतने आहिस्ता-आहिस्ता बढ़ता है कि तुम्हें कभी पता भी नहीं चलता कि कोई बढ़ती हो रही है। कभी एकदम से तो संसार तुम्हारे ऊपर झपटता नहीं। अगर लंगोटी से सीधी पत्नी आई होती तो दिखाई पड़ जाता। क्योंकि बीच में एक छलांग होती। सीढ़ियां थीं।

संसार सीढ़ियों में आता है और परमात्मा छलांग से। संसार के आने का ढंग क्रम है। और परमात्मा के आने का ढंग अक्रम है। संसार धीरे-धीरे आता है क्योंकि अगर छलांग से आएगा तो सोए हुए लोग भी जग जाएंगे। परमात्मा छलांग से आता है क्योंकि सोयों को जगाना ही है। सोयों को सुलाए नहीं रखना है।

इसलिए जीवन की जो परम धन्यता है, वह एक छलांग में हो जाती है। और जीवन का जो रोग है, नरक है, वह इंच-इंच आता है। धीरे-धीरे आता है। वह इतने चुपचाप आता है कि उसकी पगध्वनि भी सुनाई नहीं पड़ती। कहां से आता है, यह भी समझ

में नहीं आता।

लंगोटी मत पालना। लेकिन अगर तुम हो तो लंगोटी पालनी ही पड़ेगी। इसलिए अगर ठीक से समझो तो तुम ही लंगोटी हो। जब तक तुम न मिट जाओगे तब तक संसार नहीं मिट सकता। तुम यानी तुम्हारा मन। तुम यानी तुम्हारा अहंकार। तुम यानी तुम्हारा यह भाव कि मैं हूं। जहां मैं है, वहां संसार है। जहां मैं नहीं, वहां संसार नहीं।

इसलिए ध्यान रखो, जिन-जिन चीजों से तुम्हारा मैं बढ़ता हो, जिन-जिन चीजों से तुम्हारे मैं को शक्ति मिलती हो, अहंकार पुष्ट होता हो, उनसे सावधान रहना, छोड़ने को नहीं कहता हूं, क्योंकि छोड़ने से कुछ भी न होगा। छोड़ने से भी अहंकार भर सकता है। सावधान होना।

तुम्हारे पास लाखों रुपये हैं, वह तुम्हारी अकड़ है। तुम छोड़ दो लाखों रुपये, तुम्हारी नई अकड़ पैदा हो जाएगी कि मैंने लाखों छोड़ दिए। और दूसरी अकड़ पहले से ज्यादा होगी। क्योंकि लाखों तो कई के पास हैं, लेकिन लाखों छोड़ने वाले कई नहीं हैं। वे तो बहुतों के पास हैं, उस अकड़ में कोई जान नहीं है। लेकिन लाखों छोड़ने वाले तो विरले हैं। तब अकड़ और बढ़ जाएगी।

ध्यान रखना, अगर तुमने अहंकार के प्रति जागरण न सम्हाला, तो तुम जो भी करोगे वह अहंकार से ही होगा। भोग भी, त्याग भी; संसार भी, वैराग्य भी। और तुम्हारा अहंकार तो पुष्ट होता चला जाएगा। शरीर को हो सकता है तुम मार डालो बिलकुल, लेकिन मन तुम्हारा बढ़ता जाएगा।

मुल्ला नसरुद्दीन की पत्नी बहुत मोटी थी। डॉक्टरों से सलाह ली। तो डॉक्टर ने कहा कि घुड़सवारी ठीक होगी। तो रोज सुबह घुड़सवारी पर जाए। महीने भर बाद नसरुद्दीन को डॉक्टर ने पूछा, राह पर मिला; क्या हाल है? क्या खबर? कुछ हुआ?

नसरुद्दीन ने कहा: बेचारी सूख कर कांटा हो गई। डॉक्टर ने कहा: मैंने पहले ही कहा था-प्रसन्न होकर कहा। नसरुद्दीन ने कहा: आप समझे नहीं। पत्नी नहीं, घोड़ी! पत्नी तो और मुटा रही है।

घोड़ी को मत सुखा डालना। शरीर घोड़ी है। उसका कितना ही उपवास करवाओ, इससे कुछ हल न होगा। पत्नी तो मुटाती चली जाएगी। वह अहंकार है तुम्हारे भीतर।

तो जिनको तुम त्यागी कहते हो, वे शरीर को मार डालते हैं। कम खाते हैं, कम सोते हैं, धूप-ताप सहते हैं, लेकिन भीतर का अहंकार बढ़ता जाता है। जितना वजन शरीर में कम होता है, उतना वजन अहंकार में बढ़ता जाता है। इसलिए त्यागी-तपस्वियों से ज्यादा

अहंकारी आदमी तुम्हें कहीं भी न मिलेंगे। वे तो अहंकार के शुद्ध शिखर हैं। अगर शुद्ध अहंकार देखना हो तो त्यागी में।

भोगी में अशुद्ध होता है। वह चमक नहीं होती। क्योंकि भोगी को खुद ही लगता है, गलत कर रहा हूं। इसलिए भोगी थोड़ा सा डरा होता है। भोगी को लगता है, ठीक नहीं हो रहा है। इसलिए अहंकार पूरी प्रगाढ़ता से प्रकट नहीं होता। थोड़ा झुका-झुका रहता है। भोगी थोड़ा विनम्र रहता है। क्योंकि अपराध का भाव रहता है।

त्यागी का सब अपराध-भाव मिट जाता है। त्यागी अकड़ कर चलता है। त्यागी की पताका उड़ती रहती है। त्यागी भयंकर अहंकार से भर जाता है।

भोगी का भी संसार है, त्यागी का भी संसार है। क्योंकि जहां अहंकार है वहां संसार है।

जिस दिन 'मैं-भाव' गिरता है, उसी दिन सब सपने गिर जाते हैं। यह बड़ा संसार सपना है। खुली आंखों का सपना। दो तरह के सपने हैं। एक, जो तुम बंद आंख से देखते हो। वे इतने खतरनाक नहीं, क्योंकि रोज सुबह टूट जाते हैं। एक सपना है, खुली आंख का सपना—यह जो विराट तुम्हें चारों तरफ समझ में आता है, यह बड़ा खतरनाक है। क्योंकि जन्मों-जन्मों तुम जन्मते हो, मरते हो और नहीं टूटता। जिसने इसे तोड़ लिया वह परम धन्यभागी है।

यह कैसे टूटेगा? कबीर के ये सूत्र उसे तोड़ने की तरफ इशारे हैं।

अंधे हरि बिन को तेरा,...

कबीर कहते हैं: अगर अपना ही मानना हो तो हरि को छोड़ कर और किसी को मत मानो।

एक दिन तो हरि भी छूट जाएगा। क्योंकि वह भी खयाल कि हरि मेरा है, आखिरी सपने का हिस्सा है। लेकिन जो सपने में है, जिसको सपने का कांटा लगा है, उसे दूसरे कांटे से निकालने की जरूरत है। दूसरा कांटा उतना ही कांटा है, जितना पहला।

राह तुम चलते हो, कांटा लग गया। तत्क्षण तुम दूसरा बबूल का कांटा उठा लेते हो, पहले कांटे को निकालते हो दूसरे कांटे से। फिर दोनों को फेंक देते हो।

संसार कांटा है; धर्म भी कांटा है। अभी पत्नी मेरी, पति मेरा, बेटा मेरा, मकान मेरा, धन मेरा, इज्जत मेरी, पद मेरा—यह कांटा है। 'हरि मेरा'—यह दूसरा कांटा है, जिससे बाकी सब कांटे निकल जाएंगे। फिर इस दूसरे कांटे को सम्हाल कर घाव में मत रख लेना। नहीं तो तुम मूर्ख साबित हुए, मूढ़ साबित हुए। सब मेहनत व्यर्थ गई। तुमने सब गुड़-गोबर कर दिया। दूसरा भी कांटा है। उसकी उपयोगिता थी।

इसलिए पतंजलि ने योग-सूत्रों में ईश्वर को भी एक विधि माना है; कि वह भी संसार से मुक्त होने की विधि है। बड़ी हैरानी की बात है। और मनुष्य-जाति के इतिहास में इतना स्पष्ट रूप से ईश्वर को विधि कहने वाला दूसरा व्यक्ति नहीं पैदा हुआ। पतंजलि ने साफ कहा

कि यह भी एक विधि है। इस विधि से रोग मिट जाएगा। जब रोग मिट जाए तो औषधि को फेंक देना। औषधि को ढोते मत रहना।

बुद्ध ने कहा है कि तुम नाव से नदी पार करते हो। नाव नदी पार कराने के लिए है। फिर जब तुम नदी पार हो जाते हो, नाव को भूल जाते हो। नदी में ही छोड़ जाते हो। उसको फिर सिर पर लेकर मत चलना। फिर यह मत कहना गांव में जाकर नगरों में कि कैसे छोड़ें इस नाव को! इसने नदी पार करवाई।

तब तुम मूढ़ हो। तब तो बेहतर था कि तुम नदी ही पार न करते। अब यह और उपद्रव हो गया। उसी किनारे रहते, वह बेहतर था। कम से कम सिर पर नाव का बोझ तो न था। अब तुम यह सिर पर नाव लेकर चल रहे हो।

बहुत लोग शास्त्रों को पकड़ लेते हैं, सिद्धांतों को पकड़ लेते हैं। बहुत से लोग परमात्मा को ही पकड़ लेते हैं। तब परमात्मा ही लंगोटी हो जाता है। फिर उसी लंगोटी से सारा संसार वापस निकल आएगा।

अंधे हरि बिन को तेरा,...

यह तो कांटा समझा रहे हैं कबीर; कि अभी तू एक बात समझ कि हरि के बिना तेरा कोई भी नहीं। न पत्नी तेरी है, सब अजनबी हैं। राह पर मिल गए हैं। राह पर थोड़े से भ्रम पैदा कर लिए हैं।

कभी तुम सोचते हो कि जिनको तुम अपना कहते हो, कैसे उन्हें मिल गए? तुम्हारे पिता एक ज्योतिषी के पास चले गए तुम्हारी जन्म-कुंडली लेकर। किसी स्त्री की जन्म-कुंडली लेकर एक दूसरे सज्जन ज्योतिषी के पास चले गए। उन्होंने जन्म-कुंडली मिला ली, गणित बैठ गया। लक्षण पूरे हो गए। बैंड-बाजे बज गए। तुम्हें सात चक्कर लगवा दिए। यह पत्नी अपनी हो गई।

कल तक यह अपनी न थी। संयोग है। नदी-नाव-संयोग! यह किसी और की भी हो सकती थी। कोई अड़चन ना थी। किसी और की भी हो सकती थी। और तब भी इसी भ्रम में होती कि यह मेरा पति है। तुम्हारी पत्नी कोई और भी हो सकती थी। तब भी तुम इसी भ्रम में होते कि यह मेरी पत्नी है। दूसरी पत्नी से दूसरे बच्चे पैदा हुए होते। तब वे तुम्हारे होते। अभी वे तुम्हारे नहीं हैं। अभी वे किसी और के घर में खेल रहे हैं।

संयोग को सत्य मत मान लेना। राह पर मिल जाते हैं दो लोग। साथ हो लेते हैं। गपशप करते हैं। फिर राह अलग-अलग हो जाती है। विदा हो जाते हैं। लेकिन हम बड़ी भ्रांति पैदा करवाते हैं।

इसलिए तो विवाह का इतना आयोजन करना पड़ता है। उस आयोजन के पीछे बड़ा

मनोविज्ञान है। मेरे पास लोग आते हैं। वे कहते हैं, क्या जरूरत कि घोड़े पर सवारी निकले दूल्हे की? कि इतने बैंड बाजे बजें, फुलझड़ी पटाके छूटें, बरात में खर्च हो? इतने लोग आएं, जाएं? इस सब की क्या जरूरत है? क्या सीधा-सादा विवाह नहीं हो सकता?

हो सकता है। लेकिन भ्रम पैदा होना मुश्किल होगा। सीधा-सादा बिलकुल हो सकता है। कोई जरूरत नहीं है। तुम एक स्त्री को मिल गए। तुमने कहा हमारा विवाह हो गया है। दोनों ने एक-दूसरे के साथ चक्कर लगाए, घर आ गए। लेकिन तुमको भी शक रहेगा कि ऐसे में यह अपनी हो कैसे गई? उतना उपद्रव चाहिए भरोसा दिलाने के लिए कि भारी कुछ हो रहा है। कुछ ऐसा महत्वपूर्ण हो रहा है, जो दोबारा नहीं होगा।

अब घोड़े पर तुम रोज तो बैठते नहीं। एक ही दफा बैठोगे। इसलिए 'दूल्हाराजा।' दूल्हे को हम कहते हैं 'दूल्हाराजा।' उसे राजा बना देते हैं। एक दिन के राजा हैं वे। और कैसी फजीहत पीछे होने वाली है, कुछ पता नहीं है। मगर बैठे हैं अकड़ कर। कटारी वगैरह लटका रखी है। मुकुट वगैरह पहन रखा है। उधार कपड़े हों, कोई हर्जा नहीं। लेकिन आज डट कर साज-सामान किया है। और बराती चल रहे हैं। फौज-फाटा है। बड़े-बड़ों को नीचे चला दिया है। सब नीचे चल रहे हैं। और दूल्हा राजा हो गया एक दिन के लिए।

यह उसके मन पर एक छाप बिठानी है। एक कंडीशनिंग है, एक संस्कार है। बड़े कुशल लोग थे पुराने लोग। उन्होंने पूरा हिसाब रखा है कि उसको यह भ्रांति पक्की हो जाए कि कोई गाढ़ संबंध पैदा हो रहा है। और ऐसा अनूठा हो रहा है कि फिर यही घटना दुबारा नहीं घटने वाली है।

इसलिए पूरब के लोग तलाक के विपक्ष में हैं। क्योंकि पूरब के लोग ज्यादा चालाक हैं, पश्चिम अभी बचकाना है। उसे अभी अनुभव नहीं है आदमी के मन का। पूरब को हजारों साल का अनुभव है। क्योंकि अगर तलाक संभव है, तो विवाह कभी पूरा हो ही न पाएगा।

अगर इस बात की संभावना है कि कल हम अलग हो सकते हैं, तो मिलना कभी भी पक्का नहीं हो पाएगा। जिससे अलग हो सकते हैं, उससे मिलना ऊपर-ऊपर ही रहेगा। संसार बसेगा नहीं।

भीतर बना ही रहेगा कि कल चाहें तो अलग हो सकते हैं। यह कोई अपनी पत्नी है, ऐसा कोई जरूरी नहीं। यह किसी और की भी हो सकती है। कोई और पत्नी हमारी भी हो सकती है। किसी और से हमारे बच्चे पैदा हो सकते हैं। हमारे बच्चे का कोई मामला नहीं है बड़ा।

पश्चिम में उपद्रव पैदा हो गया है। संसार डगमगा गया है। मैंने सुना है, एक अभिनेता

हॉलीवुड में अपनी पत्नी के साथ बैठा है और उनके बच्चे खेल रहे हैं। पत्नी ने कहा कि देखो, मैं हजार बार कह चुकी कि कुछ करना होगा। तुम्हारे बच्चे और मेरे बच्चे, हमारे बच्चों को मार रहे हैं।

पश्चिम में संभव हो गया है। पति के बच्चे हैं किसी और पत्नी से। पत्नी के बच्चे हैं किसी और पति से। फिर दोनों के बच्चे हैं। तुम्हारे बच्चे और मेरे बच्चे मिल कर हमारे बच्चों को मार रहे हैं। इसको रोकना होगा। मगर जहां तुम्हारे बच्चे, हमारे बच्चे और मेरे बच्चे–वहां हमारे का भाव अपने आप क्षीण हो जाएगा। क्या मेरा है? सब रेत का घर मालूम पड़ता है। यहां कुछ मजबूत नहीं है। यहां कुछ पक्का नहीं है।

एक अभिनेत्री से एअरपोर्ट पर पूछा गया, विवाहित या अविवाहित? उसने कहा: दोनों; कभी-कभी! कभी विवाहित, कभी अविवाहित। दोनों; कभी-कभी। जहां ऐसी रेत जैसी स्थिति हो जाए...।

पूरब के लोग चालाक हैं। उम्र चालाकी लाती है, बूढ़े बेईमान हो जाते हैं, होशियार हो जाते हैं। बच्चे निर्दोष होते हैं। उनको पता नहीं, जिंदगी का राग-रंग क्या है।

तो पूरब ने पूरी व्यवस्था की कि संबंध ऐसे मजबूती से बनाए जाएं कि पक्की भ्रांति हो जाए कि यह पत्नी मेरी है। और पूरब में समझा जाता है कि ऐसा कोई एक ही जन्म का मामला नहीं है। पति-पत्नी एक-दूसरे का पीछा जन्म-जन्मांतर तक करते हैं। पत्नियां तो इससे बड़ी प्रसन्न होती हैं। पति जरा डरते हैं कि जन्म-जन्मांतर तक? एक तक ही काफी है। एक... मगर अगले जन्म में भी यही देवी से मिलना होगा? लेकिन पत्नियां इससे बड़ी प्रसन्न होती हैं कि भाग कर जाओगे कहां? कोई छुटकारा नहीं है।

ये प्रतीतियां बिठाई गई हैं। मनसशास्त्र की प्रतीतियां हैं। इससे तुम्हें लगता है, मेरा।

बच्चा तुमसे पैदा होता है। तुम सोचते हो मेरा। तुमसे क्या पैदा हो रहा है? तुम केवल प्रयोगशाला हो। तुम्हारे शरीर केवल बच्चे के आगमन के लिए मार्ग हैं, इससे ज्यादा नहीं हैं। और अब तो विज्ञान कहता है कि टेस्ट-ट्यूब में बच्चा पैदा हो सकता है। कोई मां के गर्भ की जरूरत नहीं।

और विज्ञान कहता है कि अब तो आर्टिफिशियल इनसेमीनेशन की सुविधा है। तो हजारों साल तक व्यक्ति का वीर्ण-कण सुरक्षित बचाया जा सकता है बर्फ में ढांक कर। तुम मर जाओगे, हजार साल बाद तुम्हारा लड़का पैदा हो सकता है। तुम्हारा वीर्ण-कण बचा लिया जाएगा। तो तुमसे क्या संबंध रहा? दस हजार साल बाद तुम्हारा लड़का पैदा हो सकता है। और तुम मर चुके दस हजार साल पहले। तुम्हारी रग-रग मिट्टी में खो गई। फिर भी तुम्हारा

बच्चा पैदा हो सकता है। तो तुमसे क्या संबंध रहा? क्या लेना-देना है?

तुम केवल मार्ग थे। अपना यहां कोई भी नहीं। यहां तुम अजनबी हो। यहां अपने का भरोसा करके राहत मिलती है, यह सच है। क्योंकि अगर तुम्हें यह पक्का पता चल जाए कि तुम बिलकुल अकेले हो, तो घबड़ा जाओगे। बेचैन हो जाओगे। हाथ पैर कंपने लगेंगे।

रात अंधेरी है। रास्ता बीहड़ सुनसान है। कुछ आगे का पता नहीं, कुछ पीछे का पता नहीं, कुछ अपना पता नहीं। किसी का हाथ, हाथ में लेकर थोड़ा भरोसा आता है कि कोई साथ है। माना कि वह भी अंधा है, हम भी अंधे हैं।

मैंने सुना है कि एक शिकारी भटक गया जंगल में। चार दिन भूखा-प्यासा अफ्रीका के घने भयंकर बीहड़ जंगल। आशा छोड़ दी जीवन की। कोई लक्षण ही न दिखाई पड़े आदमी का कहीं कि पूछ ले, कि पता लगा ले, कि किसी के पीछे हो जाए। बिलकुल अकेला हो गया। चौथे दिन आशा छोड़ ही रहा था, सांझ सूरज ढल ही रहा था कि उसने एक वृक्ष के नीचे एक दूसरे शिकारी को बंदूक लिए बैठे देखा। दौड़ा आनंद से। उसके आनंद की तुम कल्पना कर सकते हो। मौत से बच गया। जीवन का वरदान मिला। खुशी में नाचने लगा। उस आदमी को जाकर छाती से लगा लिया।

पर उस आदमी ने कहा कि भाई थोड़ा ठहर। मैं आठ दिन से भटका हुआ हूं। तू इतनी खुशी मत मना। हमको मिलने से कुछ हल नहीं होता।

लेकिन राहत मिलती है। अंधे के पीछे भी तुम चलते हो तो राहत मिलती है कि कोई आगे है। इसलिए तो अंधों के पीछे भी अंधे कतारबंद चलते रहते हैं। इसकी फिकर किए कि आगे कोई अंधा है। तुम जैसा ही अंधा है। अंधे अंधों को सलाह देते रहते हैं। साथ देते रहते हैं। मित्रता बनाए रखते हैं।

अगर कभी अंधेरी गली में कोई साथ भी न मिले तो तुम खुद ही जोर-जोर से गीत गाने लगते हो। अगर अधार्मिक ढंग के व्यक्ति हुए, तो फिल्मी गाना गाते हो। और धार्मिक ढंग के हुए, तो हनुमान चालीसा पढ़ते हो। लेकिन फर्क कोई नहीं है। अपनी ही आवाज सुन कर ऐसा लगता है कि कोई है, अकेले नहीं हैं। अपनी ही आवाज से भरोसा लेते हैं। थोड़ी हिम्मत आ जाती है।

तुमने देखा, नदियों में तीर्थयात्री सर्दियों के दिन में स्नान करने जाते हैं। तो बड़े जोर-जोर से 'हरे राम, हरे कृष्ण'—पानी में डुबकी मारते जाते हैं और राम का नाम लेते जाते हैं। वे कोई राम का नाम नहीं लेते। वह सिर्फ राम की चिल्लाहट में ठंड ज्यादा नहीं लगती। पता नहीं चलता, मन यहां लगा है। हरे राम, हरे राम—जल्दी से पानी डाल लिया।

क्योंकि मैंने अपने गांव में देखा कि पुरुषोत्तम का महीना आता है—तो मेरा घर नदी के

किनारे ही है, पास ही है–तो स्त्रियां स्नान करने आती हैं। जल्दी सुबह आती हैं, पांच बजे ब्रह्ममुहूर्त में। उन स्त्रियों को मैं भलीभांति जानता हूं। जिनके मुंह से कभी 'हरे राम' नहीं सुना गया वे भी पानी में आकर एकदम 'हरे राम, हरे राम' करने लगती हैं। तो मुझे लगा कि यह पानी बड़ा रहस्यपूर्ण मालूम पड़ता है। इन स्त्रियों को मैं भलीभांति जानता हूं। इनमें से कोई 'हरे राम' वाली नहीं है।

यह अचानक क्या हो जाता है इनको, पानी में उतरते ही से? तब मैंने पानी में उतर कर देखा पांच बजे। तब समझ में आया। नास्तिक भी कहेगा...। ठंडा पानी! घबड़ाहट छूटती है। उस घबड़ाहट में कुछ भी बको, राहत मिलती है। अंधेरे में कुछ भी गुनगुनाने लगो, भरोसा आता है।

अंधे अंधों का हाथ पकड़ लेते हैं; लगता है कोई है; अकेला नहीं हूं।

इसलिए तो तुम समूह में जीते हो। इसलिए तो तुम समूह बना कर जीते हो। अकेले में डर लगने लगता है। समूह में निश्चिंत हो जाते हो। इतने लोग हैं, ठीक ही होगा। जहां भीड़ जाती है, वहां जाते हो। अकेला खड़ा होने की किसी की हिम्मत नहीं है। क्योंकि अकेले में पता चलता है, यहां कोई भी मेरा नहीं है। भयाक्रांत हो जाओगे। आत्मा कंपेगी। उस कंपन में जी न सकोगे।

इसलिए जिसने भी अकेलेपन को जान लिया, वह परमात्मा की खोज में लग जाता है। जो समाज में समझता है कि सब पा लिया, वह परमात्मा से वंचित रह जाता है। जो अकेला हो गया, वह खोजेगा ही। क्योंकि अकेला कोई भी नहीं रह सकता। परमात्मा की खोज करनी ही पड़ेगी। कोई साथी चाहिए। असली संगी चाहिए।

अंधे हरि बिन को तेरा, कबन्सु कहत मेरी मेरा।

और तू किन-किन से कह रहा है कि तुम मेरे हो, तुम मेरी हो। किस-किस से तू कहता फिरा। और जिनसे तू कह रहा है, वे भी तेरे पास इसीलिए आ गए हैं कि अकेले होने में उन्हें डर लगता है। एकांत में घबड़ाहट होती है।

तो बीमार, बीमार को सहारा दे रहे हैं। अंधे, अंधों को मार्ग दे रहे हैं। नासमझ, नासमझों को समझदारी दे रहे हैं।

...कबन्सु कहत मेरी मेरा।

तजि कुलाक्रम अभिमाना, झूठे भरमि कहा भुलाना।

छोड़ ये कुल, वंश, परिवार, समाज समूह की बातें। 'तजि कुलाक्रम'–छोड़ यह अभिमान। क्योंकि जब भी तुम किसी चीज को कहते हो 'मेरा,' तो उससे तुम्हारा 'मैं' निर्मित होता है।

थोड़ा सोचो; अगर तुम्हारा कुछ भी न हो, 'मेरा' जैसा कुछ भी न हो, तो क्या तुम अपने

'मैं' को सम्हाल पाओगे? 'मैं' तो गिर पड़ेगा तत्क्षण। उसको तो बैसाखियां चाहिए 'मेरे' की। इसलिए जितना तुम्हारा 'मेरे' का विस्तार होता है, उतना ही सुदृढ़ तुम्हारा 'मैं' होता है। अगर तुम्हारे पास बड़ा राज्य हो, तो तुम्हारे पास 'मैं' मजबूत होता है। छोटी सी झोपड़ी हो, तो उतना ही बड़ा 'मैं' होता है। बड़ा महल हो, तो उतना ही बड़ा 'मैं' होता है। दो-चार-दस रुपयों की पूंजी, तो उतना ही 'मैं' होता है। करोड़ों की पूंजी, तो उतना 'मैं' होता है।

इसीलिए तो लोग विस्तार की तरफ दौड़ते हैं। कोई भी चीज हो, विस्तार होता चला जाए। फिर विस्तार किसी भी ढंग का हो, इससे कोई फर्क नहीं पड़ता। हर विस्तार के पीछे 'मैं' की भूख है। क्योंकि 'मैं' बिना विस्तार के नहीं रह सकता।

यह हो सकता है कि तुम धन इकट्ठा न करो, ज्ञान इकट्ठा करो। तुम्हारे पास बड़ी जानकारियां हों, ऐसी कि किसी के पास नहीं; उससे भी काम चल जाएगा। यह हो सकता है कि तुम जानकारी इकट्ठी न करो, तुम त्याग करो। तुमने इतने उपवास किए, जितने किसी ने कभी नहीं किए, उससे भी काम चल जाएगा। यह भी हो सकता है कि उपवास भी मत करो, शिष्य इकट्ठे कर लो। तो जितने तुम्हारे शिष्य हैं, उतने किसी के भी नहीं। तो भी काम चल जाएगा। नेता बन जाओ, मत इकट्ठे कर लो, कि कितने वोट तुम्हें मिले। उससे भी काम चल जाएगा।

एक बात ध्यान रखना। 'मैं' विस्तारवादी है। अहंकार साम्राज्यवादी है, वह एम्पिरियलिस्ट है। वह विस्तार में जीता है। अगर तुमने विस्तार न किया, तो वह सिकुड़ने लगता है। और अगर तुम सारा मैं का भाव छोड़ देना चाहते हो तो मेरा का भाव छोड़ दो। वह भोजन है। वह नहीं मिलता तो मैं अपने आप गिर जाता है।

न पत्नी तुम्हारी, न बेटा तुम्हारा, न मकान तुम्हारा, न जमीन तुम्हारी, कैसे खड़े रहोगे? मैं को कहां सम्हालोगे? बैसाखी चाहिए। मैं तो बिलकुल लंगड़ा है। अपने से तो चल ही नहीं सकता। मेरे की बैसाखियां सम्हाले रखती हैं। हटा लो सब बैसाखियां, और तुम पाओगे, पूरा भवन गिर गया।

तजि कुलाक्रम अभिमाना,...

छोड़ यह अहंकार मेरे का।

...झूठे भरमि कहा भुलाना।

झूठी बातें हैं मेरे की। कौन यहां किसका है? यहां तुम अपने ही हो जाओ तो काफी है। यहां कौन किसका है?

झूठे तन की कहा बड़ाई, जे निमिख माहि जर जाई।

और इस शरीर की क्या तू प्रशंसा करता रहता है? और इस शरीर की क्या तू स्तुति गाता रहता है? इस शरीर को क्या लेकर फूला-फूला फिरता है? इस शरीर को लेकर क्या तू अकड़ा-अकड़ा फिरता है? क्षण भर में जल जाएगा। राख हो जाएगा।

और इसी शरीर के आधार पर तो तेरे, मेरे-तेरे के संबंध हैं। तू कहता है कि यह मेरी मां, क्योंकि इससे तेरा शरीर पैदा हुआ। तेरे शरीर की क्या कीमत है! तू कहता है, ये मेरे पिता, क्योंकि इनसे मेरा शरीर पैदा हुआ। तू कहता है, यह मेरा बेटा, क्योंकि यह मेरे शरीर से पैदा हुआ।

...जे निमिख माहि जर जाई।

क्षण भर न लगेगा। लपटें उठेंगी चिता की और सब राख हो जाएगा। सारे संबंध इस क्षण भर में जल जाने वाले शरीर के संबंध हैं।

झूठे तन की कहा बड़ाई,...

तू क्यों इस स्तुति में फूला फिरता है?

...जे निमिख माहि जर जाई।

बुद्ध अपने भिक्षुओं को मरघट भेजते थे कि जाकर वहां रहो, देखो, क्या घटता है तन को। रोज लाशें चली आती हैं।

और तब तो बिजली से जलाने के साधन न थे। 'तब भी निमिख माहि जर जाई।' तब तो घड़ी दो घड़ी लगती थी। लेकिन अब तो कबीर का वचन बिलकुल ही सच हो गया। अब तो बिजली से जलते हैं देह। निमिख मात्र में ही जलते हैं। बिलकुल शब्दशः सही है।

भिक्षुओं को बुद्ध कहते थे, बैठो चिताओं के पास। ध्यान करो। उस ध्यान से बहुत कुछ मिलेगा। रोज भिक्षु देखता रहता; चिताएं जलतीं। लोग चढ़ा दिए जाते। क्षण भर में सब राख हो जाता। लोग वापस लौट जाते। मित्र, प्रियजन, अपने–जिन्हें सदा अपना माना, जिनके लिए सादा यह आदमी जीया; उनमें से कोई इसके साथ नहीं जाता। उनमें से कोई इसके साथ घड़ी भर रहने को राजी नहीं।

लाश आ जाती है घर में, आदमी मर गया, तो घर के लोग उतावले होते हैं कि जितनी जल्दी ले जाओ। क्योंकि जितनी देर लाश रह जाएगी उतनी देर ही घाव मालूम पड़ेगा। उतनी देर आंसू कैसे सूखेंगे? पत्नी भी, पति मर जाए तो उसकी लाश के साथ रात घर में रहने को राजी नहीं होती।

अभी यहां कुछ दिन पहले पूना में एक स्त्री की हत्या कर दी गई थी। तो पति ने, जब पति आया, घर में नहीं ठहर सका, जिस कमरे में हत्या की गई है। होटल में जाकर ठहरा। डर लगता है। घबड़ाहट होती है उस कमरे में जाने में। जहां उसने बहुत राग-रंग पत्नी के साथ देखे होंगे, सोचे होंगे बहुत सुख के क्षण, सपने संजोए होंगे, वहां घबड़ाहट होती है। मरते ही

कोई व्यक्ति तुम्हें डराने लगता है।

एक मित्र मेरे पास आए। और उन्होंने कहा कि मेरी पत्नी मर गई है। तो वह ठीक स्थान पर स्वर्ग इत्यादि कहीं पहुंच गई या नहीं? मैंने पूछा: तुम्हें उसकी क्या फिकर पड़ी है? पहुंच ही गई होगी। क्योंकि सभी लोग मरते हैं तो स्वर्गीय हो जाते हैं, नरक तो कोई जाता दिखाई पड़ता नहीं, क्योंकि जो भी मरा, उसी को हम कहते हैं स्वर्गीय हो गया। राजनीतिज्ञ नेता तक मर कर स्वर्गीय हो जाते हैं तो बाकी का तो कहना ही क्या? नरक तो कोई जाता मालूम नहीं पड़ता। तुम घबड़ाओ मत, पहुंच ही गई होगी।

उसने कहा: नहीं, जरा मुझे... अब आपसे क्या छिपाना! रात मैं सोता हूं तो मुझे लगता है कि वह कुछ खटर-पटर करती—जैसी उसकी पहले भी आदत थी। देर तक उसको नींद नहीं आती थी तो कहीं कपड़ा निकाले, कहीं रखे, कहीं सामान बदले, कहीं फर्नीचर को फिर से जमाए। मुझे रात में ऐसा लगता है कुछ खटर-पटर घर में होती है तो मुझे यह डर लगता कि कहीं प्रेत तो नहीं हो गई? तो मैं, आज तीन महीने से उस कमरे में सो नहीं रहा हूं।

तुम्हारी पत्नी थी, प्रेम-विवाह किया था? प्रेम-विवाह किया था। अब मर गई तो इतने क्या घबड़ाते हो? इतना क्या डर? और तुम्हें तो खुश होना चाहिए कि प्रेत हो गई तो फिर मौजूद है कमरे में। कहने लगे क्षमा करो। ऐसा शब्द मत कहो। मैं घर छोड़ दूंगा। वैसे ही नहीं जा रहा हूं। ताला चाबी मार रखी है। लेकिन कभी भी जाता हूं, तो मुझे शक होता है कि कमरे में कुछ हो रहा है।

जिनको तुमने अपना माना, अगर तुम आत्मा होकर उनके पास आओगे तो वे घर छोड़ देंगे। शरीर से ही सारा संबंध था। आत्मा का कोई संबंध ही नहीं है। और शरीर का ही सारा संसार है।

झूठे तन की कहा बड़ाई, जे निमिख माहि जर जाई।

जब लग मनहि विकारा, तब लग नहिं छूटे संसारा।।

और तब तक मन में विकार है अहंकार का, मन में विकार है वासना का, मन में विकार है, तब तक संसार है। मन का विकार ही संसार है। और मन की विकृत दशा तुम्हारे संसार का मूल आधार है। संसार को छोड़ कर मत भागना। विकार को त्याग देना। विकार क्या है? मूर्च्छा, सोया-सोयापन, एक बेहोशी।

जब मन निर्मल करि जाना, तब निर्मल माहि समाना।

और जब मन निर्मल हो जाता है—कोई स्वप्न नहीं रह जाता मन में, स्वप्न ही मल है;

कोई विचार नहीं रह जाते, विचार ही विकार है—तब मन ही नहीं रह जाता। तब तो निर्मल आत्मा रह जाती है।

मन का संबंध संसार से है, आत्मा का संबंध परमात्मा से है। मन रहेगा तो संसार तुम्हारे चारों तरफ। आत्मा तुम हुए, मन न रहा, परमात्मा चारों तरफ। तुम जैसे हो, वैसे से ही संबंध हो सकेगा। क्योंकि समान से ही समान का मिलन होता है।

जब मन निर्मल करि जाना, तब निर्मल माहि समाना।

ब्रह्म अगनि ब्रह्म सोई,...

तब तुम्हारे भीतर की छोटी सी अग्नि, छोटा सा दीया, परमात्मा की महाअग्नि में खो गया।

...अब हरि बिन और न कोई।

अब हरि के बिना कोई भी न बचा। तुम भी न बचे। अब सिर्फ परमात्मा का होना रह गया।

जब पाप पुण्य भ्रम जारि, तब भयो प्रकाश मुरारी।

यह वचन बड़ा क्रांतिकारी है। कबीर कहते हैं: जब पाप और पुण्य दोनों भ्रम मिट जाते हैं, दोनों जल जाते हैं—पाप भी, पुण्य भी; 'तब भयो प्रकाश मुरारी'—तभी मुरारी के दर्शन होते हैं, तभी परमात्मा की झलक आती है।

पाप और पुण्य दोनों के भीतर छिपा हुआ रोग है। वह रोग है, कर्ता का भाव। अहंकार। पापी कहता है, मैंने पाप किए। पुण्यात्मा कहता है, मैंने पुण्य किए। लेकिन दोनों में एक बात समान है--'मैं।'

और पापी तो थोड़ा डरता है घोषणा करने में कि मैंने पाप किए। छिपाता है; पता न चल जाए। लेकिन पुण्यात्मा घोषणा करता है। बैंड-बाजे बजवाता है। डुंडी पिटवाता है कि मैंने इतने पुण्य किए। पुण्यों का लेखा-जोखा रखता है। पापी तो भूल भी जाए, पुण्यात्मा नहीं भूलता। इसलिए पुण्यात्मा का बड़ा सूक्ष्म अहंकार होता है।

इस बात को खयाल में रख लो। नीति समझाती है पाप छोड़ो, पुण्य करो। धर्म समझाता है, दोनों छोड़ो। क्योंकि जब तक कर्ता है, तब तक कुछ भी न छूटेगा। नीति कहती है, पाप त्याज्य है, पुण्य करणीय है। इसलिए नीति का धर्म से बहुत गहरा संबंध नहीं। नास्तिक भी नैतिक हो सकता है। सोवियत रूस भी नैतिक है, और शायद तुम आस्तिकों से ज्यादा नैतिक है।

क्योंकि नीति का कोई संबंध परमात्मा से नहीं है। न नीति का कोई संबंध धर्म से है। नीति तो समाज व्यवस्था का अंग है। नीति का संबंध तो सामाजिक चेतना से है। तुम अच्छा करो, बुरा मत करो। क्योंकि तुम बुरा जिनके साथ करते हो, वे भी बुरा करेंगे। तुम अच्छा करोगे,

वे भी अच्छा करेंगे। अच्छा करने से अच्छे करने की संभावना बढ़ेगी। बुरा करने से बुरा करने की संभावना बढ़ेगी। धीरे-धीरे अगर सभी लोग अच्छा करने लगें, तो तुम भी बुरा न कर पाओगे। तुम मुश्किल में पड़ जाओगे।

इसलिए नीति का सूत्र है, तुम वही करो दूसरों के साथ जो तुम चाहते हो वे तुम्हारे साथ करें। इसका परमात्मा, मोक्ष, ध्यान से कोई संबंध नहीं। यह सीधी समाज-व्यवस्था है।

धर्म नीति से बहुत ऊपर है। उतने ही ऊपर है, जितना अनीति से ऊपर है। अगर तुम एक त्रिकोण बनाओ, तो नीचे के दो कोण नीति और अनीति के हैं और ऊपर का शिखर कोण धर्म का है। वह दोनों से बराबर फासले पर है। इसलिए धर्म महाक्रांति है। नीति तो छोटी सी क्रांति है कि तुम पाप छोड़ो। धर्म महाक्रांति है कि तुम पुण्य भी छोड़ो। पाप तो छोड़ना ही है, पुण्य भी छोड़ना है। क्योंकि जब तक पकड़ है, तब तक तुम रहोगे। पकड़ छोड़ो। कर्ता का भाव चला जाए।

जब पाप पुण्य भ्रम जारि,...

जब पाप और पुण्य दोनों के भ्रम जल गए; 'तब भयो प्रकाश मुरारी'--तभी कोई परमात्मा को उपलब्ध होता है।

कहै कबीर हरि ऐसा, जहां जैसा तहां तैसा।

यह बड़ा अनूठा वचन है। इसे तुम्हारे हृदय में गूंज जाने दो। क्योंकि इससे महत्वपूर्ण परिभाषा परमात्मा की कभी नहीं की गई। हजारों लोगों ने परिभाषा की है, परमात्मा कैसा। लेकिन कबीर की परिभाषा बड़ी-बड़ी ठीक है, एकदम ठीक है। परिभाषा अगर कोई भी परमात्मा के करीब पहुंचती है, तो कबीर की पहुंचती है।

कहै कबीर हरि ऐसा, जहां जैसा तहां तैसा।

क्या मतलब हुआ इसका? यह तो बड़ी बेबूझ बात मालूम पड़ती है—जहां जैसा, तहां तैसा।

जब मन मिट जाता है, तो तुम पाओगे फूल में परमात्मा फूल, पत्थर में पत्थर, वृक्ष में वृक्ष, सरिता में सरिता, सागर में सागर।

कहै कबीर हरि ऐसा, जहां जैसा तहां तैसा।

तो कोई परमात्मा ऐसा खड़ा नहीं हो जाएगा, हाथ में मुरली लिए, मोरमुकुट बांधे! कोई सजा-सजाया परमात्मा तुम्हारे सामने खड़ा नहीं हो जाएगा। खड़ा हो जाए तो सावधान रहना कोई धोखा दे रहा है। पुलिस को खबर करना कि कोई चालबाज मुरारी बन कर खड़ा है। कोई परमात्मा धनुषबाण लेकर खड़ा न हो जाएगा तुम्हारे सामने।

और अब धनुषबाण का फायदा भी क्या? अब एटम बम की दुनिया में धनुषबाण लिए खड़े

हैं रामचंद्र जी। जंचेंगे भी नहीं। और एटम बम हाथ में लिए खड़े हों, तो और भी बेहूदा लगेगा।

आदमी की कल्पनाएं हैं। इनसे परमात्मा का कुछ लेना देना नहीं है। जब मन गिरता है, तो मन के राम, मन के कृष्ण भी खो जाते हैं। वे मन में बने रूप भी खो जाते हैं। परमात्मा तो है ही सब रूपों में छिपा अरूप। गुलाब के फूल में हुआ है गुलाब का फूल। पत्थर में है, पत्थर। कहीं कुछ बदलने की जरूरत नहीं। जहां पाओगे, वहीं मौजूद है। वहीं सिर झुका लेना। और तुम्हारे भीतर भी वही है। सिर न झुकाया तो भी चलेगा। क्योंकि कौन किसके लिए झुकेगा।

जिसको कृष्णमूर्ति कहते हैं... कृष्णमूर्ति से लोग पूछते हैं, वॉट इज़ ट्रूथ? सत्य क्या है? तो कृष्णमूर्ति कहते हैं: दैट व्हिच इज़, जो है। कबीर को दोहरा रहे हैं। उनको पता भी न हो। क्योंकि कृष्णमूर्ति को रस नहीं है कबीर को, या उपनिषदों को, या वेदों को पढ़ने में। कोई जरूरत भी नहीं है। अपना-अपना ढंग है। लेकिन अगर कृष्णमूर्ति कबीर को पढ़े होते तो वे पाते कि कबीर वही कह रहे हैं—दैट व्हिच इज़, जहां जैसा तहां तैसा।

कुछ और नया न हो जाएगा। यही जो चारों तरफ मौजूद है, एक नये रूप में प्रकट होगा। इसकी व्याख्या बदल जाएगी, अभी तुम्हें लगता है, यह प्रकृति है, तब तुम्हें लगेगा, परमात्मा है। अभी तुम्हें लगता है, ये लोग बैठे हैं चारों तरफ। तब तुम्हें लगेगा ये कृष्ण बैठे हैं चारों तरफ।

तुमने चित्र देखा होगा: पुराने घरों में टंगा रहता था। अब तो धीरे-धीरे खो गया। कृष्ण का एक चित्र, जिसमें सोलह हजार गोपियां नाच रही हैं। और सभी गोपियों को लग रहा है कि कृष्ण उनके साथ नाच रहे हैं। कृष्ण सोलह हजार हो गए हैं।

जहां तुम पाओगे, पाओगे कृष्ण तुमसे लिपट कर नाच रहे हैं। हवा के झोंके में उनकी ही भाव-भंगिमा है। फूल की गंध में उन्हीं का आना हुआ है। पक्षी के कंठ से उन्हीं ने पुकार दी है। नदी के कल-कल नाद में उन्हीं की पग ध्वनि सुनी गई है। हर गोपी पाएगी कि सब तरफ से कृष्ण उसको घेर कर नाच रहे हैं। वह चित्र बड़ा प्यारा है।

एक और चित्र है, जिसमें कृष्ण वृक्ष के नीचे बांसुरी बजा रहे हैं। लेकिन गाय खड़ी है, तो गाय में भी हैं। वृक्ष के पत्ते-पत्ते में हैं, फूल-फूल में हैं। सब तरफ वही मौजूद हैं।

जो है, वह परमात्मा है। जिस दिन तुम्हारा होना मिट जाएगा, उस दिन वह प्रकट हो जाएगा।

परमात्मा कोई व्यक्ति नहीं है। परमात्मा अस्तित्व है। परमात्मा का कोई नाम-धाम, ठिकाना नहीं है। क्योंकि परमात्मा सभी कुछ है। सभी कुछ का होना, सभी कुछ के भीतर छिपा हुआ जो सार-गुण है होने का, वही परमात्मा है—है-पन।

इसे समझो। गुलाब का फूल लाल है, सुर्ख है। गेंदे का फूल पीला है, स्वर्ण जैसा। गुलाब का फूल किसी सुंदर स्त्री के ओंठ जैसा। बड़े अलग हैं। वृक्ष अलग-अलग हैं। सबकी हरियाली अलग है। सबका गीत, सबका नृत्य अलग है। ये पास में खड़े गुलमोहर के फूल लाल हैं। 'लाली मेरे लाल की जित देखूं तित लाल।' और वहां दूर खड़े अमलताश के फूल स्वर्ण जैसे हैं, पीत हैं। कोई तालमेल नहीं है। अमलताश के पत्ते अलग, गुलमोहर के पत्ते अलग। लेकिन दोनों में एक चीज समान है। अमलताश 'है', गुलमोहर 'है', गुलाब 'है', मैं 'हूं', तुम 'हो', पत्थर 'है', चट्टान 'है', आकाश 'है।' 'है-पन' समान है। और सब चीजें अलग हैं।

यह जो 'है-पन,' 'इज़नेस'—वही परमात्मा है।

इसलिए कबीर कहते हैं:

कहै कबीर हरि ऐसा, जहां जैसा तहां तैसा।

मत जाना मंदिर। जहां हरि को जैसे पाओ, वहां हरि को वैसे ही मना लेना। फूल में दिखे तो उसी से बात कर लेना। उसी के पास थोड़ी देर बैठ जाना। एक गीत गुनगुना लेना। आकाश में दिखाई पड़े, उसी में झांक लेना। चांद-तारों में दिखाई पड़े, उन्हीं से थोड़ी गुफ्तगू कर लेना। नदी की कलकल में सुनाई पड़े तो नदी में कूद जाना, जरा तैर लेना परमात्मा में।

जब तक तुम मंदिरों-मस्जिदों में देखोगे, तब तक तुम आदमी के बनाए गए परमात्मा से उलझे रहोगे। वह मन का ही खेल है। तुम्हारे मंदिर-मस्जिद सब संसार में हैं, परमात्मा में नहीं। क्योंकि वे मन का विस्तार हैं।

मैं कलकत्ते में एक घर में मेहमान होता था। पड़ोस में एक पुर्तगीज चर्च था। बड़ा सुंदर चर्च था। बड़ा बगीचा था । पर जिस घर में मैं ठहरता वह जैन घर था। मैं सुबह उठ कर चर्च के बगीचे में चला जाता। एक दिन घर के मेजबान को पता चला। वे आए और बड़े नाराज हुए और कहा कि आपको पता नहीं, यह चर्च है। अगर आपको मंदिर ही जाना है, तो मुझसे कहिए। मैं जैन मंदिर ले चलूं।

मैं उनसे कुछ बोला न। नासमझों से बहुत बार न बोलना ही समझदारी है। चला आया चुपचाप उनके घर। उन्हें बड़ा जघन्य अपराध मालूम पड़ा कि मैं और चर्च गया। और न केवल गया, वहां शांति से बैठा था।

फिर कुछ वर्षों बाद, संयोग की बात, उनके घर फिर मेहमान हुआ। और उन्होंने कहा कि आपको एक खुशखबरी सुनाएं। वह पुर्तगीज चर्च बिक गया और हम लोगों ने खरीद लिया। पुर्तगीज लोग छोड़ कर चले गए। वह चर्च बिक गया, हमने खरीद लिया। अब वह जैन मंदिर है। आइए, आपको दिखाएं। वही चर्च! अब वह जैन मंदिर है। तख्ती बदल गई।

वृक्ष वही है। परमात्मा अब भी वही है। 'कहै कबीर हरि ऐसा।' लेकिन उनका परमात्मा

बदल गया। वृक्ष वही हैं। फूल अब भी वहां वैसे ही खिलते हैं। अब वे कुछ ज्यादा रंग-रौनक से नहीं खिलते क्योंकि यह जैनियों का मंदिर हो गया। पहले कोई ज्यादा रंग-रौनक से नहीं खिलते थे क्योंकि यह ईसाइयों का चर्च था।

फूलों को पता ही नहीं है कि आदमियों की कैसी मूर्खताएं हैं। फूलों को, वृक्षों को, पता ही नहीं चला होगा कि तख्ती बदल गई। तख्ती भर बदली और कुछ न बदला। तख्तियों में परमात्मा नहीं है। वे आदमियों की हैं। तुम्हारे लेबलों में परमात्मा नहीं है; वे तुम्हारे हैं।

अब वे बड़ी प्रसन्नता से मुझे ले गए। सब कुछ वही है। दीवालें वही हैं। संगमरमर वही है। पर मैंने उनसे कुछ कहा न। नासमझों से न कहना ही कुछ समझदारी है। वे बड़े प्रसन्न हैं। अब मंदिर है।

आदमी कैसा मूढ़ है! तुम परमात्मा को चाहते हो तो आदमी की मूढ़ता से बचना। और आदमी की मूढ़ता बड़ी शास्त्रों में आवेष्ठित है। बड़ी पांडित्यपूर्ण है। इसलिए तुम पहचान भी न पाओगे।

भूले भरम मरे जिन कोई, राजा राम करे सो होई।

यह सूत्र अहंकार के ऊपर अंतिम आघात है।

भूले भरम मरे जिन कोई,...

और जिसने भी इस भ्रम में जीवन को जीया कि मैं कुछ कर लूंगा, वह व्यर्थ ही मर जाता है।

भूले भरम मरे जिन कोई,...

इस भ्रम से जो जीता है कि मैं कुछ कर लूंगा, वह यूं ही मर जाता है।

...राजा राम करे सो होई।

परमात्मा जो करता है, वही होता है। जिसको यह बात खयाल में आ गई कि परमात्मा ही सब तरफ है, वही सब-कुछ है। मेरे किए क्या होगा? मैं तो एक छोटी लहर हूं। इतनी छोटी तरंग हूं कि मैं कोई दिशा दे सकूंगी सागर को? क्या यह संभव होगा कि मैं जिस तरफ जाऊं, सागर वहां जाए? यह तो असंभव है। सागर के साथ ही मैं हो लूं, तो ही गंतव्य मिल सकेगा।

जब सभी तरफ परमात्मा है; 'जहां जैसा तहां तैसा, कहै कबीर हरि ऐसा।' जब वही-वही है, जब वही तड़फ रहा है, जब वही नाच रहा है, जब वही पीड़ित है, वही आनंदित है—और मैं एक छोटी सी तरंग हूं। मुझमें भी वही श्वास ले रहा है। मुझमें वही जी रहा है। जन्म लिया मुझमें, वही मृत्यु भी लेगा। मुझमें वही यात्रा कर रहा है। मैं तो उसी यात्री का एक कदम हूं। जिसने ऐसा जाना, उसका यह भ्रम छूट जाता है कि मेरे किए कुछ होगा।

...राजा राम करे सो होई।

वह जो करता है, वही होगा।

तब परम संतोष आ जाता है। तब परितोष बरस जाता है। तब सब तरफ से फूल बरस जाते हैं संतुष्टि के। तब तुम्हारे जीवन में कोई असंतोष नहीं रह जाता। मन असंतोष है। आत्मा परम संतोष है, परमतुष्टि। जहां कोई रेखा भी नहीं बचती अभाव की।

इसलिए दो बातें खयाल रख लेने जैसी हैं। कर्ता के भाव से बचना। चाहे पुण्य हो, चाहे पाप। मेरे के भाव से बचना। चाहे सांसारिक बातें हों, चाहे धार्मिक। मत कहना, 'मेरा मंदिर' क्योंकि मेरी दुकान और मेरे मंदिर में कोई भी फर्क नहीं है। वह 'मेरा' दोनों को ही नष्ट कर रहा है। और मत कहना कि मैंने पुण्य किया, पाप नहीं। क्योंकि किया, वही पाप है। कर्ताभाव पाप है और मेरा भाव संसार है। दो चीजों से गिर जाना।

कैसे गिरोगे?

धीरे-धीरे 'मैं' के सहारे छोड़ो। और आखिरी सहारा तब छूट जाता है 'मैं' का, जब पता चलता है कि उसके ही करने से सब होगा। तुमने जन्म लिया? तुम्हें जन्म दिया गया है। तुमने लिया नहीं। इसमें तुम्हारा कर्तृत्व क्या है? तुम जवान हुए। तुमने किया क्या है? तुम्हारा कर्तृत्व क्या है? जवानी आई। तुम श्वास लेते हो–तुम श्वास लेते हो? अगर तुम श्वास लेते हो, तब कोई मरेगा ही नहीं। क्योंकि मौत आ जाए और तुम श्वास लिए चले जाओ। मौत क्या करेगी? तुम श्वास लेते नहीं, श्वास चलती है। लेने जैसा कुछ भी नहीं है। श्वास ही तुमको ले रही है। तुम श्वास को नहीं ले रहे हो।

जीवन को थोड़ा गौर से पहचानो और तुम पाओगे, सब हो रहा है। जो तुम करते हो, वह भी हो रहा है। यह तुम्हारा खयाल कि मैं कर रहा हूं, यह खयाल भी हो रहा है। यह खयाल कि मैं जा रहा हूं, यह भी खयाल हो रहा है। जब कोई व्यक्ति जीवन को समझना शुरू करता है तो कर्तापन विसर्जित हो जाता है।

...राजा राम करे सो होई।

तब समष्टि चल रही है। हम उसके अंग हैं। करने का बोझ उतर जाता है। तुम मुक्त और तुम परितुष्ट। और जब हृदय में गूंज उठती है परितोष की, वीणा बजती है परितोष की, वही परमानंद है; वही सच्चिदानंद है।

आज इतना ही।

10

एक ज्योति संसारा

हम तो एक एक करि जाना।
दोई कहै, तिनही को दोजख, जिन नाहिन पहचाना।
ऐकै पवन, एक ही पानी, एक ज्योति संसारा।
एक हि खाक घड़े सब भांड़े, एक ही सिरजनहारा।
जैसे बाढ़ी काष्ठ ही काटे, अगनि न काटै कोई।
सब घटि अंतर तू ही व्यापक, धरै सरूपे सोई।
माया मोहे अर्थ देखि करि, काहे कू गरबाना।
निर्भय भया कछु नहीं व्यापै, कहै कबीर दीवाना।।

धर्म है असीम की खोज, अनादि की खोज। जो न कभी प्रारंभ हुआ और न कभी समाप्त होगा, उस अजस्र जीवन-धारा की खोज।

अस्तित्व तो अखंड है। लेकिन आदमी का छोटा सा मन उस अखंड को देख नहीं पाता। और आदमी जितना देख पाता है, वह सदा ही खंड होगा। अखंड को जानने के लिए तो हृदय शून्य चाहिए। देखने वाला बिलकुल ही मिट जाए, तो ही दर्शन शुद्ध होगा। जब तक देखने वाला बना है, भीतर कोई देखने की दृष्टि है, तब तक दृष्टि ही चौखटा बन जाएगी।

जैसे कोई खिड़की से झांक कर पूर्णिमा की रात्रि को देखे। खिड़की का चौखटा चांद पर जड़ा हुआ मालूम पड़ता है। चांद पर कोई चौखटा नहीं है, कोई फ्रेम नहीं है, आकाश असीम है। लेकिन खिड़की के भीतर से कोई खड़े होकर देखे तो जितनी खिड़की, उतना ही बड़ा आकाश दिखाई पड़ता है।

इंद्रियों के भीतर से खड़े होकर जो भी देखा गया है, उस पर इंद्रियों का चौखटा जड़ जाता है। जितनी बड़ी इंद्रिय है, उतना ही बड़ा दर्शन है। फिर दृष्टियां हैं भीतर। हर दृष्टि खंड करती है, तोड़ती है। और जो है, वह अखंड है। इसलिए जो भी हम इंद्रियों से जानेंगे, वह सत्य न होगा; और जो भी हम मन से जानेंगे, वह पूर्ण न होगा। मन खुद अपूर्ण है।

इसलिए जिन्होंने सोच-विचार करके जगत के संबंध में कुछ कहा है, उनके कहने में समग्र सत्य नहीं समाता। उन्होंने जो कहा है, वह सत्य के संबंध में कम बताता है, उनके संबंध में ज्यादा बताता है।

इसलिए लाओत्सु जैसे ज्ञानी ने कहा है, सत्य कहा नहीं जा सकता है, और कहते से ही झूठ हो जाता है। क्योंकि शब्द का चौखटा बड़ा छोटा है। सत्य का विस्तार अनंत है। क्षुद्र शब्द के भीतर समाने की कोशिश में ही सत्य जड़ हो जाता है। मर जाता है।

यह ऐसे ही है जैसे कोई मुट्ठी में आकाश को भरने चले। कैसे तुम मुट्ठी में आकाश को भरोगे? मुट्ठी स्वयं आकाश में है। तुम मुट्ठी में कैसे आकाश को भरोगे? और जितने जोर से तुम मुट्ठी बांधोगे, यह सोच कर कि कहीं आकाश हाथ से निकल न जाए, मुट्ठी न खुल जाए, उतना ही कम आकाश तुम्हारी मुट्ठी में रह जाएगा। जितनी जोर से बंधी मुट्ठी होगी, उतनी ही खाली होगी। उसमें आकाश नहीं होगा। आकाश को मुट्ठी में बांधने का एक ही ढंग है कि मुट्ठी को तुम बांधना ही मत। खुली मुट्ठी में आकाश होता है।

ऐसे ही खुले मन में सत्य होता है। जहां सब चौखटें गिरा दी गई हैं, द्वार-दरवाजे, खिड़कियां हटा दी गई हैं, जहां तुम खुले आकाश के नीचे खड़े हो गए, वहां तुम सत्य में होते हो। ध्यान रखना, इसे मैं फिर दोहराता हूं। सत्य को तुम अपने में न समा सकोगे, वह तुमसे बड़ा है। बहुत बड़ा है। अगर चाहते हो कि सत्य के साथ संबंध बन जाए, तो तुम्हें ही सत्य में समा जाना होगा।

इसलिए कबीर कहते हैं: 'अवधू गगन मंडल घर कीजै।' उस शून्य में घर बना लो। तुम ही आकाश में रहने लगो। खोल दो मुट्ठी। आकाश तुम्हारे भीतर भी है, बाहर भी है। तुम बंद न रहो।

तुम जब खुले हो, मुक्त हो, वही अवस्था ध्यान की है। जब मन किसी दृष्टि से नहीं देखता, जब मन किसी धारणा से नहीं देखता, जब मन पहले से ही लिए गए किसी निष्कर्ष की आड़ में खड़ा नहीं होता, जब मन और अस्तित्व के बीच में शास्त्र नहीं होते, शब्द नहीं होते।

धर्म तो है असीम। और जहां-जहां सीमा पाओ, वहां-वहां राजनीति है। धर्म तो जोड़ता है। राजनीति तोड़ती है। इसलिए धर्म का वास्तविक शत्रु विज्ञान नहीं है, धर्म का वास्तविक शत्रु राजनीति है।

विज्ञान तो आज नहीं कल धार्मिक हो भी सकता है। हो ही जाएगा। अगर सत्य की ही खोज है, तो आज नहीं कल धर्म से कितनी देर तक दूर रहा जा सकेगा! और विज्ञान रोज धर्म के निकट आता गया है। जैसे-जैसे विज्ञान ने जाना है, वैसे-वैसे उसे भी प्रतीति हुई है कि धर्म के सत्यों में कुछ सार है। और विज्ञान चाहे आज करीब न भी हो, जो महान वैज्ञानिक हैं, उनके हृदय में तो वही धुन बजने लगी है, जो महान संतों के हृदय में बजी है।

कबीर के हृदय में जो गूंज है, वही आइंस्टीन के हृदय में है। मरते समय आइंस्टीन ने कहा है कि जैसे-जैसे मैंने जाना, वैसे-वैसे संसार का सत्य पदार्थ में समाप्त मालूम नहीं होता। परमात्मा की छाप जगह-जगह दिखाई पड़ती है।

एक दूसरे बड़े वैज्ञानिक एडिंगटन ने लिखा है कि जब मैंने अपनी विज्ञान की यात्रा शुरू की थी तो मैं सोचता था पदार्थ ही सब-कुछ है। और मैं सोचता था कि विचार भी पदार्थ का ही एक रूप है। लेकिन अब जब मैं जीवन की अंतिम पड़ाव पर पहुंच रहा हूं, तो दृष्टि पूरी बदल गई है। अब मैं सोचता हूं कि पदार्थ भी विचार का ही एक रूप है। चैतन्य का ही एक ढंग है। और वस्तुएं मुझे अब वस्तुएं नहीं मालूम पड़तीं। विचार के सघन रूप मालूम पड़ती हैं।

आज नहीं कल विज्ञान तो धर्म के करीब आ जाएगा। शत्रुता है राजनीति से। वह कभी धर्म के करीब नहीं आ सकती। क्योंकि राजनीति का सारा ढंग तोड़ना है। पृथ्वी तो एक है। कहीं पृथ्वी पर चिह्न हैं जहां भारत समाप्त होता हो और पाकिस्तान शुरू होता हो? कहीं तुम पृथ्वी की ही जांच-परख करते हुए क्या उस जगह पहुंच जाओगे, जहां तुम कह सको कि यहां भारत समाप्त हुआ और पाकिस्तान शुरू हुआ?

नहीं, पृथ्वी की जांच-परख से पता नहीं चलेगा। पृथ्वी तो अखंड है। अगर तुम्हें जांच करनी हो तो राजनीतिज्ञों के बनाए नक्शे देखने पड़ेंगे। वे झूठे हैं। वे आदमी-निर्मित हैं। पृथ्वी को पता ही नहीं कहां हिंदुस्तान समाप्त होता है, कहां पाकिस्तान शुरू होता है । हिंदुस्तान पाकिस्तान में प्रवेश किया हुआ है, पाकिस्तान हिंदुस्तान में प्रवेश हुआ है। सारी पृथ्वी इकट्ठी है।

पृथ्वी ही इकट्ठी है, ऐसा नहीं है। पृथ्वी, चांद-तारों से जुड़ी है। अकेला तो इस संसार में कुछ भी नहीं है। सब इकट्ठा है।

दस करोड़ मील दूर है सूरज पृथ्वी से, लेकिन फूल में तुम जो रंग देखते हो, वह सूरज की किरण का है। अगर सूरज न हो तो पृथ्वी से रंग खो जाएं। पृथ्वी पर तुम जहां भी रंग देखते हो, जीवन देखते हो, प्राण देखते हो, वह सब सूरज का है। दस करोड़ मील दूर है। किरण को आने में दस मिनट लग जाते हैं।

और किरण की बड़ी तीव्र गति है। प्रति सेकेंड एक लाख छियासी हजार मील चलती है। सूरज से आने में दस मिनट लग जाते हैं। बड़ा फासला है। लेकिन सूरज तो बहुत करीब है। और तारे हैं। निकटतम तारा है, उससे पृथ्वी तक आने में चार वर्ष लगते हैं किरण को। वही रफ्तार—एक लाख छियासी हजार मील प्रति सेकेंड।

उसके बाद तारे हैं, जिनसे सौ वर्ष लगते हैं पृथ्वी तक आने में किरण को। सौ वर्ष लगते हैं, हजार वर्ष लगते हैं, दस हजार वर्ष लगते हैं, करोड़ वर्ष लगते हैं, अरब वर्ष लगते हैं। वैज्ञानिक उन तारों तक की खोज कर लिए हैं, जो तारों से किरण चली थी जब पृथ्वी नहीं बनी थी और अभी तक पहुंची नहीं है। पृथ्वी को बने चार अरब वर्ष हो गए।

और यह भी अंत नहीं है। उनके पार भी जगत है। अस्तित्व फैला ही है। फैलता ही चला गया है। इसलिए तो हिंदुओं ने अस्तित्व को ब्रह्म का नाम दिया है। ब्रह्म शब्द का अर्थ है, जो फैलता ही चला गया है। जिसका विस्तार होता ही चला गया है। जहां तुम कभी भी ऐसी जगह न आ सकोगे कि कह दो कि विस्तार पूरा हुआ।

'ब्रह्म' से ज्यादा सुंदर शब्द अस्तित्व के लिए दुनिया की किसी भाषा में नहीं है। क्योंकि ब्रह्म का अर्थ ही है विस्तीर्ण... और विस्तीर्ण... और विस्तीर्ण। जो विस्तीर्ण होता ही चला गया है। और कहीं कोई सीमा नहीं आती। सब जुड़ा है, संयुक्त है।

तुम्हें दिखाई न पड़े, तुम सूरज से जुड़े हो। अगर सूरज बुझ जाए, तुम बुझ जाओगे। ये सब दीये, जो तुम्हारी आंखों में जल रहे हैं, तत्क्षण बुझ जाएंगे। क्योंकि सूरज के बिना पृथ्वी पर जीवन नहीं हो सकता। सूरज के बिना पृथ्वी पर कुछ भी नहीं हो सकता। सिर्फ महामृत्यु होगी। फूल नहीं खिलेंगे, फल नहीं लगेंगे, पक्षी गीत नहीं गाएंगे, आंखों के दीये बुझ जाएंगे। एक महान मरघट होगा।

तो सूरज से हम एक क्षण भी दूर नहीं रह सकते। उसकी रोशनी हमें जीवन दे रही है। वह तुम्हारे रोएं-रोएं से जुड़ी है। तुम कहां समाप्त होते हो? तुम सोचते हो चमड़ी पर, तो तुम गलती में हो। क्योंकि सूरज के बिना तो तुम नहीं हो सकते। अगर तुम्हें चमड़ी ही समझनी है कि तुम्हारी कहां है, तो कम से कम सूरज के पास समझो। वहां तक तुम्हारी चमड़ी जुड़ी है।

तुम्हारी चमड़ी से तुम प्रतिक्षण श्वास ले रहे हो। हजारों छिद्र हैं। वैज्ञानिक कहते हैं कि तुम नाक से ही श्वास नहीं ले रहे हो, रोएं-रोएं से श्वास ले रहे हो। असल में रोएं छिद्र हैं श्वास लेने के लिए। अगर तुम्हें नाक से श्वास लेने दिया जाए और पूरे शरीर पर रंग-रोगन पोत दिया जाए, कि सब छिद्र बंद हो जाएं, तो तुम तीन घंटे में मर जाओगे। नाक खुली रखी जाए, तुम श्वास जितनी चाहे लेते रहो नाक से लेकिन अगर रोएं श्वास न लें तो तीन घंटे में मौत हो जाएगी।

कहां है तुम्हारी चमड़ी की सीमा? हवा के बिना तो तुम क्षण भर न जी सकोगे। हवा तो तुम्हारे जीवन को जगाए हुए है। और हवा का विस्तार पृथ्वी के दो सौ मील चारों तरफ है। अगर तुम्हें अपनी सीमा ही खोजनी है, तो हवा में खोजो। लेकिन तब तुम पृथ्वी से बड़े हो जाते हो।

लेकिन वह हवा भी प्राणवायु से भरी है, क्योंकि सूरज की किरणें प्रतिपल प्राणवायु पैदा कर रही हैं। तो अगर सीमा बनानी है, तो सूरज को बनाओ। लेकिन सूरज खुद महासूर्यों पर निर्भर है। उनसे अगर उसे ज्योति न मिले तो वह भी कभी का बुझ जाएगा।

एक बहुत ही महत्वपूर्ण सत्य समझ लेना चाहिए। तीन तरह की चेतना की अनुभूतियां हैं। एक, जब आदमी परतंत्र अनुभव करता है, डिपेंडेंट अनुभव करता है। दो, जब आदमी स्वतंत्र अनुभव करता है, इनडिपेंडेंट अनुभव करता है। और तीसरी, जो कि श्रेष्ठतम है, जब आदमी परस्परनिर्भर, इंटरडिपेंडेंट अनुभव करता है। वह श्रेष्ठतम अवस्था है।

जब तुम परतंत्र अनुभव करते हो, तब तुम दूसरे के साथ राजनीति के संबंध में जुड़े हो। दूसरा दुश्मन है। जब तुम स्वतंत्र अनुभव करते हो, तब तुम दूसरे से बगावत कर दिए हो।

स्वतंत्रता हो गई हो, लेकिन मैत्री नहीं हो पाई है। और दोनों ही अवस्थाएं गलत हैं। क्योंकि न तो कोई परतंत्र है और न कोई स्वतंत्र है। वास्तविकता है—परस्परतंत्रता; इंटरडिपेंडेंस। हर चीज एक-दूसरे पर निर्भर है।

तुम्हारे बिना वृक्ष न हो सकेगा, वृक्ष के बिना तुम न हो सकोगे। तुम दिन भर श्वास लेते हो। आक्सीजन तुम पी जाते हो और कार्बन-डाइआक्साइड तुम हवा में छोड़ देते हो। वृक्ष कार्बन डाइआक्साइड को पीते हैं और आक्सीजन को छोड़ते हैं। इसलिए तो वृक्षों के पास बैठ कर तुम्हें ताजगी मालूम पड़ती है।

और इसलिए तो तुम्हारे सीमेंट-कंक्रीट की बस्तियां मरघट जैसी मालूम पड़ती हैं, जिनमें वृक्ष खो गए हैं, क्योंकि वहां कोई जीवन देने वाला नहीं है। वहां परस्पर संबंध टूट गया। सीमेंट की सड़क श्वास वापस नहीं लौटाती। सीमेंट-कंक्रीट की आकाश छूती हुई मंजिलें, भवन, कुछ भी नहीं लौटाते। मुर्दा हैं।

वृक्ष से लेन-देन है। इधर तुम छोड़ते हो श्वास, वृक्ष पी जाता है तुम्हारी कार्बन-डाइ आक्साइड। जो तुम्हारे लिए विषाक्त है, वह वृक्ष के लिए जीवन है। जो वृक्ष के लिए व्यर्थ है ऑक्सीजन, वह तुम्हारे लिए जीवन है। इसीलिए तो वृक्षों के पास बैठ कर लगता है कि जीवन में एक बाढ़ आ गई। पहाड़ों पर जाकर लगता है कि जीवन में ऊर्जा आ गई। तुम नये हो गए, ताजे हो गए। हरियाली को देख कर ही कुछ भीतर ठंडा हो जाता है, शीतल हो जाता है। तुम्हारी आंखें हरियाली की प्यासी हैं। और आज नहीं कल विज्ञान यह भी खोज लेगा कि हरियाली तुम्हारी आंखों की प्यासी है। क्योंकि अस्तित्व परस्पर निर्भर है। जब तुम किसी वृक्ष की तरफ भरे प्यार की आंख से देखते हो, तो वृक्ष में भी कुछ कंपित होता है।

इसकी खोज-बीन शुरू हो गई है। पश्चिम का एक बहुत बड़ा विचारक और वैज्ञानिक है, बैकर। उसने पौधों पर बड़े प्रयोग किए हैं। और वह कहता है कि जब कोई पौधों के प्रति प्रेम से भर कर आता है, तो पौधा तन-प्राण से नाच उठता है। और इसकी वैज्ञानिक परीक्षा के उपाय हैं।

जैसे तुम्हारा कोई कार्डियोग्राम लेता है डॉक्टर, तो तार जोड़ देता है। मशीन ग्राफ बनाती है कि तुम्हारा हृदय कैसा धड़क रहा है। ठीक धड़क रहा है, नहीं ठीक धड़क रहा है? स्वस्थ है या अस्वस्थ है? तुम प्रसन्न हो या दुखी हो? तुम जीवन से भरे हो या मृत्यु की तरफ डूब रहे हो? सारी खबर ग्राफ पर आ जाती है।

ठीक वैसे ही ग्राफ बैकर ने बनाए हैं वृक्षों के। वृक्षों में तार जोड़ देता है। फिर वृक्ष को प्रेम करने वाला व्यक्ति आया और तार खबर देने लगता है, ग्राफ बनाने लगता है कि वृक्ष बहुत

प्रसन्न है। बहुत आनंदित है। स्वागत से भरा है। तुम्हारी भाषा नहीं बोलता। अपनी ही भाषा में स्वागत से भरा है। उसका रोआं-रोआं कंप रहा है, पुलकित है, आनंदित है।

और फिर आया एक आदमी, जो वृक्षों का दुश्मन है, कि खाली भी घास पर बैठा हो तो घास को उखाड़ता रहेगा अकारण।

इधर मेरे पास लोग मिलने आते हैं, मुझे बैठना बंद कर देना पड़ा लॉन में। क्योंकि जो भी लोग वहां लॉन में बैठ कर जिनको मैं मिलता था, उनको पूरे वक्त यही काम कि वे घास उखाड़ रहे हैं। किसलिए उखाड़ रहे हैं? उन्हें होश ही नहीं है, वे क्या कर रहे हैं। एक बेचैनी है भीतर जो किसी भी चीज को नष्ट करने में उत्सुक हैं। उनको रोक भी दो, थोड़ी देर में वे फिर शुरू कर देंगे। घास उखाड़ने से उन्हें प्रयोजन भी नहीं है। लेकिन भीतर की बेचैनी जीवन को नष्ट कर रही है। वे सीमेंट के फर्श पर ही बैठने की योग्यता रखते हैं। घास जैसी जीवंत जगह वे खतरनाक हैं।

अगर ऐसा आदमी वृक्ष के पास आता है, तो वृक्ष के प्राण कंप जाते हैं कि दुश्मन आ रहा है। घबड़ाहट शुरू हो जाती है। ग्राफ पर खबर आ जाती है कि वृक्ष बहुत डरा हुआ है। घबड़ा रहा है। परेशान है कि दुश्मन मौजूद है आस-पास। तुम जब भरी प्रेम की आंख से वृक्ष को देखते हो, तो तुम ही हरे नहीं हो जाते, वृक्ष को भी तुम हरियाली दे रहे हो। जीवन का दान दे रहे हो।

सब जुड़ा है, संयुक्त है। कहीं कोई अंत नहीं आता। तुम्हारे होने का। तुम उतने ही बड़े हो, जितना यह बड़ा अस्तित्व है। इससे रत्ती भर कम नहीं। इससे रत्ती भर भी तुमने अपने को कम जाना, तो तुम दुखी रहोगे और नरक में रहोगे। क्योंकि असत्य में कैसे कोई सुख को उपलब्ध हो सकता है? असत्य दुख है, लेकिन सारी राजनीति तुम्हें तोड़ती है।

लोग मेरे पास आते हैं। वे कहते हैं, मैं हिंदू। आदमी होना काफी था। पर्याप्त तो नहीं था बहुत; लेकिन फिर भी बेहतर था हिंदू होने से। हिंदू तो बीस ही करोड़ हैं। आदमी कम से कम चार अरब हैं। थोड़े तो बड़े होते! लेकिन वह आदमी से अगर खोज-बीन करो तो वह कहता है कि हिंदू भी मैं राम को मानने वाला हूं, कृष्ण को नहीं मानता।

राजनीति ने और काटा। अब वह पूरा हिंदू भी नहीं है। बीस करोड़ लोगों के साथ भी उसका तादात्म्य नहीं है। अब वह दस करोड़ के साथ ही उसका तादात्म्य रह गया है। ऐसा आदमी टूटता जाता है। फिर हजार पंथ हैं। घर-घर पंथ हैं, संप्रदाय हैं। और आदमी छोटा होता जाता है।

कम से कम आदमियत से जुड़ो। आदमियत कोई बहुत बड़ी घटना नहीं है; क्योंकि पृथ्वी बड़ी छोटी है। सूरज इससे साठ हजार गुना बड़ा है। और सूरज... बहुत मध्यवर्गीय अस्तित्व है उसका। उससे हजारों गुने बड़े सूरज हैं। पृथ्वी का तो कहीं कोई पता ही नहीं है।

और पृथ्वी पर भी आदमी केवल चार करोड़ हैं। थोड़ा मच्छरों की सोचो; कितने अरब हैं। आदमी चार अरब हैं। फिर और कीड़े-पतंगों की सोचो। क्या आदमी की हैसियत है? तुम नहीं थे, तब भी मच्छर थे। तुम नहीं रहोगे–अगर राजनीतिज्ञों की चली तो तुम ज्यादा नहीं रह पाओगे। इस सदी के पूरे होते-होते सब समाप्त हो ही जाएगा। मच्छर फिर भी रहेंगे। उनका गीत गूंजता ही रहेगा। कितने प्राणी हैं!

अगर थोड़े बड़े होना है... और छोटे होने से तुम्हें पीड़ा हो रही है फिर भी तुम बड़े नहीं होना चाहते। क्षुद्र होने से तुम्हें कष्ट हो रहा है। ऐसे जैसे कि बड़े आदमी को छोटे बच्चे के कपड़े पहना दिए हैं, ऐसी तुम्हारी तकलीफ हो रही है। छोटे बच्चे का जांघिया पहने खड़े हो। पीड़ा हो रही है, बंधे हो, कसे हो, लेकिन और छोटे होने की आकांक्षा बनी है।

सब संप्रदाय राजनीति हैं, क्योंकि तोड़ते हैं। हिंदू, जैन, बौद्ध, ईसाई, सब राजनीति हैं, क्योंकि तोड़ते हैं। धर्म तो जोड़ता है।

तो पहले तो धर्म तुम्हें जोड़ेगा मनुष्यता से; फिर जोड़ेगा प्राण से। प्राण से जुड़ो। और फिर जोड़ेगा अस्तित्व से। जब तुम अस्तित्व से जुड़ जाओगे, तभी तुम ब्रह्मज्ञान को उपलब्ध हुए। तब तुम उतने ही बड़े हो जाओगे जितना बड़ा यह सारा होना है। इससे तुम रत्ती भर छोटे न रहोगे।

तभी तो उपनिषद के ऋषियों ने कहा है: 'अहं ब्रह्मास्मि।' मैं ब्रह्म हूं। यह कोई अहंकार की घोषणा नहीं है, यह तो निर-अहंकार की परम उदघोषणा है। मैं हूं ही नहीं, जब ऋषि ने कहा अहं ब्रह्मास्मि। उसने 'मैं' की बात ही नहीं की है। मजबूरी है; तुम्हारी भाषा का उपयोग करना पड़ता है। इसलिए अहं शब्द का उपयोग किया कि 'मैं ब्रह्म हूं।' अन्यथा मैं तो वह है ही नहीं। जब तक 'मैं' है तब तक तो ब्रह्म का अनुभव हो ही नहीं सकता। अहं ब्रह्मास्मि का अर्थ है: मैं नहीं हूं; ब्रह्म है।

मैं तो रहूंगा तो छोटा ही रहूंगा। तुम्हारी कोई न कोई सीमा रहेगी। तुम कहीं न कहीं समाप्त होओगे। तुम्हारी कोई परिभाषा होगी। अपरिभाष्य के साथ, असीम के साथ एक हो जाना ही परम आनंद है। सारे ज्ञानी एक ही इशारा कर रहे हैं कि तुम छोटे से पोखरे हो गए हो, छोटी सी तलैया, सड़ रहे हो नाहक, जब कि सागर की तरफ बह सकते हो।

तो पहला काम है, बहो; और दूसरा काम है, सागर में डूब जाओ।

और इसकी पीड़ा तुम्हें भी अनुभव होती है। तुम समझ पाओ, न समझ पाओ, यह दूसरी बात। छोटा होना किसे अच्छा लगता है? छोटे-छोटे बच्चों को भी अच्छा नहीं लगता। वे भी बाप के पास कुर्सी पर खड़े हो जाते हैं और जब उनका सिर बाप से ऊपर होता है तो वह

कहता है, मैं तुमसे बड़ा। छोटा होना किसे अच्छा लगता है? छोटे होने में बड़ी पीड़ा है। तुम गरीब हो, अच्छा नहीं लगता। अमीर होना चाहते हो। क्या कारण है?

थोड़े बड़े होना चाहते हो। थोड़ा इनकम का ब्रेकेट बड़ा हो जाए। दस हजार रुपये साल कमाते हो, दस लाख कमाने लगो। थोड़ा तो बड़प्पन आए। एक छोटे से झोपड़े में रहते हो, बड़े महल में रहना चाहते हो। तुम समझ नहीं पा रहे हो, तुम्हारे भीतर के प्राण क्या कह रहे हैं? वे यह कह रहे हैं कि थोड़ी जगह चाहिए। थोड़ा बड़ा स्थान चाहिए। थोड़ा फैलने की सुविधा चाहिए। वे यह कह रहे हैं कि छोटे होने में तकलीफ है।

लेकिन तुम समझ नहीं पा रहे हो। क्योंकि कितना ही धन कमा लो, छोटे तुम रहोगे। कितना ही धन पा लो, सीमा बनी रहेगी। सीमा छोटी हो या बड़ी, सीमा सीमा है। सीमा का कष्ट है। दस हजार की सीमा हो कि दस लाख की, कोई फर्क नहीं पड़ता। जब दस लाख की सीमा बन जाएगी, मन कहेगा दस करोड़। थोड़े बड़े हो जाओ। थोड़ा फैलो।

सब तरफ तुम फैलने की कोशिश कर रहे हो। बिना समझे हर आदमी धार्मिक है। कुछ लोग समझ से धार्मिक हैं, कुछ नासमझी से। जो नासमझी से हैं वे भटकते जरूर हैं, पहुंचते नहीं। जो समझदारी से चलते हैं, वे भटकते नहीं, पहुंच जाते हैं। उतनी ही शक्ति भटकने में लगती है, जितनी पहुंचने में लगती है। शायद कम शक्ति से पहुंच जाते हैं। क्योंकि व्यर्थ रास्तों पर नहीं जाते।

अगर तुम अपनी वासनाओं में ठीक से झांकोगे तो तुम पाओगे कि सारी वासनाओं का सार एक है कि तुम छोटे नहीं होना चाहते। कोई अगर तुम्हारे पैर पर पैर रख दे तो तुम अकड़ कर खड़े हो जाते हो। रीढ़ सीधी हो जाती है। तुम अपनी पूरी ऊंचाई को प्राप्त कर लेते हो, कहते हो, जानते हो कि मैं कौन हूं? तुम बता रहे हो कि मैं इतना छोटा नहीं कि हर कोई मेरे पैर पर पैर रख कर चला जाए।

तुम यह बताना चाहते हो कि तुम... दूसरे ने तुम्हें जरा ज्यादा छोटा समझ लिया। इतने छोटे तुम नहीं हो। तुम कहते हो, जानते हो मैं कौन हूं? अकड़ कर चलते हो तुम।

जो तुम नहीं हो, वह भी दिखलाते हो तुम। जितना धन तुम्हारे पास नहीं है, उतनी तुम अफवाह उड़ाते हो कि तुम्हारे पास है। घर में मेहमान आ जाता है, पड़ोसी का सोफा मांग लाते हो। जो तुम्हारे पास नहीं है, वह तुम दिखलाते हो कि मेरे पास है। घर में रोज रूखा-सूखा खाते हो, मेहमान आता है तो हलवा-पूड़ी बनाते हो। यह कोई मेहमान के लिए नहीं है। मेहमान को तो तुम गाली दे रहे हो भीतर कि कहां से आ गया! जिसको तुम गाली दे रहे हो उसको हलुवा-पूड़ी क्यों खिलाते हो? नहीं, वह तुम दिखलाना चाहते हो कि बड़ी मौज चल रही है। आनंद में जीवन है। बड़ा फैलाव है। कोई कमी नहीं है।

मैंने सुना है कि मुल्ला नसरुद्दीन के घर मेहमान आया एक। पत्नी नाराज। मुल्ला भी दुखी; लेकिन हलवा-पूड़ी तो बनाना ही पड़ा। फिर मेहमान को आग्रह कर-कर के खिलाना भी पड़ा और भीतर तो गालियां चल रही हैं कि दुष्ट खाए जा रहा है। न भी नहीं कर रहा है। आखिर मुल्ला ने फिर कहा कि एक पूड़ी और? उस आदमी ने कहा: नहीं, अब काफी हो गईं। अब बस। मुल्ला ने कहा: अभी कहां काफी? और गिनती कौन कर रहा है? अभी बारह ही तो खाई हैं। और गिनती कौन कर रहा है।

मन गिन भी रहा है। मन दिखलाना भी चाह रहा है कि कोई गिनती नहीं कर रहा है। चाहते हो तुम्हारी सारी वासनाओं में तुम एक ही बात कि तुम बड़े होओ। और हर जगह तुम मुश्किल पाते हो, बड़े हो नहीं पाते। सब जगह सीमा आ जाती है।

धन की एक सीमा है। कितना कमाओगे सत्तर साल में? कितना ही कमा लो, इस जमीन के सबसे बड़े धनी आदमी ने मरते वक्त जो कहा वह याद रखना।

अमरीका का बहुत बड़ा धनी आदमी हुआ, एण्ड्रू कारनेगी। दस अरब नगद रुपया छोड़ कर मरा। इतनी नगद संपदा किसी के पास न थी। मरते वक्त किसी ने एण्ड्रू कारनेगी को पूछा कि तुम तो संतुष्ट मर रहे होओगे? इतनी विराट संपत्ति, धन छोड़ कर जा रहे हो। एण्ड्रू कारनेगी ने आंख खोली और कहा: संतुष्ट? मेरे इरादे पूरे सौ अरब रुपये छोड़ने के थे। मैं एक हारा हुआ आदमी हूं। पराजित।

एण्ड्रू कारनेगी गरीब घर में पैदा हुआ। अपनी ही जिंदगी में उस अकेले आदमी ने अपनी ही मेहनत से दस अरब रुपये इकट्ठे किए। लेकिन संतोष नहीं, पीड़ा है। क्योंकि दस अरब भी तो सीमा बन जाएगी। दस रुपये से भी सीमा बनती है, दस अरब से भी सीमा बनती है। थोड़ी बड़ी हुई तो क्या, लेकिन जब तक सीमा है तब तक तुम छोटे ही मालूम पड़ोगे। तब तक पीड़ा जारी रहेगी।

एक ही घड़ी है, जब तुम्हारी पीड़ा बिलकुल विदा हो जाती है—जिस दिन तुम विराट के साथ एक हो जाते हो। जिसकी कोई सीमा नहीं, वही धर्म में जागरण है। वही ब्रह्म में प्रवेश है। वही खो जाना है सरिता का सागर में।

कबीर उसकी तरफ ही सब तरफ से इशारा कर रहे हैं।

हम तो एक एक करि जाना।

कबीर कहते हैं: हमने तो एक को एक करके जान लिया। दुई मिटा दी। अब हम दो नहीं हैं। भक्त जब तक भगवान न हो जाए तब तक दुई बनी रहती है। भक्त चाहे भगवान के चरणों तक भी पहुंच जाए, तो भी तृप्ति नहीं होती।

सच तो यह है, अतृप्ति और बढ़ जाती है चरणों के पास आकर। विरह और गहन हो जाता है। संताप और गहरा छूने लगता है कि इतने करीब होकर अब और क्या बाधा है, कि छलांग क्यों नहीं लग जाती कि परमात्मा हो जाऊं?

इसलिए हिंदू धर्म जिन ऊंचाइयों को छूता है, उन ऊंचाइयों को इस्लाम, ईसाइयत, यहूदी धर्म नहीं छू पाते। एक कदम पीछे रह जाते हैं। ईसाइयत या इस्लाम परमात्मा के चरणों तक तो लाते हैं। लेकिन आखिरी छलांग की हिम्मत नहीं हो पाती। आखिरी छलांग की हिम्मत है, परमात्मा हो जाना। उससे कम में राजी मत होना। उससे कम में राजी रहोगे, दुखी रहोगे। परमात्मा के चरणों में भी रहोगे, लेकिन नरक में रहोगे। क्योंकि सीमा बनी रहेगी। जब तक तुम परमात्मा ही न हो जाओगे तब तक पीड़ा की रेखा बनी रहेगी।

हम तो एक एक करि जाना।

कबीर कहते हैं कि हमने तो एक को एक करके जान लिया। अब कोई दुई न बची। अब हम कोई अलग नहीं हैं। अब तू कोई अलग नहीं है।

सूफियों की बड़ी पुरानी कथा है। उस कथा में मैंने थोड़ा सा जोड़ा है। कथा है कि जलालुद्दीन रूमी के एक गीत में, कि प्रेमी ने प्रेयसी के द्वार पर दस्तक दी आधी रात।

प्रेयसी ने भीतर से पूछा कौन है?

प्रेमी ने कहा: मैं हूं तेरा प्रेमी। मेरी पगध्वनि नहीं पहचानी? मेरी आवाज नहीं पहचानी?

भीतर सन्नाटा हो गया। कोई उत्तर न आया। प्रेमी बेचैन हुआ। उसने कहा, क्या कारण है? द्वार क्यों नहीं खुलते?

प्रेयसी ने कहा: इस घर में दो के लायक जगह नहीं है। या तो मैं, या तू। प्रेम के घर में दो के लिए जगह नहीं है। यह द्वार बंद ही रहेगा। जब तक तुम एक ही होकर न आ जाओ।

प्रेमी वापस चला गया। दिवस आए गए, ऋतुएं आईं-गईं, वर्ष बीते। बड़ी साधना की उसने। बड़ा अपने को निखारा। शुद्ध किया, आग से गुजरा। कंचन हो गया, फिर एक रात पूर्णिमा की उसने द्वार पर दस्तक दी।

वही सवाल: कौन हो?

प्रेमी ने कहा: तू ही है।

रूमी कहता है, द्वार खुल गए। हिंदू राजी न होंगे। इस्लाम राजी है। यहां तक कहानी जाती है, ठीक है।

इस्लाम कहता है: भक्त कह दे परमात्मा से कि बस तू ही है, मैं नहीं हूं। यात्रा पूरी हो गई। लेकिन अगर थोड़ा गौर से देखोगे, तो जब तक 'तू' का भाव है, तब तक 'मैं' का भाव मिट नहीं सकता। क्योंकि तू का अर्थ ही क्या है अगर मैं नहीं? तू में सारा अर्थ ही मैं

के कारण है। तू के पहले मैं है। और जब प्रेमी ने कहा 'तू ही है,' तब कौन कह रहा है? और तब भीतर तो वह जानता है कि मैं कह रहा हूं। मैं ही तो तू कहेगा। मैं न होगा, तो तू भी कौन कहेगा?

इसलिए रूमी की तो कविता पूरी हो जाती है, कि द्वार खुल गए। लेकिन मैं थोड़ी देर द्वार और बंद रखना चाहूंगा। अगर रूमी मुझे मिल जाए तो मैं कहूंगा, कविता को थोड़ा और चलने दो। कहलाओ प्रेयसी से कि जब तक तू है, तब तक मैं भी मौजूद है। और दो के लिए द्वार न खुल सकेंगे और प्रेमी को लौटा दो। अभी कचरा जल गया, कंचन बचा; अब कंचन को भी मिट जाने दो। अशुद्धि गई, शुद्धि बची; अब शुद्धि को भी जाने दो। पाप गया, पुण्य बचा; अब पुण्य को भी जाने दो।

और तब मैं कहता हूं, प्रेमी को आने की जरूरत नहीं, प्रेयसी ही आएगी। तब उसे वापस दुबारा लाने की जरूरत नहीं दरवाजा खटखटाने के लिए। दो दफा काफी खटखटा चुका। अब प्रेमी नहीं लौटेगा। अब प्रेमी जहां होगा, मगन होगा। प्रेयसी ही उसे खोजती हुई आएगी। प्रेयसी ही उसे आकर आलिंगन कर लेगी।

जिस दिन भक्त बिलकुल मिट जाता है, भगवान आता है। और मैं तुमसे कहता हूं कि भक्त कैसे भगवान तक पहुंच सकता है? न तो तुम्हें पता है उसका मालूम, न ठिकाना मालूम। पाती भी लिखोगे तो कहां? जाओगे तो कहां? तुम उसे खोजोगे कैसे? वह मिल भी जाएगा, तो प्रत्यभिज्ञा कैसे होगी? रिकग्नीशन कैसे होगा कि यही है? क्योंकि पहले तो कभी जाना नहीं।

नहीं, तुम न जा सकोगे। तुम मिट जाओ, वह आता है। वह तुम्हारे हृदय के द्वार पर खुद ही दस्तक देता है। वह खुद ही आता है। जिस दिन भक्त तैयार है, उस दिन भगवान उसे खोजता चला आता है। क्योंकि भगवान तो सदा मौजूद ही था। तुम्हारे आस-पास ही था। तुम्हें घेरे था। तुम्हारा परिवेश था। तुम्हारी श्वास था। तुम्हारा प्राण था। तुम भर भरे थे अपने से इतने ज्यादा कि भीतर कोई जगह न थी। 'अवधू गगन मंडल घर कीजै।'

जब तुम शून्य हो जाओगे, वह उतर आता है। शून्यता में पूर्णता ऐसे ही उतर आती है, जैसे बूंद सागर में खो जाती है। तुम शून्य हुए कि पूर्ण होने के अधिकारी हुए। तुम मिटे कि परमात्मा हुआ।

प्रेयसी खुद ही खोजती हुई पहुंची होगी। किसी वृक्ष के नीचे बैठा देखा होगा प्रेमी को। नाची होगी उसके चारों तरफ। आलिंगन किया होगा। कहा होगा कि मैं आ गई। अब तो तुम बिलकुल मिट गए। न तू बची, न मैं बची–दोनों साथ बचती हैं, साथ जाती हैं। क्योंकि दोनों एक ही सिक्के के दो पहलू हैं। तू का क्या अर्थ है, अगर मैं नहीं? मैं का क्या अर्थ है, अगर तू नहीं?

कबीर कहते हैं:

हम तो एक एक करि जाना।

न वहां कोई मैं है, न वहां कोई तू है। हमने तो वहां एक को बस एक की ही तरह जाना।

दोई कहै, तिनही को दोजख,...

जिन्होंने दो कहा, वे नरक में।

दोई कहै, तिनही को दोजख,...

वह नरक में। दो यानी नरक, एक यानी स्वर्ग।

...जिन नाहिन पहचाना।

वे ही दो कहते हैं जिन्होंने पहचाना नहीं। और जो दो कहते हैं, वे गहन नरक में पड़े रहते हैं।

सीमा नरक है। बंधे हुए अनुभव होना पीड़ा है। सब तरफ से दबे होना दुख है। कुछ बचा है पाने को, नरक है, जब तक सभी न पा लिया गया हो। कुछ भी न बचे बाहर। तुम ऐसे फैल जाओ कि आकाश जैसे ढांक लो सारे अस्तित्व को। कि फूल तुममें खिलें, चांद-तारे तुममें चलें।

स्वामी राम कहा करते थे कि मैंने ही चांद-तारे बनाए। वह मैं ही था, जिसने पहले चांद-तारों को छुआ अंगुली से और जीवन दिया और गति दी। और चांद-तारे मुझमें ही घूमते हैं। तो लोग समझते थे कि पागल हैं। ज्ञानियों को सदा लोगों ने पागल समझा है। बात ही पागलपन की लगती है।

जब अमरीका स्वामी राम गए और उन्होंने ये बातें वहां कहीं—तो हिंदुस्तान तो पागलों से बहुत परिचित है। यहां चल जाती हैं बातें। हजारों साल से पागलों को सुनते-सुनते जो पागल नहीं हैं, वे भी कम से कम उनकी भाषा से परिचित हो गए हैं। मानते हैं कि सधुक्कड़ी भाषा है। अपनी नहीं; साधुओं की है। कुछ दिमाग फिरे लोगों की है। तभी तो कबीर को कहना पड़ता है, कहै कबीर दीवाना। दीवानों की है, पागलों की है, मस्तों की है। मगर हमने इतने दिनों से सुनी है और हमने इतने मस्त पुरुष देखे हैं कि हम नासमझी में भी चाहे स्वीकार न करें, लेकिन अस्वीकार भी नहीं करते।

पर अमरीका की तो हालत बड़ी और है। जब वहां राम को लोगों ने कहते सुना कि मैंने ही चांद-तारे चलाए तो उन्होंने समझा यह आदमी बिलकुल पागल है। तो लोग पूछने लगे, आपने? और आप में ही चांद-तारे घूम रहे हैं? तो इस तरह के लोगों को तो पश्चिम में लोग मनोवैज्ञानिक के पास भेज देते हैं चिकित्सा के लिए।

कल ही सांझ एक इटालियन साधिका मुझसे कह रही थी कि जब से उसने ध्यान शुरू किया है, शरीर में एक ऊर्जा प्रवाहित हो रही है। और जब भी कोई ध्यान की बात उठती है, या परमात्मा की चर्चा उठती है, या जब भी कभी वह मुझे मिलने आती है, या किसी ऐसे आदमी से मिलना हो जाता है जिसके भीतर जीवन के फूल कुछ खिलने शुरू हुए या खिल गए हैं, तो उसका सारा शरीर एक झटके से भर जाता है, जैसे एक बिजली की कौंध दौड़ गई। उसने कहा, यहां तो सब ठीक था। लोग समझते थे, कुंडलिनी का जागरण हो रहा है। इटली में क्या करूंगी? अगर वहां यह हुआ तो वे मुझे मनोचिकित्सक के पास भेज देंगे। वे मेरा इलाज करवा देंगे। हो सकता है बिजली का शॉक दिलवा दें। दवा तो करवाएंगे ही वे कि कुछ गड़बड हो गया।

यहां हम परिचित हैं, अमरीका तो बहुत नया है। बच्चों जैसा देश है। राम ने जब ये बातें कहीं, तो लोगों ने समझा यह पागल है। और जब राम कहते, तो वे हमेशा अपने लिए 'बादशाह' शब्द का उपयोग करते थे। वे कभी और तरह नहीं बोलते थे। वे कहते थे, बादशाह राम! उन्होंने किताब लिखी, तो उन्होंने उस किताब को नाम दिया: 'बादशाह राम के छह हुक्मनामे। 'सिक्स ऑर्डर्स फ्रॉम एम्परर राम।' हुकमनामे! बादशाह!

खुद अमरीका का प्रेसिडेंट, राम को मिलने आया था और उसने कहा, और सब तो ठीक है, मगर आप यह बादशाह क्यों कहते हैं? और आपके पास दिखाई कुछ भी नहीं पड़ता। राम ने कहा, पहचान लिया बिलकुल। इसीलिए तो अपने को बादशाह कहता हूं कि मेरे पास कोई सीमा नहीं, कुछ भी नहीं। असीम! चांद-तारे मुझ में घूमते हैं। क्योंकि मैं कहीं समाप्त ही नहीं होता। यही मेरी बादशाहत है। बिलकुल ठीक पहचाना।

अमरीकी प्रेसिडेंट कह रहा था कि बादशाह वह अपने को कहे, जिसके पास कुछ हो। हमारी परिभाषा अलग है। हम कहते हैं जिसके पास कुछ नहीं है, उसके पास सब है। जिसने छोड़ा आंगन, आकाश उसका हुआ। जिसने छोड़ा एक घर, सब घर उसके हुए। जिसने यहां गिराई अपनी अस्मिता, सबके भीतर सबके प्राण उसके ही प्राण हो गए।

रामकृष्ण परमहंस को मरने के पहले गले का कैंसर हो गया। तो बड़ा कष्ट था। और बड़ा कष्ट था भोजन करने में, पानी भी पीना मुश्किल हो गया था। गले से कोई भी चीज ले जाना कष्ट था। घाव था।

तो विवेकानंद ने एक दिन रामकृष्ण को कहा कि इतनी पीड़ा शरीर को हो रही है, आप जरा मां को क्यों नहीं कह देते? जगत जननी को जरा कह दो। तुम्हारा वह सदा से सुनती रही है। इतना ही कह दो कि गले को इतना कष्ट क्यों दे रही हो? और फिर भोजन की असुविधा हो गई है।

रामकृष्ण ने कहा: तू कहता है तो कह दूंगा। मुझे खयाल ही न आया।

घड़ी भर बाद आंख खोली और बोले, मैंने कहा, खूब हंसने लगे, और मां ने कहा: पागल! कब तक इसी कंठ से बंधा रहेगा? सभी कंठों से भोजन कर। बात समझ में आ गई, रामकृष्ण ने कहा, यह कंठ अवरुद्ध ही इसलिए हुआ था कि सभी कंठ मेरे हो जाएं। अब मैं तुम्हारे कंठों से भोजन करूंगा।

एक कंठ अवरुद्ध होता है, सभी कंठों के द्वार खुल जाते हैं। यहां एक अस्मिता बुझती है और सारे अस्तित्व की अस्मिता, सारे अस्तित्व का 'मैं-भाव'—वही तो परमात्मा है। वही अस्तित्व की अस्मिता तो कृष्ण से बोली है: 'सर्वधर्मान परित्यज्य, मामेकं शरणं व्रज।' सब धर्म छोड़ कर तू मेरी शरण आ। यह कौन बोला है? यह कौन है मेरी शरण? ये कोई कृष्ण नहीं हैं, जो सामने खड़े हैं। यह सारे अस्तित्व की अस्मिता, यह सारे अस्तित्व का मैं बोला है। तुम्हारा मैं बाधा है क्योंकि उसके कारण तुम सारे अस्तित्व के मैं के साथ एकता न साध पाओगे।

रवींद्रनाथ ने अपना एक संस्मरण लिखा है, जो मुझे बड़ा ही प्रीतिकर रहा है। ऐसी पूर्णिमा की रात थी एक, रवींद्रनाथ बजरे पर थे नदी में। एक छोटा सा दीया जला लिया था। और एक किताब पढ़ रहे थे। बड़ी टिमटिमाती रोशनी थी। छोटा सा दीया था। और बाहर पूरा चांद खिला था पूर्णिमा का, रोशनी ही रोशनी थी। लेकिन कमरे के भीतर दीया टिमटिमा रहा था। उसकी गंदी सी रोशनी सारे कक्ष को गंदा कर रही थी। आधी रात तक पढ़ते रहे। थक गए। दीये को फूंक मार कर बुझा कर किताब बंद की। चौंक गए। खड़े हो गए। नाचने लगे। अनूठा घटा। सोचा भी न था, ऐसा घटा। अब तक पीला सा प्रकाश भरा था कमरे में। दीये के बुझाते ही द्वार से, खिड़कियों से, रंध्र-रंध्र से बजरे की, चांद भीतर आ गया और नाचने लगा। रवींद्रनाथ नाच उठे।

उस रात उन्होंने अपनी डायरी में लिखा, मैं भी कैसा पागल! पूरा चांद बाहर खड़ा है। अनूठी सुंदर रात बाहर प्रतीक्षा कर रही है। चांद द्वार पर खड़ा है, खिड़की पर खड़ा है, रंध्र-रंध्र के पास खड़ा है, राह देखता है कब बुझाओगे भीतर का दीया कि मैं भीतर आ जाऊं। और छोटा सा दीया बाधा बना है और उसकी वजह से भीतर गंदा प्रकाश भरा है जिसमें आंखें थकती हैं, शीतल नहीं होतीं। दीये के बुझते ही सब तरफ से रोशनी दौड़ पड़ी। भीतर जगह खाली हो गई। शून्य हो गई। चांद आ गया नाचता हुआ।

रवींद्रनाथ ने कहा: उस दिन मेरे मन में एक द्वार खुल गया कि जब तक मेरे भीतर अहंकार का दीया जल रहा है, तब तक परमात्मा की रोशनी बाहर ही खड़ी रहेगी। जिस दिन यह दीया

मैं फूंक मार कर बुझा दूंगा, उसी दिन वह नाचता भीतर आ जाएगा। फिर नाच ही नाच है। फिर उत्सव ही उत्सव है। फिर इस महा-उत्सव का कोई अंत नहीं आता।

हम तो एक एक करि जाना।

दोई कहै तिनही को दोजख, जिन नाहिन पहचाना।

जिन्होंने दो कहा, वे नरक में हैं। कबीर का यह वचन पश्चिम का आधुनिक विचारक ज्यां पाल सार्त्र अगर पढ़े तो राजी होगा। ज्यां पाल सार्त्र का एक बहुत प्रसिद्ध वचन है, जिसमें उसने कहा है: दि अदर इज़ दि हेल। दूसरा नरक है। उसके प्रयोजन दूसरे हैं। लेकिन बात तो उसने भी पकड़ ली है। दूसरा नरक है। दूसरे की मौजूदगी नरक है।

तो क्या करें? क्या अकेले में भाग जाएं? एकांत में हो जाएं, जहां दूसरा न हो? न पत्नी हो, न पति हो, न बेटा हो। बहुतों ने यह प्रयोग किया है। भागे हैं हिमालय की कंदराओं में ताकि अकेले हो जाएं। क्योंकि दूसरा नरक है। लेकिन तुम भाग कर भी अकेले न हो पाओगे। क्योंकि तुम्हारा मैं तो तुम्हारे साथ ही चला जाएगा। तू यहां छोड़ जाओगे, मैं तो साथ चला जाएगा। और ध्यान रखो, जहां मैं है, वहां तू है। वह सिक्का इकट्ठा है। तुम आधा-आधा छोड़ नहीं सकते। अगर मैं तुम्हारे साथ गया तो तू भी तुम्हारे साथ गया। जल्दी ही तुम अपने को ही दो हिस्सों में बांट कर चर्चा करने लगोगे।

अकेले में लोग अपने से ही बात करने लगते हैं। मैं और तू दोनों हो गए। अकेले में लोग ताश खेलने लगते हैं। खुद ही दोनों तरफ से बाजी बिछा देते हैं। उस तरफ से भी चलते हैं, इस तरफ से भी चलते हैं। इतना ही नहीं, उस तरफ से भी धोखा देते हैं, इस तरफ से भी धोखा देते हैं। किसको धोखा दे रहे हो?

अकेले में लोग कल्पना की मूर्तियों में जीने लगते हैं। उनसे चर्चा करते हैं, बात करते हैं, 'तू' मौजूद हो जाता है।

भीड़ तुम्हारे साथ ही आ जाएगी अगर मैं तुम्हारे साथ गया। क्योंकि मैं तो केंद्र है सारी भीड़ का। भीड़ तो परिधि है। तुम जहां जाओगे, तुम भीड़ में रहोगे। तुम अकेले नहीं हो सकते। हिमालय का एकांत शून्य न बनेगा। अकेलापन ही रहेगा। और अकेलापन और एकांत में बड़ा फर्क है। अकेलेपन का अर्थ है, लोनलीनेस और एकांत का अर्थ है, अलोननेस। अकेलेपन का अर्थ है कि दूसरे की चाह मौजूद है। इसलिए तो तुम अकेलापन अनुभव कर रहे हो कि मैं अकेला, मैं अकेला। दूसरे की चाह मौजूद है। दूसरे की वासना मौजूद है। तुम चाहते हो कोई आ जाए।

तुम अपनी हिमालय की गुफा के बाहर बैठ कर भी रास्ते पर नजर लगाए रखोगे कि शायद कोई यात्री मानसरोवर जाता गुजर जाए। शायद कोई मनुष्य थोड़ी खबर ले आए नीचे

के मैदानों की कि क्या हुआ? जयप्रकाश नारायण की पूर्ण क्रांति हो पाई कि नहीं? शायद कोई अखबार का एक टुकड़ा ही ले आए और तुम वेद वचनों की तरह अखबार को पढ़ लो। मन तुम्हारा नीचे ही भटकता रहेगा मैदानों में, जहां भीड़ है।

रामकृष्ण कहते थे, एक बार बैठे थे मंदिर के बाहर, दक्षिणेश्वर में, तो देखा कि एक चील एक मरे हुए चूहे को ले उड़ी है। अब चील कितने ही ऊपर उड़े, नजर तो उसकी नीचे कचरे-घर में लगी रहती है जहां मरे चूहे पड़े हों, मांस का टुकड़ा पड़ा हो, फेंकी गई मछली पड़ी हो। उड़ती है आकाश में, नजर तो घूरे पर लगी रहती है। तुम हिमालय पर बैठ जाओ। कोई फर्क न पड़ेगा। नजर घूरे पर लगी रहेगी दिल्ली में। नजर मरे चूहों पर लगी रहेगी। तुम अपने को तो साथ ही ले जाओगे। तुम ही तो तुम्हारी नजर हो, तुम ही तो तुम्हारे होने का ढंग हो।

रामकृष्ण ने देखा कि वह चील उड़ रही है चूहे को लेकर। और बहुत सी चीलें उस पर झपट्टा मार रही हैं। कौवे दौड़ रहे हैं। बड़ा उत्पात मच गया है आकाश में। वह चील बचने की कोशिश कर रही है। लेकिन और गिद्ध आ गए हैं। और सब तरफ से उसको नोचे जा रहे हैं। वह भागती है, बचना चाहती है। उसके परों पर लहू आ गया है। तब क्रोध की अवस्था में वह भी किसी गिद्ध पर झपटी और मुंह से चूहा छूट गया। चूहे के छूटते ही सारा उपद्रव बंद हो गया। कोई वे चील के पीछे पड़े नहीं थे, बाकी गिद्ध और चीलें और कौवे, वे चूहे के पीछे पड़े थे। जैसे ही चूहा छूटा, वे सब चले गए। वे चूहे की तरफ चले गए। अब वह थकी चील वृक्ष पर बैठ गई। रामकृष्ण कहते हैं कि मुझे लगा, शायद उसे थोड़ी समझ आई होगी। चूहा सारी भीड़ को ले आया था।

तुम्हारा 'मैं'... तुम हिमालय चले जाओ, कोई फर्क न पड़ेगा। सब भीड़ आ जाएगी। तुम्हारा 'मैं' भीड़ को खींचता है। तुम 'मैं' को छोड़ दो। बाजार में बैठे रहो, वहीं हिमालय हो जाएगा। तुम्हारी दुकान तुम्हारी गुफा हो जाएगी। तुम्हारा दफ्तर तुम्हारा मंदिर हो जाएगा। मैं का चूहा भर छूट जाए। फिर कोई चील हमला नहीं करती। फिर कोई गिद्ध आकर तुम पर हमला नहीं करता। तुमसे किसी को कुछ लेना-देना नहीं है। वह तुम्हारा मैं ही उपद्रव का कारण है।

तुम्हें कभी किसी ने धक्का मारा? नहीं, तुम्हारे मैं को धक्के मारे गए हैं। किसी ने तुम्हें कभी नीचा दिखाया? नहीं, तुम्हारे मैं को नीचा दिखाया गया है? किसी ने कभी तुम्हें गाली दी? नहीं, तुम्हारे मैं को गालियां दी गई हैं। किसी ने कभी तुम्हारी स्तुति की? नहीं, तुम्हारे मैं की स्तुति की गई।

जैसे ही मैं गया, सारी भीड़ गिर जाती है निंदकों की, स्तुति करने वालों की, मित्रों की, शत्रुओं की, अपनों की, परायों की। दि अदर इज़ हेल। सार्त्र कह रहा है—दूसरा नरक है।

लेकिन अगर बहुत गौर से सोचो और थोड़ा गहरे जाओ, तो दूसरा इसीलिए है कि तुम हो। दि ईगो इज़ दि हेल। गहरे में विश्लेषण करने पर तो पता चलेगा कि दूसरा तो तुम्हारे कारण है। इसलिए दूसरे को क्या नरक कहना। वह नरक मालूम पड़ता है। वस्तुतः मैं ही नरक है। अहंकार ही नरक है।

दोई कहै तिनही को दोजख, जिन नाहिन पहचाना।

ऐकै पवन, एक ही पानी, एक ज्योति संसारा।

एक ही पवन है; चाहे कैलाश में, चाहे काबा में। एक ही पानी है; चाहे गंगा में, चाहे तुम्हारे घर रखे गंगोदक में।

ऐकै पवन, एक ही पानी, एक ज्योति संसारा।

और चाहे छोटे से मिट्टी के दीये में और चाहे महासूर्यों में; एक ही ज्योति है। इस एक को पहचानो। इस एक को जीओ। इस एक में रमो। इस एक को ही गुनो। इस एक को ही साधो। इस एक को ही ध्यान बनाओ।

ऐकै पवन, एक ही पानी, एक ज्योति संसारा।

एक हि खाक घड़े सब भांड़े, एक ही सिरजनहारा।

और एक ही मिट्टी है; जिससे सब तरह के घड़े गढ़े गए हैं। कुम्हार चक्के पर रखता जाता है, वही मिट्टी है, अलग-अलग रूप देता चला जाता है। रूप का भेद है। नाम का भेद है। मूल का तो जरा भी भेद नहीं है। अस्तित्व का तो जरा भी भेद नहीं है। कोई स्त्री है, कोई पुरुष है। भीतर सब एक है। कोई गोरा है, कोई काला है। भीतर सब एक है। कोई हिंदू है, कोई तुर्क है। भीतर सब एक है।

एक हि खाक घड़े सब भांडे,...

और–

...एक ही सिरजनहारा।

और एक ही है जो सृज रहा है, एक ही रच रहा है।

जैसे बाढ़ी काष्ठ ही काटे, अगनि न काटै कोई।

यह बड़ा महत्वपूर्ण सूत्र है। उन दिनों, कबीर के दिनों तक भी लकड़ी को रगड़ कर अग्नि पैदा की जाती थी। वही एक उपाय था। लकड़ी में अग्नि छिपी है। काष्ठ में अग्नि छिपी है। जब बढ़ई काटता है लकड़ी को, तो लकड़ी ही कटती है, अग्नि नहीं कटती।

कबीर यह कह रहे हैं, ऐसे ही तुममें वह एक छिपा है। जब मौत तुम्हें मारती है, तो लकड़ी ही कटती है, अग्नि नहीं कटती। जब बीमारी तुम्हें पकड़ती है, तो लकड़ी को ही

पकड़ती है, अग्नि को नहीं पकड़ती। जब जवान बूढ़ा होता है तो लकड़ी ही बूढ़ी होती है, अग्नि बूढ़ी नहीं होती।

वह जो तुममें छिपा है, चाहे तुम्हें पता न हो। क्योंकि तुमने रगड़ा ही नहीं कभी अपने को कि पता हो जाए। जिन्होंने रगड़ा, उन्होंने जाना। रगड़ने का अर्थ है, जिन्होंने थोड़ा साधा, उन्होंने जाना। जिन्होंने भीतर के रूप को बाहर प्रकट करके देखा, उन्होंने जाना। उन्होंने भीतर की अग्नि को पहचान लिया और तब वे जानते हैं कि सभी लकड़ियों में एक ही अग्नि छिपी है। लकड़ी के रूप अलग-अलग, अनेक होंगे। आग का रंग-ढंग एक। आग का स्वभाव गुण एक। जिसने ऊपर-ऊपर से भांडों को पहचाना वह शायद सोचता हो, सब अलग-अलग हैं। जिसने भीतर से पहचाना, तो एक ही मिट्टी के बने हैं।

और मिट्टी के भीतर छिपा हुआ जो घड़ा है, वह थोड़ा समझने जैसा है। लाओत्सु ने उसकी बहुत चर्चा की है। लाओत्सु कहता है, घड़ा क्या है? मिट्टी की दीवाल घड़ा है या मिट्टी की दीवाल के भीतर छिपा हुआ शून्य घड़ा है; घड़ा क्या है? मिट्टी की दीवाल तो घड़ा नहीं है क्योंकि मिट्टी की दीवाल में तुम क्या भरोगे! वहां तो पहले से ही भरा हुआ है। घड़े की उपादेयता तो उसके भीतर छिपे शून्य में है।

लाओत्सु कहता है, मकान पर दरवाजा लगा है। दीवाल मकान है या दीवाल के भीतर जो खाली जगह है, वह मकान है। क्योंकि दीवाल में तो कैसे रहोगे! रहता तो आदमी खाली जगह में है, भीतर की रिक्तता में है। दीवाल तो केवल रिक्तता के चारों तरफ खड़ी है सुरक्षा की तरह।

रहता तो आदमी आकाश में है; चाहे बाहर रहे, चाहे भीतर रहे। आकाश एक ही है। बाहर भी वही, भीतर भी वही। क्या तुम्हारे घर के आकाश का रूप बदल गया, क्योंकि तुम्हारे घर के ढांचे में समा गया? क्या झोपड़ी का आकाश गरीब होता है और महल का आकाश अमीर? क्या झोपड़ी के आकाश और महल के आकाश में गुणधर्म का कोई भेद होता है? हां, भेद दीवाल का है। यहां घास-फूस की दीवाल है, वहां पत्थर की दीवाल है महलों में। दीवाल का फर्क होगा, लेकिन भीतर के शून्य का तो कोई फर्क नहीं है। भीतर का शून्य तो एक है।

तुम्हारी नजर अगर रूप पर लगी है तो फर्क दिखाई पड़ेगा। तब तुम राजनीति में जीओगे और राजनीति में मरोगे। अगर तुम्हारी नजर भीतर गई तो अरूप दिखाई पड़ेगा।

मैं अमरीका के एक नीग्रो विचारक की पुस्तक पढ़ रहा था। बड़ा हैरान हुआ मैं। बीसवीं सदी में ऐसी घटनाएं घटती हैं। यह नीग्रो विचारक जेल में बंद था। कुछ जेल में उपाय नहीं रह जाता। काम करने को कुछ नहीं। पढ़ने को कुछ नहीं। काली कोठरी में पड़े रहना, पड़े

रहना। और फिर राजनीतिज्ञ था। कोई संत तो था नहीं कि ध्यान करे। अन्यथा जेल मंदिर हो जाता। राजनीतिज्ञ था। अकेला पड़ा-पड़ा बेचैन हो गया। मन में वासनाएं उठतीं। तो किसी दूसरे कैदी ने एक फिल्म अभिनेत्री का चित्र दे दिया। उसने अपनी दीवाल पर चिपका लिया। ऐसा कभी-कभी उसे देखता। सुंदर स्त्री का चित्र। ऐसा सभी कैदी लगाए रखते हैं।

कैदियों की तो हम छोड़ दें, लोग अपने घरों में लगाए हुए हैं। जिनको हम सज्जन कहें, वे भी फिल्म अभिनेत्री-अभिनेताओं के चित्र घर में लगाए हुए हैं: सज्जन, तो दुर्जन का तो कहना ही क्या!

लेकिन कठिनाई तो आई तब, जब पहरेदार ने, संतरी ने आकर उसका दरवाजा ठोका और कहा कि हटाओ यह चित्र। यह दीवाल पर नहीं लगा सकते। वह हैरान हुआ। उसने कहा: लेकिन क्यों? क्योंकि सभी कैदी लगाए हुए हैं और किसी के दीवाल से नहीं हटाया जा रहा है। उस सैनिक ने कहा, यह सवाल नहीं है। अगर तुम लगाना चाहो, तो किसी नीग्रो अभिनेत्री का लगा सकते हो, गोरी औरत का चित्र नहीं लगा सकते।

चित्र गोरी औरत का अलग, काली औरत का अलग! काले होकर और गोरी औरत का चित्र लगाए हो? अलग करो उसको। यह गोरे लोगों का अपमान है। तुम्हें अगर लगाना है, तो किसी काली औरत का चित्र लगा लो। चित्र में भी फर्क है। कागज का टुकड़ा! थोड़ी सी स्याही उस पर पड़ी है। कोई गोरी स्त्री बन गई है, कोई काली स्त्री बन गई है। चित्र में भी भेद है। मूढ़ता की सीमा नहीं है। मूढ़ता भी बड़ी असीम है। जगत में दो ही चीजें असीम मालूम पड़ती हैं; एक परमात्मा का विस्तार और एक मूढ़ता का विस्तार।

अगर तुम रूप देखोगे तो कोई गोरा है, कोई काला है, कोई सुंदर है, कोई कुरूप है, कोई जवान है, कोई बूढ़ा है। लेकिन अगर तुम अरूप देखोगे तो वह तो एक ही है।

जैसे बाढ़ी काष्ठ ही काटे, अगनि न काटै कोई।

जैसे बढ़ई लकड़ी को तो काट सकता है ऐसे ही मौत तुम्हें भी काट सकती है, तुम्हारे रूप को; तुम्हारे अरूप को नहीं।

सब घटि अंतर तू ही व्यापक, धरै सरूपे सोई।

और सभी घड़ों के भीतर, सभी घटों के भीतर तू ही व्यापक है। शून्य आकाश की तरह तू ही छाया हुआ है। तूने ही सब रूप धरे हैं। सब तेरी लीला है। कितने ढंग की लहरें उठती हैं सागर में, कभी हिसाब लगाया? छोटी, बड़ी, विराट, उत्तुंग, कितने ढंग, कितने रूप! लेकिन एक ही सागर सब रूप धरता है। लहरों को देख कर भ्रांति पैदा नहीं होती तुम्हें। एक ही सागर छोटी लहर में, बड़ी लहर में। एक ही परमात्मा गरीब में, अमीर में। एक ही परमात्मा सुंदर में,

कुरूप में। एक ही परमात्मा छोटे में, बड़े में। एक ही परमात्मा बुद्धिमान में, बुद्धू में। एक ही परमात्मा पुण्यात्मा में, पापी में।

...धरै सरूपे सोई।

माया मोहे अर्थ देखि करि, काहे कू गरबाना।

माया का अर्थ है: असीम को सीमित जानना, सत्य को बंधा हुआ जानना, सत्य को सिद्धांत की तरह जानना। अरूप को रूप की तरह जानना, बाहर की परिधि को भीतर के केंद्र की तरह जानना, माया है। माया का अर्थ है: लहरों को सागर समझ लेना।

माया मोहे अर्थ देखि करि, काहे कू गरबाना।

और फिर तुम इतने अकड़े फिर रहे हो, इतने फूले-फूले फिर रहे हो, कुछ हाथ नहीं सिवाय राख के। अकड़ने योग्य कुछ भी नहीं है। पास कुछ भी नहीं। भिखारी हो बिलकुल। लेकिन भिखारी के पात्र में भी पड़े दस-पांच पैसे बजते रहते हैं। उन पर ही वह अकड़ता है। वह भी कुछ समझता है, मैं कुछ हूं।

क्या है तुम्हारे पास? अगर तुम रूप से ही बंध कर जीओगे और नाम से ही बंध कर जीओगे, तुम्हारा सब गर्व व्यर्थ है। गर्व-योग्य कुछ भी नहीं।

अब यह बड़े मजे की बात है। तुम्हारे पास गर्व योग्य कुछ भी नहीं है और तुम भयंकर गर्व से भरे हो। और जिनके पास गर्व-योग्य कुछ है, जो परमात्मा को पा लेते हैं, वे बिलकुल ही गर्व-शून्य हो जाते हैं। यह बड़ा विरोधाभास है। जिनके पास कुछ नहीं है, वे अकड़े फिर रहे हैं और जिनके पास सब-कुछ है, वे विनम्र हो जाते हैं। मगर इस विरोधाभास का भी विज्ञान है। और वह विज्ञान समझ लेने जैसा है। यह विरोधाभास बड़ा महत्वपूर्ण है। जिनके पास कुछ नहीं, वे क्यों गर्व से अकड़े फिरते हैं! इस गर्व में ही वे अपनी दीनता को छिपाते हैं। इस अकड़ में ही वे अपने को रमाते हैं, भुलाते हैं कि है।

मुल्ला नसरुद्दीन मेरे साथ एक यात्रा पर था। अचानक वह चौंक कर खड़ा हो गया और उसने कहा: मालूम होता है मेरा टिकट खो गया। और न केवल टिकट खो गया है मेरा, पैसे जिसमें मैंने रख छोड़े थे, वह मनीबेग भी खो गया। टिकट और पैसे सब साथ ही साथ था। मैंने कहा कि पहले ठीक से तुम अपने कपड़ों में देख लो।

उसने बहुत खीसे बना रखे हैं, भिन्न-भिन्न तरह की चीजें रखने के लिए। सब खीसे देख डाले—एक दफा, दो दफा। लेकिन मैंने गौर किया कि एक खीसा जो उसके कोट के ऊपर छाती पर है, वह उसको छोड़ रहा है। वह उस तरफ जाता ही नहीं। दूसरे खीसे दो-दो तीन-तीन बार! तो मैंने कहा: नसरुद्दीन, तुम इसे क्यों भूले जा रहे हो!

उसने कहा कि उसकी बात ही मत उठाओ। भूल नहीं रहा हूं। भली तरह याद है। तो मैंने कहा: उसमें क्यों नहीं देख लेते! उसने कहा: उसी का तो सहारा है। एक आशा! अगर उस में भी देखा और न पाया... मारे गए! उसको सम्हाले हूं। उसको मैं न देख सकूंगा। उसमें हिम्मत नहीं पड़ती देखने की। उसी में एक आशा का सेतु बचा है। एक खयाल शायद उसमें हो। अगर पक्का हो गया कि उसमें भी नहीं है तो गए!

यह ठीक कह रहा है। यही मनुष्य का मनोविज्ञान है। तुम्हारे पास है नहीं। गर्व में तुम छिपाए हो। इस बात को तुम सूत्र समझ लो कि आदमी जिस बात का गर्व करता हो, उसी बात में हीन होगा। वही उसकी हीनता की ग्रंथि है, वही उसकी इनफिरिआरिटी है। अगर एक आदमी अकड़ कर चलता है कि उसके पास बड़ी सुंदर देह है। तो तुम पक्का समझ लेना उसको शक है। और उसको भीतर भय है कि उसके पास सुंदर देह है नहीं। और इसके पहले कि कोई कहे, वह घोषणा कर देना चाहता है। इसके पहले कि कोई घाव छू दे, वह पहले ही घोषणा कर देना चाहता है कि मैं एक सुंदर आदमी हूं।

जिसके पास डर है कि बुद्धि नहीं है, वह अपनी बुद्धि को दिखाता फिरता है। कंठस्थ कर लेता है कुछ बातें। उनको दुहरा देता है चार आदमियों के सामने रोब बन जाए कि कुछ जानता है। उसको जानने में शक है। उसका ज्ञान सुनिश्चित नहीं। उसने जाना नहीं है। वह केवल जानने का ढोंग कर रहा है।

कुरूप स्त्रियां ज्यादा गहने पहने हुए मिलेंगी। सुंदर स्त्री को गहने की कोई जरूरत नहीं। कुरूप स्त्री अपनी कुरूपता को ढांक रही है गहनों से। कुरूप स्त्रियां बहुमुल्य वस्त्रों में ढंकी हुई मिलेंगी। हीरे-जवाहरात में ही ढांक कर वे अपने को किसी तरह सुंदर होने की भ्रांति दिला पाती हैं। सुंदर स्त्री को कोई जरूरत नहीं है। सुंदर स्त्री को पता ही नहीं होता कि सौंदर्य की घोषणा करनी है। घोषणा तो गरीब करता है। जिसके पास है, वह तो चुप रहता है। जो जानते हैं, वे जान लेंगे। जो नहीं जानते, वे घोषणा से भी नहीं जानेंगे। घोषणा क्या करनी है? ज्ञानी विनम्र हो जाता है। पंडित गरूर से भर जाता है। धनी सादगी से जीने लगता है। गरीब सादगी से नहीं जी सकता। सिर्फ धनी सादगी से जी सकता है।

मैंने सुना है, हेनरी फोर्ड इंग्लैंड आया। तो उसके आने के पहले अखबारों में फोटो छपे थे। तो हर कोई उसे जानता था। जगत विख्यात आदमी था। उसने आकर एअरपोर्ट के इंक्वायरी दफ्तर में पूछा कि यहां सस्ते से सस्ता होटल कौन सा है? उस आदमी ने गौर से देखा ये आदमी तो वही मालूम पड़ता है। सुबह ही तो अखबार में फोटो देखी है, हेनरी फोर्ड। उसने कहा कि माफ करिए। क्या आप हेनरी फोर्ड हैं! सुबह आपका अखबार में फोटो देखा। उसने कहा कि जी! तो उस आदमी ने कहा, हेनरी फोर्ड होकर आप सस्ता होटल खोज रहे

हैं! तो उसने कहा: क्योंकि मैं हेनरी फोर्ड हूं, सस्ते में रहूं कि महंगे में, कोई फर्क नहीं पड़ता। हेनरी फोर्ड हेनरी फोर्ड है। सारी दुनिया जानती है।

उस आदमी ने कहा कि आपके लड़के आते हैं, वे तो हमेशा ऊंचा होटल खोजते हैं। उसने कहा, उनको अभी भी भरोसा नहीं। मैं आश्वस्त हूं। उनको अभी भी भरोसा नहीं। कमाया मैंने है। वे तो मुफ्तखोर हैं। आश्वस्त हो भी कैसे सकते हैं? कमाई बाप की है। कमाई जिसकी है, उसका बल है। तो वे दिखलाना चाहते हैं। बड़े से बड़ा होटल! अमीर आदमी सादगी से रहने लगता है।

मैंने सुना है कि ऐसा हुआ कि हेनरी फोर्ड और फायर स्टोन कंपनी का प्रथम मालिक फायर स्टोन, दोनों; और एक कवि हेनरी वैलेस तीनों एक पुरानी हेनरी फोर्ड की पुरानी कार में एक यात्रा पर गए थे। बीच में एक गांव पर पेट्रोल भरवाने के लिए रुके। तो हेनरी फोर्ड खुद ही गाड़ी चला रहा था। पीछे फायर स्टोन बैठा था और वैलेस बैठा था, जो कवि था। तीनों की बड़ी दाढ़ी और तीनों बड़े संभ्रात व्यक्ति।

हेनरी फोर्ड ने ऐसे ही बात की बात में, जो आदमी पेट्रोल भरने आया उससे कहा, कि तुम सोच भी नहीं सकते कि तुम किसकी गाड़ी में पेट्रोल भर रहे हो? मैं हेनरी फोर्ड हूं। हेनरी फोर्ड यानी सारी दुनिया की मोटरों का मालिक।

उस आदमी ने ऐसे गौर से देखा और कहा: हूं! उसको भरोसा नहीं आया कि हेनरी फोर्ड यहां क्या मरने आएंगे इस छोटे गांव में? और अगर हेनरी फोर्ड ही है तो बताने की क्या जरूरत? वह अपना पेट्रोल भरता रहा। हेनरी फोर्ड को थोड़ी हैरानी हुई कि उसने कुछ भी नहीं कहा। उसने कहा: शायद तुम्हें पता न हो कि मेरे पीछे जो बैठे हैं वे फायर स्टोन हैं--फायर स्टोन, टायरों के मालिक। उस आदमी ने पीछे भी गौर से देखा और जोर से कहा: हूं! और जैसे ही हेनरी फोर्ड ने कहा कि तुम्हें शायद कल्पना भी नहीं हो सकती कि तीसरा आदमी कौन है।

उस आदमी ने नीचे पड़ा एक लोहे का डंडा उठाया और कहा कि तुम मुझसे यह मत कहना कि ये ही परमात्मा हैं जिन्होंने दुनिया बनाई। सिर खोल दूंगा। सभी मौजूद हैं! एक परमात्मा ही भर मौजूद नहीं है, समझो!

हेनरी फोर्ड इतना सादा आदमी था कि उसके कपड़े देख कर कोई पहचान नहीं सकता था कि हेनरी फोर्ड हैं; न उसकी कार देख कर। क्योंकि वह पहला मॉडल--टी मॉडल; जो उसने बनाया था, वह उसी में यात्रा करता रहा जिंदगी भर। अच्छे मॉडल बने, अच्छी कारें आईं, लेकिन हेनरी फोर्ड अपने टी मॉडल में चलता रहा।

और साधु जैसा लगता था। इसलिए तो भरोसा नहीं आया कि हेनरी फोर्ड इस गांव में क्या करेंगे? और फिर यह वेशभूषा। सांताक्लाज हो सकते हैं, लेकिन हेनरी फोर्ड?

सीधा आदमी था। धनी आदमी सादगी से भर जाता है। कुछ आश्चर्य नहीं कि महावीर, बुद्ध राजपुत्र होकर भिखारी हो गए। सिर्फ राजपुत्र ही भिखारी हो सकते हैं। भिखारी तो राजपुत्र होना चाहता है। जो तुम नहीं हो, वह तुम होना चाहते हो। जो तुम हो, वह होने की आकांक्षा चली जाती है। आदमी इसीलिए तो इतना गर्वाया फिरता है कि जो-जो उसमें नहीं है, वह उसी की खबर देता है। और उसके भीतर घाव छिपे हैं गर्व के।

जिस चीज में आदमी गर्व करे, तुम समझ लेना कि वही उसकी हीनता की ग्रंथि है। उसको तुम जरा छुओ कि तुम पाओगे, भीतर से घाव निकल आया, मवाद बहने लगी। वह क्रोधित हो जाएगा। पंडित के ज्ञान पर शक मत करना; अन्यथा वह झगड़ने को तैयार हो जाएगा, विवाद पर उतारू हो जाएगा। गरीब आदमी के धनी होने पर संदेह मत उठाना, मान लेना। शिष्टाचार वही है। चुपचाप कह देना कि निश्चित, आप जैसा धनी और कौन?

जो तुम्हारे पास है, तुम उसकी घोषणा नहीं करते।

माया मोहे अर्थ देखि करि, काहे कू गरबाना।

भयभीत आदमी बहादुरी की बातें करता है। भयभीत आदमी हमेशा दावेदारी करता है कि मैं बड़ा वीर पुरुष हूं।

मुल्ला नसरुद्दीन बहुत भयभीत आदमी है। अंधेरे में जाने में डरता है। अंधेरे में भी जाए तो पत्नी को लालटेन लेकर आगे कर लेता है। घर में उसके चोरी हुई। तो चोर की शिनाख्त करनी थी। तो अदालत में मजिस्ट्रेट ने पूछा कि नसरुद्दीन, तुम जाग गए थे जब चोरी हुई? तो उसने कहा कि बिलकुल जाग गया था।

तुम सीढ़ियों से नीचे उतर कर देखने आए थे कि नीचे यह चोर क्या कर रहा है?

बिलकुल आया था।

तुम उसका चेहरा पहचान सकते हो?

नसरुद्दीन ने कहा: बिलकुल नहीं।

तुमने उसको देखा था?

नसरुद्दीन ने कहा कि देख नहीं पाया।

तुम जागे, तुम नीचे आए; उस वक्त यह आदमी मौजूद था?

था।

तो मजिस्ट्रेट ने कहा: यह तो बड़ा तुम पहेली बता रहे हो। तुम देख क्यों नहीं पाए? लालटेन पास थी?

लालटेन भी थी, उसने कहा, लेकिन लालटेन मेरी पत्नी के हाथ में थी। मैं पत्नी के पीछे था, इसलिए देख नहीं पाया।

यह डरा हुआ आदमी है।

एक होटल में लोग बैठ कर गपशप कर रहे थे और एक सिपाही, जो अभी-अभी युद्ध से लौटा था, वह कह रहा था कि मैंने इस युद्ध में न मालूम कितने अनगिनत आदमी मार डाले। मैंने घास, गाजर-मूली की तरह गर्दन काटी। नसरुद्दीन ने कहा: ठहरो, ऐसा एक समय मेरे जीवन में भी आया था। आज से बीस साल पहले जब मैं जवान था, मैं भी युद्ध में गया था और एक दिन, गिनती मैं भी नहीं बता सकता, न मालूम कितने लोगों के पैर मैंने काट दिए बिलकुल घासपात की तरह।

उस सैनिक को वैसे ही क्रोध आया था, बीच में उसने टोका और अपनी बहादुरी बताने लगा, उसने कहा कि पैर? हमने बहुत बहादुरी के किस्से सुने हैं। मगर लोग सिर काटते हैं, पैर नहीं। नसरुद्दीन ने कहा: सिर तो कोई पहले ही काट चुका था। जो मिला, हमने गाजर-मूली की तरह काट दिया।

लेकिन भयभीत आदमी हिम्मत की बातें करता रहता है। यह हिम्मत वह अपने को दिला रहा है। तुम भ्रांति में मत पड़ना। वह तुमको कुछ नहीं कह रहा है। वह सिर्फ अपने को छिपा रहा है। वह अपनी नग्नता को ढांक रहा है। वह अपनी नग्नता पर वस्त्र रख रहा है। वह अपने घावों को छिपा रहा है। इसलिए तो जो तुम्हारे पास नहीं उसका तुम गर्व करते हो। और जिसके पास सब है, उसका गर्व खो जाता है। घोषणा क्या करनी है? किसकी घोषणा करनी है? और जो है, वह इतना बड़ा है कि सब घोषणाओं से छोटा पड़ेगा। परमात्मा को पाने वाला गर्व करे, समझ में आता है। लेकिन वैसा आदमी बिलकुल विनम्र हो जाता है। और जिनके पास कुछ नहीं, जो भिखारी हैं, उनके गर्व की कोई सीमा नहीं।

निर्भय भया कछु नहीं व्यापै, कहै कबीर दीवाना।

और जिसने एक को एक करके जान लिया वह निर्भय हो जाता है। उसे फिर कोई चीज नहीं व्यापती। मौत भी उसके द्वार पर खड़ी रहे, तो अंतर नहीं पड़ता। सारे संसार की संपदा उसे लुभाए तो लोभ पैदा नहीं होता। मौत खड़ी हो, भय पैदा नहीं होता। सारा संसार निंदा करे, अपमान करे तो क्रोध पैदा नहीं होता। और सारा जगत स्तुतियों से भर जाए, आरती उतारे तो भी उसमें गर्व की धारणा पैदा नहीं होती। अहंकार निर्मित नहीं होता।

निर्भय भया कछु नहीं व्यापै, कहै कबीर दीवाना।

और कबीर पागल कहता है कि हम तो एक एक करि जाना! और उसको जान कर हम निर्भय हो गए। सारा भय मिट गया।

भय क्या है? अगर भय के मूल में उतरो तो एक ही भय है कि तुम्हें मिटना पड़ेगा। और तो कोई भय नहीं है। दूसरे भय भी इसी भय की छायाएं हैं।

दिवाला निकल जाएगा तो भय लगता है, क्योंकि दिवाले के साथ तुम मिटोगे। पत्नी छोड़ कर चली जाएगी तो भय लगता है, क्योंकि पत्नी तुम्हारा आधा जीवन हो गई है। तुम टूट जाओगे आधे। लड़का मर जाएगा तो भय लगता है, क्योंकि उसके सहारे तो भविष्य की महत्वाकांक्षा खड़ी है। लड़का मर जाएगा तो भविष्य मिट जाएगा तुम्हारा। वही तुम्हारा सेतु है। आगे की यात्रा तुम उसी के कंधों पर करने वाले हो। भयभीत हो।

लेकिन सारा भय एक ही भय का विस्तार है। अलग-अलग छबियां हैं लेकिन एक ही का विस्तार है। वह भय है मृत्यु का, कि मरोगे, मिटोगे। मृत्यु एकमात्र भय है।

जिसने एक को जान लिया, उसकी मृत्यु समाप्त हो गई। क्योंकि वह एक कभी मिटता ही नहीं। लहरें मिटती हैं, सागर कभी मिटता नहीं। नदियां खो जाती हैं, सागर कभी खोता नहीं। वृक्ष आते हैं, पशु-पक्षी पैदा होते हैं, मनुष्य निर्मित होता है; सब होता है; जाते हैं, विदा हो जाते हैं; लेकिन जीवन की धारा अखंड, अजस्र बही जाती है।

तुम मिटोगे, जीवन कभी नहीं मिटता। तुम मरोगे, जीवन कभी नहीं मरता। अगर तुमने अपने को इतना ही समझा जितना तुम दिखाई पड़ते हो दर्पण में, तो तुम डरोगे। क्योंकि यह तो मिटेगा, जो दर्पण में दिख जाता है। यह तो बढ़ई काट देगा। यह तो काष्ठ है। दर्पण में आग तो दिखाई नहीं पड़ती जो काष्ठ में छिपी है। उसे तो तुम रगड़ोगे ध्यान में, समाधि में, तो प्रकट होगी। और जिस दिन तुम्हें भीतर की लपट दिख जाएगी, तब तुम कहोगे चलाओ कितने ही आरे, लकड़ी कटेगी, मैं नहीं कटूंगा।

इसलिए तो कृष्ण अर्जुन से कहते हैं: 'ना हन्यते हन्यमाने शरीरे।' शरीर कटेगा, फिर भी वह नहीं कटता। 'नैनं छिंदन्ति शस्त्राणि, नैनं दहति पावकः।' न तो मुझे शस्त्र छेद सकते हैं और न मुझे आग जला सकती है। शरीर ही कटेगा, मैं नहीं कटता हूं। अर्जुन, तू भी नहीं कटता है। शरीर ही कटेगा। ये जो युद्ध के मैदान में आकर खड़े हो गए लोग हैं, इनकी काष्ठ की देह कटेगी; अग्नि नहीं कटती।

जैसे बाढ़ी काष्ठ ही काटे, अगनि न काटै कोई।
सब घटि अंतर तू ही व्यापक, धरै सरूपे सोई।
निर्भय भया कछु नहीं व्यापै, कहै कबीर दीवाना।

और जब तुम्हें यह दिख गया कि भीतर ज्योति अखंड है, भीतर के प्राण शाश्वत सनातन हैं। दीया मिट जाएगा, ज्योति नहीं मिटेगी। शरीर गिरेगा, अशरीरी सदा रहेगा। तुम्हारी सीमा खो जाएगी, लहर की सीमा खोएगी ही, लेकिन लहर में छिपा सागर सदा है... सदा है... सदा है।

जिसने इसे पहचान लिया, जिसे थोड़ी भी भनक मिल गई इस भीतर की छिपी अग्नि की, उसका भय मिट गया। वह मौत को आलिंगन कर लेगा खुद ही। वह मौत को बुला लाएगा घर कि आ जाओ। क्योंकि काष्ठ ही कटेगा, शरीर ही मिटेगा; मेरा अब कोई मिटना नहीं है। मौत जब उसको आलिंगन करेगी तब भी वह अमृत का ही अनुभव करेगा। मौत की घड़ी में भी अमृत की रसधार बरसती रहेगी। उसके अमृत्व को नहीं छीना जा सकता।

जीवन अजस्र, अखंड गंगा है। वह बहती ही रहती है। घाट बदल जाते हैं, तीर्थयात्री बदल जाते हैं, मंदिर बनते हैं तट पर, गिर जाते हैं; खंडहर शेष रह जाते हैं। कितने लोग आए और गए, गंगा बहती रहती है। जीवन, गंगा की धारा है। तुम अपने को अलग करके जानोगे, भयभीत रहोगे। तुम उसे एक के साथ अपने को एक जान लोगे, अभय फलित हो जाएगा।

ब्रह्मानुभव की छाया है अभय। और ब्रह्म के अनुभव के बिना अभय कभी पैदा नहीं होता। तुम कितनी ही घोषणा करो अपने निर्भय होने की, तुम डरे हुए हो। कायर की तरह तुम भीतर कंप रहे हो। तुम कितने ही खड्ग, कृपाण हाथ में रखो, तुम्हारे भय ने ही उन्हें सम्हाला है।

जैसे ही तुम जान लोगे मृत्यु मिटाती नहीं; कुछ मिटता ही नहीं। जीवन मिट कैसे सकता है? जो है, वह है। वह नहीं कैसे हो सकता है? रूप मिटते हैं। रूप आते-जाते हैं। नाम बदल जाते हैं। सत्ता बनी रहती है।

हम तो एक एक करि जाना।
निर्भय भया कछु नहीं व्यापै, कहै कबीर दीवाना।।

आज इतना ही।

■■■

ओशो--एक परिचय

ओशो किसी कोटि में नहीं रखे जा सकते। उनके हजारों प्रवचन अर्थवत्ता की व्यक्तिगत तलाश से लेकर आज समाज के समक्ष उपस्थित सर्वाधिक ज्वलंत सामाजिक व राजनैतिक समस्याओं तक सब-कुछ पर प्रकाश डालते हैं। ओशो की पुस्तकें लिखी नहीं गई हैं, वे अंतर्राष्ट्रीय श्रोताओं के समक्ष उनकी तत्क्षण दी गई ध्वनिमुद्रित ऑडियो/वीडियो वार्ताओं के संकलन हैं। जैसा कि वे कहते हैं: ''तो याद रहे, मैं जो भी कह रहा हूं वह केवल तुम्हारे लिए ही नहीं...मैं भविष्य की पीढ़ियों के लिए भी बोल रहा हूं।''

ओशो को लंदन के दॅ संडे टाइम्स ने ''बीसवीं सदी के 1000 निर्माताओं'' में से एक कह कर वर्णित किया है। सुप्रसिद्ध अमरीकी लेखक टॉम राबिन्स ने ''जीसस क्राइस्ट के बाद सर्वाधिक खतरनाक व्यक्ति'' कह कर वर्णित किया है। भारत के संडे मिड-डे ने ओशो को गांधी, नेहरू और बुद्ध के साथ उन दस लोगों में चुना है जिन्होंने भारत का भाग्य बदल दिया।

अपने कार्य के बारे में ओशो ने कहा है कि वे एक नये मनुष्य के जन्म के लिए भूमि तैयार कर रहे हैं। इस नये मनुष्य को वे 'ज़ोरबा दि बुद्धा' कहते हैं--जो ज़ोरबा दॅ ग्रीक की तरह पृथ्वी के समस्त सुखों को भोगने की क्षमता रखता हो और गौतम बुद्ध की तरह प्रशांत सौम्यता में जीता हो। ओशो के हर आयाम में एक धारा की तरह बहता हुआ वह जीवन-दर्शन है जो पूरब की समयातीत प्रज्ञा और पश्चिम के विज्ञान और तकनीकी की सर्वोच्च संभावनाओं को एक साथ समाहित करता है। वे आंतरिक रूपांतरण के विज्ञान में क्रांतिकारी देशना के पर्याय हैं और ध्यान की उन विधियों के प्रस्तोता हैं जो आज के गतिशील जीवन को ध्यान में रख कर रची गई हैं।

अनूठे ओशो सक्रिय ध्यान इस तरह रचे गए हैं कि पहले शरीर और मन में एकत्रित तनावों का रेचन हो सके, जिससे रोजमर्रा के जीवन में सहज स्थिरता फलित हो व विचार-रहित दशा की प्रशांति अनुभव की जा सके।

ओशो की दो आत्मकथात्मक कृतियां:

ऑटोबायोग्राफी ऑफ ए स्प्रिचुअली इनकरेक्ट मिस्टिक, (सेंट मार्टिंस प्रेस, यू एस ए)

ग्लिम्प्सेस ऑफ ए गोल्डन चाइल्डहुड, (ओशो मीडिया इंटरनेशनल, पुणे, भारत)

ओशो इंटरनेशनल मेडिटेशन रिज़ॉर्ट

स्थान

मुंबई से सौ मील दक्षिणपूर्व में फलते-फूलते आधुनिक शहर पुणे में स्थित ओशो इंटरनेशनल मेडिटेशन रिज़ॉर्ट छुट्टियां बिताने का एक ऐसा स्थल है जो औरों से सर्वथा भिन्न है। वृक्षों की कतारों से घिरे आवासीय क्षेत्र में मेडिटेशन रिज़ॉर्ट 28 एकड़ के दर्शनीय बगीचों में फैला हुआ है।

अनूठापन

हर वर्ष मेडिटेशन रिज़ॉर्ट 100 से भी अधिक देशों से आने वाले हजारों मित्रों का स्वागत करता है। रिज़ॉर्ट का अनूठा परिसर अधिक होशपूर्ण, विश्रांत, उत्सवमय व सृजनात्मक जीवन जीने के एक नये ढंग का प्रत्यक्ष अनुभव करने के लिए अवसर प्रदान करता है। चौबीसों घंटे और पूरे वर्ष चलने वाले कार्यक्रमों का भव्य, विविधतापूर्ण चुनाव उपलब्ध है--कुछ भी न करना व केवल विश्राम उनमें से एक है!

यहां के सभी कार्यक्रमों की पृष्ठभूमि में ओशो की 'ज़ोरबा दि बुद्धा' की अंतर्दृष्टि निहित है जो गुणात्मक रूप से एक नये ढंग का मनुष्य है जो दैनंदिन जीवन को सृजनात्मक ढंग से जीने के साथ ही मौन और ध्यान में ठहर जाने की क्षमता रखता है।

विवरण

ध्यान

हर तरह के व्यक्ति के अनुरूप दिन भर चलने वाले ध्यान-कार्यक्रमों में सक्रिय और निष्क्रिय, परंपरागत और क्रांतिकारी, तथा खासकर ओशो डाइनैमिक मेडिटेशन जैसी ध्यान-विधियां उपलब्ध हैं। ये सभी ध्यान-विधियां विश्व के संभवतः सर्वाधिक भव्य व विशाल ध्यान-सभागार 'ओशो ऑडिटोरियम' में होती हैं।

मल्टीवर्सिटी

यहां होने वाले विभिन्न व्यक्तिगत सेशन, कोर्स और वर्कशॉप अपने आप में सृजनात्मक कला से लेकर समग्र स्वास्थ्य तक, व्यक्तिगत रूपांतरण, संबंध एवं जीवन-अग्रसरण, कार्य-ध्यान, गुह्य-विज्ञान, तथा खेलों व मनोरंजन में "झेन" ढंग तक सब-कुछ समाहित करते हैं। मल्टीवर्सिटी की सफलता का राज इस तथ्य में है कि इसके समस्त कार्यक्रम ध्यान से जुड़े होते हैं, जो इस समझ

को बढ़ावा देता है कि मनुष्य केवल अंगों का जोड़ मात्र नहीं है, वरन उससे बढ़ कर बहुत कुछ है।

बाशो स्पा

वैभवमय बाशो स्पा में उपलब्ध है हरे-भरे पेड़ों व हरियाली भरे वातावरण के बीच खुली हवा में तैरने का आनंद विशालकाय स्विमिंग-पूल में। अनूठे ढंग से बनी विस्तृत ज़कूजी, सौना, जिम, टेनिस कोर्ट...मनमोहक सुंदर पृष्ठभूमि में उभर-उभर आते हैं।

भोजन

अलग-अलग ढंग के विभिन्न भोजन-स्थलों पर परोसे जाने वाले सुस्वादु व शाकाहारी पाश्चात्य, एशियायी व भारतीय भोजन में मेडिटेशन रिज़ॉर्ट के लिए विशेष रूप से उगाई गई आर्गनिक सब्जियों का ही उपयोग होता है। ब्रेड और केक इत्यादि रिज़ॉर्ट की अपनी बेकरी में ही तैयार किए जाते हैं।

सांध्य गतिविधियां

चुनने के लिए सांध्य-गतिविधियों की लिस्ट लंबी है जिसमें नृत्य करना सबसे ऊपर है। अन्य गतिविधियों में तारों की छांव में फुलमून-ध्यान, वैरायटी शो, संगीत-कार्यक्रम तथा दैनिक जीवन के लिए ध्यान शामिल हैं।

इसके अलावा आप प्लाज़ा कैफे में मित्रों से मिलने-जुलने से लेकर रात की शांति से घिरे इस परीकथा जैसे वातावरण के बगीचों में चहलकदमी का आनंद ले सकते हैं।

सुविधाएं

आप प्रतिदिन उपयोग में आने वाली बुनियादी चीजें मेडिटेशन रिज़ॉर्ट पर गैलेरिया से खरीद सकते हैं। मल्टीमीडिया गैलरी में ओशो की सभी मीडिया सामग्री उपलब्ध है। बैंक, ट्रैवल एजेंसी तथा साइबर कैफे की सुविधाएं भी परिसर के भीतर ही उपलब्ध हैं। खरीददारी के शौकीन मित्रों के लिए पुणे में सभी चुनाव उपलब्ध हैं--परंपरागत भारतीय वस्तुओं से लेकर अंतर्राष्ट्रीय ब्रैंड्स के स्टोर्स तक।

आवास

आप ओशो गेस्टहाउस के सुरुचिपूर्ण कमरों में ठरहने का चुनाव कर सकते हैं। अगर आप लंबे समय तक रुकना चाहते हैं तो 'लिविंग-इन' कार्यक्रम के पैकेज भी चुन सकते हैं। इसके अतिरिक्त नजदीक ही बहुत प्रकार के होटल व सर्विस्ड अपार्टमेंट भी उपलब्ध हैं।

www.OSHO.com/meditationresort
www.OSHO.com/guesthouse
www.OSHO.com/livingin

ओशो का हिंदी साहित्य

उपनिषद

सर्वसार उपनिषद

कैवल्य उपनिषद

अध्यात्म उपनिषद

कठोपनिषद

ईशावास्य उपनिषद

निर्वाण उपनिषद

आत्म-पूजा उपनिषद

केनोपनिषद

कृष्ण

गीता-दर्शन (आठ भागों में अठारह अध्याय)

कृष्ण-स्मृति

कबीर

सुनो भई साधो

  सुनो भई साधो

  कस्तूरी कुंडल बसै

कहै कबीर दीवाना

  कहै कबीर दीवाना

  मेरा मुझमें कुछ नहीं

कहै कबीर मैं पूरा पाया

  गूंगे केरी सरकरा

  कहै कबीर मैं पूरा पाया

न कानों सुना न आंखों देखा

  होनी होय सो होय (कबीर)

  अकथ कहानी प्रेम की (फरीद)

बुद्ध

एस धम्मो सनंतनो (बारह भागों में)

अष्टावक्र

अष्टावक्र महागीता (नौ भागों में)

महावीर

महावीर-वाणी (दो भागों में)

जिन-सूत्र (दो भागों में)

महावीर या महाविनाश

महावीर : मेरी दृष्टि में

ज्यों की त्यों धरि दीन्हीं चदरिया

शांडिल्य

अथातो भक्ति जिज्ञासा (दो भागों में)

लाओत्से

ताओ उपनिषद (छह भागों में)

च्वांगत्सु

संसार और मार्ग

सत्य असत्य

मीरा

मैंने राम रतन धन पायो

झुक आई बदरिया सावन की

जगजीवन

नाम सुमिर मन बावरे

अरी, मैं तो नाम के रंग छकी

दरिया

कानों सुनी सो झूठ सब

अमी झरत बिगसत कंवल

सुंदरदास

हरि बोलौ हरि बोल

ज्योति से ज्योति जले

धरमदास

जस पनिहार धरे सिर गागर

का सोवै दिन रैन

पलटू

अजहूं चेत गंवार

सपना यह संसार

काहे होत अधीर

दादू

सबै सयाने एक मत

पिव पिव लागी प्यास

मलूकदास

कन थोरे कांकर घने

रामदुवारे जो मरे

बाउल संत

प्रेम योग

आनंद योग

झेन, सूफी और उपनिषद की कहानियां

बिन बाती बिन तेल

सहज समाधि भली

दीया तले अंधेरा

मनुष्य होने की कला

सदगुरु समर्पण

उस पथ के पथिक

अंतर्यात्रा के पथ पर

बोध-कथा

मिट्टी के दीये

अन्य रहस्यदर्शी

भक्ति-सूत्र (नारद)

शिव-सूत्र (शिव)

भजगोविन्दम् मूढ़मते (आदिशंकराचार्य)

एक ओंकार सतनाम (नानक)

जगत तरैया भोर की (दयाबाई)

बिन घन परत फुहार (सहजोबाई)

नहीं सांझ नहीं भोर (चरणदास)
संतो, मगन भया मन मेरा (रज्जब)
कहै वाजिद पुकार (वाजिद)
मरौ हे जोगी मरौ (गोरख)
सहज-योग (सरहपा-तिलोपा)
बिरहिनी मंदिर दियना बार (यारी)
प्रेम-रंग-रस ओढ़ चदरिया (दूलन)
दरिया कहै सब्द निरबाना (दरियादास बिहारवाले)
हंसा तो मोती चुगैं (लाल)
गुरु-परताप साध की संगति (भीखा)
मन ही पूजा मन ही धूप (रैदास)
झरत दसहुं दिस मोती (गुलाल)

योग

पतंजलि: योग-सूत्र (पांच भागों में)
योग: नये आयाम

तंत्र

संभोग से समाधि की ओर
    संभोग से समाधि की ओर
    युवक और यौन
    क्रांति-सूत्र
तंत्र-सूत्र (पांच भागों में

विचार-पत्र

क्रांति-बीज
पथ के प्रदीप

पत्र-संकलन

अंतर्वीणा
प्रेम की झील में अनुग्रह के फूल
ढाई आखर प्रेम का
पद घुंघरू बांध
प्रेम के फूल
प्रेम के स्वर

पाथेय

साधना-शिविर

साधना-पथ

- साधना-पथ
- अंतर्यात्रा
- प्रभु की पगडंडियां

मैं मृत्यु सिखाता हूं

जिन खोजा तिन पाइयां

समाधि के सप्त द्वार (ब्लावट्स्की)

साधना-सूत्र (मेबिल कॉलिन्स)

ध्यान-सूत्र

जीवन ही है प्रभु

असंभव क्रांति

रोम-रोम रस पीजिए

ध्यान दर्शन

ध्यान के कमल

नेति-नेति

- शून्य की नाव
- शून्य के पार
- सत्य की खोज
- संभावनाओं की आहट

साक्षी की साधना

- साक्षी की साधना
- साक्षी का बोध

समाधि कमल

जो घर बारे आपना

प्रेम दर्शन

गिरह हमारा सुन्न में

अपने माहिं टटोल

जीवन संगीत

ध्यान, साधना

ध्यान विज्ञान

ध्यानयोग : प्रथम और अंतिम मुक्ति

मैं कौन हूं

समाधि के द्वार पर

तृषा गई एक बूंद से

- तृषा गई एक बूंद से
- जीवन सत्य की खोज

माटी कहै कुम्हार सूं

- माटी कहै कुम्हार सूं
- जीवन रस गंगा

अमृत की दिशा

- अमृत की दिशा
- समाधि के तीन चरण

चित चकमक लागे नाहिं

अंतरंग वार्ताएं

संबोधि के क्षण

प्रेम नदी के तीरा

सहज मिले अविनाशी

उपासना के क्षण

अनंत की पुकार

राष्ट्रीय और सामाजिक समस्याएं

देख कबीरा रोया

- देख कबीरा रोया
- अस्वीकृति में उठा हाथ

नये समाज की खोज

नये भारत की खोज

नये भारत का जन्म

भारत का भविष्य

भारत के जलते प्रश्न

- भारत के जलते प्रश्न

समाजवाद से सावधान
समाजवाद अर्थात आत्मघात
स्वर्ण पाखी था जो कभी
फिर अमरित की बूंद पड़ी
एक एक कदम

प्रश्नोत्तर

नहिं राम बिन ठांव
प्रेम-पंथ ऐसो कठिन
उत्सव आमार जाति, आनंद आमार गोत्र
मृत्योर्मा अमृतं गमय
प्रीतम छवि नैनन बसी
रहिमन धागा प्रेम का
उड़ियो पंख पसार
सुमिरन मेरा हरि करैं
पिय को खोजन मैं चली
साहेब मिल साहेब भये
जो बोलैं तो हरिकथा
बहुरि न ऐसा दांव
ज्यूं था त्यूं ठहराया
ज्यूं मछली बिन नीर
दीपक बारा नाम का
अनहद में बिसराम
लगन महूरत झूठ सब
सहज आसिकी नाहिं
पीवत रामरस लगी खुमारी
रामनाम जान्यो नहीं
सांच सांच सो सांच
आपुई गई हिराय
बहुतेरे हैं घाट
कोंपलें फिर फूट आईं
क्या सोवै तू बावरी

कहा कहूं उस देस की

पंथ प्रेम को अटपटो

फिर पत्तों की पांजेब बजी

मैं धार्मिकता सिखाता हूं, धर्म नहीं

ओशो उपनिषद

एक नई मनुष्यता का जन्म

भविष्य की आधारशिलाएं

विविध

अमृत-कण

अमृत वाणी

कुछ ज्योर्तिमय क्षण

नये संकेत

चेति सकै तो चेति

हसिबा, खेलिबा, धरिबा ध्यानम्

धर्म साधना के सूत्र

मैं कहता आंखन देखी

जीवन क्रांति के सूत्र

जीवन रहस्य

करुणा और क्रांति

विज्ञान, धर्म और कला

प्रभु मंदिर के द्वार पर

तमसो मा ज्योतिर्गमय

प्रेम है द्वार प्रभु का

अंतर की खोज

अमृत वर्षा

अमृत द्वार

एक नया द्वार

प्रेम गंगा

समुंद समाना बुंद में

सत्य की प्यास

शून्य समाधि

व्यस्त जीवन में ईश्वर की खोज

अज्ञात की ओर

धर्म और आनंद

जीवन-दर्शन

जीवन की खोज

क्या ईश्वर मर गया है

क्या मनुष्य एक यंत्र है

नानक दुखिया सब संसार

नये मनुष्य का धर्म

धर्म की यात्रा

स्वयं की सत्ता

सुख और शांति

नारी और र्क ांति

सम्यक शिक्षा

शिक्षा में र्क ांति

गहरे पानी पैठ

ज्योतिष विज्ञान

नव संन्यास क्या

सत्य का अन्वेषण

सत्य का दर्शन

घाट भुलाना बाट बिनु

पथ की खोज

जीवन अलोक

जीवन की कला

जीवन र्क ांति की दिशा

जीवन गीत

मन का दर्पण

आंखों देखी सांच

आनंद की खोज

स्वर्णिम बचपन

ओशो के साहित्य के संबंध में समस्त जानकारी एवं ऑर्डर हेतु संपर्क सूत्र:

ओशो मीडिया इंटरनेशनल
17 कोरेगांव पार्क, पुणे-411001, महाराष्ट्र, इंडिया
Tel: +91 (20) 6601 9981
email: distribution@osho.net

ओशो के ऑडियो-वीडियो प्रवचन के संबंध में समस्त जानकारी एवं ऑर्डर हेतु संपर्क सूत्र:

ओशो मल्टीमीडिया एंड रिजॉर्ट्स प्रा. लि.
17 कोरेगांव पार्क, पुणे-411001, महाराष्ट्र, इंडिया
Tel: +91 (20) 6601 9981
email: distribution@osho.net

ओशो की पुस्तकें उनके द्वारा श्रोताओं के समक्ष दिए गए तात्कालिक प्रवचनों से अभिलिखित हैं। सभी ओशो प्रवचन संपूर्ण रूप से पुस्तकों में प्रकाशित हुए हैं और ऑडियो रिकॉर्डिंग के रूप में भी उपलब्ध हैं। ऑडियो रिकॉर्डिंग व संपूर्ण लिखित संग्रह के बारे में जानकारी ु.जडकज.लो/श्रळलीरू से प्राप्त की जा सकती है।

अधिक जानकारी के लिए

अभी बहुत समय नहीं हुआ जब वेबसाइटें ही संपूर्ण जानकारी का एकमात्र स्त्रोत हुआ करती थीं तथा सोशल नेटवर्किंग साइटें केवल किशोर-किशोरियों व कॉलेज के छात्र-छात्राओं की व्यक्तिगत अभिरुचियों के आदान-प्रदान का वाहन भर होती थीं। समय बदल गया है और साथ ही हम भी--

ओशो की अद्वितीय वाणी को अब आप विभिन्न भाषाओं व प्रारूपों में निम्नलिखित ऑनलाइन वेबसाइटों पर पा सकते हैं:

आधिकारिक वेबसाइटः

www.OSHO.com

हिंदी भाषा के लिए देखें:

www.OSHO.com/hindi

अपने मनपसंद विषय को ओशो लाइब्रेरी में ढूंढने के लिए देखें (हिंदी में भी उपलब्ध) :

www.OSHO.com/library

www.OSHO.com/library-hindi

संपूर्ण ओशो ध्यान-विधियों व उससे संबंधित संगीत के लिए देखें:

www.OSHO.com/Meditation

ओशो का संपूर्ण हिंदी-अंग्रेजी साहित्य व ई-बुक्स के लिए देखें:

www.OSHO.com/shop

www.OSHO.com/shop-hindi

www.OSHO.com/ebooks

ओशो के ऑडियो प्रवचन चझ3 व अन्य प्रारूप के लिए देखें:

www.OSHO.com/hindiAudiobooks

ओशो इंटरनेशनल मेडिटेशन रिज़ॉर्ट आने की योजना बनाने के लिए देखें:

www.OSHO.com/MeditationResort

ओशो इंटरनेशनल न्यूज़लेटर की निःशुल्क सदस्यता की सुविधा के लिए देखें:

www.OSHO.com/newsletters

www.OSHO.com/hindinewsletters

ओशो टैरो कार्ड ऑनलाइन रीडिंग के लिए देखें:

www.OSHO.com/tarot

ओशो-वाणी को अपनी स्थानीय भाषा में उपलब्ध कराने के लिए आप पंजीकृत करके ओशो-वाणी को लिपिबद्ध अथवा अनुवादित कर सकते हैं:

www.OSHOtalks.info

ओशो हिंदी रेडियो के लिए देखें:

radiohindi.OSHO.com

यहां होने वाले कार्यक्रमों, उत्सवों, मीडिया विज्ञप्तियों व सूक्तियों की हर दिन की जानकारी प्राप्त करने के लिए देखें:

www.facebook.com/OSHO.International

मल्टीविर्सिटी कार्यक्रमों की नवीनतम जानकारी के लिए देखें:

www.facebook.com/OSHO. International. Meditation.Resort

ओशो वीडियो चैनल से कहीं भी, कभी भी जुड़िए:

www.youtube.com/OSHO.International

अपनी सुबह की शुरुआत ओशो के संदेश के साथ कीजिए:

www.twitter.com/OSHOtimes

कृपया इन साइटों पर रजिस्टर व ब्राउज़ करने के लिए कुछ क्षण निकालें, क्योंकि ये साइटें आपको ओशो के बारे में विस्तृत जानकारी उपलब्ध करवाती हैं।

इसके अतिरिक्त आप और भी अधिक रोचक व मौजपूर्ण ढंग खोज ले सकते हैं जिनके द्वारा ओशो को विश्व भर में उपलब्ध कराया जा सकता है।